本古典集成

歎異抄　三帖和讃

伊藤博之　校注

新潮社版

目次

凡例

本書は、親鸞の語録を収めた『歎異抄《たんにしょう》』と、代表的な和讃（和語を用いて仏や菩薩を讃える韻文）である「浄土和讃」「浄土高僧和讃」「正像末法和讃《しょうぞうまっぽう》」の三篇をあわせた『三帖和讃』、および親鸞の重要な仮名法語を含み、古来最も広く読まれてきた書簡集『末燈鈔《まっとうしょう》』をもって構成した。仏教を契機として、人間の宗教的な実存の様相を深くとらえた親鸞の人間性を知るためには、『歎異抄』のほかに、少なくともこれらの、親鸞自身の筆になる作品に接することが必要であろうと考えたからである。和讃には、浄土の教えとの出会いにおける感動が韻文のリズムにのせて語られ、書簡には、浄土教の真理性を、つとめて日常語を用いることで論理的に説き聞かせようとする散文精神がみられる。『三帖和讃』『末燈鈔』をあわせ読むことによって、親鸞における宗教文学の達成を知ることができよう。

一、本文は、読みやすさを考慮して、歴史的仮名遣いに統一し、通行の字体を用いて、漢字交じり平仮名書きに改め、濁点・振り仮名を付した。また、散文作品においては、適宜段落に分ち、句読点をうち、会話や引用文には「　」を付した。それぞれの作品における校訂の方針は次の通りである。

〔歎異抄〕

(1)底本には、現存する最古の写本である蓮如《れんにょ》本（西本願寺蔵。漢字交じり片仮名書き）を用いた。

原則として底本を尊重したが、明らかに誤脱と思われる部分は、永正本《えいしょう》（大谷大学蔵）・大谷大学本によって次のように校訂した。

一三頁一一行目　侍るらん——（底本）ハンヘラン

一七頁八行目　いそぎ浄土のさとりを——（底本）イソキサトリヲ

二二頁五行目　往生は一定とおもひ給ふなり——（底本）往生ハ一定オモヒタマフナリ

二二頁五行目　あやしく候ひなまし——（底本）アシクサフラヒナマシ

三六頁一〇行目　一切の衆生を利益せん時に——（底本）一切ノ衆ヲ利益セントキニ

(2)各章段の番号は、箇条書きである底本の文頭に傍書してある漢数字を生かしたものである。但し、「序」「第二部序」は校注者による補記である。

(3)「第二部序」は、底本においては〔十〕との間に改行も見られないが、語録の部分を明確にするために区切って独立させた。

〔三帖和讃〕

(1)「浄土和讃」「浄土高僧和讃」については、一部に親鸞の真筆を含むとされる国宝本(専修寺蔵)を、「正像末法和讃」については顕智《けんち》書写本（専修寺蔵）を、それぞれ底本として用いた。なお底本はすべて漢字交じり片仮名書きである。

(2)底本の体裁をできる限り忠実に翻刻するようこころがけたが、各和讃の右肩に付された番号（漢数字）をそのまま生かすと同時に、あらたにアラビア数字による通し番号を加えた。

(3)振り仮名については、国宝本のほとんど全部の漢字に、朱筆による四声《ししょう》清濁を示す音付号（圏発点）が記されているので、それにもとづいた。

(4)底本には、圏発点の他に、左側に語句の意味に関する注記（左注）が数多く記されているが、必要と判断したもののみを頭注に採録した。

(5)現在定本として宗門の間に流布している文明本『三帖和讃』との異同は、つとめて注記したが、解釈上差異が生じないと判断して割愛した箇所もある。

〔末燈鈔〕

(1)底本には『真宗聖教全書 二宗祖部』に収められている本文を用いた。但し、同一内容の真蹟書簡がある場合は、真蹟書簡によって字句の一部を改めた。特に第十四の書簡に関しては、底本の体裁を全面的に改め、原本（真蹟書簡）の状態をわかりやすいような形に整えて示した。

(2)書簡の区切りごとに（　）に入れて右肩に付してある底本の通し番号を、そのまま見出しとして用いた。

一、注釈は、傍注（散文作品のみ）と頭注による。

(1)『歎異抄』『末燈鈔』には、本文の脇に、必要に応じて現代語訳（色刷り）を付した。本文にない主語・目的語・接続関係を示す言葉などを補った場合は、〔　〕でくくった。

(2)頭注欄には、語句の説明などのほかに、内容の上で関連の深い親鸞の文章を、主として『教行信証』『唯信鈔文意』『一念多念文意』その他の文献から、スペースが許す限り引用し、読者の参考に供するようこころがけた。なお、散文作品において、紙幅の制約上、傍注に収まらない現代語訳を頭注にまわした場合もある。

(3)本文の理解を助けるための最小限の解説や主題・内容に関する説明を＊印を付して頭注欄に記した。

(4)『三帖和讃』に関しては、一首全体の現代語訳を頭注欄に色刷りで示し、◇印を付して語句の説明を行った。

(5)『歎異抄』『末燈鈔』には、頭注欄に小見出し（色刷り）を付し、各章段の主題を示した。

一、巻末の解説では、親鸞の思想と生涯を、浄土教の説明をまじえつつ述べ、収録した各作品の成立事情などについても簡潔に記した。

一、付録として、親鸞の家族関係と重要な伝記的事実を証言している妻恵信尼《えしんに》の手紙と、親鸞関係年表を巻末に掲げた。

一、注釈・解説において、書名や経典名を適宜略して記した場合が多い。たとえば、「浄土高僧和讃」を「高僧和讃」、「正信念仏偈」を「正信偈」、『親鸞聖人血脈文集』を『血脈文集』とした類である。

一、本書の注や解説は、先学の学恩に負うところが大部分である。深甚の謝意を表する。

歎異抄　三帖和讃

歎異抄

『歎異抄』は、編者唯円《ゆいえん》と親鸞との出会いにおいて成立した作品である。その内容は、編者自身が語っているように「故親鸞の仰せ言《ごと》さふらひしおもむき、百分が一《ひとつ》、片端《かたはし》ばかりをも思ひ出で参らせて、書きつけ」られたきれぎれの語録である。ところがこの断片化された語録の方が、親鸞自身の筆になる文章よりはるかに魅力的でわかりやすい。多くの人々が『歎異抄』によって親鸞との出会いを体験するのも当然のことと思われる。

編者唯円は、善鸞事件（解説参照）のただ中で、親鸞と命をかけた出会いをとげ、宗教的人格親鸞のまぎれもない真実に接した人である。したがって『歎異抄』に記録されたのは、単なる講義や説教ではなく、信心について真摯《しんし》に問いかける唯円に、親鸞が真剣かつ端的に語って聞かせた言葉であった。唯円が出会った親鸞は、八十の齢を越え、宗教者として円熟期を迎えていた。当時三十代で、柔軟な心の持主であった唯円は、親鸞の一語一語を忘れえぬ言葉として心の底にきざみこんだ。そしてことあるごとにその言葉を心の内に繰り返しよみがえらせていたにちがいない。その結果、一切の饒舌《じょうぜつ》を削ぎ落した見事な文体による語録となった。

『歎異抄』における親鸞の言葉は、珠玉の輝きを帯びて読む者の心に迫ってくる。けれどもその言葉がきわめて簡潔で鋭いだけに、語られた場や背景を踏まえて読む必要があると思われる。

＊後記の「一室の行者のなかに、信心異なることなからんために、泣く泣く筆を染めて、これを記《しる》す。名づけて、歎異抄と言ふべし」と照応し、唯円《ゆいえん》の本書編述の意図が語られている。原漢文。

序言——唯円の歎き

一 親鸞が『教行信証《きようぎようしんしよう》』の序を「竊《ひそ》かにおもんみれば」と書き出しているのと同じで、心のうちでよくよく思いめぐらして、の意。「ひそかに」「愚案」は、ともに「真実信心」に対する謙虚な気持を表す。

二 親鸞聖人在世のいにしえ（古）と聖人滅後の今。

三 今は亡き親鸞聖人から直接に語り伝えられた真実の信心。「真信＝真実の信心」とは、「如来《によらい》清浄の真心《まごころ》」（『浄土文類聚鈔《じようどもんるいじゆしよう》』）からさし向けられた信心。第六章・後記には「如来よりたまはりたる信心」とある。

四 聖人滅後に教えを受けた者が、真実の信心を受け継いでゆくうえにおこってくる疑いや惑い。

五 縁あって仏道に教え導いて下さる師友に。

六 難行道に対していう。自分の智慧《ちえ》や修行の力でさとりを開こうとする立場に対し、如来の願力に摂《おさ》め取られて往生を得る他力信心の道。

七 師伝によらずに自己流の知見で思い定めた道理。

八 『教行信証』行巻に「他力と言ふは如来の本願力なり」とある。如来の本願力を明らかにした根本の道理。

九 信心を同じくし、ともに念仏を行ずる者。

一〇 必要でない文を省略する時に用いる語。ここは要点だけを記したという気持を表す。

序

[一]ひそかに、愚案《ぐあん》をめぐらして、ほぼ《およそ》、[二]古今《ここん》を勘《かんが》ふるに《考えてみると》、[三]先師の口伝《くでん》の真信《しんしん》に異なることを歎《なげ》き、[四]後学相続《こうがくさうぞく》の疑惑《ぎわく》あることを思ふに《心配するに》、幸ひに《〔もし〕》、[五]有縁《うえん》の知識に依らずんば《頼らないならば》、いかでか《どうして》、[六]易行《いぎやう》の一門に入ることを得んや《入ることができようか》。全く《決して》、[七]自見の覚悟をもつて、[八]他力の宗旨《しゆうし》を乱ることなかれ《乱してはならぬ》。

よつて《そこで》、故親鸞《しんらん》聖人の御物語のおもむき《お話し下さったことの大事な点で》、耳の底に留むるところ、いささか《わずかばかり》、これを注《しる》す。ひとへに《ただただ》、[九]同心行者《どうしんぎやうじや》の不審を散ぜん《疑惑をなくし》がためなり《たいためである》と。[一〇]云々《うんぬん》。

第一――絶対他力の信心

一

一、「弥陀《みだ》[一]の誓願不思議《せいぐわんふしぎ》にたすけられ参らせて《お助けいただいて》、往生《わうじやう》[二]をば遂《と》ぐるなりと信じて念仏[三]申さんと思ひたつこころのおこる時、すなはち《その時すでに》、摂取不捨《せつしゆふしや》[四]の利益《りやく》にあづけしめ給ふなり《あずからせておられるのです》。

弥陀[五]の本願には、老少《らうせう》・善悪《ぜんまく》の人をえらばれず《区別なさらない》。ただ、信心を要《えう》とすと知るべし。そのゆゑは《なぜなら》、罪悪深重《ざいあくじんぢゆう》[六]・煩悩熾盛《ぼんなうしじやう》の衆生《しゆじやう》をたすけんがための願にまします《本願でおわしますからです》。しかれば《したがって》、本願を信ぜんには《信ずるからには》、他の善も要にあらず《念仏以外のどんな善事も不要です》。念仏にまさるべき善なきゆゑに。悪をもおそるべからず《恐れるには及ばない》。弥陀の本願をさまたぐるほどの悪なきゆゑに」と云々。

＊「弥陀の誓願」と人の「信心決定《けつじやう》」との呼応関係において成立する絶対他力の信心について語る。親鸞は、念仏往生の本願力の前に、煩悩にまみれて生きる己を投げ出すことによって、身分や能力にとらわれない人生のあり方を開示した。

一 阿弥陀《あみだ》仏は、まだ法蔵菩薩《ぼさつ》であった時に、一切衆《しゆ》生《じやう》の往生を願って四十八の誓いを立てた。そのうちの第十八＝念仏往生の願「たとひ我仏《ぶつ》たるを得んも、十方の衆生、至心に信楽《しんげう》（信じ喜ぶ）して、我が国（阿弥陀の浄土）に生れんと欲し、乃至《ないし》十念（十遍阿弥陀仏の名を称《とな》える）せんに、もし生れずんば正覚をとらじ(仏となることをしない)」を本願という。「誓願不思議」とは、弥陀の誓いが人の思量《はからい》を絶した根源的決定として成立している事実を言い表したもの。

二 「往生」とは「罪悪深重・煩悩熾盛の衆生」（注六参照）が浄土に摂《おさ》め取られること。

三 「念仏……時」とは、機縁が熟して念仏往生の本願をそのまま受け容《い》れる心用意がととのった時をいう。

四 仏の大慈悲の世界に、念仏者がもれなく摂め取られる恵み。

五 弥陀の本願の前には、老人・若者といった世俗の区別や善人・悪人といった差別はすべて無化され、あらゆる人が絶対平等の位に立たされる。

六 罪深く悪にまみれ、心身を悩まし苦しめる心のはたらきが燃えさかる火のように盛んなわれら。

第二——出会いによる得信

＊親鸞の京都退隠後に関東門徒の間で念仏信仰をめぐる異説が行われたこともあって、親鸞は息男の善鸞を下向させた。ところが善鸞が、「日頃の念仏はみな、いたづらごと」であるとし、「第十八願をばしぼめる花にたとへ」る邪説を説くに及ぶや、親鸞は門徒の動揺をしずめるため善鸞を義絶した。この章は、そうした事情を背景に、親鸞の真意を問い質《ただ》すべく上京した関東の弟子に対する返答の言葉と考えられる。

二

一、「[七]おのおの《あなた方が》の、十余カ国の境《さかひ》を越えて、身命《しんみやう》をかへりみずして、たづねきたらしめ給ふ《訪ねておいでになられた》御こころざし《ご意向は》、ひとへに《ひたすら》[八]往生極楽のみちを問ひきかんがため《問い尋ねようとする》なり。しかるに《ところで〔この親鸞が〕》、念仏よりほかに往生のみちをも存知し《知っており》、また、[九]法文《ほふもん》等をも知りたるらんと《知っているだろうと〔推測しそれを〕》、こころにくく《知りたく》思《おぼ》しめしておはしまして《おられるのでしたら》侍《はんべ》らんは、大きなる誤りなり。もししからば《もしそうお考えでしたら》、[一〇]南都北嶺《ほくれい》にも、ゆゆしき《秀れた》[一一]学匠《がくしやう》たち多くおはせられて候ふなれば《おいでになることですから》、かの人にもあひたてまつりて《お会いになられて》、往生の要《往生についてのかなめ》、よくよく聞かるべきなり《お聞きになるとよい》。[一二]親鸞におきては、[一三]ただ念仏して、弥陀にたすけられ参らすべし《お助けいただくがよいと》と、よき人《法然聖人》の仰せをかぶりて《いただいて》、信ずるほかに、別の子細なきなり《格別のいわれはないのです》。

念仏は、まことに、浄土に生《むま》るるたねにてや侍るらん《原因なのでございましょうか》、また、地獄におつべき業《ごふ》にて《行為》や侍るらん、総じて《まったく》もつて存知《ぞんぢ》せざるなり。た

七 親鸞の門弟は常陸《ひたち》に居住する者が最も多かった。常陸から上京するには十数カ国の境を越えねばならない。この「おのおの」も常陸の門弟と考えられる。

八 親鸞自らは「往生極楽」の語をほとんど用いない。ここは質問者の言葉をとって用いたと考えられる。

九 善鸞は、秘密の法文（仏法を説いた文章）を親鸞より伝授されたと東国の門徒に言いふらしていた。

一〇「南都」は奈良。ここでは奈良の東大寺・興福寺などの諸大寺を意味している。「北嶺」は京の北方の山、比叡《ひえい》山をいうが、ここでは延暦寺《えんりやくじ》・三井寺《みいでら》を指す。

一一 仏道を修めて師匠の資格を持つ学僧。

一二 自己を「親鸞」と称し第三者的に語るのは、単なる自称ではなく、本願他力のはたらきに摂め取られた自己の在りようを自覚化したためと考えられる。

一三「ただ」は、「唯信」「唯称」の「唯《ゆい》」にあたる語で、他をかえりみずにひたすら、の意。

とひ、法然《ほふねん》聖人にすかされ参らせて《だまされ申して》、一念仏して地獄におちたりとも、さらに後悔すべからず候ふ《けっして後悔するはずはございません》。そのゆゑは、二自余《じよ》の行《ぎやう》も励みて仏《ぶつ》に《仏に》なるべかりける身が《なるはずであった》、念仏を申して地獄にもおちて候はばこそ《おちるのでありますならば》、すか《聖人の》されたてまつりて《巧みな言いくるめをこうむって》といふ後悔もさふらはめ《ありましょうが》、［しかし私は］いづれの行もおよびが《修めることは》たき身なれば《できない身ですから》、とても《どうあっても》、地獄は、一定《いちぢやう》《確実に》、すみかぞかし《わが住みかというものです》。

三弥陀の本願まことにおはしまさば《真実であらせられるならば》、釈尊《しやくそん》の説教虚言なるべからず《偽りであるはずがない》。仏説まことにおはしまさば《釈尊の説教が真実であらせられるならば》、四善導《ぜんだう》の御釈《おんしやく》虚言《きよごん》し給ふべからず。善導の御釈《観経疏の解釈》まことならば、法然の仰せ虚言《そらごと》ならんや《でありえましょうか》《偽りであるはずがないではありませんか》。法然の仰せまことならば、親鸞が申す旨《むね》、またもつてむなしかるべからず候ふか。

詮《せん》ずるところ《結局のところ》、愚身の信心におきてはかくのごとし《愚かな私の信心については以上の通りです》。五この上は、念仏を取りて信じたてまつらんとも《念仏信心の立場にたって他力に信を寄せ申し上げようとも》、また捨てんとも、面々の御は《あなた方のお考》からひなり《え次第です》」と云々。

一 建長五年（一二五三）四月、比叡《ひえい》山を下り安房《あわ》清《せい》澄寺《ちょうじ》に帰った日蓮は、法華信仰に立って諸宗破折《はしゃく》の説法を始めたが、その際特に念仏を攻撃し、念仏は無間《むけん》地獄に堕《お》ちる業因であると力説した。このことは関東の念仏者に大きな衝撃を与えないではおかなかった。

二 念仏以外の修行。

三 親鸞は『教行信証』行巻で「如来世に興出したまふゆゑは、ただ弥陀の本願海を説かむとなり」と述べている。釈尊がこの世に現れ出られたのは、弥陀の本願の広大なるはたらきを説くためであったというのである。そうした信仰の原点をあえて仮定の形で語ったのは、弥陀の本願の真理性を信心の独断から区別して語るための用意であったと思われる。

四 曇鸞《どんらん》・道綽《どうしゃく》の浄土教を受け継いで中国浄土教を大成させた唐代の僧。親鸞は、「善導ひとり仏の正意を明《あか》せり」（「正信偈《しょうしんげ》」）と言っている。第十八願によって阿弥陀仏の名を称えることを「正行」とした善導の『観経疏《かんぎょうしょ》』（『観無量寿経』の注釈書）との出会いが法然に廻心《えしん》をもたらした。「御釈」は『観経疏』を指す。

五 親鸞は、弥陀の本願に疑いをはさむ立場にまでおり立って信心の根拠を説き聞かせ、弥陀の本願が釈尊・善導・法然といった宗教的な人格をこの世に生み出し、「説教」「御釈」「仰せ」の言葉を介して紛れもなく今に伝えられた事実を示した。経の言葉を受け容れるところに成立する信心の真実性を法然聖人の存在によって証明したからには、といった思いが読みとれる。

*冒頭の一句が語っている鮮明なしかも徹底した悪人正機《しようき》の思想の表明は、親鸞自身の著作のうちには見出だすことができない。この言葉はおそらく親鸞が法然から受け継いだ金言であったと思われる。悪人正機の思想は、善人支配の原理を無化し、庶民（罪悪の凡夫）の生きざまを宗教的契機において解放する力ともなった。

第三——悪人を自覚する心

六 「善人」とは「自力作善《さぜん》の人」のことで、自らの才能や能力によってこの世でさとりを開き、善根を積んで往生を期している人。一般的には、地位・教養・財産があり、世間から尊敬される人をいう。

七 「悪人」とは「煩悩具足のわれら」のことで、迷い、悩み、苦しみを重ねながらも、ひたすら生きるほかない人をいう。社会的には、「下類」と呼ばれてさげすまれていた猟師・商人・農民をいった。

八 弥陀の本願力、すなわち他力の趣旨。

九 注六を参照。

一〇 自力の心をひるがえすことを「廻心《えしん》」という。

一一 一般に西方十万億土にあるとされる極楽浄土を、親鸞は「方便化土《けど》」と呼び、弥陀の本願の報いとして成り立っている浄土を「真実報土」と呼んで区別した。

一二 煩悩のことごとくを身にそなえている私たち。

一三 生死輪廻《りんね》の意で、迷いや苦しみの続く世界。

一四 とりわけ、（自己を頼む心を持たないので）本願によって往生させていただくにふさわしい人である。

三

一、「[六]善人なほもつて《でさえもなお》往生を遂《と》ぐ。いはんや《まして》、[七]悪人をや《悪人はいうまでもない》。しかるを、世の人つねに言はく、『悪人なほ往生す。いかにいはんや《ましてや》、善人をや』。この条《このことは》、一旦《一応》、そのいはれあるに似たれども《理由があるようにみえるけれども》、[八]本願他力の意趣《いしゅ》にそむけり。

そのゆゑは、[九]自力作善《さぜん》の人はひとへに《いちずに》他力をたのむこころ欠けたる《他力にまかせきる心が欠けているために》あひだ、弥陀の本願にあらず《〔の対象〕になりえない》。しかれども、[一〇]自力のこころを《自らの力をたのむ心を》ひるがへして他力をたのみたてまつれば《弥陀の本願におまかせ申し上げれば》、[一一]真実報土の往生を遂ぐるなり。[一二]煩悩具足《ぼんなうぐそく》のわれらは、いづれの行にても《どのような修行によっても》、[一三]生死《しやうじ》を離るることあるべからざるを憐《あは》れみ給ひて、願をおこし給ふ《〔一切の衆生を浄土にという〕》本意《〔弥陀の〕真意は》、悪人成仏のためなれば、他力をたのみたてまつる悪人《一切を弥陀の誓いにおまかせ申し上げる悪人が》、[一四]もつとも、往生の正因《しやういん》なり。よつて《したがって》、善人だにこそ往生すれ《善人でさえも浄土に生れるのだから》、まして、悪人は」と仰せ候ひき。

＊親鸞は、名僧の祈禱《きとう》が世を救うと考えなかったばかりか、高僧らしく振舞って、世人の尊敬を受けている善知識（導師）の存在を信じなかった。そうした人が、自分の験力《けんりき》によって他人を救いうると考えることは、他力の立場から見れば「自力の執心」がもたらす幻想と見えるのである。親鸞自身、大飢饉《ききん》に苦しむ庶民の救済を祈って三部経千回読誦《どくじゆ》の行を思いたったことがあったが、自力の執心のなせる幻想でしかないことを知って、四、五日ほどでやめてしまった。

第四 —— 恩愛を超えた慈悲

一　この世で自力の修行によってさとりを開こうとする道。自力聖道門。法然は『選択集《せんじやく》』の第一段に「道《だう》綽《しやく》禅師、聖道浄土の二門を立てて、しかも聖道を捨てて正しく浄土に帰する文」を掲げ、『安楽集《あんらく》』の文を引いて「当今は末法、是れ五濁《ごぢよく》悪世なり。ただ浄土の一門のみ有りて通入すべき路なり」と記している。

二　「仏になる」とは、如来の御こころのうちに摂《おさ》め取られて弥勒《みろく》仏と同じ位につくこと。親鸞は「他力信《しん》楽《げう》のひとは、この世のうちにて不退の位にのぼりて、かならず大般涅槃《だいはつねはん》のさとりを開かむこと、弥勒のごとしとなり」（『一念多念文意《いちねんたねんもんい》』）と述べている。

三　如来からふり向けられた大慈悲心。

四　如来からたまわった信心をふり向けて、如来の光明の恩沢に浴させること。

五　普通には「不憫」と書く。かわいそうに思う。

四

一、「慈悲に、聖道《しやうだう》[一]・浄土のかはりめあり《他力浄土門の違いがある》。

聖道の慈悲といふは、ものを《一切のものを》憐れみ、悲しみ《いとおしみ》、育《はぐく》むなり《育てることです》。しかれども、思ふがごとくたすけ遂ぐること《自分の思いどおりに力を貸して助けとおすことは》、きはめてありがたし《むずかしい》。浄土の慈悲といふは、念仏して《念仏の力によって》、いそぎ《速やかに》仏《ぶつ》[二]になりて、大慈大悲心[三]をもつて、思ふがごとく《思いのままに》、衆生《一切の生き物》を利《り》益《やく》[四]するをいふべきなり。

今生に《この世で》、いかに《どれほど》、いとほし《かわいい》、不《ふ》便《びん》[五]と思ふとも、存知のごとく《思いどおりに》たすけがたければ、この慈悲《自力の慈悲心は》、始終なし《全うすることができない》。

しかれば《そうであるから》、念仏申すのみぞ、末とほりたる《徹底した》大慈悲心にて候ふべき《大慈悲心であるに違いありません》」と云々。

＊死者追善のために称名念仏する風習は、平安末期から聖《ひじり》の活動によって盛んに行われた。それが、鎌倉時代の新しい家父長制家族主義の動向と結びついて、武士階級の間に「父母の孝養のため」の念仏を盛行させたと考えられる。親鸞は、そうした一家一族の利害関係の矛盾を隠蔽《いんぺい》し、族的団結を補強するような念仏を鋭く批判した。

第五――恩愛を超えた念仏

六 孝行と同じ意であるが、仏教語としては亡き父母のために追善供養することをいう。

七 生あるもの。衆生と言っていた語を玄奘《げんじよう》以後の新訳では有情と漢訳した。

八 この世に何度となく生れ変る間に、互いに親となり子となり兄弟になりあったということ。『心地観経』に「有情輪廻《りんね》して六道に生ず。（中略）或いは父母となり男女となる。世々生々たがひに恩あり」とある。

九 この次に生れ変る境涯。輪廻思想を表すこの言葉は『歎異抄』にだけ見られる。おそらく門弟たちの質問に応じた答えだったので、輪廻転生思想をかりて他力の念仏を説いたものと思われる。

一〇 助けることができよう、だがそうでない以上は。

一一 六趣ともいい、衆生が因縁によって赴く境涯。地獄・餓鬼・畜生・修羅《しゆら》・人・天の六つに分つ。

一二 迷界の四種の生。胎生《たいしよう》・卵生・湿生・化生《けしよう》。

一三 神通力や方便力。ここでは如来の誓願力にあずかることによって、本願力を衆生にふり向けること。

五

一、「親鸞は、父母《ぶも》の孝養《けうやう》[六]のためとて、一返《一度でも》にても念仏〔追善供養の〕申したること、いまださふらはず《まだありません》。

そのゆゑは、一切の有情《うじやう》[七]は、皆もつて《すべてみな》、世々《せぜ》[八]生々《しやうじやう》の父母・兄弟なり。いづれもいづれも、この順次生《じゆんじしやう》[九]に、仏《ぶつ》になりて、たすけ候ふべきなり。

わが力にて励む善にても候はば《でもありますならば》こそ、念仏を廻向《ゑかう》して、父母をもたすけ候はめ[一〇]。ただ《ひたすら》、自力を捨てて、いそぎ浄土のさとりを開《ひらくなら》きなば《ば》、六道《ろくだう》[一一]・四生《ししやう》[一二]の間、いづれの業苦《ごふく》に沈めりとも、神通《じんづう》[一三]・方便《はうべん》をもつて、まづ《何はおいても》、有縁《うえん》を度すべきなり《縁の有る者を救うことができるはずです》」と云々。

＊善鸞事件の背景には、領家・地頭・名主と呼ばれた支配層からの念仏弾圧と、それらの権力側と手を結んだ念仏門徒間の対立があった。そうした危機のなかで親鸞が期待を寄せた人々は、「文字のこころも知らぬ」耕作農民・商人・猟師ら下層庶民の念仏者であった。ところが、念仏集団の指導的立場にある門弟の間では、親鸞の権威を借りて弟子をあらそうということが現実に起っていた。

第六——自然《じねん》の道理としての念仏

一 弥陀の本願に帰依《きえ》し、専《もっぱ》ら念仏をつとめること。具体的には、法然が説きひろめた宗義のことで、興福寺の奏状では「源空勧むるところの専修念仏の宗義」と言われ、明恵《みょうえ》の法然批判の書『摧《さい》邪輪《じゃりん》』では「一向専修宗《いっこうせんじゅしゅう》」と名づけられている。
二 訴え出て互いに言い争うこと。
三 すべてを摂《おさ》め取って見捨てないという弥陀の誓いの力にはたらきかけられて。
四 荒れはてて気味の悪いさまをいう語であったが、鎌倉時代では日常語として用いられ「身のほどをわきまえないぶしつけなさま」を意味した。
五 日常語として「よくないこと」を意味した。
六 真如《しんにょ》（存在の真のすがた）より来生したもの、の意で、阿弥陀如来をいう。
七 煩悩にまみれた人間に、信心が可能となるのは、自力の心のはたらきによるものではなく、如来からさし向けられた信心によるので「賜はり」という。

六

一、「専修[一]《せんじゅ》念仏のともがらの《なかまたちの間で》、わが弟子《自分の弟子だ》、ひとの弟子といふ《他人の弟子だといった》相論[二]《さうろん》のさふらふらん《あるようですが》こと、もつてのほかの子細《しさい》なり《とんでもないことです》。親鸞は弟子一人《いちにん》も持たず候ふ。

そのゆゑは、わがはからひにて《工夫や努力によって》、ひとに念仏を申させさふらはば《となえさせるのでありますならば》こそ、弟子にてもさふらはめ《弟子とも言えましょうが》、弥陀[三]《みだ》の御もよほしにあづかつて、念仏申しさふらふ人を、わが弟子と申すこと、きはめたる《この上なく》荒涼[四]のことなり。

つくべき縁あればともなひ《一緒になるべき因縁があるから連れとなり》、離るべき縁あれば離るることのある《離れてゆくことになるのに》をも、師をそむきて、ひとにつれて《他の人に従って》念仏すれば、往生すべからざるものなり《浄土に生れることはできないのである》なんど言ふこと、不可説[五]《ふかせつ》なり。如来[六]《にょらい》より賜はり[七]たる信心を、わがもの顔に取り返さんと申すにや《自分が与えたかのように取り返そうというのでしょうか》。かへすがへすもあるべからざることなり《断じてあってはならないことです》。

[八]自然《じねん》の理《ことわり》にあひかなはば《無理なく従ってゆけば》、[九]仏恩をも知り、また、師の恩をも知るべきなり《知るようになるはずであります》」と云々。

七

一、「[一〇]念仏者は、[一一]無碍《むげ》の一道なり《〔を行くもの〕です》。そのいはれいかんとならば《そのわけはどういうことかというならば》、信心の行者《ぎやうじや》には、[一二]天神《てんじん》・地祇《ちぎ》も敬《きやう》伏《ぶく》し、[一三]魔界・外道《げだう》も障碍《しやうげ》することなし《妨げることがない》。罪悪も業報《ごふほう》を感ずること《その報いを受けさせる》あたはず《ことができない》、諸善も及ぶことなきゆゑなり《念仏にまさることはないからです》」と云々。

八 人の思慮分別を超えた如来の本願のはたらきに摂め取られることによって、おのずから信心にめざめる道理。

九 信心を人にもたらし、一切の罪を消して浄土に摂め取る仏の本願力への報謝の思い。

＊ 世俗の制度や秩序の下《もと》で生きる人々の日常は、善悪正邪の共同理念に縛られ、権威や権力への従属を余儀なくされている。現に親鸞は世俗の権力によって念仏信仰を理由に罪人の烙印《らくいん》を押され、都から追放された。親鸞はそうした体験を通して念仏信心の超越性を根拠に生の意味を問い直した。

第七——何ものにも妨げられない念仏の道

一〇 現存する古写本のすべてに「念仏者ハ」と書かれており、「者」の字をめぐって二通りの解釈が行われている。「者」を強調表現の助字とみて「一道なり」の述語と対応させる考えと、「念仏者は」と解し、「一道」の後に〔行くもの〕が省略されたと考える説である。親鸞は書簡でたびたび「念仏者」という語を用いており、次の文との照応の上からも後者の説が妥当と思われる。

一一 権威や観念に妨げられたり、押しとどめられることのない道。「一」は強めの語。

一二 天の神々、地の神々もすべて尊敬しひれふし。

一三 魔の世界に住む者や仏道以外の思想家たち。

＊人は、常に何らかの形の不安におびやかされている。自分の人生が無意味なものであってはならないという不安、他人に遅れをとってはならないという焦りからくる不安、そうした不安から逃れ、自らに安んじるために成功を求め、名誉を求めて止むときがない。そして自らを権威化するか、権威に帰依するかして無力で卑小な自己を克服しようとする。親鸞は、そうした人間の不安の根源となっている自力心を念仏において超越する道を明らかにした。

第八——賢善精進の修行とは無縁な念仏

一 自己を向上させ仏に近づくための修行でもなければ、善い報いを得るために修める善根功徳でもない。

＊「行者のためには、非行・非善」でしかない念仏は、それによって、悩み、煩い、迷う心を解決することもできなければ、浄土へ近づくこともできない。ただ「智慧《ちえ》の念仏」を仏からさずけられることによって、煩悩に覆われたまま弥陀の本願力に摂め取っていただき、この世との縁がつきた時、浄土に参る身であることを知らされる。

二 この発問者は唯円である。

三 躍りあがってよろこぶ気持。『大無量寿経』に「かの仏の名号を聞くを得て、歓喜踊躍して乃至《ないし》一念せんことあらん、まさに知るべし、この人は大利を得《う》となす」（親鸞の訓みによる）とある。

第九——煩悩を生きる人間を摂《おさ》め取る仏

八

一、「念仏は、行者のために《称える人にとっては》、非行《ひぎやう》一・非善なり。わがはからひにて行ずるにあらざれば《自分の考えにもとづいて修行するというのではないから》、非行といふ《修行ではないという》。わがはからひにてつくる善にもあらざれば《努力してなした善事でもないから》、非善といふ《善行ではないという》。ひとへに《まったく》、他力にして《仏のはたらきによるもので》、自力を離れたるゆゑに《自力を超越したものであるから》、行者のためには、非行・非善なり」と云々。

九

一、「二念仏申し候へども、踊躍《ゆやく》三・歓喜《くわんぎ》のこころおろそかに候ふこと《不十分でありますし》、また《その上》、いそぎ浄土へ参りたきこころのさふらはぬは、いかにとさふ《どういうふうに考え》らふべきことにて候ふやらん《たらよいのでございましょうか》」と申し入れて《お尋ねしましたところ》候ひしかば、「親鸞もこの不審ありつるに《同じ疑問をいだいていたのだが》、[四]唯円房《ゆいゑんばう》《〔お前も〕》同じこころにてありけり《同じ心もちでいたのだなあ》。

よくよく案じみれば《考えてみると》、天に踊り、地に躍《をど》るほどに喜ぶべきこと《喜んでよいはずのこと》を喜ばぬにて《を喜ばないことで》、いよいよ《ますます》、[五]往生は一定《いちぢやう》とおもひ給ふなり《〔私は〕了解[六]しているのです》。喜ぶべきこころを抑へて喜ばせざるは《喜ばせないのは》、煩悩《ぼんなう》の所為《しよゐ》なり《仕業です》。しかるに、仏、かねて《前もって》知ろしめして《知っておられて》、[七]煩悩具足の凡夫《ぼんぶ》と仰せられたることなれば、[八]他力の悲願は、[九]かくのごとし、われらがためなりけりと知られて《気づかされて》、いよいよ《ますます》たのもしくおぼゆるなり《心強く思われるのです》。

また、浄土へいそぎ参りたきこころのなくて、いささか所労《病気をわずら》のこともあれば《うことでもあると》、死なんずるやらんと《死んでしまうのではなかろうかと》、こころぼそく覚ゆることも、煩悩の所為なり。[一〇]久遠劫《くをんごふ》より今まで流転《るてん》[一一]せる苦悩の旧里《きうり》は捨てがたく、いまだ生《むま》れざる安養浄土《あんにやう》《安楽浄土は恋しく思われませんことは》は恋しからず候ふこと、まことに、よくよく[一二]煩悩の興盛《こうじやう》に候ふにこそ。なごり惜しく思へども《〔しかし〕この世と別れがたく思っても》、[一三]娑婆《しやば》の縁つき

四 親鸞の直弟子で、こうした記述から『歎異抄』の著者と推定されている。

五 往生は定まっている。なぜなら自力で往生の資格を得ねばならないなら、自分は「地獄は一定（決っていること）」だが、仏の本願によって往生させていただく身であるから「一定」なのである。

六 蓮如本を除く古写本はすべて「給ふべきなり」となっている。その場合の「べき」は当為の意で、唯円に対する押しつけめいた言い方となり、「よくよく案じみれば」という表現とそぐわない。「給ふ」は自分の動作につけて謙譲の意を表す助動詞。「なり」は直接経験しないことを聞いて知った意を表す助動詞。

七 「欲も多く、怒り、腹だち、そねみ、ねたむ心多く、暇《ひま》なくして、臨終の一念にいたるまでとどまら」（『一念多念文意』）ない人間のありよう。

八 仏の慈悲のはたらきとしての誓願。

九 煩悩にまみれた凡夫に向けられているのであって。「ごとし」は終止形中止法の語法。古写本はすべて「ごとし」であり、「ごときの」と改めるのは誤り。

一〇 はるか遠く隔たった昔。「劫」とは、無限に近い時間をいう。

一一 生き変り、死に変って経めぐってきた、苦悩にみたされた故郷（この世）。

一二 煩悩が盛んで強いからでしょう。

一三 梵語《ぼんご》サハーの音写。この世のこと。

て、力なくして終る時に《よんどころなく命がつきる時に》、かの土《ど》《浄土》へは参るべきなり《参るはずでございます》。いそぎ参りたきこころなき者を《気持のない人を》、ことに《特別に》憐《あは》れみ給ふなり。これにつけてこそ、いよいよ《ますます》[一]大悲・大願《だいぐわん》はたのもしく、往生は決定《けつぢやう》と存じ候へ《思うのです》。

踊躍《ゆやく》・歓喜《くわんぎ》のこころもあり、いそぎ《はやく》浄土へも参りたく候はんには《参りたいというのでしたら》、煩悩のなきやらんと《煩悩がないのだろうかと》、あやしく候ひなまし《首をかしげたくなることでございましょう》」と云々。

十

一、「念仏には《念仏においては》、[二]無義をもつて義とす《〔念仏の心は〕》[三]。不可称・不可説・不可思議のゆゑに」と仰せ候ひき。

一 阿弥陀仏の大慈悲。『教行信証』行巻に引かれる『往生要集』大文第八中の偈文《げもん》「極重悪人《ごくぢゆうあくにん》　無他方便《むたはうべん》　唯称《ゆいしよう》念仏　得生《とくしやう》極楽」（極重の悪人は、他の方便なし。ただ仏を称念して、極楽に生ずることを得）は、特に法然・親鸞に深い影響を与え、仏の「大悲・大願」を言い表した言葉として中世人に広く唱誦《しようじゆ》された。西行も『聞書集《ききがき》』中に要文として引き、「卒都婆小町《そとばこまち》」「遊行柳《ゆぎようやなぎ》」など謡曲にもこの句が引かれている。

＊ 親鸞は、法然の専修念仏の要諦《ようてい》を「他力には義のなきをもて義とす」の言葉にまとめてみせる。『尊《そん》号真像銘文《ごうしんぞうめいもん》』（広本）に「信心を浄土宗の正意と知るべきなり。この心を得つれば、他力には義のなきをもて義とすと本師聖人（法然）の仰せごとなり」とあり、この言葉を法然の大切な教えと考えていたことがわかる。念仏を死者追善のための廻《ゑ》向《こう》とみなしたり、除災招福のための呪術《じゆじゆつ》とする俗信を否定し、本願力にもとづく念仏にたちかえることで、人間のはからいを超えた念仏の徳に気づかされたのである。

第十――人間の思惟《しい》を超えた他力の大悲

二 自己流の意味づけをしないということをもって本義とする。「無義」の「義」は、人間の思慮・分別にたよったはからいを意味し、「義とす」の「義」は、根本の道理を表す語。

三 言い表すことも、説き明かすこともできず、人の思いはかりを超えたものであるから。

第二部　序

そもそも《さて》、かの親鸞聖人《親鸞聖人》御在生《ざいしやう》のむかし、同じくこころざしをして《をたてて》、四歩みを遼遠《れうゑん》の洛陽《らくやう》に励まし、信をひとつにして《信心をひとしくして》、こころを当来《たうらい》五の報土にかけしともがらは《生れたいと願っていた仲間は》、同時《同じ時に》に六御意趣《ごいしゅ》をうけたまはりしかども《うけたまわったのでありましたが》、そのひとびとにともなひて《導かれて》念仏申さるる老若《らうにやく》、その数を知らず《数えきれないほど大勢》おはしますなかに《おいでになるその中で》、聖人の仰せにあらざる異義どもを《お言葉にもとづかない違った考えの数々を》、近来《きんらい》は、多く仰せられ合うて《多く論議し合っていらっしゃるということを》候ふ由、伝へうけたまはる《噂に聞いている》。いはれなき《異議に根拠のない》条々の子細のこと《ことどもを詳しく次に述べよう》。

＊すべての古写本に、この部分の行がえはみられない。したがって原文の体裁を重くみる場合は、第十章を「いはれなき条々の子細のこと」までとしているが、この部分は親鸞の言葉を記したとは考えられないので、唯円の異議批判を記した第二部の序とみなした。

中序——聖人の仰せにあらざる異議

法然の専修念仏に帰依した高弟たちは、法然の滅後、それぞれの門弟を擁して一派の指導者となって異説を立て、親鸞自身が、「法然聖人の御弟子のなかにも、われはゆゆしき学生《がくしやう》（立派な学者）などと思ひ合ひたる人々も、この世には、みな様々《やうやう》に法文《ほふもん》を言ひかへて、身もまどひ、ひとをもまどはして、煩ひあうて候ふめり」（『末燈鈔』二二九頁参照）と歎くほどであった。そして、同じく親鸞の教えを受けた人々の間からも異議が唱えられるのを耳にした時、筆者唯円は、親鸞の「歎異」を自らの「歎異」に重ね合せて深い感慨をもよおさないではいられなかった。

四　諸国から遠路はるばる都へと苦労を重ねて歩を運び。「洛陽」は、ここでは京都のこと。

五　未来の浄土。「報土」とは阿弥陀仏が本願を成就して立てた浄土のこと。

六　親鸞聖人の、真実信心に対する正しい理解の仕方。

十一

一、一文《いちもん》不通のともがらの念仏申すにあうて《文字ひとつ知らない無知な人々が念仏を申すのに対して》、「汝《なんぢ》は、誓願不思議《誓願の不思議な力》を信じて念仏申すか、また、名号《みやうがう》[一]不思議を信ずるか」と言ひおどろかして《と言ってびっくりさせ》、二つの不思議を子細[二]《詳しい意味》をも分明《ふんみやう》に言ひひらかずして《はっきりと説き明かさないで》、ひとのこころを惑はすこと。この条《このことは》、かへすがへすも《くれぐれも》、こころをとどめて《注意して》思ひ分くべきことなり《思慮深く振舞わなくてはならないことである》。

誓願の不思議によりてやすく《容易に》たもち[三]、称《とな》へやすき名号を案じ出だし給ひて《考え出されて》、この名字《みやうじ》[四]を称へん者を《称える者を》迎へとらん《浄土に迎えとろう》と御約束あることなれば、まづ、弥陀の大悲・大願《だいぐわん》[五]の不思議にたすけられ参らせて《不思議な力のはたらきをこうむって》、生死を出づべしと信じて《苦しみの続く迷界をのがれ出られると信じて》、念仏の申さるる[六]も如来の御はからひなりと思へば、少しも自らのはからひまじはらざるがゆゑに《自己中心の考えが入りこんでいないから》、本願[七]に相応《さうおう》し

＊十一章から「いはれなき条々の子細」が具体的に述べられる。すでに法然の弟子たちの間にも名号を称《とな》える念仏行を重視する立場（多念義）と誓願力によって自力の心をひるがえす廻心《えしん》に念仏の本義をみる立場（一念義）との間に論争が行われていた。この二つの立場は親鸞の門弟の間にも誓願と名号とのいずれを執《と》るかといった論議を生んだ。この問題に対する親鸞自身の言説は『末燈鈔』第九書簡「誓願名号同一事」にみられる。また名号と信心との関係については「名号は必ずしも願力の信心を具せざるなり」（『教行信証』信巻）と述べている。

第十一——誓願の功徳と名号との関係

一 「名号」は南無阿弥陀仏のこと。仏の名を称える功徳の不思議。「南無」は梵語《ぼんご》の音写、帰命・信従などと漢訳する。『尊号真像銘文』（略本）に「帰命は南無なり。帰命と申すは如来の勅命に従ひ奉るなり」とある。

二 「……を……を」の語法で、「二つの不思議を」と「子細をも」とは、ともに「言ひひらかず」に続く。

三 阿弥陀の仏名を心にたもち。『唯信鈔文意』に「たもつといふは、習ひ学ぶこころを失はず散らさぬなり」とある。

四 南無阿弥陀仏の六字の名号。

五 二二頁注一参照。

六 「るる」は自発の意。自然と念仏が称えられる。

七 弥陀の本願の御こころにかなって。

て、実報土《じつぽうど》[八]に往生するなり。これは、誓願の不思議をむねと信じたてまつれば《不思議な力をもっぱら信じ申し上げると》、名号の不思議も具足して《十分にそなわって》、誓願・名号の不思議ひとつにして《ひとつものとなって》、さらに異なることなきなり《決して別のものではありえないのである》。

つぎに、自らのはからひをさしはさみて《自己流の解釈や判断をくだして》、善・悪の二つにつきて、往生のたすけ・さはり《善は往生を助け　悪は妨げになると》、二様《ふたやう》[九]に思ふは、誓願の不思議をばたのまずして《不思議な力にまかせきらないで》、わがこころに往生の業を励みて《自分の意志の力で往生のための行いを励み》、申すところの念仏をも《口で称えるところの念仏も》自行《じぎやう》[一〇]になすなり。この人は、名号の不思議をもまた《〔誓願の不思議を信じないだけでなく〕》信ぜざるなり。信ぜ[一一]ざれども、辺地《へんち》[一二]・懈慢《けまん》[一三]・疑城《ぎじやう》[一四]・胎宮《たいぐ》[一五]にも往生して、果遂《くわすい》[一六]の願のゆゑに、つひに報土に生ずるは《最後には真実の浄土に生れるのは》、名号不思議の力なり。これすなはち、誓願不思議のゆゑなれば、ただひとつなるべし《〔誓願の力と名号の力とは〕全く一体のものであるはずだ》。

十二

八「真実報土」の略。一五頁注一一参照。

九 二つに区別して考えることは。

一〇 自力の行としてすることになるのである。「自行」は、自分が信じ、自分の意志で励む行。

一一 本願や名号に具《そな》わる不思議な力を信じなくとも。

一二 如来の本願を信じない自力の行者が生れる、真実の浄土のかたほとりにある仮の浄土。

一三 たゆみ心や慢心に揺れ動く自力の行者が生れるところ。懈慢界。

一四 本願に疑いをさしはさむ者の生れるところ。

一五 仏智を疑うゆえに胎児のように光明を仰ぎ得ない者の生れるところ。

一六『大無量寿経』に説かれている弥陀四十八願中の第二十願のこと。真に浄土往生を欲するのなら、それが自力の念仏者であっても、その願いを果し遂げるまでは、仏とはならないという誓願。

＊法然が「もろこし我が朝に、もろもろの智者達の沙汰《さた》し申さるる観念の念にも非ず。また学問をして念の心を悟りて申す念仏にも非ず」（「一枚起請《きしよう》文《もん》」）と宣言せざるを得なかったのは、智者や学者の無意識裡の優越感が「義なきを義とす」る他力念仏を受けいれる最大の障害とみたからである。親鸞もまた「善悪の字しり顔は、大そらごとのかたちなり」（文明本『正像末和讃』）と、知識人の陥りやすい優越幻想をきびしく批判している。

第十二——学問と信仰をめぐる問題

一、経釈《きやうしやく》[一]を読み、学せざるともがら《学問をしたことのない人たち》、往生不定《ふぢやう》[二]の由のこと。この条、すこぶる不足言《ふそくごん》[三]の義と言ひつべし《言わねばならない》。

他力真実の旨《むね》をあかせる《明らかにしているさまざまな》もろもろの正教《しやうげう》[四]は、本願を信じ、念仏を申さば、仏に成る《成仏する〔と説いている〕》。そのほか何の学問かは《どんな学問が》、往生の要なるべきや《往生のために必要であろうか》。まことに、この理《ことわり》に迷へらん人は《迷っているような人は》、いかにもいかにも《どのようになりと》学問して、本願の旨を知るべきなり《趣旨を知るのがよかろう》。経釈を読み、学すといへども《学問をしているといっても》、聖教の本意《根本の意味を体得しないというのでは》を心得ざる条、もつとも不便のことなり《まったく気の毒なことである》。

一文不通《文字ひとつ知らないで》にして、経釈[五]の行く路《ち》も知らざらん人の《理解できない人が》、称《とな》へ易《やす》からんための名号におはしますゆゑに《名号であらせられるから》、《〔念仏を〕》易行《いぎやう》といふ。学問をむねとするは《第一とするのは》、聖道門《しやうだうもん》なり。難行となづく。あやまつて学問して《間違った動機から学問をして》、名聞利養《みやうもんりやう》[六]の思ひに住する人、順次[七]の往生いかがあらんずらん《果してどうであろうか〔おぼつかない〕》といふ証文[八]もさふらふべきや《あるではありませんか》。

当時《この頃》、専修念仏《せんじゆねんぶつ》の人と聖道門の人、法論[九]を企てて《教義に関する論争を計画して》、「わが宗こそ勝《すぐ》れたれ、ひとの宗は劣りなり《劣っている》」と言ふほどに《言い争っているうちに》[一〇]、法敵も出で来り《現れてきて》、

一　経典とその注釈書。
二　往生できるかどうかさだかでないということ。
三　論ずるに足りないつまらない理論。
四　聖教と同じ。仏の正統な教えの書。
＊　貞慶《じやうけい》が起草した『興福寺奏状』は専修念仏（一八頁注一参照）の徒の九つの罪過をあげている。その第六では、専修念仏の徒は浄土経典の正しい理解にもとづかない念仏を称《とな》え、「ひとへに仏力をたのみて涯分《がいぶん》（身分の程）をはからざる」「愚癡《ぐち》の過《あやまち》」を犯していると非難している。また明恵《みやうえ》は『摧邪輪』を著し、法然の『選択集』の誤りを数えたてて専修念仏を難じた。このように諸宗の学僧は経典の解釈学の伝統を盾に念仏者の無学をなじり、権力者に取締りを要請した。
五　経典とその注釈書に述べられている筋道。
六　自分の名誉や財を貪《むさぼ》る事に心を奪われている人。
七　次の生で浄土に生れて仏になること。「順次の往生」に対し、親鸞は「即得往生」を重くみる。『唯信鈔文意』に「即得往生は信心をうれば即ち往生すといふ。即ち往生すといふは不退転に住するをいふ」とある。
八　証拠となる文献。『末燈鈔』第六書簡を参照。
九　永正本など他の古写本には「諍論《じやうろん》」とある。
一〇　正法（ここは本願念仏の教え）に敵対する者。
一一　正法に対する非難・悪口も行われるようになる。

一二 自分が拠《よ》り所としている教えをそしり、そこなうことではないか。
一三 下等な生れつきの並の人間。
一四 すぐれた能力を恵まれ、自力で修行を励むことができる人。
一五 憎らしい態度を示さないならば。
一六 思慮深い者は（論争の場から）遠く離れるべきであるという旨の。
一七 源信の『往生要集』（中巻、大文第五）に引用されている『大宝積経《だいほうしやくきよう》』に「戯論・諍論の処は、多くのもろもろの煩悩を起す。智者は応《まさ》に遠離して、百由旬《ひやくゆじゆん》を去《へだ》つべし」という偈《げ》がある。この偈は親鸞も連署している法然の『七箇条起請文』第二条「無智の身を以て有智の人に対《むか》ひ、別行の輩に遇《あ》ふて好みて諍論を致すことを停止すべきこと」にも引かれ「又諍論の処には、もろもろの煩悩起る。智者これを遠離すること百由旬なり」とある。「由旬」は、古代インドでの距離の単位で、荷車をひいた雄牛の一日の行程。
一八 『親鸞聖人御消息集』の第四書簡に「釈迦如来のみことには、念仏する人をそしるものをば、『名無眼人《みやうむげんにん》』と説き、『名無耳人《みやうむにん》』と仰せおかれたることにさふらふ。善導和尚《ぜんだうくわしやう》は『五濁増時多疑謗《ごぢよくぞうじたぎばう》　道俗相嫌不用聞《だうぞくさうけんふようもん》　見有修行起瞋毒《けんうしゆぎやうきしんどく》　方便破壊競生怨《はうべんはゑきやうしやうをん》』（五濁増時疑謗おほし、道俗相嫌ふて聞くを用ゐず、修行あるを見ては瞋毒を起す、方便破壊きそふて怨を生ず）とたしかに釈しおかせたまひたり」と見える。

[一一]謗法《はうぼふ》もおこる。これ、しかしながら《他宗をそしることは　そのまま》、自《みづか》ら、[一二]わが法を破謗《はばう》するにあらずや。たとひ、諸門こぞりて《諸々の宗派の人々が一致して》、「念仏はかひなき人《能のない人》のためなり。その宗あさし《浅薄で》、いやし《低俗だ》」と言ふとも、さらに争はずして《決してさからわないで》、「われらがごとく[一三]下根《げこん》の凡夫《ぼんぶ》、一文不通《いちもんふつう》の者の、信ずればたすかる由、うけたまはりて信じ候へば《信じていますので》、さらに《まったく》、[一四]上根の人のためにはいやしくとも《低俗な教えであっても》、われらがためには、最上の法にてまします《最高の真理としてはたらきかけて下さいます》。たとひ、自余の教法《念仏以外の》勝れたりとも、自らがためには《自分自身のためには》、器量およばざれば《能力も才能も及びもつかないので》つとめがたし《実践できません》。われもひとも生死を離れんことこそ《みな生死を繰り返す迷いの世界を脱することだけが》、諸仏の御本意にておはしませ《根本のお考えであられることです》ば《から》、御さまたげあるべからず《念仏の人を邪魔だてなさる必要はありません》」とて、[一五]憎いげせずは、誰の人かあり《どのような人がいて》て、あたをなすべきや《敵対の態度をかまえるでしょうか》。かつは《その上》、諍論《じやうろん》のところには《論争のあるところには》もろもろの煩悩おこる。[一六]智者遠離《をんり》すべき由の[一七]証文さふらふにこそ《あることです》。

故聖人の《亡き親鸞聖人の》仰せには、「この法《念仏の教え》をば信ずる衆生もあり、謗《そし》る衆生もあるべしと《あるであろうと》、[一八]仏《ぶつ》ときおかせ給ひたることなれば《前もって説いておかれたことなので》、われはすでに信じたてまつる《現に念仏を信じ申し上げている》、また、人ありて謗るにて《他人が非難する事実によって》、仏説まことなりけりと知ら《本当のことであったと知られます》

れ候ふ。しかれば《そうであるから》、往生はいよいよ一定と思ひ[一]給ふなり《ますます確実だと思う次第です》。あやまつて《まかり間違って》謗《そし》る人のさふらはざらんにこそ《非難する人がいないとなると》、いかに《どうして》、信ずる人はあれども、謗る人のなきやらんともおぼえ候ひぬべけれ《ないのであろうかときっと思ってしまうにちがいない》。かく申せばとて《こう言ったからといって》、必ず人に謗られんとにはあらず《非難されようというのではない》。仏の、かねて《前もって》信《しん》[二]・謗《ばう》ともにあるべき旨を知ろしめして《承知なさって》、人の疑ひをあらせじと《人に疑いをいだかせまいと》、説きおかせ給ふことを申すなり《〔先のようなお言葉を〕説いておかれたことを申すのです》」とこそ候ひしか。

今の世には《この頃では》、学問して人の誹りをやめ《やりこめ》、ひとへに《もっぱら》論義[三]・問答むねとせんとかまへられ候ふにや《主にしようと身がまえておられるのでしょうか》。学問せば《学問をするのなら》、いよいよ如来の御本意を《[四]阿弥陀仏のご本心を》知り、悲願の広大の旨をも存知して《〔その〕誓願の広大無辺な趣旨をよく理解し》、いやしからん身にて往生はいかが《自分のようにとるに足りない身では往生はどうであろうか》、なんどあやぶまん人にも《などと疑わしく思っている人にも》、本願には善悪[五]・浄穢《じやうゑ》なきおもむき《趣旨》をも説ききかせられ候はばこそ《説いてお聞かせになられるのでしたらそれこそ》、学生のかひにてもさふらはめ《学問した者の甲斐でありましょうが》、たまたま何心もなく《何の疑いもなく》、本願に相応して《本願の御心にかなって》念仏する人をも、学問してこそ、なんど言ひおどさるること《〔往生できる〕などと言っておどされることは》、法[六]の魔障なり、仏の怨敵《をんでき》[七]なり。自ら、他力の信心欠くるのみならず、あやまつて他を迷はさんとす《他人をも迷わそうとするものである》。

一 蓮如本を除く古写本はすべて「給ふべきなり」とあるが、ここは「給ふ」を謙譲の助動詞と考える方が適切で、「なり」は、仏説によってそのように思う自分の気持を表す。「……というわけです」の意。

二 信ずる人と非難する人。

三 教理について互いに問答し、理非を争うこと。

四 親鸞は『浄土文類聚鈔』で「誠に知んぬ。大聖世尊（釈尊が）、世に出興し給ふ（現れ給う）大事の因縁（根本原因は）、悲願の真利（真の利益）を顕《あらは》して如来の直説《ちきせつ》（自ら説いたこと）とし給へり。凡夫の即生（ただちに浄土に生れること）を示すを大悲の宗致（根本の趣旨）とすとなり。ここによりて、諸仏の教意をうかがふ（諸仏の教えの意味するところをよくよく考える）に、三世の諸如来出世の正しき本意、ただ阿弥陀の不可思議の願を説かんとなり」と述べている。

五 善人と悪人、持戒清浄の人と破戒無慙《むざん》の人。

六 仏法の妨げをなす悪魔のしわざ。

七 仇をなす敵。

＊「善人なほもつて往生を遂ぐ。いはんや、悪人をや」といった悪人正機の他力信仰は、二つの誤解を生みやすかった。一つは、悪人を救う願だからと甘えて、進んで悪をおかし、悪人となって往生を遂げようとする邪見、他の一つは、悪を恐れない者を本願ぼこりと呼んで非難することで自らを善人の立場に置き、無意識のうちに自力修善の道におちいり、本願力をないがしろにする誤りであ

つつしんでおそるべし、先師《親鸞聖人》の御こころにそむくことを。かねて《あわせて》あはれむべし、弥陀の本願にあらざることを。

十三

一、弥陀[八]の本願不思議におはしませばとて、悪をおそれざるは、また、本願ぼこり[九]とて、往生かなふべからず《往生できるはずがない》といふこと。この条《このことは》、本願をうたがふ[一〇]、善悪[一一]の宿業《しゅくごふ》を心得ざる《知らないのである》なり。

善きこころのおこるも、宿善《しゅくぜん》[一二]のもよほすゆゑ《うながすからである》なり。悪事の思はれ《悪事が心に浮んできて》、せらるるも《悪事をしてしまうのも》、悪業のはからふゆゑなり《そうさせてしまうからである》。故聖人の仰せには、「卯毛《うもう》[一三]・羊毛《やうもう》のさきにゐる塵ばかりもつくる罪《つく塵ほどわずかにおかす罪であっても》の、宿業にあらずといふことなしと知るべし《理解する必要がある》」とさふらひき。

また、ある時、「唯円房《ゆいゑんばう》は、わが言ふことをば信ずるか」と仰せ《仰せが》

る。こうした誤解や、誤解に基づくいわれなき非難は、権力に屈しない念仏者の信仰生活をこころよく思わない支配階級や、支配秩序に同調する人人からあびせられた。さらには念仏を称える者の間からも、権力の力をかりて自己の教勢を張ろうとする者は、同じ念仏者を「造悪無碍《むげ》者」「放逸無《む》慚《ざん》の徒」と誣告《ぶこく》するにいたった。

第十三——他力をたのむ悪人

八 弥陀の本願には、人の思いはかりを超えたはたらきがそなわってあらせられるからといって。第一章には「弥陀の誓願不思議」とある。親鸞自身は、誓願不思議・仏智不思議・他力不思議・名号不思議・選択不思議の本願・大願業力の不思議・不思議の誓願・不思議の仏智などの言葉をしばしば用いた。

九 「ぼこり」は誇ること。ここでは甘えるという程の意。「本願ぼこり」の語は、親鸞の著作にはない。

一〇 疑うことであって、それはまた、の意。対偶表現をとる重文構文の上句末に終止形を用いるのは中世の特殊語法の一。

一一 過去の世で積み重ねてきた行為の結果が、現世における善事・悪事となって現れること。

一二 過去の世でなした善なる行い。次行の「悪業」の対。ただし、親鸞自身の著作には、「宿縁」が用いられており、宿善・宿業といった語は見られない。

一三 「卯」は「兎」の宛字《あてじ》。兎毛塵《ともうじん》・羊毛塵といって、極めて微細なものを喩《たと》えた仏典の言葉に基づく表現。

のさふらひしあひだ《ありましたので》、「さん候ふ《はい信じております》」と申し候ひしかば《お答えいたしましたところ》、「さらば《では》、言《［私の］》はんこと《言うことを》違《たが》ふまじきか《そむかないつもりか》」と、かさねて仰せのさふらひしあひだ、つつしんで領状《りやうじやう》[一]申して候ひしかば、「たとへば《まずもって》、人千人殺してんや《殺してもらえないか》。しからば《そうしたら》、往生は一定《いちぢやう》すべし《決定するであろう》」と仰せ候ひし時、「仰せにては候へども、一人《いちにん》も、この身の器量《現在の私の力量》にては、殺しつべしとも覚えず候ふ《間違いなく殺せるとはとても思えません》」と申して候ひしかば《申しましたところ》、「さては《それでは》、いかに《どうして》、親鸞が言ふことを違ふまじきとは言ふぞ《決してそむかないなどと言うのか》」と。[二]「これにて知るべし。何事もこころにまかせたることならば《思いどおりになるのならば》、往生のために千人殺せと言はんに《言う時には》、すなはち殺すべし《ただちに殺すはずだ》。しかれども《けれども》、一人にてもかなひぬべき《一人でも殺すことができるはずの》業縁《ごふえん》[三]なきによりて、害せざるなり《殺さないのである》。わがこころの善くて殺さぬにはあらず。また、害せじと思ふとも《殺すまいと思っても》、百人・千人を殺すこともあるべし」と仰せのさふらひしかば《という仰せがありましたのは》、われらが、[四]こころの善きをば善しと思ひ、[五]悪しきことをば悪しと思ひて、[六]願の不思議にてたすけ給ふといふことを知らざること《気がつかないでいる》を《のを》、仰せのさふらひし《おさとしになられたのであった》なり《［と分りました］》。

一 承諾すること。「領掌」「領承」とも書く。

二 ここで、いったん親鸞の反問せられた言葉を切り、以下改めて「これにて知るべし」の語を記している。

三 業因ともいい、現在の善悪苦楽の果報をもたらす原因となる過去の行為。

四 まどい心を去って善人となることが、往生のためによいことだと考え、の意。

五 自分は悪い人間であるから、往生は望めそうもないと思い決めてしまって、の意。

六 如来の誓願力。

七 まちがった考え方。「邪見におちたる人」の張本人は、親鸞書簡によると、はじめは善證一人をあげるだけであったが、その後、その数が増している。

八 『末燈鈔』第二十書簡（二三二頁参照）に、「薬あり、毒をこのめと候ふらんことは、あるべくも候はずとぞ、おぼえ候ふ」とある。なおこの手紙は『親鸞聖人御消息集』（広本）にも収められている。

九 まちがった考えに固執すること。「かの邪執」とは、「悪はおもふさまに振舞ふべし」（『末燈鈔』二一そのかみ《その昔》、邪見[七]におちたる人あつて、悪をつくりたる者をたすけんといふ願にてましませばとて、わざと好みて悪をつくりて、往生《往生の》の業とすべき由を言ひて《ためのたねとすべきであると言って》、やうやうに《しだいに》、悪しざまなることの聞え候《よくないことをしているとの噂が聞えて》ひし時《きました時》、御消息《ごせうそく》[八]に、「薬あればとて《薬があるからといって》、毒を好むべからず」とあそば《お書きに》されて候ふは《なられているのは》、かの邪執《じやしふ》[九]をやめんがためなり《とどめるためである》。全く《決して》、悪は往生のさ《悪は往生の妨げとな》はりたるべしとにはあらず《るはずだというのではない》。持戒・持律《ぢりつ》[一〇]にてのみ本願を信ずべくは、われら、いかでか《どうして》、生死を離るべきやと《迷いの世界を超えることができようか》。かかるあさましき身も《このような情けないものでも》、本願にあひたてまつりてこそ《本願力とむきあい申し上げていればこそ》、げにほこられ候へ[一一]。さればとて、身にそなへざらん《そなわっていない》悪業は、よもつくられ候はじものを《万一にもつくれるものではありませんのに》。

また、「海河に、網をひき、釣《つり》をして、世を渡る者も《暮しをたてている者も》、野山に、獣《しし》を狩り、鳥をとりて、命をつぐともがらも《命をつないでいる仲間も》、商ひをし、田畠《でんばく》を作りて過ぐる人も《日々を送る人も》、ただ《全く》[一二]同じことなりと。さるべき業縁のもよほさば《しかるべき業縁がうながすならば》、いかなる振舞もすべし《どんな行いでもするようになる》」とこそ、聖人は仰せ候ひしに《おっしゃいましたのに》、当時は《この頃では》、後《ご》[一三]世者《せしや》ぶりして《心の立派な者だけが念仏を称える資格があるかのように》、善からん者ばかり念仏申すべきやうに、或《あるい》は、道場[一四]

八頁参照）といった考え。

一〇 戒律を守ることが伴ってはじめて本願を信ずることができるのなら。戒律を守ることを普通には「持戒」というが、ここでは二語にわけて表現した。「戒」とは規律を守ろうとする自発的な心のはたらき、「律」とは修行上の規範をいう。

一一 本当のところは、悪人のままで本願に甘えることもできるのです。

一二 一般に卑賤《ひせん》視される猟師・商人・農民も、よき人といわれる人も、業縁にしばられた存在としては同じであることをいう。親鸞は『唯信鈔文意』のなかで、「瓦礫《ぐわりやく》」の語を注解するにあたって、元照の『阿弥陀経義疏』中の「具縛《ぐばく》ノ凡愚、屠沽《とこ》ノ下類」の句をよりどころに次のようなことを述べている。「具縛はよろづの煩悩にしばられたるわれらなり。煩は身をわづらはす、悩は心をなやますといふ。屠はよろづの生きものを殺しほふる者なり、これは猟師といふ者なり。沽はよろづのものを売り買ふ者なり、これはあき人なり。かやうの者どもは、みな石・瓦・礫《つぶて》のごとくなるわれらなり」。

一三 来世をねがう念仏者らしいふりをして。

一四 念仏者の集まる場所。初期の真宗教団をつくった人たちは、堂塔を備えた寺院を建立《こんりゆう》することをしないで、一般の住居のかたわらに「道場」と呼ぶ別棟の建物を設け、そこに集まって互いの信心を確かめあい、説法を聞く場所とした。

にはりぶみ《はり紙をして》をして、何々《なんなん》のことしたらん者《これこれのことをした》をば、道場へ入《い》るべから
ずなんどと言ふこと、ひとへに《まったく》、賢善精進《けんぜんしやうじん》一の相を外《ほか》に示して《人に見せかけ》、内《心の中》に
は虚仮《こけ》をいだけるものか《にうそ偽りをいだいているものではなかろうか》。

願にほこりて《甘えて》つくらん罪も、宿業のもよほすゆゑなり。されば、
善きことも、悪しきことも、業報にさしまかせて《業の報いにまかせて》、ひとへに《ただひたすら》、本願
をたのみ参らすればこそ、他力にては候へ《他力というものです》。『唯信鈔《ゆいしんせう》』二にも、「弥陀《弥陀が》、
いかばかりの力ましますと知りてか《どれほどの力をそなえていらっしゃると知った上で〔自分は〕》、罪業の身なれば、救はれがた
しと思ふべき《救われがたいと思うのであろうか》」とさふらふぞかし。本願にほこる心のあらんにつけ
てこそ、他力をたのむ信心も決定《けつぢやう》しぬべきことにて候へ《確かなものとなるはずのものであります》。

おほよそ、悪業・煩悩を断じつくして後《なくしてしまったその上で》、本願を信ぜんのみぞ《本願を信ずるというのであれば》、
願にほこる《甘える》思ひもなくてよかるべきに《望ましいはずであるが》、煩悩を断じなば《断ってしまえば》、三すなは
ち、仏になり、仏のためには《〔それならば〕その仏にとっては》、五劫思惟《ごこふしゆい》四の願、その詮なくやましま
さん《その必要がないことになりませんか》。

本願ぼこりといましめらるる人々も《〔仲間の念仏者に対し〕非難なさる人々も》、五煩悩・不浄具足せられてこ《煩悩も不浄も余す所なくそなえて》

一 かしこく仏道を理解し、善を行い、ひたすら修行に励む姿を。なお、親鸞は『唯信鈔文意』で、善導の「不得外現賢善精進之相内懐虚仮《ふとくげげんけんぜんしやうじんしさうないゑこけ》」の文について「不得外現賢善精進之相といふは、あらはにかしこきすがた、善人のかたちをあらはすことなかれ、精進なるすがたをしめすことなかれとなり。そのゆゑは内懐虚仮なればなり。内《ない》はうちといふ、心のうちに煩悩を具せるゆゑに虚なり仮なり、虚はむなしくて、実ならぬなり、仮はかりにして真ならぬなり」と注している。

二 法然の弟子聖覚《せいかく》（一一六七〜一二三五）の著。一巻。専修念仏の教義を分りやすく要約した書。

三 人間が、そのまま、仏になることであり。

四 『大無量寿経』によれば、阿弥陀仏は法蔵比丘《ほうぞうびく》と呼ばれた頃、世自在王仏《せじざいおうぶつ》の説くところを聞き、あまねく仏の国土をご覧になり、五劫というきわめて長い時間をかけて熟慮して、四十八の誓願をたてられた。

五 煩悩具足・不浄具足の意。「煩」は身のわずらい、「悩」は心の汚《けが》れ、「不浄」は人間にそなわる汚れ。

六 いらっしゃるように見受けます。「げ」は、名詞・用言につく接尾語。元の形は「候ひげなり」である。

＊『観無量寿経』の「下品下生《げぼんげしやう》」の条に「至心して声をして絶えざらしめて、十念を具足して、南無阿弥陀仏と称せしむ。仏名を称するが故に、念々のなかにおいて、八十億劫の生死の罪を除く」（親鸞加点延書本）とある。この経文にもとづいて念

六 そ候ふげなれ。それは、願にほこらるるにあらずや《すなわち本願に対し甘えておられるのではないか》。いかなる悪を本願ぼこりと言ふ《言い［そして］》、いかなる悪かほこらぬにて候ふべきぞや《どんな悪が本願に甘えていないと言えるのでしょうか》。かへりて《むしろ反対に》、こころ幼きことか《未熟な考えではないか》。

十四

一、七 一念に八十億劫《おくこふ》の重罪を滅すと信ずべしといふこと。この条は、八 十悪・五逆の罪人、日ごろ、念仏を申さずして、命終《みやうじゆ》《命終る時に》の時、はじめて、九 善知識《ぜんちしき》の教へにて《によって》、一念申せば、八十億劫の罪を滅し、一〇 十念申せば、十《［十倍の］と》八十《はちじふ》億劫の重罪を滅して、往生すと言へり。これは、十悪・五逆の軽重《きやうぢゆう》を知らせんがために《分らせるために》、一念・十念と言へるか。一一 滅罪の利益《りやく》なり。いまだ《それではまだ》、われらが信ずるところに及ばず《信ずる他力信心に遠く隔たっています》。

そのゆゑは、一二 弥陀の光明に照らされ参らするゆゑに《お照らしいただいているからには》、一三 一念発起す

仏滅罪の信仰が生れたが、親鸞は、念仏を滅罪の呪文《じゆもん》のように考える立場をきっぱりと否定する。

七 一度の念仏で、八十億劫という無限に近い長い時間、生死の流転を繰り返し、迷いの世界で苦しみ抜かなければならない重罪を消すということ。

八 「十悪」は、身における殺生・偸盗《ちゆうとう》・邪淫《じやいん》、口における妄語《もうご》・綺語《きご》・悪口・両舌、意における貪欲《とんよく》・瞋恚《しんに》・邪見の十種の悪業。「五逆」は、殺父《せつぶ》・殺母《せつも》・殺阿羅漢・破和合僧《はわごうそう》・出仏身血の五種の逆罪をいう。

九 教えを説いて正しい仏道に導く立派な指導者。

一〇 親鸞も『唯信鈔文意』で「五逆の罪人は、その身に罪を有《も》てること、十八十億劫の罪を有てる故に、十念南無阿弥陀仏と称ふべしと勧め給へる御法《みのり》なり。一念に十八十億劫の罪を消すまじきにはあらねども、五逆の罪の重きほどを知らせんがためなり」と述べている。なお、「軽重」は、重さの意で「軽」には意味がない。

第十四 —— 摂取不捨の利益にあずかる念仏

一一 それは、つまり、念仏には罪を除き消すという利益のあることに対する信心である。

一二 親鸞は『唯信鈔文意』で、弥陀の光明について「微《み》塵《ぢん》世界に無碍《むげ》の智慧光を放たしめたまふゆゑに、尽十方無碍光仏と申す光にて、形もましまさず、色もましまさず、無明《むみやう》の闇《やみ》をはらひ、悪業に障《さ》へられず、このゆゑに無碍光と申すなり」と述べている。

一三 ひとたび念仏を申そうとする心が起る時。

る時、一金剛の信心をたまはりぬれば《堅固な信心をいただいてしまうのだから》、すでに、二定聚《ぢやうじゆ》の位にをさめし《位に落ちつかせて下》め給ひき《さっているのであり》、命終すれば《命が終れば》、もろもろの煩悩・悪障《罪悪》を転じて、三無生忍《むしやうにん》をさとらしめ給ふなり《さとらせて下さるのである》。この悲願ましまさずは《この慈悲による本願があらせられないならば》、かかる、あさましき罪人、いかでか《どうして》、生死を解脱すべきと思ひて《迷いの境界をぬけだせようかと思って》、一生の間申すところの念仏は、みな、ことごとく、如来大悲の恩を報じ《如来の大慈悲のご恩に報い》、徳を謝すと思ふべきなり《その広大な功徳に感謝する道と思わねばならない》。

念仏申さんごとに罪を滅《ほろぼ》さんと信ぜんは《信じることは》、すでに、我と《自分の力で》罪を消して、往生せんと励むにてこそ候ふなれ《努力することになるのです》。もししからば《もしそうだとするならば》、一生の間、思ひと思ふこと《思い考えることは》、みな《すべて》、四生死のきづなにあらざることなければ《でないものはないのだから》、命尽きんまで念仏《念仏を》五退転せずして《怠らずに続けて》、往生すべし《往生することになる》。ただし、六業報限りあることなれば、いかなる不思議のことにもあひ《どのような思いがけないことにあったり》、また、病悩、苦痛を《病苦にせめられ悩み》せめて《苦しんで》、七正念《しやうねん》に住せずして終らん《とどまれなくて死ぬだろう》、［その時は］念仏申すことかたし《むずかしい》。その間の罪をば、いかがして滅すべきや《消したらよいのか》。罪消えざれば《消えないならば》、往生はかなふべからざるか《できないのであろうか》。

一 『唯信鈔文意』に「信心破れず、傾かず、乱れぬこと、金剛（金剛石）のごとくなるが故に、金剛の信心とは申すなり」とある。
二 正《まさ》しく仏となることに定まった人々。「正定聚《しようじようじゆ》」の略。
三 不生不滅の真理を認めて心の安らぎを得る境位。「無生法忍」の略。親鸞は、この語に「不退の位なり」という傍注をつけている（『尊号真像銘文』広本）。
四 生死を流転する迷いの世界に繋《つな》ぎとめておく綱。
五 「退転」は、修行によって至りついた位を失って、もとのところへあともどりすること。
六 人は業の報いに縛られた有限な存在であるから。
七 一心に正《まさ》しく本願を念ずること。
八 すべてのものをもれなく仏の位に摂《おさ》め取ろうという阿弥陀仏の誓い。『観無量寿経』に「一々の光明、あまねく十方世界を照らす。念仏の衆生を摂取して、捨てたまはず」と説かれている。親鸞は『唯信鈔文意』で「誓願真実の信心をえたる人は、摂取不捨の御誓ひに摂め取りてまもらせたまふによりて、行人のはからひにあらず、金剛の信心となる故に、正定聚の位に住すといふ」と述べている。
九 浄土に往生してさとりが開かれようとする臨終の時が近づくにつれても。浄土教では、浄土に往生してさとりを開き仏となるという考え方が一般に行われていた。

八 摂取不捨《せつしゆふしや》の願をたのみたてまつらば、いかなる不思議ありて《どのような思いがけないことがあって》、罪業を犯し、念仏申さずして終るとも《死ぬとしても》、すみやかに往生を遂ぐべし《とげるはずである》。また、念仏の申されんも《念仏がおのずと称えられるのも》、ただ今、九 さとりを開かんずる期《ご》の近づくにしたがひても、いよいよ弥陀をたのみ、御恩を報じたてまつるにてこそ候はめ《ご恩にお報い申し上げる念仏でなくて何でありましょう》。罪を滅せんと思はんは、自力のこころにして、一〇 臨終正念といのる人の本意なれば《本心でもあるから》、他力の信心なきにて候ふなり《他力の信心が欠けているのであります》。

十五

一、煩悩具足の身をもつて、すでに《〔この世で〕》さとりを開くといふこと、この条、もつてのほかのことに候ふ《とんでもないことであります》。

一一 即身成仏《そくしんじやうぶつ》は、一二 真言《しんごん》秘教の本意《根本の趣旨》、一三 三密行業《さんみつぎやうごふ》の証果《結果》なり。一四 六根清浄《ろくこんしやうじやう》

一〇 死期に臨み、極楽往生を正しく念じて弥陀の来迎をまつこと。『末燈鈔』第一書簡参照。

* 親鸞は、建長七年から正嘉元年にかけて、東国の念仏者に、「信心の人」は「弥勒《みろく》仏と等し」(『末燈鈔』第二書簡)、もしくは「浄土の真実信心の人は、この身こそあさましき不浄造悪の身なれども、こころはすでに如来とひとしければ、如来とひとしと申すこともあるべしとしらせ給へ」(『末燈鈔』第三書簡)という思想を強調している。当時、東国にもひろまっていた弥勒信仰を念頭において説いたと思われるが、この「弥勒等同」「如来等同」の思想は、真言宗の即身成仏の思想や天台宗の本覚思想との混同をまねきやすかった。

第十五 ── 他力のさとり

一一 この生身のままでさとりを開いて仏(=覚者)となること。親鸞は仏教を聖道門難行道の教えと浄土門易行道の教えに分け、前者の基本理念を即身是仏・即身成仏の思想においてとらえた。

一二 真言密教のこと。「真言」とは真実の言葉、「秘教」は秘密最奥の教え、の意。

一三 密教でいう身《しん》・口《く》・意《い》の三種の行法。身に印を結び(身密)、口に陀羅尼《だらに》を誦し(口密)、心に本尊を観ずる(意密)ことによって仏のさとりと応じあう行。

一四 眼・耳・鼻・舌・身・意の六種の器官のはたらきを純一なものにしてさとりを得ること。

は、また、一法華一乗《ほつけいちじよう》の所説、二四安楽《しあんらく》の行の感徳《功徳》なり。これみな、難行《凡夫には行じ難い》・上根の勤め《すぐれた人の修行》、観念成就のさとりなり《心をこらすことで得たさとりである》。三来生《らいしやう》の開覚は、他力浄土《浄土教》の宗旨《根本義》、四信心決定《けつぢやう》の通故《つうこ》なり。これまた、易行・下根の勤め《行じ易く能力の劣った者の修行》、五不簡《ふけん》善悪の法なり。

おほよそ《だいたい》、今生《この世》においては、煩悩・悪障を断ぜんことは《罪悪の絆をたちきることは》、きはめてありがたき《困難なので》あひだ、真言《真言宗》・法華《天台宗》を行ずる浄侶《聖僧》、なほもつて《［でさえ］なお》六順次生《じゆんじしやう》のさとりを祈る。いかにいはんや。七八戒行《かいぎやう》・慧解《ゑげ》ともになし《二つながら身にそなえてなくとも》といへども、九弥陀の願船に乗じて生死の苦海《苦しい迷いの世界》を渡り、報土の岸に着きぬるものならば《浄土の岸に着いてしまうことになると》、煩悩の黒雲はやく《たちまちに》晴れ、一〇法性《ほつしやう》の覚月すみやかにあらはれて《存在の本来のかがやきがただちにあらわれて》、一一尽十方の無碍《むげ》の光明に一味《いちみ》にして、一切の衆生を利益《りやく》せん時にこそ、さとりにては候へ。

この身をもつてさとりを開くと候ふなる人は《考えている人は》、釈尊のごとく、一二種種の応化《おうげ》の身をも現じ、一三三十二相・一四八十随形好《ずいぎやうかう》をも具足して《すべてそなえて》、説法・利益さふらふにや《説法したり恵みを与えたりするのでしょうか》。これをこそ、今生にさとりを開く本《ほん》《手本》とは申

一『法華経』が説く一乗（すべてのものを等しく、迷いの此岸《しがん》からさとりの彼岸に渡す唯一の乗物）の教え。
二『法華経』安楽行品《あんらくぎようほん》に説かれる四種の法。煩悩・慢心・言葉の過ちを遠ざけ、一切衆生をさとりに導かないではおかないという誓いを立てる、四つの修行。
三 来世に必ず浄土に生れてさとりを開くこと。
四 信心がゆるぎなくそなわった者の定まった道理。
五 善人と悪人とをわけへだてしない教え。
六 この生涯の次に他の生に転ずることなく、直ちに浄土に生れてさとりを開くことを祈っている。
七「下根の凡夫においてをや」などを補う。
八 戒律を守る修行や智慧によって得た仏法の理解。
九 本願のはたらきを船に喩《たと》えた。
一〇 真如のさとり。「法性」は、存在を存在たらしめているはたらきをいう。「覚月」は、さとりを月に喩える。前の「煩悩の黒雲」の対。
一一 十方の世界のくまぐままで妨げられることなく照らす仏の光明と一つになって。
一二 仏が衆生を救うために、人それぞれの能力に応じて、さまざまに身をかえてこの世に現れること。釈尊は親鸞によれば阿弥陀の本願を説くためにこの世に現れた応身仏である。
一三 眉間《みけん》の白毫《びやくごう》とか、肉髻《にっけい》（もとどりのようなもの）といった仏身についての三十二のすぐれた特徴。
一四 声が明朗で澄んでいる、皮膚が清らかで臭穢《きゅうえ》がない、などの三十二相に付随する細部の好ましい様相。

し候へ。[一五]和讃にいはく、「金剛堅固の信心の《堅固でゆるぐことのない信心が》、定まる時を待ちえてぞ《決定した時を待ちうけて》、[一六]弥陀の心光摂護《しんくわうせふご》して、永く生死をへだてける」とは候ふは《とありますからには》、信心の定まる時に、ひとたび摂取して捨て給はざれば《ただちに智慧の光明の世界に摂め取りお捨てにならないから》、六道に輪廻《りんね》すべからず。しかれば、ながく、生死をばへだて候ふぞかし《生死の苦悩を繰り返す世界を遠ざけることになるのです》。かくのごとく知るを、さとるとは言ひまぎらかすべきや《さとりを開くことと混同して言ってよいものだろうか》。あはれに候ふを《なんと気の毒なことでは》や《ないか》。[一七]「浄土真宗には、今生に本願を信じて、かの土にしてさとりをば開く《浄土に生れて仏のさとりと一つになる》と[一八]習ひ候ふぞ」とこそ、故聖人の仰せには候ひし《ございました》か。

十六

一、信心の行者《他力信心を戴いている者が》、自然に《思わず》、腹をも立て、悪しざまなる事《悪いようなこと》をも犯し、

[一五]和語により仏・菩薩・高僧・教法を讃嘆した韻文。以下は「浄土高僧和讃」中の一。一二七頁193参照。

[一六]阿弥陀仏の大慈悲のはたらきに摂め取られ、永く生死流転の苦しみから遠ざけお護り下さる。親鸞は「正信偈」中の句「摂取《せっしゅ》心光常照護」の自註に「信心をえたる人をば、無碍《むげ》光仏の心光常に照らし、護り給ふゆゑに、無明の闇はれ、生死の永き夜すでに暁になりぬと知るべしとなり」とある。

[一七]浄土の教えの真の宗旨。親鸞は『唯信鈔文意』で「真実信心を得れば実報土に生ると教へたまへるを浄土真宗とすと知るべし」と述べている。

[一八]親鸞の師の法然聖人の言行を記しとどめた『西方指南鈔』下に「往生浄土門といふは、まづ浄土に生れて、かしこにてさとりをも開き、仏にもならむと思ふなり。これを易行道といふ」とある。

＊親鸞は『唯信鈔文意』で「廻心《ゑしん》といふは、自力の心をひるがへし捨つるをいふなり」と述べている。しかし、人間の煩悩は自力の智慧・作善・信心に執することをやめさせないから、人は意識的に「自力の心をひるがへし捨つる」ことはできない。その不可能を可能にする智慧の光は、存在の本質力（如来の誓願力）からくるものであり、人はその力のうながしによってのみ廻心が可能となるのである。他力による廻心と自力の悔悟や改心とは次元を異にする問題であった。

第十六——廻心ということ

[一]同朋《どうぼう》・同侶《どうりよ》にもあひて《向って》[二]口論をもしては《口喧嘩をした場合は》、必ず廻心《ゑしん》すべしといふこと。

この条、[三]断悪・修善《しゆぜん》のここちか。

[四]一向専修《せんじゆ》の人においては、廻心といふこと、ただひとたびあるべし《生涯に一度だけあるはずのものです》。その廻心は、日ごろ、本願他力真宗を《本願他力の教えの根本義を》知らざる人、[五]弥陀の智慧をたまはりて、日ごろのこころにては往生かなふべからずと思ひて《往生できるはずがないと思い知って》、もとのこころをひきかへて《自力の考えをひるがえして》、[六]本願をたのみ参らするをこそ、[六]廻心とは申し候へ。

一切の事《じ》に朝《あした》・夕《ゆふべ》に廻心して、往生を遂げ候ふべくは《往生をとげることができるものならば》、人の命は、出づる息、入《い》る程を待たずして終ることなれば、廻心もせず、[七]柔和《にうわ》・忍辱《にんにく》の思ひにも住せざらんさきに《心もちになりきらないうちに》、命つきば、[八]摂取不捨の誓願は、むなしくならせおはしますべきにや《何の役にもたたないことにおなりになるのでありましょうか》。

口には、願力をたのみたてまつると言ひて、こころには、[九]さこそ、悪人をたすけんといふ願、不思議にましますといふとも、さすが《そうはいっても》、善《よ》からん者をこそたすけ給はんずれと思ふほどに《まずお助けになられるのであろうと思うものだから》、願力をうたがひ、

一 同じ教えに生きる仲間。ご同行《どうぎょう》。
二 生活活動は身・口・意のはたらき（三業《さんごう》）に要約して考えられていた。「口論」は口業である。なお、腹立ちは意業、悪事を犯すことは身業に相当する。
三 自力で悪心を断ち、善事をなして往生を願う立場。
四 一向専修念仏の略。『一念多念文意』に「一向は余の善にうつらず、余の仏を念ぜず、専修は本願の御名をふたごころなく、もはら修するなり」とある。
五 親鸞は『唯信鈔文意』で「弥陀の智慧」について「微塵世界に無碍《むげ》の智慧光を放たしめたまふゆゑに、尽十方無碍光仏と申す光にて、形もましまさず、色もましまさず、無明の闇をはらひ、悪業に障《さ》へられず、このゆゑに無碍光と申すなり。無碍はさはりなしと申す。しかれば、阿弥陀仏は光明なり。光明は智慧の形なりと知るべし」と述べている。
六 親鸞は本願と廻心《えしん》との関係を次のように述べる。「自力の心を捨つといふは、（中略）大小の聖人、善悪の凡夫の自らが身をよしと思ふ心を捨て、（中略）一筋に具縛《ぐばく》の凡夫、屠沽《とこ》の下類、無碍光仏の不可思議の誓願、広大智慧の名号を信楽《しんげう》すれば煩悩を具足しながら無上大涅槃《ねはん》に至るなり」（『唯信鈔文意』）。
七 「柔和」は、柔順にして温和なこと。「忍辱」は、侮辱や迫害に耐え忍んで怒りの心を起さないこと。
八 三五頁注八参照。
九 それほど。「不思議にまします」にかかる。
一〇 自力をたのみ、本願力を疑う念仏者が生れるとさ

れる片ほとりの浄土。

一一 親鸞は「自然の理」について『唯信鈔文意』(専修寺本)で次のように説いている。「自然といふは、しからしむといふ。しからしむといふは、行者のはじめてともかくもはからはざるに、過去・今生・未来の一切の罪を転ず。転ずといふは善と変へなすをいふなり。求めざるに一切の功徳善根を、仏の誓ひを信ずる人に得しむるが故に、しからしむといふ。はじめてはからはざれば、自然といふなり。誓願真実の信心を得たる人は、摂取不捨の御誓ひに摂め取りて護らせたまふによりて、行人のはからひにあらず。金剛の信心を得る故に、憶念自然なるなり」。

* 親鸞の浄土観の新しさは、源信が『往生要集』で強調した西方極楽浄土を「方便の浄土」とみるところにあった。人々が極楽図や阿弥陀仏の像を通して感覚的に想い描いてきた浄土を、仮《かり》の浄土・方便の浄土とし、色もなく形もない「虚空のごと」き浄土、言葉を媒介にしてのみ直覚される浄土を「真仏・真土」として、明確に区別したのである。そして「正像末法和讃」297(一六四頁)に「自力称名の人はみな　如来の本願信ぜねば　うたがひのつみふかきゆゑ　七宝の獄にぞいましむる」とあるように、自力の人は方便の極楽(辺地)にとどまるとされた。この思想が辺地往生者の地獄落ちを説く異議者を生みだしたようである。

他力をたのみ参らするこころかけて、一〇辺地《へんぢ》の生をうけんこと《辺地に往生することになるのは》、もつとも歎き思ひ給ふべきことなり《歎かわしくお思いになるはずのことです》。

信心定まりなば、往生は、弥陀にはからはれ参らせてすることなれば《弥陀の本願に摂め取られることによって果しとげることですから》、わがはからひなるべからず《自力のはからいであってはなりません》。悪《わろ》からんにつけても、いよいよ《ますます》、願力を仰ぎ参らせば、一一自然《じねん》の理《ことわり》にて、柔和・忍辱のこころも出でくべし。すべて、万《よろづ》の事につけて、往生には、賢き思ひを具せずして《こざかしい考えをもたないで》、ただほれぼれと《われを忘れて》、弥陀の御恩の深重《じんぢゅう》なること、常《いつもいつも》は思ひ出だし参らすべし。しかれば《そうすれば》、念仏も申され候ふ《自然に念仏も称えられるのです》。これ、自然《じねん》なり。わがはからはざるを《自分の考えをさしはさまないことを》自然と申すなり《自然というのです》。これ、すなはち、他力にてまします。しかるを、自然といふことの別にあるやうに《特別なものとしてあるように》、われ物知り顔に《いかにも知ったかぶりして》言ふ人のさふらふ由うけたまはる《言う人があるということをうかがっていますが》、あさましく候ふ《あきれたことです》。

十七

第十七――辺地より真実報土へ

一、辺地《へんぢ》往生を遂ぐる人、つひには地獄におつべしといふこと。この条、なにの証文[一]に見え候ふぞや。学匠《がくしやう》[二]だつる人のなかに言ひ出ださるることにて候ふなるこそ、あさましく候へ。経論《きやうろん》[三]・正教《しやうげう》[四]をば、いかやうに見なされて候ふらん《どのようにお読みになっておられるのでしょうか》。

信心かけたる行者は、本願を疑ふによりて、辺地に生じて、疑ひの罪をつぐのひて後《つぐなってのち》、報土《真実の浄土》のさとりを開くとこそうけたまはり候へ《聞いております》。信心の行者少なきゆゑに《真実信心を得ている人が少ないために》、化土《けど》[五]に多くすすめ入れられ候ふを《多くの人々を生れさせようとされますのに》、つひにむなしくなるべしと候ふなるこそ《地獄におちることになるだろうと言われますことは》、如来に虚妄《こまう》[六]を申しつけ参らせられ候ふなれ《うそ偽りの言葉を言いかぶせられたことになります》。

一 証拠となる文書。
二 学者ぶる人。自他ともに学者と認めている人。
三 経（仏の説いた教えを記述したもの）と論（教義を論述したもの）。
四 正しい教えを記した典籍。第十二章にも用いられた語であるが、親鸞は『愚禿鈔《ぐとくしよう》』で「仏の所有の言説は即ち是れ正教なり」と述べ、『浄土文類聚鈔』では『大無量寿経』を「如来興世の真説、奇特最勝の妙典、一乗究竟《きうきやう》の極説、十方称讃の正教なり」と述べている。
五 方便の浄土。
六 阿弥陀如来。「如来」は真理より現れ来たるもの。

＊親鸞の生活は、門弟たちの志納に支えられていた。その門弟たちもまた、各地に念仏道場を開き、それぞれ数百名の門徒を擁して念仏信仰の布教活動に従っていたのである。ところで、東国ではすでに親鸞は偶像化されつつあり、なかには親鸞とは縁もゆかりもないのに、その親書を得ていると言いふらして布教する者も現れるほどであった。そうした状況下で、門弟たちは教説を自分の都合のよいようにねじまげて布教し、そこにさまざまの異議がとなえ出されるようになった。なかでも「施入物」をめぐる異議は、教団が基金を必要とするようになった時に派生しやすい問題であった。

十八

七 寺院・道場・僧侶《そうりょ》など仏法に関係する方面。
八 布施として納入する金品。
九 言ってはならないとんでもないこと。
一〇 道理にあわない不都合なこと。
一一 極楽浄土の教主。阿弥陀仏をいう。
一二『観無量寿経』の「真身観」文に「仏身の高さ六十万億那由他《なゆた》（千億）恒河沙《ごうがしゃ》（ガンジス河の砂の数）由旬《ゆじゅん》（牛車の一日の行程）」とある。
一三 阿弥陀仏が衆生に法を知らしめるため、仮に形を示して現れた姿。
一四 人の意識が作り出す時間観念や空間認識を超出した、あるがままの世界（真如）でのさとり。
一五「応化身仏」の略。相手に応じて、仮にいろいろな姿をとって現れた仏。
一六『教行信証』化身土巻に『大集経《だいじっきょう》』の文を引き「至心念仏すれば、乃至《ないし》仏を見たてまつる。小念は小を見たてまつり、大念は大を見たてまつる」とあり、『選択集』では、さらに懐感《えかん》の『群疑論』の釈を引いて「大念といふは大声《おおごえ》に念仏するなり、小念といふは小声《こごえ》に念仏するなり」（親鸞写仮字本）とある。
一七 語勢を強める助詞。
一八 布施の行。「檀」は檀那で布施の意。「波羅蜜」は迷いの此岸《しがん》からさとりの彼岸に至る菩薩の行で、布施・持戒・忍辱《にんにく》・精進・禅定《ぜんじょう》・智慧を六波羅蜜とよぶ。

第十八——寺院・道場経営者の論理

一、[七]仏法のかたに、[八]施入物《せにふもつ》の多・少にしたがつて、大・小仏になる《大きな仏にも小さな仏にも》べしといふこと《なるだろうと言われている事》。この条、[九]不可説《ふかせつ》なり、不可説なり。[一〇]比興《ひきよう》のことなり。

まづ、仏《ぶつ》に大・小の分量を定めんこと、あるべからず候ふか《ありえないことではなかろうか》。かの、[一一]安養《あんにやう》浄土の教主の[一二]御《ご》身量《しんりやう》を説かれてさふらふも、それは、[一三]方便報身《ほうじん》のかたちなり。[一四]法性《ほつしやう》のさとりを開いて、長短・方円のかたちにもあらず、青《しやう》・黄《わう》・赤《しやく》・白《びやく》・黒《こく》の色をもはなれなば《五色の色彩をも超越してしまうならば》、なにをもつてか、大・小を定むべきや。念仏申すに、[一五]化仏《けぶつ》を見たてまつるといふ《見奉ることがあるということ》ことのさふらふなるこそ《が言われているのは》、[一六]大念には《大声の念仏には》大仏を見、小念には《小声の念仏では》小仏を見ると言へるが《[教えに]言っているが》、もし、この理《ことわり》なんどにばし《[一七]でも》、ひきかけられ候ふやらん《こじつけなさったものでありましょうか》。

かつは《一方から考えると》、また、[一八]檀波羅蜜《だんはらみつ》の行とも言ひつべし《言うことができる》。いかに、宝ものを仏前にも投げ《寄進し》、師匠にも施すとも、信心かけなば《もし信心が欠けているならば》、その詮なし《その意味はない》。一紙・半銭も仏法のかたに入れずとも《仏法に関する方面に寄進しなくても》、他力にこころを投げて《本願他力にこころをまかせきって》、信心《信心が》

ふかくは《深いならば》、それこそ願の本意にて候はめ《本願の目的にかなうことでしょう》。すべて、仏法にことをよせて《かこつけて》、世間の欲心もあるゆゑに《世俗的な欲望も持っているので》、同朋《どうぼう》を言ひおどさるるにや。

歎異の心——後記

[一]右条々は、みなもつて、信心の異なるよりことおこり候ふか《生じたことであろうか》。故聖人の御ものがたりに《亡き親鸞聖人がお話し下さったことには》、法然聖人の御時《おんとき》、御弟子《おん》その数おはしけるなかに《多勢》、同じく御信心の人も少なくおはしけるにこそ《〔師の法然聖人と〕ご信心を同じくする人はわずかでいらっしゃったことから》、親鸞・御同朋の御なかにして《仲間の人たちとのあいだで》、御相論[二]のことさふらひけり。そのゆゑは、〔聖人が〕「善信《ぜんしん》[三]が信心も《私の信心も》、聖人《法然聖人》の御信心も、ひとつなり《全く同じである》」と仰せのさふらひければ、誓観房《せいくわんばう》[四]・念仏房[五]なんど申す御同朋達、もつてのほかに《意外なことに》争ひ給ひて、「いかでか《どうして》、〔師の〕聖人の御信心に、〔弟子である〕善信房

＊親鸞が京都に帰ってからの東国の門弟の間には、同じ仲間の考え方を批判したり、自説を親鸞の名で権威化する風潮がおこり、一念か多念か、名号か誓願か、有念（善根功徳を修めて念仏する）か無念（心を静めて念仏する）かといった問題をめぐって対立し、相手をおとしめる事件が派生するに至った。こうしたことを、何よりも歎き悲しんだこの書の編者は、「故聖人の御ものがたり」、「聖人の常の仰せ」に思いをいたし、親鸞の言葉に帰ることを心から願うのであった。末尾に「一室の行者のなかに、信心異なることなからんために、泣く泣く筆を染めて、これを記す」とあるように、編者の〝歎異〟の心がしみじみと語られる。

一 第十一章から第十八章までの各条を指す。

二 信心について互いに意見を述べて論じあうこと。

三 親鸞の別名。法然の門に入って「綽空《しゃくくう》」と号した親鸞は、入門後四年目の元久二年（一二〇五）に「善信」と改めた。

四 正しくは勢観房。源智の房名。法然の高弟で百万遍智恩寺の開基。暦仁元年（一二三八）没、五十六歳。

五 名は念阿。天台僧であったが法然門に帰し、嵯峨《さが》の往生院の開基。建長三年（一二五一）没、九十五歳。

六 ものを正しく見ぬく力。法然は「智慧第一の法然房」と言われていた。

七 学問の知識や識見。

の信心、ひとつにはあるべきぞ《全く同じであるはずがあるものか》」とさふらひければ、「聖人の御智慧[六]・才覚[七]ひろくおはしますに、ひとつならんと申さばこそ《〔その点で〕同じであると申すならばそれこそ》ひがごとならめ《まちがいであろうが》、往生[八]の信心においては、全く、異なる事なし。ただひとつなり」と御返答ありけれども、なほ、「いかでか《どうして》、その義あらん《そのようなわけがあろうか》」といふ疑難《ぎなん》[九]ありければ、詮ずるところ《結局のところ》、聖人の御前《おんまへ》にて、自・他の是・非を定むべきにて[一〇]、この子細を申し上げければ《〔聖人に〕事の詳細を申し上げたところ》、法然聖人の仰せには、「源空[一一]が信心も、如来よりたまはりたる信心なり。善信房の信心も、如来よりたまはらせ給《おさずけいただいて》ひたる《いらっしゃる》信心なり。されば、ただひとつなり。別の信心にておはしまさん人は、源空が参らんずる《まいろうとしている》浄土へはよも参らせ給ひ候は《よもやいらっしゃることはあり》じ《ますまい》」と仰せ候ひしかば、当時[一二]の一向専修《いっかうせんじゅ》の人々のなかにも、親鸞の御信心にひとつならぬ御こともさふらふらんとおぼえ候ふ。いづれも、いづれも、くり言[一三]にて候へども、書きつけ候ふなり。

八 往生の因となる如来からさし向けられた信心。
九 疑問を呈して非難すること。
一〇 自分と相手とどちらが正しいか、まちがいかの決着をつけるのがよいということになり。
一一 法然の諱《いみな》。法然という名は房号。
＊「如来よりたまはりたる信心」という言い方は、すでに第六章にもあったが、この言い方は『歎異抄』に目立ち、親鸞の著作や書簡ではほとんど用いられない。覚如の『本願寺聖人親鸞伝絵』にもこれと同じ話がおさめられており、そこでは「聖人の御信心も、他力よりたまはらせ給ふ」「仏のかたよりたまはる信心」となっている。この言い方はわかりやすいので、その後の真宗においてしばしば口にされるようになるが、このように言ってしまうと、「信心」があたかも、人が心にいだく観念であるかのような誤解を生みやすい。親鸞がこの言い方を愛用しなかった理由は、如来と衆生との呼応関係のなかで成立する他力の真実を言い表すに適当ではないと考えたためではなかろうか。
一二 「当時の」とは、親鸞が法然に直接教えをうけていた頃（一二〇一～〇七）を指し、唯円が本書を編んだ時点からは約八十年前のこと。「一向専修」については三八頁注四参照。
一三 同じことを繰り返し言うこと。老いのくり言で聞きづらいことだろうが、と謙遜した言い方。

露命[一]《ろめい》、わづかに、枯草[二]《こさう》の身にかかりて候ふほどにこそ《残っている間にこそ》、あひ伴はしめ給ふ人々《〔念仏の道を〕共に励ましあって歩まれてきた方々に》、御不審をもうけたまはり、聖人の仰せのさふらひしおもむきをも申し聞かせ参らせ候へども《お聞かせいたしますけれども》、閉眼の後は《死んだ後は》、さこそ《さぞかし》、しどけなき[三]事どもにて候はんずらめ《なってゆくことであろう》と歎き存じ候ひて《と歎かわしく思いまして》、かく[四]のごとくの義ども仰せられあひ候ふ人々《互いに主張しあっておられる方々》にも言ひ迷はされ《にもしも惑わされたりする》なんどせらるることのさふらはん時は《などのことがあるときには》、故聖人の御こころにあひかなひて御もちゐ[五]候ふ御聖教《おんしやうげう》どもをよくよく御覧候ふべし。

おほよそ、聖教には、真実・権仮[六]《ごんけ》、ともにあひ交はり候ふなり。権[七]《ごん》を捨てて実を取り、仮《け》をさし置きて真をもちゐるこそ、聖人の御本意にて候へ。かまへてかまへて《よくよく用心して》、聖教を見みだらせ[八]《読みちがえなさって》給ふまじく候ふ《はなりません》。

大切[九]の証文ども、少々抜き出で参らせ候ふて、目安[一〇]《めやす》にして、この書に添へ参らせて候ふなり。

聖人の常の仰せには、「弥[一一]陀の五劫《ごこふ》思惟《しゆい》の願をよくよく案ず《考えて》

一 消えやすい露のようなはかない命。下の「草」「かかる」は「露」の縁語。
二 枯れ草のように老い衰えてしまった身。
三 いい加減なこと。ここは他力信心の本義が見失われ、自己流の解釈によってゆがめられることを指す。
四 先にあげたような異議。
五 座右にしていらっしゃった仏教の書物。親鸞は『唯信鈔』(聖覚著)、『後世物語聞書』(著者未詳)、『一念多念分別事』(隆寛著)、『自力他力事』(同上)および自身の著作『唯信鈔文意』『一念多念文意』の閲読を東国の門弟にことあるごとに勧めていた。
六 真実を教えるてだてとして仮に説いたもの。「権」も「仮」も、仮のものという意。
七 親鸞は、仏法・仏身・浄土について、真実と方便とをはっきりと見定めて区別した。
八 「見みだる」は、読み誤ること。
九 「大切の証文」が何を指すかについては、古来、諸説が行われてきたが、「流罪記録」(四八頁参照)を指すと考えられる。
一〇 箇条書にした訴陳状の形をかりて。
一一 阿弥陀仏が、一切衆生を救うために、五劫という長い時間をかけて考えぬいて立てられた誓願。
一二 本願を親鸞個人のためのものと考えたのではなく、他力信心のはたらきが、自分のように罪深い者をもとらえてはなさない厳然たる事実を強調して「親鸞れば《みると》、ひとへに《〔それは〕》、親鸞[一二]一人《いちにん》がためなりけり。されば、それほど[一三]の業《ごふ》を持ちける身にてありけるを、たすけんと思《おぼ》しめしたちける本願のかたじけなさよ」と御述懐《しゆつくわい》[一四]さふらひしことを、今また案ずるに《〔この言葉は〕》[一五]、善導の「自身[一六]は、これ、現に、罪悪・生死の凡夫、曠劫《くわうごふ》よりこの方、常に沈み、常に流転《るてん》して、出離《しゆつり》の縁あることなき身と知れ」といふ金言《きんげん》[一七]に、少しもたがはせおはしまさ《少しも異なったところはございません》ず。

されば《〔故聖人のご述懐は〕》、かたじけなく、わが御身《おんみ》にひきかけて《ご自身のことにひきよせて》、われらが、身の罪悪の深きほどをも知らず、如来の御恩の高きことをも知らずして迷へるを、思ひ知らせんがためにて候ひけり。

まことに、如来の御恩といふことをば沙汰なくして《問題にしないで》、われもひとも、善し・悪し《心がけのよしあし》といふことをのみ申しあへり。

聖人の仰せには、「善・悪の二つ[一八]、総じてもつて《全くもって》存知《ぞんぢ》せざるなり。そのゆゑは、如来の御《おん》こころに善しと思《おぼ》しめすほどに知《徹底》

一人」といった。

一三 現にこの通り「欲も多く、怒り、腹だち、そねみ、ねたむ心多く、暇なくして、臨終の一念にいたるまでとどまらず、消えず、絶え」（『一念多念文意』）ないほどの業をそなえている身。「それほど」は、他の古写本では「そくばく」とある。

一四 つねづね思っていることをしみじみと述べること。

一五 中国浄土教の大成者。一四頁注四参照。

一六 善導の『観経疏』四巻のうち散善義の中の一節。その原文は「自身現是罪悪生死凡夫、曠劫已来常没常流転無有出離之縁」とある。親鸞はこの文を『教行信証』信巻、『愚禿鈔』（巻下）に引用している。「自身」は自らをごまかさずに見つめたときの人間本来のすがたをいう。「罪悪・生死の凡夫」は、罪ふかく、むなしく生死の迷いを繰り返す人間のこと。「曠劫」は、限りなく遠く隔たった過去。「出離の縁」は、迷いの世界に気づいて、そこから離脱するためのよりどころの意。

一七 尊ぶべき立派な言葉。

一八 何が善で、何が悪なのか、全くもって分らないのである。親鸞は、自己に執着し、煩悩《ぼんのう》にまみれた人間が考える善・悪の限界を十分自覚していた。人は自分に都合のいいことを善とし、不都合なことを悪としているにすぎないのであって、真の善・悪が分っているわけではないとしている。

りとほしたらばこそ《して知ったならば》、善きを知りたるにてもあらめ《知ったといえるのでしょうが》、〔また〕如来の悪《あ》しと思しめすほどに知りとほしたらばこそ、悪しきを知りたるにてもあらめど、煩悩具足の凡夫、火宅《くわたく》[一]無常の世界は、万《よろづ》の事、みなもつて、そら言《ごと》・たは言《こと》、まことあることなきに、ただ、念仏のみぞまこと[二]にておはします」とこそ、仰せはさふらひしか《仰せられました》。

まことに、われもひとも、そら言をのみ申しあひ候ふなかに、ひとつ、いたましきことのさふらふなり《心のいたむようなことがあるのです》。そのゆゑは、念仏申すについて、信心のおもむきをも互ひに問答し、ひとにも言ひ聞かする時、ひとの口をふさぎ《相手にものを言わせないで》、相論をたたんがために《論争にけりをつけるために》、全く、仰せにてなきことをも《親鸞のお言葉でないこと》仰せとのみ申すこと、あさましく歎き存じ候ふなり《情けなく歎かわしく思うことであります》。この旨をよくよく思ひとき《以上の趣旨を十分に考えて理解し》、心得らるべきことに候ふ。

これ、さらに《けっして》、私[三]の言葉にあらずといへども、経釈《きやうしやく》[四]のゆくぢ《筋道》

一 苦悩のたねに満ち、いっさいがとどまることなく移り変っていってしまう世の中。「火宅」は、多くの苦しみにつきまとわれ、不安におびやかされて心のやすまる時のないこの世を、炎に包まれた家に喩《たと》えていう。『法華経』(譬喩品《ひゆぼん》)の「三界無安　猶如火宅」(三界は安きことなし。猶《なほ》し火宅の如し)の句にもとづく。

二 真実。親鸞は『教行信証』教巻で、「それ真実の教を顕はさば、則ち大無量寿経これなり。この経の大意は、弥陀誓を超発して(特におこされて)、広く法蔵を開きて、凡小(世間一般の人たち)を哀れみて選びて功徳の宝(南無阿弥陀仏の名号)を施することをいたす。釈迦世に出興して、道教(仏道の教え)を光闡《くわうせん》して(明らかにし、説き述べる)、群萌《ぐんみやう》(一切の人)を拯《すく》ひ恵むに真実の利(本願の名号を指す)を以てせむと欲《おぼ》すなり。ここを以て、如来の本願を説きて経の宗致《しゆうち》(主旨)とす、即ち仏の名号を以て経の体(本質)とするなり」と述べている。

三 何の根拠もない、自己流の思いつきの言葉。

四 経典とその注釈。

も知らず、[五]法文の浅深《せんじん》を心得わけたることも候はねば《十分に理解し体得したわけでもありませんので》、定めて、をかしき事にてこそさふらはめども、故親鸞の仰せ言《ごと》さふらひしおもむき、百分が一《ひとつ》、片端《かたはし》ばかりをも思ひ出で参らせて、書きつけ候ふなり。

悲しきかなや、幸ひに念仏しながら、[六]直《ぢき》に[七]報土に生れずして、[八]辺地に宿をとらんこと。[九]一室の行者のなかに、信心異なることなからんために、泣く泣く筆を染めて、これを記《しる》す。名づけて、歎異抄と言ふべし。[一〇]外見《げけん》あるべからず。

五　仏法を説いた文章の深い意味。
六　ただちに。
七　阿弥陀仏が誓願を成就されたその報いによってもたらされた浄土。真実の浄土。
八　浄土の片ほとり。仏智を疑う者が生れる世界。
九　親鸞の教えを聞くために同室に集まった念仏者。同じ教えをさずかった仲間の念仏者のこと。
一〇　念仏の仲間以外の人に見せること。

[一]後鳥羽院《ごとばのゐん》之御宇《ぎよう》〔御代〕、法然聖人、他力本願念仏宗ヲ興行《こうぎやう》ス。于時《ときに》興福寺僧侶[二]敵奏《てきそう》之上、〔法然の〕御弟子中〔に〕、[三]狼藉子細《らうぜきしさい》アルヨシ、[四]無実風聞《むじつふうぶん》ニヨリテ、[五]罪科ニ処セラルル人数《にんじゆノ》事。

一、法然聖人并《ならびに》御弟子七人流罪《るざい》。又御弟子四人死罪ニオコナハルルナリ。

聖人ハ[六]土佐国番田《はた》トイフ所ヘ流罪、[七]罪名藤井元彦男《もとひこをのこ》云々。生年七十六歳ナリ。

親鸞ハ越後国、罪名藤井善信《よしざね》云々。生年三十五歳ナリ。

[八]浄聞房備後《じやうもんばうびんご》国。澄西《ちようせい》禅光房伯耆《はうき》国。好覚《かうがく》房伊豆国。[九]行空法本房《ぎやうくうほふほんばう》佐渡国。[一〇]幸西成覚《かうせいじやうかく》房・[一一]善恵《ぜんゑ》房二人、同遠流《をんる》ニサダマル。シカルニ[一二]無動寺之善題大僧正コレヲ申《シ》アヅカルト云々。

遠流之人々已上《いじやう》八人ナリト云々。

被《ル》レ行《ハ》二死罪《ニ》一人々。

＊以下の部分は『歎異抄』の主題と直接かかわらない内容のものであり、古写本のなかにはこの部分を欠くものもあるところから、単なる付録とみなされてきた。しかし、流罪記録東国の門弟性信の編になる『親鸞聖人血脈文集《けつみやくもんじゆう》』にもこれと似た流罪記録が収められており、法然と親鸞との関係を証拠だてる〝大切の証文〟とされている。このことを考えあわせると、唯円もまた、他宗の側、特に法然の流れをくむ浄土教団の側からなされた親鸞非難が〝無実風聞〟であることを明らかにする必要性に迫られ、本書に書き添えたものと思われる。

一 法然が「他力本願念仏宗」（専修念仏）を称えたのは、高倉天皇在位の承安五年（一一七五）であったが、盛んになったのは後鳥羽天皇の御代であり、『選択集』を著し、親鸞が入門したりした年が後鳥羽院政時代であったので、このようにいった。

二 仏法の敵として朝廷に奏状を添え訴え出た上に。

三 無道な振舞いには問題があるという旨の。

四 事実無根のうわさ。

五 この処罰は、承元元年（一二〇七）に行われた。

六 今の高知県幡多《はた》郡。

七 僧尼が処罰されて与えられる俗名。

八 「浄聞房」以下、「澄西」「好覚」は伝未詳。

九 生没未詳。「幸西」とともに一念義を称えた。

一〇 もと天台僧。壱岐《いきの》島へ流された。

一番　[一三]西意善綽《さいいぜんしやく》房。
二番　性願《しやうぐわん》房。
三番　[一四]住蓮房。
四番　[一五]安楽房。
[一六]二位法印尊長《そんちやう》之沙汰《さた》也。
親鸞改メテ二僧儀ヲ一[一七]賜《たまフ》二俗名ヲ一。仍《よッテ》非ズレ僧ニ非ズレ俗ニ。然間《しかるあひだ》以テ二[一八]禿《とく》ノ字ヲ一為シテレ姓ト被レレ経《へ》二奏問ヲ一了《をはンヌ》。彼ノ御申状シ、于今《いまに》[一九]外記庁《げきちやう》二納《をさまルト》　云々。
流罪以後、愚禿《ぐとく》親鸞トレメ令レ書カ給フ也。

右斯《この》聖教者《は》、為《ス》二当流大事ノ聖教ト一也。於テハ二[二〇]無宿善《むしゆくぜん》ノ機二一、無ク二左右《むやみに》一不ルレ可ラレ許スレ之ヲ者也。

[二一]釈蓮如（花押）

一一　証空（一一七七〜一二四七）。西山派の開祖。
一二「無動寺」は、比叡山《ひえい》延暦寺の東塔にあった寺。「善題」は「前代」の宛字で、無動寺の検校《けんぎよう》に補任された慈円（慈鎮）のことを指す。
一三　次の「性願房」とも未詳。
一四「安楽」とともに六時礼讃念仏を修し、多くの人の帰依を受けた。近江蒲生《おうみがもう》郡馬淵村において斬罪に処せられた。
一五　遵西《じゆんさい》。外記《げき》入道中原師秀の子。建永元年（一二〇六）に住蓮とともに鹿ケ谷《ししたに》で六時礼讃念仏を修したところ、後鳥羽院の女房がこの会につらなり、そのまま出家してしまったので、院の怒りをかい、興福寺の僧徒の奏状のこともあって死罪に処せられた。
一六　正二位権中納言一条能保《よしやす》の子。法勝寺執行となる。
一七　僧としての身分・ありかた。
一八「禿」ははげ頭のこと。「禿比丘《とくびく》」（僧をののしる言葉）、「禿奴《とくぬ》」（無能な僧をののしる言葉）、「禿居士《こじ》」（破戒の出家者）というように僧をけなす言葉。
一九　詔勅の起草・上奏文の記録などを司《つかさど》る役所。
＊　この奥書には、通例では書きそえられる書写年月が記してない。蓮如の筆跡の年齢的な変遷からみて六十五歳頃の書写と考えられている。
二〇「宿善」は前世の善業をいい、そういう善根を積んでいない者を「無宿善の機」という。
二一　室町中期の僧で、本願寺第八世。「釈」は、釈尊の弟子であることを表すために法名の上につける称。

三帖和讃

親鸞の和讃は、教典や論書に含まれた偈頌《げじゅ》（仏の徳を讃《たた》える韻文）もしくは、『讃阿弥陀仏偈』『往生礼讃偈』などの漢讃の伝統にうながされて制作されたもので、多くの人々に諷誦《ふうじゅ》されることが期待されていたと思われる。和讃は平安時代から法要の場などで漢讃とあわせて謡《うた》われ、特に善導の『往生礼讃偈』（六時礼讃）の影響をうけて作られた源信作とされる「六時讃」は、藤原俊成の『長秋詠藻《ちょうしゅうえいそう》』の釈教歌の部に歌題として用いられるほど親しまれていた。こうして平安時代の末頃には、千観《せんかん》の『極楽国弥陀和讃』・珍海の『菩提心讃』、その他源信作と伝えられる『来迎和讃』などが行われていたが、親鸞は、今様《いまよう》（歌謡の一形式）の法文歌《ほうもんのうた》にみられる七五調四句よりなる形式を採用し、従来の和讃にはみられなかった和讃を創始した。

現在親鸞作と伝えられる和讃には、「浄土和讃」「浄土高僧和讃」「正像末法和讃」「皇太子聖徳奉讃」「大日本国粟散《ぞくさん》王聖徳太子奉讃」などがある。そのうち阿弥陀仏を讃嘆した「浄土和讃」「浄土高僧和讃」「正像末法和讃」の三和讃を、特に「三帖和讃」と呼んでひとそろえに扱うならわしが、早く南北朝期頃から見られた。それが文明五年（一四七三）に蓮如の手で『三帖和讃』と題されて板行されて以来、『三帖和讃』の称呼が一般に行われるに至り、「正信念仏偈」（正信偈）とあわせて勤行《ごんぎょう》の際、僧俗の間に広く行われるようになった。

なお、「浄土和讃」中の「讃阿弥陀仏偈和讃」については、その主題（太字で示す）と原偈（曇鸞《どんらん》の『讃阿弥陀仏偈』）を口語訳のあとに掲げた。

初めて和讃を読む場合は、親鸞の述懐である「愚禿悲歎述懐」から読まれるようおすすめしたい。

一 浄《じやう》土《ど》和《わ》讃《さん》

二 称讃浄土経《しやうさんじやうどきやう》ニ言《のたま》ハク　三 玄奘三蔵《げんじやうさんざう》訳

四 仮使《たとひ》経テ二於百千倶《ぐ》胝《てい》那《な》由《ゆ》多《た》劫《こふ》ヲ一以テ二其《そ》レ無量《むりやう》百千倶胝那由多ノ舌ヲ一 一々《いちいち》ノ舌ノ上ニ出シテ二無量ノ声ヲ一讃《ほめ》ン二其ノ功徳《くどく》ヲ一亦《また》不《じ》トレ能《あた》ハレ尽《つく》ル　文

五 讃阿弥陀仏偈《さんあみだぶつげ》ニ曰《いは》ク　曇鸞和尚《どんらんくわしやう》造

南無阿弥陀仏《なむあみだぶつ》

六 釈《しやく》シテ名《なづ》ク二無量寿傍経《むりやうじゆばうきやう》ト一
奉《たてまつ》リテレ賛《ほめ》亦曰《いふ》二安養《あんやう》ト一

＊和讃に先立って、『称讃浄土経』の経文、『讃阿弥陀仏偈』原文の抜き書き、『十住毘婆沙論《じゆうじゆうびばしやろん》』にある三つの仏名を掲げ、和讃の拠《よ》り所を明らかにしている。一般に流布する文明本では『称讃浄土経』の経文の代りに巻頭和讃として「弥陀の名号《みやうがう》称《とな》へつつ　信心まことにうる人は　憶念の心《しん》つねにして　仏恩報ずる思ひあり」「誓願不思議を疑ひて　御名を称する往生は　宮殿のうちに五百歳むなしくすぐとぞ説き給ふ」が掲げられている。

一 浄土三部経（大無量寿経・観無量寿経・阿弥陀経）にもとづき、阿弥陀仏の誓願と浄土を讃嘆したもので、五つの和讃群よりなる。親鸞七十六歳の時の作。

二 『仏説阿弥陀経』の異訳経典。六五〇年頃成立。

三 唐代初期の高僧（六〇〇～六六四）。西域諸国を経てインドに旅し、多くの経典を中国にもたらした。「三蔵」は、経・律・論に精通した僧に対する敬称。

四 仏の功徳は、無量の時間をかけ無量の舌をもって讃えてもほめ尽せない、の意。「倶胝」も「那由多」も、きわめて大きな数を表す語。

五 曇鸞（浄土教に帰依《きえ》し、『浄土論註』を著した北《ほく》魏《ぎ》の学僧。四七六～五四二）が『大無量寿経』によって阿弥陀仏の功徳を讃えた百九十五行よりなる詩句。

六 曇鸞が『讃阿弥陀仏偈』制作の意図を「釈して無量寿、傍経奉讃と名づく、また安養といふ」と述べたもの。それを親鸞は、『讃阿弥陀仏偈』を「無量寿傍経」とし、浄土を讃えて安養ともいうと訓《よ》みかえた。

一成仏《じやうぶつ》已《い》来《らい》歴《りやく》十《じふ》劫《ごふ》　寿命《じゆみやう》方将《はうしやう》無有量《むうりやう》
法身《ほふしん》光輪《くわうりん》徧《へん》法界《ほふかい》　照世《せうせ》盲冥《まうみやう》故《こ》頂礼《ちやうらい》

一　二又号《またなづケタテマツル》二　無量光《むりやうくわうト》一
二　真実明《しんじつみやう》
三　又号　無辺光《むへん》
四　三平等覚《びやうどうかく》
五　又号　四無碍光《むげ》
六　難思議《なんしぎ》
七　又号　五無対光《むたい》
八　六畢竟依《ひつきやうえ》
九　又号　光炎王《くわうえんわう》
十　七大応供《だいおうぐ》
十一　又号　清浄光《しやうじやう》
十二　又号　歓喜光《くわんぎ》
十三　八大安慰《だいあんゐ》
十四　又号　智慧光《ちゑ》
十五　又号　不断光《ふだん》
十六　又号　九難思光《なんじ》
十七　又号　一〇無称光《むしよう》
十八　号《なづケタテマツル》二　超日月光《てうにちぐわつくわうト》一
十九　一一無等等《むとうどう》
二十　一二広大会《くわうだいゑ》
廿一　一三大心海《だいしんかい》
廿二　無上尊《むじやうそん》

一『教行信証』真仏土《しんぶつど》巻における『讃阿弥陀仏偈』の引用も、これと全く同文で、原作の冒頭の七行分が略され、二番目のこの詩句から採り用いられる。親鸞の訓に従って読み下すと、「成仏よりこのかた十劫をへたまへり、寿命まさに量《はか》りあることなけん。法身の光輪法界に徧《へん》じて、世の盲冥《まうみやう》を照らす、故に頂礼《ちやうらい》したてまつる」。

二「又号」以下は、阿弥陀仏の異名である十二光の仏名とその徳を掲げる。「無等等」以下も阿弥陀仏の異名で、原偈の中から仏名だけを順を追って抜き書きしたものである。

三 絶対平等なさとりの智慧。

四 何ものにもさえぎられない光。

五 くらべようのない清らかなすぐれた光。

六 一切衆生の究極の拠りどころとなるさとりを、ことごとくきわめられた仏。

七「応供」は、世の供養・尊敬を受けるに値する者をいうが、親鸞は、あらゆる人の供養をお受けになり、それにこたえて下さるものと解している。

八 大いなる安らぎと慰めを与えて下さるもの。

九 人の思いはかりの及ばないすぐれた光。

一〇 言葉で言い表すことができない光。

一一 ひとしいものがないほどすぐれている。

一二 ひろくすべての人々が浄土に生れあって、阿弥陀仏とひとしいさとりを開く身となる徳。

一三 広大な仏心を海に喩《たと》えた。

廿三 平等力《びやうどうりき》
廿四 [一四]大心力《だいしんりき》
廿五 [一五]無称仏《むしようぶつ》
廿六 [一六]婆伽婆《ばがば》
廿七 [一七]講堂《こうだう》
廿八 [一八]清浄《しやうじやう》 [一九]大摂受《だいせふじゆ》
廿九 不可思議尊《ふかしぎそん》
三十 道場樹《だうぢやうじゆ》
卅一 真無量《しんむりやう》
卅二 [二一]清浄楽《しやうじやうがく》
卅三 [二〇]本願《ほんぐわんく》 功徳聚《どくじゆ》
卅四 [二二]清浄勲《しやうじやうくん》
卅五 功徳蔵《くどくざう》
卅六 無極尊《むごくそん》
卅七 南無不可思議光《なむふかしぎくわう》

已上阿弥陀如来尊号《いじやうあみだによらいそんがう》

已上略抄之

[二三]十住毘婆沙論《じふぢゆうびばしやろん》ニ曰《ク》

一 [二四]自在人《じざいにん》 我礼

二 清浄人《しやうじやうにん》 帰命

三 無量徳《むりやうとく》 称讃

[一四] 阿弥陀仏の誓願の大いなるはたらき。
[一五] 言葉で言い表すことのできない尊い仏。
[一六] 梵語《ぼんご》の音写。釈尊と訳す。
[一七] 原偈である『讃阿弥陀仏偈』に、釈尊説法の時、大衆は公会堂に雲のごとく集まり、釈尊の話によって悟入すると、人々の顔は歓《よろこ》びにあふれ、四方より清風がおこり、樹々は妙音を響かせ、この世ならぬ花と香りが風とともに散り漂った、とある。そうした釈尊の説法の座に想をめぐらし、講堂を礼拝するという意。
[一八] 広大にして清浄な仏の国に一切衆生（すべての人）を摂《おさ》め受けとる慈悲心。
[一九] 仏がさとりを開いた道場にある樹。この樹を見る者は、道理をさとり、心を安んずることができる。
[二〇] 本願力によってあらゆる功徳を集められた仏。
[二一] 浄土の宝樹のきよらかな音声のように気高い仏。
[二二] 限りなく尊い仏。
[二三] 竜樹《りゆうじゆ》（一五〇頃～二五〇頃）の著と伝えられる。『華厳経』の中で最も重視される「十地品」（十地経）の註釈書で、偈頌《げじゆ》によって大意を要約している。漢訳者の鳩摩羅什《くまらじゆう》（三四四～四一三？）が、「十地」を「十住」と訳した。十七巻。ここでは阿弥陀仏にふれている巻五易行品中の偈より句を引いている。
[二四] 原偈である『十住毘婆沙論』には、それぞれ「我礼《シタテマツル》ニ自在人《ヲ》ニ」「帰ニ命《シタテマツル》清浄人《ニ》ニ」「称ニ讃《ス》無量徳《ヲ》ニ」とある。「自在人」「清浄人」「無量徳」は阿弥陀仏のこと。

＊「讃阿弥陀仏偈和讃」は、曇鸞《どんらん》の『讃阿弥陀仏偈《げ》』（七言一句、二句一行として五十一偈）を原偈とし、その翻訳ともいうべき作。語句の格調は漢語と和語の律格が巧みに生かされ、原偈に接した親鸞の感動が表現されている。四十八首の構成は、仏身の讃嘆《さんたん》（1～32）、仏土の讃嘆（33～44）、仏慧《ぶつえ》功徳《くどく》の讃嘆（45～48）の三部に分れる。

一「愚禿」については四九頁注一八参照。

＊1は、弥陀が仏となられたことの徳を讃《たた》える。

1　弥陀は成仏されてから十劫という永い時を経て今現にまします。その光明はあまねく照り透り、欲念に覆われた暗愚な心をも常に照らし給う。

仏の成道 ―〈原偈〉成仏已来歴十劫　寿命方将無有量　法身光輪遍法界　照世盲冥故頂礼

◇弥陀成仏　弥陀が本願を成就し仏となられたこと。◇十劫　「劫」は梵語《ぼんご》。長時と訳す。◇法身の光輪　さとりの功徳を衆生《しゆじよう》にさし向ける働きを光の輪に喩《たと》える。◇世の盲冥　煩悩《ぼんのう》に狂わされた衆生の無明《むみよう》の心。

＊2～13は、如来の光明の徳を讃える。

2　如来の智慧の光明は、凡夫の思慮を超えており、すべての有限な存在はこの光明世界につつまれている。真実の光明に帰依するばかりである。

無量光 ―〈原偈〉智慧光明不可量　故仏又号無量光　有量諸相蒙光暁　是故稽首真実明

◇光暁　如来の智慧の光を煩悩の闇を除く暁の光に喩える。◇真実明　無明の闇を破す如来の智慧の働き。

讃《さん》阿《あ》弥《み》陀《だ》仏《ぶつ》偈《げ》和《わ》讃《さん》

南無阿弥陀仏

一 愚禿親鸞《ぐとくしんらん》作

1 一

弥《み》陀《だ》成仏《じやうぶつ》のこのかたは

いまに十劫《じふごふ》をへたまへり

法身《ほふしん》の光輪《くわうりん》きはもなく

世の盲冥《まうみやう》をてらすなり

2 二

智《ち》慧《ゑ》の光明《くわうみやう》はかりなし

有量《うりやう》の諸相ことごとく

光暁《くわうげう》かぶらぬものはなし

真実明《しんじつみやう》に帰命《きみやう》せよ

3　無明の闇を除き去る如来の光明は無辺に照り透り、その光に触れるものはすべて有無・自他の差別にとらわれた邪見を離れるとお説きになる。広大無辺な如来の智慧に帰依するばかりである。

無辺光 ―〈原偈〉解脱光輪無限斉　故仏又号無辺光　蒙光触者離有無　是故稽首平等覚

◇解脱の光輪　親鸞の自注と思われる左注に「解脱といふは、悟を開き仏になるをいふ。われらが悪業煩悩を阿弥陀の御光にて摧《くじ》くといふこころなり」とある。◇光触　左注に「光を身に触るるといふこころなり」とある。◇平等覚　一切平等のさとりを開いた仏。

4　如来の光明は、雲が空を満たして何物にも邪魔されないように、何ものにも碍《さ》えられることなく一切に及び、その恩沢を受けないものはない。はかりがたい智慧の仏に帰依するばかりである。

無碍光 ―〈原偈〉光雲無礙如虚空　故仏又号無碍光　一切有碍蒙光沢　是故頂礼難思議

◇光沢　左注に「光に当る故に智慧の出でくるなり」とある。◇難思議　左注に「心の及ばぬによりて難思議といふ」とある。

5　清らなる如来の光明はたぐいなきものである。この光明にめぐり遇《あ》えばこそ、一切の業のさわりがぬぐわれる。究極のよるべである弥陀に帰依するばかりである。

無対光 ―〈原偈〉清浄光明無有対　故仏又号無対光　遇斯光者業繋除　是故稽首畢竟依

3

三
解《げ》脱《だつ》の光輪きはもなし
光《くわう》触《そく》かぶるものはみな
有《う》無《む》をはなるとのべたまふ
平《びやう》等《どう》覚《かく》に帰命せよ

4

四
光《くわう》雲《うん》無《む》碍《げ》如《によ》虚《こ》空《く》
一《いっ》切《さい》の有《う》碍《げ》にさはりなし
光《くわう》沢《たく》かぶらぬものぞなき
難《なん》思《し》議《ぎ》に帰命せよ

5

五
清浄光明《しやうじやうくわうみやう》ならびなし
遇《ぐ》斯《し》光《くわう》のゆゑなれば
一切の業《ごふ》繋《け》ものぞこりぬ
畢《ひっ》竟《きやう》依《え》に帰命せよ

6　仏の光明の照り耀《かがや》くさまは、諸仏の中で最もすぐれているので、光炎王仏と名づけられている。この光は、地獄・餓鬼・畜生の三悪道の闇をも照破する。大応供の弥陀に帰依するばかりである。**炎王光**——〈原偈〉仏光照耀最第一　故仏又号光炎王　三途黒闇蒙光啓　是故頂礼大応供

◇光炎王　仏の光明を燃えさかる炎にみたてた。◇三塗　三途。三悪道のこと。◇大応供　五四頁注七参照。

7　仏の正覚《さとり》のすぐれて明らかな光は、一切の罪業に妨げられないので、清浄光仏と申し上げる。衆生がひとたびこの光明に照らされると、悪業煩悩を離れ、さとりをいただくことになる。**清浄光**——〈原偈〉道光明朗色超絶　故仏又号清浄光　一蒙光照罪垢除　皆得解脱故頂礼

◇道光　「道」は菩提《ぼだい》の訳語。仏のさとりの徳から放つ光。◇なづけたり　文明本では「まうすなり」とある。◇業垢　悪業と煩悩。

8　大慈悲の徳の光は、遠く十方の衆生を照らし、この光に触れる人は皆、愚癡《ぐち》の心の闇を離れ、仏からさし向けられた信心の喜びを得る。大いなる安らぎと慰めをもたらす仏に帰依するばかりである。**歓喜光**——〈原偈〉慈光遐被施安楽　故仏又号歓喜光　光所至処得法喜　稽首頂礼大安慰

◇かぶらしめ　光に照らされる。◇法喜　信心を喜ぶ心。◇大安慰　「一切衆生のよろづの歎き、憂え、悪きことを皆失ふて、安くやすからしむ」(左注)。

6

六

仏《ぶつ》光《くわう》照《せう》耀《えう》最第一

光《くわう》炎《えん》王《わう》仏《ぶつ》となづけたり

三《さん》塗《づ》の黒《こく》闇《あん》ひらくなり

大《だい》応《おう》供《ぐ》に帰命せよ

7

七

道《だう》光《くわう》明《みやう》朗《らう》超《てう》絶《ぜつ》せり

清《しやう》浄《じやう》光《くわう》仏《ぶつ》となづけたり

ひとたび光《くわう》照《せう》かぶるもの

業《ごふ》垢《く》をのぞき解脱をう

8

八

慈光はるかにかぶらしめ

ひかりのいたるところには

法《ほふ》喜《き》をうとぞのべたまふ

大《だい》安《あん》慰《ゐ》に帰命せよ

9
九
無明《む》《みやう》の闇《あん》を破《は》するゆゑ
智慧《ち》《ゑ》光仏《くわう》《ぶつ》となづけたり
一切諸仏三乗衆《さん》《じよう》《しゆ》
ともに嘆誉《たん》《よ》したまへり

10
一〇
光明てらしてたえざれば
不断光仏《ふ》《だん》《くわう》《ぶつ》となづけたり
聞光力《もん》《くわう》《りき》のゆゑなれば
心不断《しん》《ふ》《だん》にて往生《わう》《じやう》す

11
一一
仏光惻量《ぶつ》《くわう》《しき》《りやう》なきゆゑに
難思光仏《なん》《じ》《くわう》《ぶつ》となづけたり
諸仏は往生嘆《たん》じつつ
弥陀の功徳《く》《どく》を称せしむ

9　阿弥陀仏の光明は、煩悩に覆われた衆生の無明の闇を照破するので智慧の光の仏と申し上げる。一切の仏菩薩《ぼさつ》はこぞって弥陀をほめ讃えられる。

智慧光 ――〈原偈〉仏光能破無明闇　故仏又号智慧光　一切諸仏三乗衆　咸共嘆誉故稽首

◇無明　智慧に欠けた迷妄《めいもう》な心。◇智慧光仏　左注に「一切の諸仏の智慧を集め給へる故に智慧光と申す。一切諸仏の仏になり給ふことは、この阿弥陀の智慧になり給ふなり」とある。◇三乗衆　さとりにおもむく方法の違いから声聞《しようもん》・縁覚《えんがく》・菩薩の立場にある人。

10　仏の光明は、絶えることなく照らし続けるので不断光仏と申し上げる。この光明の功徳をこうむる者は、本願を聞くことにより必ず往生する。

不断光 ――〈原偈〉光明一切時普照　故仏又号不断光　聞光力故心不断　皆得往生故頂礼

◇聞光力　「聞といふは、聞くといふ。聞くといふはこの法を聞きて信じて常に絶えぬこころなり」(左注)。

11　仏の光明は、凡夫のはかりしるところではないから、難思光仏と申し上げる。弥陀の光明の功徳によって必ず往生することを、諸仏は口をそろえてほめ讃える。

難思光 ――〈原偈〉其光除仏莫能測　故仏又号難思光　十方諸仏嘆往生　称其功徳故稽首

◇惻量　思いはかること。善導の『観経疏』散善義に「これらの凡聖はたとひ諸仏の教意を測量すれども、いまだ決了することあたはず」とある。

12
一二
神《じん》光《くわう》の離《り》相《さう》を説かざれば
無《む》称《しやう》光《くわう》仏《ぶつ》となづけたり
因《いん》光《くわう》成《じやう》仏《ぶつ》のひかりをば
諸仏の嘆ずるところなり

13
一三
光明月《つき》日《ひ》に勝《しやう》過《ぐわ》して
超《てう》日《にち》月《ぐわつ》光《くわう》となづけたり
釈《しや》迦《か》嘆じてなほつきず
無《む》等《とう》等《どう》に帰命せよ

14
一四
弥陀初《しよ》会《ゑ》の聖《しやう》衆《じゆ》は
算《さん》数《じゆ》のおよぶことぞなき
浄《じやう》土《ど》をねがはむひとはみな
広《くわう》大《だい》会《ゑ》に帰命せよ

12　測り知れない弥陀の光明は、その形相をことばで表せないので無称光仏と申し上げる。光明無量の誓願を成就してなられた仏を諸仏はほめ讃《たた》える。

無称光――〈原偈〉神光離相不可名　故仏又号無称光　因光成仏光赫然　諸仏所嘆故頂礼

◇神光　「神」は、測り知ることのできない力をいう。◇離相　姿かたちのないこと。◇因光成仏　左注に「光をたねとして仏になり給ひたり」とある。

13　仏の光明は、日月の光よりはるかにすぐれているので、超日月光と申し上げる。釈迦はこの光明の徳をことばを尽して讃えるが、ほめ尽すことができない。たぐいまれな仏に帰依するばかりである。

超日月光――〈原偈〉光明照耀過日月　故仏号超日月光　釈迦仏嘆尚不尽　故我稽首無等等

◇勝過　非常にすぐれていること。◇釈迦嘆じてなほつきず　『大無量寿経』に「仏いはく、我、無量寿仏の光明、威神巍々《ぎぎ》（すぐれた力の気高く大いなるさま）殊妙なるを説かんに、昼夜一劫すとも、なほ未だ尽すこと能《あた》はず」とある。◇無等等　五四頁注一一参照。

＊14～21は、浄土の聖衆の荘厳を讃える。

14　阿弥陀仏が成仏されて、初めて法を説かれた座に集まった御弟子の数は無数無量であった。浄土を願う人は仏の広大な会座《えざ》に思いを致すがよい。

広大会――〈原偈〉阿弥陀仏初会衆　声聞菩薩数無量　神通巧妙不能算　是故稽首広大会

◇聖衆　仏の弟子たち。◇広大会　五四頁注一二参照。

15 安楽浄土の無数の大菩薩は、やがて仏となるはずの身にあって、大慈悲心のおもむくままに汚れた現世にたち還り、この世の人を導き給う。

普賢の徳 ——〈原偈〉安楽無量摩訶薩　咸当一生補仏処　除其本願大弘誓　普欲度脱諸衆生

◇菩薩　仏道を求めて修行する未来の仏。◇一生補処　一生を過した後に仏の位を補う位置。左注に「極楽に参りなば弥陀の一の弟子となるこころなり」とある。◇普賢の徳　左注に「われら衆生、極楽に参りなば、大慈大悲をおこして、十方に至りて衆生を利益するなり。仏の至極の慈悲を普賢と申すなり」とある。

16 浄土の菩薩衆は、十方の衆生のために諸仏の国におもむき、もろもろの功徳を修め集め、弥陀の本願に帰入することを勧められる。海のように深く広い弥陀の徳に帰依するばかりである。

大心海 ——〈原偈〉菩薩光輪四千里　若秋満月映紫金　集仏法蔵為衆生　故我頂礼大心海

◇法蔵　「法」は功徳、「蔵」はおさめるの意。◇大心海　左注に「仏の御心広く深く、きは、ほとりなき故に阿弥陀をば大心海といふなり」とある。

17 慈悲と智慧の徳をそなえた観音・勢至二菩薩の光明はこの世に照り満ちて、有縁の衆生を救いとり、しばしも休むことがない。

有縁済度 ——〈原偈〉又観世音大勢至　……　慈光照曜大千海　侍仏左右顕神儀　度諸有縁不暫息

◇観音・勢至　弥陀の左右に侍する菩薩。

15
一五
安楽無量の大《だい》菩《ぼ》薩《さつ》は
一《いつ》生《しやう》補《ふ》処《しよ》にいたるなり
普《ふ》賢《げん》の徳に帰《き》してこそ
穢《ゑ》国《こく》にかならず化《け》するなれ

16
一六
十《じつ》方《ぱう》衆《しゆ》生《じやう》のためにとて
如《によ》来《らい》の法《ほふ》蔵《ざう》あつめてぞ
本《ほん》願《ぐわん》弘《ぐ》誓《ぜい》に帰せしむる
大《だい》心《しん》海《かい》に帰命せよ

17
一七
観《くわん》音《おん》　勢《せい》至《し》もろともに
慈光世界を照《せう》耀《えう》し
有《う》縁《えん》を度《ど》してしばらくも
休《く》息《そく》あることなかりけり

18　浄土に往生してさとりを開いた人は、再び五濁悪世の世にたち還り、釈尊がなさったように、衆生を導き救うべく励むこと限りがない。
衆生利益——〈原偈〉其有衆生生安楽　……　除生他方五濁世　示現同如大牟尼　生安楽国成大利
◇安楽浄土　『大無量寿経』には、「極楽」のかわりに「安楽・安養」が用いられている。◇五濁悪世　劫濁(時代の衰退)、見濁(思想の混乱)、煩悩濁(人間の退廃)、衆生濁(資質の低下)、命濁(生命の汚れ)がはびこる悪い世の中。◇釈迦牟尼仏のごとく　『唯信鈔文意《ゆいしんしようもんい》』に「釈迦牟尼如来は五濁悪世にいでてこの難信の法を行じて無上涅槃《ねはん》に至れりと説き給ふ。さてこの智慧の名号を濁悪の衆生に与へ給へるなり」とある。

19　浄土の菩薩衆の神変自在な力は、はかり知れない。この不思議な力は、弥陀が長い間の修行の結果集められた功徳によるものである。無上の仏に帰依するばかりである。
無上尊——〈原偈〉安楽菩薩承仏神　於一食頃詣十方　……　神力自在不可測　故我頂礼無上尊

20　浄土では、声聞・菩薩をはじめ人間・天人に至るまで、その智慧あきらかで、姿・相《かたち》の気高さもみな同じである。ただ浄土以外の他方世界(娑婆《しやば》)になぞらえて名目をわけてつらねただけである。
身相荘厳——〈原偈〉安楽声聞菩薩衆　人天智慧咸洞達　身相荘厳無殊異　但順他方故列名
◇人天　人間と天上の神々。◇殊異なし　文明本には

18
一八
安楽浄土にいたるひと
五濁《ごぢよく》悪世《あくせ》にかへりては
釈迦牟尼仏《しやかむにぶつ》のごとくにて
利益衆生《りやくしゆじやう》はきはもなし

19
一九
神力自在《じんりきじざい》なることは
惻量《しきりやう》すべきことぞなき
不思議の徳をあつめたり
無上尊《むじやうそん》に帰命せよ

20
二〇
安楽声聞菩薩衆《しやうもんぼさつしゆ》
人天智慧《にんでんちゑ》ほがらかに
身相荘厳殊異《しんざうしやうごんしゆい》なし
他方に順じて名をつらぬ

「みなおなじ」とある。

21　浄土の菩薩の容姿の端正円満なさまは喩《たと》えようもない。また精妙な身体は人間や天人の相を超越し、色なく形なき無上のさとりのあらわれである。平等の慈悲の力をそなえた仏に帰命せよ。

平等力 ――〈原偈〉顔容端正無可比　精微妙軀非人天　虚無之身無極体　是故頂礼平等力

◇端正　整っていること。◇精微妙軀　ことにすぐれて立派な妙なる身。◇虚無之身無極体　「虚無」も「無極」も涅槃の異名。「際もなき法身の体なり」(左注)。

＊22〜24は、浄土を願う人をほめ讃える。

22　浄土を願う人はみな、まさしく仏の位につく身と定まっているのである。浄土には自力の善を頼む者や自力の念仏者の姿は一人もいない。十方の諸仏はそのような浄土をこぞってほめ讃える。

正定聚に住す ――〈原偈〉敢能得生安楽国　皆悉住於正定聚　邪定不定其国無　諸仏咸讃故頂礼

◇邪定不定聚　左注に「邪定は万行万善自力の往生、観経の説。不定聚は阿弥陀経の心、行は不可思議なれどもわれら自力に修行する間不定聚と説く」とある。

23　十方のあらゆる衆生は、阿弥陀仏の至徳の名号を聞き、如来がさし向けて下さった信心に気づくなら、心から聞信《もんしん》するところを喜ぶだろう。

信心歓喜 ――〈原偈〉諸聞阿弥陀徳号　信心歓喜慶所聞

◇諸有　あらゆる境界。◇所聞　聞いて信ずるところ。

21
二一　顔《げん》容《よう》端《たん》正《じやう》たぐひなし
精《しやう》微《み》妙《めう》軀《く》非《ひ》人《にん》天《でん》
虚《こ》無《む》之《し》身《しん》無《む》極《ごく》体《たい》
平《びやう》等《どう》力《りき》に帰命せよ

22
二二　安楽国をねがふひと
正《しやう》定《ぢやう》聚《じゆ》にこそ住《ぢゆう》すなれ
邪《じや》定《ぢやう》不《ふ》定《ぢやう》聚《じゆ》くにになし
諸仏讃嘆したまへり

23
二三　十《じつ》方《ぱう》諸《しよ》有《う》の衆生は
阿《あ》弥《み》陀《だ》至《し》徳《とく》の御《み》名《な》をきき
真実信心いたりなば
おほきに所《しよ》聞《もん》を慶《きやう》喜《き》せむ

24　「もし生れずんば」の誓いゆえに、如来の真実信心とまさしく心が触れあい、本願のいわれを聞いて疑いをいだかずに喜ぶ人は、往生はすでに定まっている。

一念慶喜する人 ―― 〈原偈〉乃曁一念至心者　廻向願生皆得往

◇若不生者のちかひ　第十八願の「我が国に生れんと欲し、ないし十念せんに、もし生れずんば正覚《しやうがく》をとらじ」の誓願。◇信楽　深く信じて疑いをはさまない心。◇一念慶喜　本願による確かな信心を喜ぶ心。

＊25～44は、安楽浄土のすばらしさを讃える。

25　浄土の仏菩薩や国土のすばらしさは、法蔵菩薩のたぐいなき大願心の力でもたらされたものである。大願心のはたらきに従うばかりである。

大心力 ―― 〈原偈〉安楽菩薩声聞輩　於此世界無比方　……　皆是法蔵願力為　稽首頂礼大心力

◇依正　依《え》報《ほう》と正《しよう》報《ぼう》。依報は身の依《よ》り所となる環境世界の果報、正報は修行の報いによって得た仏菩薩の身心。◇法蔵　阿弥陀仏の修行時代の名。

26　浄土の仏菩薩や国土のすばらしさは、釈尊の弁舌自在の能をもってしても説き尽せない、といわれる。ことばに尽しがたい仏に帰依しよう。

無称仏 ―― 〈原偈〉於此世界無比方　釈迦無碍大弁才　設諸仮令示少分　……　故我稽首無称仏

◇大弁才　自在な弁舌。文明本では「みことにて」とある。◇無称仏　左注に「ことばにてはいひ尽し難き

24
二四
若《にやく》不《ふ》生《しやう》者《じや》のちかひゆゑ
信《しん》楽《げう》まことに時《とき》いたり
一念慶喜《きやうき》するひとは
往生かならずさだまりぬ

25
二五
安楽仏土の依《え》正《しやう》は
法《ほふ》蔵《ざう》願《ぐわん》力《りき》のなせるなり
天《てん》上《じやう》天《てん》下《げ》にたぐひなし
大《だい》心《しん》力《りき》に帰命せよ

26
二六
安楽国土の荘厳《しやうごん》は
釈《しや》迦《か》無《む》碍《げ》の大《だい》弁《べん》才《ざい》
説くともつきじとのべたまふ
無《む》称《しよう》仏《ぶつ》に帰命せよ

により て無称仏と申すなり」とある。

27 過去・現在・未来の三世にわたる往生者は、この娑婆《しゃば》世界からの衆生だけでなく、十方諸仏の国土からも来生して、その数は限りなく無量である。

無量無数 ―〈原偈〉十方仏土菩薩衆　及諸比丘生安楽　無量無数不可計　已生今生当亦然
◇きたる　浄土へ往生する。

28 阿弥陀仏の名号を聞いて心から信じ、身心にあふれる喜びから名号を称《とな》え仏をほめたてまつれば、名号の功徳が身にそなわり、一声の称名により、仏に必ずなるべき位につくことができる。

功徳具足 ―〈原偈〉若聞阿弥陀徳号　歓喜讃仰心帰依　下至一念得大利　則為具足功徳宝
◇讃仰　ほめ仰ぐ。『尊号真像銘文《そんごうしんぞうめいもん》』に「南無阿弥陀仏をとなふるは仏をほめたてまつるになるとなり」とある。◇せしむれば　他力によってしむけられてなすの意。◇功徳の宝　名号にそなわっている一切の功徳。
◇大利　「涅槃《ねはん》に入るを大利といふなり」(左注)。

29 たとえ、この広い世界が炎に満ちあふれたとして、その火の中をくぐりぬけてでも、仏の名号を聞信する人は、必ず仏となるに定まった身となる。

正定聚不退 ―〈原偈〉設満大千世界火　亦応直過聞仏名　聞阿弥陀不復退　是故至心稽首礼
◇不退にかなふ　不退転の位にはいる。『尊号真像銘文』に「不退といふは、仏に必ずなるべき身と定まる位なり」とある。

27
二七
已《い》今《こん》当《だう》の往生は
この土《ど》の衆生のみならず
十方仏土よりきたる
無量無《む》数《しゅ》不《ふ》可《か》計《け》なり

28
二八
阿弥陀仏の御《み》名《な》をきき
歓《くわん》喜《ぎ》讃《さん》仰《かう》せしむれば
功徳の宝《ほう》を具《ぐ》足《そく》して
一念大《だい》利《り》無上なり

29
二九
たとひ大《だい》千《せん》世界に
みてらむ火をも過ぎゆきて
仏の御《み》名《な》をきくひとは
ながく不《ふ》退《たい》にかなふなり

30　神通自在にまします阿弥陀仏は、十方無量の諸仏が声をそろえてほめ給う。東方無数の仏国からも、無数の菩薩が弥陀の浄土に来往なさる。

神力無極 ―― 〈原偈〉神力無極阿弥陀　十方無量仏所嘆　東方恒沙諸仏国　菩薩無数悉往観
◇神力無極　左注に「神通自在にましますことの極まりなきなり」とある。◇恒沙　ガンジス河の沙（砂）のように無数にあることをいう。

31　その他の九方の仏国から無数の菩薩衆が弥陀の浄土に来りて仏を見奉ること、また同様である。釈尊は『大無量寿経』に偈頌《げじゅ》をもって無量の功徳をほめ給う。

無量の功徳 ―― 〈原偈〉自余九方亦如是　釈迦如来説偈頌　無量功徳故頂礼
◇九方　東南・南・西南・西・西北・北・東北・上・下。◇往観「十方より菩薩の極楽へ参りて、弥陀を見奉るこころなり」（左注）。◇また　文明本は「みな」。

32　かくて来れる無量の菩薩衆は、万徳の根本である名号を称《とな》えるべく、弥陀を敬い尊び、言葉を尽し、心を致してほめ給う。この仏に帰依しよう。

婆伽婆 ―― 〈原偈〉諸来無量菩薩衆　為植徳本致虔恭　或奏音楽歌嘆仏　……　故我頂礼婆伽婆
◇諸来　十方より来れるの意。文明本「十方」。◇徳本　菩提の因となる功徳をそなえた名号。◇歌嘆　左注に「声を挙げてほむるを歌といふ。心のうちにほむるを嘆といふ」とある。◇婆伽婆　仏の尊称。

30
三〇 神《じん》力《りき》無《む》極《ごく》の阿弥陀は
無量の諸仏ほめたまふ
東《とう》方《ばう》恒《ごう》沙《じゃ》の仏国より
無《む》数《しゅ》の菩《ぼ》薩《さつ》ゆきたまふ

31
三一 自《じ》余《よ》の九《く》方《はう》の仏国も
菩薩の往《わう》観《ごん》またおなじ
釈《しゃ》迦《か》牟《む》尼《に》如《にょ》来《らい》偈《げ》を説きて
無量の功徳をほめたまふ

32
三二 諸来の無量菩薩衆
徳《とく》本《ほん》うゑんためにとて
恭《く》敬《ぎゃう》をいたし歌《か》嘆《たん》す
みなひと婆《ば》伽《が》婆《ば》に帰命せよ

33　七宝の堂や菩提樹《ぼだいじゅ》のある方便の浄土にも、十方の国から来れる者が限りなく多い。講堂・道場を設けて下さった弥陀を礼拝しよう。

講堂・道場樹——〈原偈〉聖主世尊説法時　大衆雲集七宝堂　聴仏開示咸悟入　……　故我運想礼講堂

◇七宝講堂　金・銀・瑠璃《るり》・珊瑚《さんご》・玻瓈《はり》・碼碯《めのう》・硨磲《しやこ》で飾られた講堂。◇道場樹　仏の成道の地にある樹。菩提樹。◇方便化身の浄土　自力の往生を願う者のために仮に説かれた浄土。◇講堂　五五頁注一七参照。

34　広大にして数量を超越した微妙な浄土は、法蔵菩薩の修行時代の本願力によってもたらされたものである。その清浄の国土を設け、すべての人々をもれなく摂取する仏に頭を地につけても礼拝しよう。

清浄大摂受——〈原偈〉妙土広大超数限　自然七宝所合成　仏本願力荘厳起　稽首清浄大摂受

◇妙土　微妙不思議の浄土。◇本願荘厳　弥陀が誓願をたてて修行した結果成就された徳。◇清浄大摂受　五五頁注一八参照。◇稽首　最敬礼のお辞儀。

35　真実の浄土は、弥陀が自利と利他の徳を完成した国土で、巧みに飾りたてた浄土の様は、衆生を引き入れるための方便である。心も言葉も及ばない不思議の仏に頭をたれて礼拝しよう。

不可思議尊——〈原偈〉自利利他力円満　帰命方便巧荘厳　……　若仏神力須則見　稽首不可思議尊

◇自利利他　左注に「自利は阿弥陀の仏になり給ひたるこころ、利他は衆生を往生せしむるこころ」とある。

33
三三
七《しつ》宝《ぽう》講《こう》堂《だう》道《だう》場《ぢやう》樹《じゅ》
方《はう》便《べん》化《け》身《しん》の浄土なり
十《じつ》方《ぱう》来《らい》生《しやう》きはもなし
講堂道場礼《らい》すべし

34
三四
妙《めう》土《ど》広大超《てう》数《しゅ》限《げん》
本《ほん》願《ぐわん》荘《しやう》厳《ごん》よりおこる
清《しやう》浄《じやう》大摂《せふ》受《じゅ》に
稽《け》首《しゅ》帰《き》命《みやう》せしむべし

35
三五
自《じ》利《り》利《り》他《た》円《ゑん》満《まん》して
帰《き》命《みやう》方《はう》便《べん》巧《げう》荘《しやう》厳《ごん》
こころもことばもたえたれば
不可思議尊に帰命せよ

36 三六
神《じん》力《りき》本《ほん》願《ぐわん》及《ぎふ》満《まん》足《ぞく》
明《みやう》了《れう》堅《けん》固《ご》究《く》竟《きやう》願《ぐわん》
慈悲方便不思議なり
真無量に帰命せよ

37 三七
宝《ほう》林《りん》宝《ほう》樹《じゆ》微《み》妙《めう》音《おん》
自《じ》然《ねん》清《しやう》和《わ》の伎《ぎ》楽《がく》にて
哀《あい》婉《ゑん》雅《が》亮《りやう》すぐれたり
清《しやう》浄《じやう》楽《がく》に帰命せよ

38 三八
七《しつ》宝《ぽう》樹《じゆ》林《りん》くににみつ
光《くわう》耀《えう》たがひに映《えい》発《ほつ》す
華《け》菓《くわ》枝《し》葉《えふ》またおなじ
本願功《く》徳《どく》聚《じゆ》に帰命せよ

36 浄土の荘厳は、阿弥陀仏の功徳と修行時代の法蔵菩薩の本願力によって成就された。心に満ち足り、確かで堅固、そして最上の願いによって完成された浄土の荘厳は、すべての衆生を救わんとの慈悲による方便の不思議にもとづくものである。徳のはかりがたい仏に帰依するばかりである。

真無量 ―― 〈原偈〉神力本願及満足　明了堅固究竟願　慈悲方便不可称　帰命稽首真無量

37 宝林・宝樹のそよぐ微妙の音声は、清らにして音階におのずとかない、楽人の奏する楽曲のように、聞く者の心を自然に澄ませととのえる。清浄の音楽を成就された阿弥陀仏を礼拝しよう。

清浄楽 ―― 〈原偈〉宝樹音麗倍亦然　復有自然妙伎楽　法音清和悦心神　哀婉雅亮超十方　故我稽首清浄楽

◇自然清和　おのずからの響きが清らかで和音をかなでる。◇哀婉雅亮　「哀婉」は哀れげでたわやかなこと、「雅亮」は音声が正しく冴《さ》えとおっていること。

38 七宝の樹林は国土にあまねく、その耀《かがや》きは互いに照り映え、花も実も枝も葉もまた光に満ち溢《あふ》れている。本願によって功徳を集めた仏に帰命せよ。

本願功徳聚 ―― 〈原偈〉七宝樹林周世界　光耀鮮明相映発　華果枝葉更互為　稽首本願功徳聚

◇映発す　文明本は「かがやけり」とある。◇華菓枝葉またおなじ　樹と樹と耀きあうように、樹の各部も耀きあうこと。◇本願功徳聚　五五頁注二〇参照。

39 三九 清《しやう》風《ふ》宝《ほう》樹《じゆ》をふくときは
いつつの音《おん》声《じやう》いだしつつ
宮《きゆう》商《しやう》和して自《じ》然《ねん》なり
清《しやう》浄《じやう》勲《くん》を礼《らい》すべし

40 四〇 一《いち》一《いち》のはなのなかよりは
三十六百千億の
光明てらしてほがらかに
いたらぬところはさらになし

41 四一 一一のはなのなかよりは
三十六百千億の
仏身もひかりもひとしくて
相《さう》好《がう》金《こん》山《ぜん》のごとくなり

39 さわやかな風が宝樹を吹きわたると、宮商などの五音をかなで、その響きはおのずと和して自然である。清浄勲の仏に礼拝しよう。

清浄薫——〈原偈〉清風時々吹宝樹　出五音声宮商和　微妙雅曲自然成　故我頂礼清浄薫

◇いつつの音声　宮・商・角・徴《ち》・羽の五つの音階。

◇清浄勲　「勲」は左注に「にほふ」とあり、原偈も「薫」とあるので、同音の宛字《あてじ》。声の響きが清らかににおう仏。

40 浄土に花開く蓮華《れんげ》の一つ一つが、青・黄・赤・白などの光を放ち、互いに映じあって、数限りない色や光が十方に照り満ちて至らぬ隈《くま》はない。

蓮華の光明——〈原偈〉一一華中所出光　三十六百千億　……　如是神力無辺量

◇三十六百千億　浄土の蓮華は、一つの花に百千億の花びらがあり、その花びらに青《しよう》・白《びやく》・玄《げん》・黄《おう》・朱《しゆ》・紫《し》の六光があり、互いに映じあって三十六光となる。百千億はその数の多いことをいう。

41 一つ一つの蓮華の中からは、三十六百千億の光明が放たれ、その光明の中に三十六百千億の仏が現れる。仏身の数も光明の数もひとしくて、仏の姿かたちの気高さは、こがねの山を見るようである。

光中有仏身——〈原偈〉三十六百有千億　一一光中有仏身　多少亦如所出光　仏身相好如金山

◇相好　「相は大かたち、好は小かたち」(左注)。仏身の三十二相(三六頁注一三参照)と八十随形好《ずいぎようこう》。

42 仏のお姿の一つ一つから、百千の光が十方世界にあまねく放たれる。その光明から現れ給うた諸仏は、弥陀の本願不思議の法を説きひろめ、衆生を仏果に導き入れられる。

放百千光 ——〈原偈〉一一又放百千光　普為十方説妙法　各安衆生於仏道

43 七宝の池は清らかに澄み、八つの功徳をそなえた水が満ち溢《あふ》れ、煩悩の汚《けが》れのない浄土の不思議を具現している。一切の功徳を集められた弥陀に帰依するばかりである。

功徳蔵 ——〈原偈〉八功徳水満池中　色味香潔如甘露　黄金池者白銀沙　七宝池沙互如此　……　無漏依果難思議　是故稽首功徳蔵

◇いさぎよく　きれいに澄んでいるさま。◇八功徳水　清浄・潤沢・甘美・軽軟・清冷・安和・除患・養根の八種の徳をそなえた水。◇無漏の依果　煩悩を離れた浄土。「漏」は煩悩の異名。「無漏」は煩悩の汚れのないこと。「依果」は衆生が依《よ》り所とする環境世界。

44 浄土には三悪道（地獄・餓鬼・畜生）の苦しみの影はなく、流れる水音もただ自《おのず》から楽しみに満ち溢れ、そのために安楽国と名づけられている。安楽国の主たるきわなき仏に帰依するばかりである。

無極尊 ——〈原偈〉三塗苦難名永閉　但有自然快楽音　是故其国号安楽　頭面頂礼無極尊

＊ 45〜48の四首は、浄土の如来・聖衆・国土について弥陀の功徳を讃嘆してきたことのまとめ。

42 四二
相《さう》好《がう》ごとに百千の
ひかりを十《じつ》方《ぱう》にはなちてぞ
つねに妙《めう》法《ほふ》説きひろめ
衆生を仏道にいらしむる

43 四三
七宝の宝《ほう》池《ち》いさぎよく
八《はつ》功《く》徳《どく》水《すい》みちみてり
無《む》漏《ろ》の依《え》果《くわ》不思議なり
功《く》徳《どく》蔵《ざう》に帰命せよ

44 四四
三《さん》塗《づ》苦難ながくとぢ
但《たん》有《う》自《じ》然《ねん》快《け》楽《らく》音《おん》
このゆゑ安楽となづけたり
無《む》極《ごく》尊《そん》に帰命せよ

45 四五
十方《じつぱう》三世《さんぜ》の無量慧《むりやうゑ》
おなじく一如《いちによ》に乗じてぞ
二智《にち》円満《ゑんまん》道平等《だうびやうどう》
摂化《せふけ》随縁《ずいえん》不思議なり

46 四六
弥陀の浄土に帰《き》しぬれば
すなはち諸仏に帰するなり
一心をもちて一仏を
ほむるは無碍人《むげにん》をほむるなり

47 四七
信心歓喜《くわんぎ》慶所聞《きやうしよもん》
乃暨《ないがい》一念至心者《ししんじや》
南無不可思議光仏
頭面《づめん》に礼《らい》したてまつれ

45　あらゆる世界そして過去・現在・未来の諸仏は、平等一如のさとりに住して真実と方便の二種の智慧に欠けるところなく、衆生の機縁に従って教化なされる。それは、まことに不可思議というほかはない。

平等の智慧――〈原偈〉十方三世無量慧　同乗一如号正覚　二智円満道平等　摂化随縁故若干

◇無量慧　はかり知れない智慧を有する仏のこと。◇一如　「一」は絶対の意、「如」は実相のこと。諸事物が一であるという根源の真理。◇二智　実智（一切平等の理をさとる智慧）と権智《ごんち》（差別の相を見抜き、方便をたてて衆生を救う智慧）。◇道平等　諸仏のさとりが平等であること。

46　仏のさとりは平等であるから、弥陀に帰依することはそのまま諸仏に帰依することでもある。他力の一心をもって弥陀を讃《たた》えるのは、あまねく諸仏を讃えることになる。

他力の一心――〈原偈〉我帰阿弥陀浄土　即是帰命諸仏国　我以一心讃一仏　願遍十方無碍人

◇無碍人　生死にとらわれないさとりの人。仏をいう。

47　他力の信心に具《そな》わる歓喜《よろこび》をともにし、本願の名号を聞いて（所聞）喜び、ひとたび真実信心に触れ得た人は、南無不可思議光仏と礼拝しよう。

南無不可思議光――〈原偈〉23・24に掲げた句と「南無不可思議光」「咸各至心頭面礼」の諸句。

◇乃暨一念　「乃暨」は乃至《ないし》。一念に至るまでの意。

48　弥陀の智慧と功徳をほめ讃え、十方世界の有縁の衆生に聞かしめよう。如来の真実信心のはたらきに触れ、他力の信心をすでに知りえた人は、常に仏恩を報謝しよう。

仏恵功徳――〈原偈〉我讃仏慧功徳音　願聞十方諸有縁……所有功徳若大少　廻施一切共往生

◇仏恵功徳　左注に「大慈大悲と功徳を」とある。仏の慈悲から出た智慧のはたらきと、その結果もたらされた依報（環境世界）と正報（仏菩薩）の功徳。◇有縁　仏の教えを聞く因縁のある人。

一　曇鸞《どんらん》の『讃阿弥陀仏偈』は、七言句を基本として、四句から二十六句に及ぶ長短五十一首（百九十五行）の詩偈よりなるが、親鸞は原偈の構想にそってその肝要を四十八首にまとめた。四十八という数は、弥陀の四十八願に縁のある数である。

＊次の〈浄土和讃〉の初めに、釈尊が浄土教をこの世の人のために説く契機となった王舎城の悲劇にまつわる聖者名が列挙される。親鸞は、悪逆を犯した提婆《だいば》尊者《そんじや》以下四人をも浄土教興起の逆縁の恩人と遇し、その名を記している。まず浄土の教主阿弥陀仏と、弥陀の慈悲を表す観音と智慧を表す勢至の両脇士が、次に、この世での教主釈尊とその説法を助けた三人の尊者名があげられる。頻婆《びんば》沙羅《しやら》王以下は、王舎城の悲劇に直接かかわった人物を、順縁（苦悩にみちたこの世を厭《いと》い浄土を願

48
四八　仏《ぶつ》恵《ゑ》功徳をほめしめて
十方の有《う》縁《えん》にきかしめん
信心すでにえむひとは
つねに仏恩報ずべし

已上《いじやう》一四十八首

愚禿釈親鸞作

う側）と逆縁（逆害を演じて釈尊に大悲の心をおこさせる側）に分けてそれぞれ四人記す。

二 釈尊は、子の阿闍世《あじゃせ》王が父王頻婆沙羅王を幽閉して殺そうとする悪逆をとどめることができないままに絶望と苦悩にうちひしがれた韋提希夫人《いだいけぶにん》のために、この世の罪けがれを超絶した浄土の世界を観想する十六種の方法を説く。その第七、華座《けざ》観が説かれた時、韋提希の心の目に「阿弥陀如来」が「観世音菩薩」と「大勢至菩薩」を左右に侍《はべ》らせてお立ちになっている姿が現れる。

三 幽閉された頻婆沙羅王は、韋提希がひそかに身に塗りつけてもたらした蜜や、装身具に隠して運んできた葡萄《ぶどう》液で命をつなぐ。そして釈尊のいます方角に向って救いを求める。釈尊は弟子の「富楼那尊者」と「大目犍連」を王宮に遣わし王のために法を説く。このことを知った阿闍世はさらに母韋提希も幽閉する。韋提希が悲泣して仏の救いを求めると、釈尊は「大目犍連」と「阿難尊者」を左右に侍らせて王宮に現れる。

四「頻婆沙羅王」は摩掲陀《まがだ》国王。「韋提」は王の夫人。「耆婆大臣」と「月光大臣」は、阿闍世が母をも害そうとした時、身をもってこれを制止した人。

五「提婆尊者」は、阿闍世の出生にまつわる因縁談を捏造《ねつぞう》し、父王を殺して王位を簒奪《さんだつ》することを唆《そそのか》した人物。「行雨（雨行）大臣」は提婆の話に同調して阿闍世に逆害を決意させ、父王幽閉に手をかし、「守門者」をして厳重に牢獄《ろうごく》を見張らせた。

二 阿弥陀如来《あみだにょらい》　観世音菩薩《くわんぜおんぼさつ》　大勢至菩薩《だいせいしぼさつ》

三 釈迦牟尼仏《しゃかむにぶつ》　富楼那尊者《ふるなそんじゃ》　大目犍連《だいもくけんれん》　阿難尊者《あなんそんじゃ》

四 頻婆沙羅王《びんばしゃらわう》　韋提夫人《ゐだいぶにん》　耆婆大臣《ぎばだいじん》　月光大臣《ぐわつくわうだいじん》

五 提婆尊者《だいばそんじゃ》　阿闍世王《あじゃせわう》　行雨大臣《ぎやううだいじん》　守門者《しゅもんじゃ》

一浄《じやう》土《ど》和《わ》讃《さん》

大《だい》経《きやうの》意《こころ》　二十二首

49 一尊《そん》者《じや》阿《あ》難《なん》座よりたち
世《せ》尊《そん》の威光を瞻《せん》仰《がう》し
生《しやう》希《け》有《う》心《しん》とおどろかし
未《み》曾《ぞう》見《けん》とぞあやしみし

50 二如《によ》来《らい》の光《くわう》瑞《ずい》希《け》有《う》にして
阿難はなはだこころよく
如《によ》是《ぜ》之《し》義《ぎ》と問へりしに
出世の本意あらはせり

一「浄土和讃」中の肝要である「大経讃」「観経讃」「阿弥陀讃」の三つを総称して〈浄土和讃〉と名づけた。

＊『大無量寿経』を『大経』と称する。その主旨をとって和讃の「ほめうた」としたもの。

49〜52は『大経』の序にあたる部分によって、釈尊がこの世に現れたことを讃える。49・50は仏の姿を怪しみ問う阿難を、51・52は釈尊の応答をよむ。

49　阿難尊者は自ら席を立ち釈尊の前に進み出て、その光り耀《かがや》くみ姿を仰ぎ見て、希《まれ》にみる仏の瑞《ずい》相《そう》に驚き、かつてこのようなみ姿を見奉ったことがなかったのに何故だろうと怪しんだ。

◇瞻仰　仰ぎ見る。◇生希有心　左注に「まれにありがたきこころといふなり」とある。『大経』の異訳『無量寿如来会《にょらいえ》』の本文中にある語で「希有の心を生ず」とよむ。◇未曾見　いまだかつて見ざるところという意。この語句も『無量寿如来会』に見える。

50　釈尊の光り耀く瑞相は今まで見たことがなかったので、阿難は心からうれしく思い、そのわけを尋ねた。すると釈尊は、自分がこの世に生れ出た本来の意図をあかされ、弥陀の本願をお説きになった。

◇光瑞　光り耀く瑞相。『教行信証』に引く『無量寿如来会』に「我見タテマツルガ二如来ノ光瑞希有ナルヲ一故ニ発セリ二斯ノ念ヲ一」の句がある。◇如是之義　「かくのごときの義いかなる御ことと問ひたてまつるに」(左注)。この句も『如来会』による。◇出世　釈尊がこの世に出現されたこと。

51 三

大《だい》寂定《じやくぢやう》にいりたまひ
如来の光顔《くわうげん》妙《たへ》にして
阿難の慧《ゑ》見《けん》をみそなはし
問《もん》斯《し》慧《ゑ》義《ぎ》とほめたまふ

52 四

如来興《こう》世《せ》の本意には
本願真実ひらきてぞ
難《なん》値《ち》難《なん》見《けん》と説きたまひ
猶《ゆ》霊《れい》瑞《ずい》華《け》としめしける

53 五

弥《み》陀《だ》成《じやう》仏《ぶつ》のこのかたは
いまに十《じふ》劫《ごふ》と説きたれど
塵《ぢん》点《でん》久《く》遠《をん》劫《ごふ》よりも
ひさしき仏とみえたまふ

51 釈尊は迷いを離れた禅定《ぜんじよう》の境地に入られ、その耀く顔《かん》ばせは殊にすぐれましまし、このお姿に目をとめた阿難のすぐれた智慧を見ぬかれて、よくぞこの境地のわけがらを問うたことよ、とほめ給う。◇大寂定　左注には「静かに静かにましますこと、殊に日頃に優れましまし給ふ故は、ただ阿弥陀の名号を説き給はむとて世に出でましますこと、殊に勝れ、めでたくましますす御かたちなり」とある。◇問斯慧義　斯《こ》の慧義を問う。釈尊が禅定の境に入られたことのすぐれたわけがらを問うの意。『大経』に見える語。

52 釈迦如来がこの世に現れ給うた本来の意図は、弥陀の本願を説きあかすことであった。この本願の真実に気づくことはきわめてむずかしく、それは咲くことの希な優曇華《うどんげ》の花を見るようなものである。◇興世　この世に現れること。◇難値難見　遇《あ》うことがむずかしく見難い。◇猶霊瑞華　「なほし霊瑞華のごとし」とよむ。「霊瑞華」は優曇華。三千年に一度花が開くといわれる。「難値難見」と共に経文中の句。

＊ 53〜68は、経の正宗分（主要な義を説いた部分）にあたり、53・54は仏の本願を讃《たた》える。

53 阿弥陀仏が仏になられてよりこのかた、いまに十劫を経た、と経に説かれているが、実は久遠のむかしに成道された古仏とお見うけする。◇十劫　「劫」はきわめて長い時間を一つの単位と考えた語。1参照。◇塵点久遠劫　塵点劫（計ることのできない長い時間）を経た久しい遠い昔。

54　法蔵菩薩として現れ給うた南無不可思議光仏は、世自在王仏のみもとで、一切衆生を救済すべく、ありとあらゆる諸仏の浄土をつぶさにご覧になり、粗悪なものを捨て、善妙なものを選んで本願をたてられた。
◇南無不可思議光仏　阿弥陀仏の尊号の一つ。修行中の名を法蔵菩薩といった。◇饒王仏　世自在王仏の異名。◇選択摂取　左注に「摂は殊に選びとるこころなり。取はきらひとるこころなり」とある。

＊55〜58は、衆生救済のはたらきを讃《たた》える。

55　悪業煩悩にも碍《さ》えられることない仏の光は、煩悩に覆われて生きる人に、仏の清らかな心、歓喜《よろこび》に満たされた心、智慧のはたらきをもたらし、すべての人を救いとらないではおかない。
◇無碍光仏　左注に「さはることなき光の如来なり。悪業煩悩に碍へられぬによりて無碍と申すなり」とある。◇清浄・歓喜・智慧光　左注に「貪欲《とんよく》の煩悩を救《たす》け、貪欲の罪を消されむ料にして清浄歓喜と名づく。瞋恚《しんに》の煩悩を救けむ料に歓喜と名づくなり。愚癡《ぐち》の煩悩を救けむ料に智慧と名づく」とある。

56　仏は第十八の願で「仏の真実心と金剛の信心のはたらきにこたえて往生をねがえ」と衆生に勧められ、誓願の不思議を説きあかして、真の浄土に往生できる因を示された。
◇至心信楽欲生　往生の正因となる三心。『大経』には「至心に信楽して、我が国に生れんと欲し」とある。

54
南無不可思議光仏
饒《ねう》王《わう》仏《ぶつ》のみもとにて
十《じつ》方《ぱう》浄《じやう》土《ど》のなかよりぞ
本《ほん》願《ぐわん》選《せん》択《ぢやく》摂《せふ》取《しゆ》する

55
無《む》碍《げ》光仏のひかりには
清浄《しやうじやう》　歓《くわん》喜《ぎ》　智《ち》慧《ゑ》光《くわう》
その徳不可思議にして
十方諸《しよ》有《う》を利《り》益《やく》せり

56
至《し》心《しん》信《しん》楽《げう》欲《よく》生《しやう》と
十方の諸有をすすめてぞ
不思議の誓願あらはして
真実報土の因《いん》とする

57 仏の真実信心のはたらきを受け容《い》れた人は、その時ただちに往生が決る。退くことのない位についたなら、必ず涅槃《ねはん》のさとりを開くことになる。◇真実信心　他力の信心。◇定聚　浄土に生れることが決定している人々。◇住すれば　文明本は「入りぬれば」。◇滅度　涅槃（ニルヴァーナ）の訳語。生・老・病・死の煩いを滅し、欲・有・見・無明の煩悩を超越した（度）さとりの境界。

58 弥陀の大悲はこの上なく深いので、仏智の不思議をあらわして、変成男子の願をたて、女人も男子とひとしく成仏すると誓われた。◇諸仏　左注に「弥陀を諸仏と申す」とある。文明本は「弥陀」。◇変成男子の願　第三十五願。救済の対象とされなかった女人を救うために、信心の女人を命終の後に男子に変身させることを誓った願。

＊ 59〜65は、衆生を誘引するための、方便の救済を明らかにしている。

59 心を励ましてもろもろの善根を積み、その功徳によって往生しようとする人のために、弥陀は第十九願で「至心に発願して欲生せよ」と説かれたが、それはすべての人を第十八願の他力信心に誘引するためのてだてに過ぎない。弥陀は、自力を頼む人の臨終に際しその姿を現し迎えとることを誓われた。◇至心発願欲生　真実心をもって往生行を修し浄土へ生れたいと願うこと。◇衆善の仮門　もろもろの善根功徳を修めて往生する仮の門。第十九願。

57 九

真実信心うるひとは
すなはち定《ぢやう》聚《じゆ》のかずにいる
不《ふ》退《たい》のくらゐに住《ぢゆう》すれば
かならず滅《めつ》度《ど》にいたらしむ

58 二〇

諸仏の大《だい》悲《ひ》ふかければ
仏《ぶつ》智《ち》の不思議をあらはして
変《へん》成《じやう》男《なん》子《し》の願をたて
女《によ》人《にん》成《じやう》仏《ぶつ》ちかひたり

59 二一

至《し》心《しん》発《ほつ》願《ぐわん》欲《よく》生《しやう》と
十方衆《しゆ》生《じやう》を方《はう》便《べん》し
衆《しゆ》善《ぜん》の仮《け》門《もん》ひらきてぞ
現《げん》其《ご》人《にん》前《ぜん》と願じける

60　臨終の時には阿弥陀仏自ら姿を現し、自力の人をも浄土へ迎えとろうと誓われた第十九願により、釈迦は観無量寿経に諸善のすべてを説き顕《あらわ》し、定散二善を修する人々に往生の道を勧められた。◇臨終現前の願　来迎引接《らいごういんじょう》の願ともいう。◇定散諸機　定善（心を凝らして仏と浄土を観想する行）や散善（つとめて悪心を除き努力して善を修する）の人々。「機」とは教えを受ける人の能力・素質をいう。

61　定散の二善は自力の行である。しかし、弥陀が自力を頼んで浄土に往生しようと願う者を迎えとると誓われたのは、それが欣求《ごんぐ》浄土の方便となるからである。◇往生浄土の方便　往生を願って定散二善を修する者は、そのことによってかえって定善修し難く、散善行じ難い凡愚の性を深く自覚するに至る。このように、定散二善の勧めは、濁世を生きる人々に罪障の自覚をうながし、如来の本願によるほかに往生の可能性を持たないことを思い知らせる契機となる。そうした転入（64注参照）を可能ならしめる道ゆえに方便といった。

62　弥陀は第二十願において、心を尽して念仏を称え、それによって往生しようと願う自力の者をもすべて救おうと誓われた。それはすべての人を弥陀の本願に帰せしむる方便として説かれた念仏である。◇名号の真門　本願の名号のみは真であるが、称《とな》える機は実でないので、第二十願をこういう。◇不果遂者　ついには往生を果し遂げさせずにはおかない。

60
十二
臨《りん》終《じゆ》現《げん》前《ぜん》の願により
釈《しや》迦《か》は諸善をことごとく
観《くわん》経《ぎやう》一部にあらはして
定《ぢやう》散《さん》諸《しよ》機《き》をすすめけり

61
十三
諸《しよ》善《ぜん》万《まん》行《ぎやう》ことごとく
至《し》心《しん》発《ほつ》願《ぐわん》せるゆゑに
往《わう》生《じやう》浄土の方便の
善とならぬはなかりけり

62
十四
至《し》心《しん》廻《ゑ》向《かう》欲《よく》生《しやう》と
十方衆生を方便し
名《みやう》号《がう》の真《しん》門《もん》ひらきてぞ
不《ふ》果《くわ》遂《すい》者《しや》と願じける

63　自力念仏の者であれ、彼らが往生を果し遂げないなら仏にならないと誓われた弥陀の第二十願により、釈尊は阿弥陀経に善根功徳の念仏を説き顕し、念仏の一行を修する者に往生を勧められている。◇果遂の願　第二十願をいう。◇善本徳本　あらゆる善法・功徳をそなえている名号。◇一乗の機　おなじく念仏を称える行者たち。「一乗」は一つの乗物。

64　心をこらして仏を念じ、または廃悪修善の思いで仏名を称える自力の念仏行も、第二十願の果遂の願力に乗せられる時は、教えなくても自然に第十八願の他力真実の念仏に移り入ることになる。◇果遂のちかひ　左注に「自力の心にて名号を称へたるをば、つひに果し遂げむと誓ひ給ふなり」とある。◇真如の門　衆善の仮門（第十九願）・名号の真門（第二十願）に対し、第十八願の他力念仏の立場をいう。◇転入する　自力の念仏は、ともすれば自らを善しとする憍慢《きようまん》や自己をたのむ我執と表裏し、自己の根源的罪障をあらわにする機縁となる。そうした罪の自覚が契機となって他力真実の念仏に気づかされ、仏のさとり（真如）に応じる道を開くに至る。

65　安楽浄土への往生を願いながらも、他力による信心に心をまかせない者は、仏智の不思議を疑うから、浄土のかたほとりに留まることになる。◇辺地懈慢　仮の浄土。「辺地」は自力念仏の人が生れる浄土。「懈慢」は真実を求めることを怠る人が生れる国。自力修行者が往生する浄土。

63
二五
果《くわ》遂《すい》の願によりてこそ
釈迦は善《ぜん》本《ぼん》徳《とく》本《ほん》を
弥陀経にあらはして
一《いち》乗《じよう》の機をすすめける

64
二六
定《ぢやう》散《さん》自《じ》力《りき》の称《しよう》名《みやう》は
果《くわ》遂《すい》のちかひに帰してこそ
をしへざれども自《じ》然《ねん》に
真《しん》如《によ》の門に転入する

65
二七
安楽浄土をねがひつつ
他《た》力《りき》の信をえぬひとは
仏《ぶつ》智《ち》不思議をうたがひて
辺《へん》地《ぢ》懈《け》慢《まん》にとまるなり

66 一八 如来の興世《こうせ》あひがたく
諸仏の経道《きやうだう》ききがたし
菩《ぼ》薩《さつ》の勝法《しようぼふ》きくことも
無《む》量劫《りやうこふ》にもまれらなり

67 一九 善《ぜん》知《ち》識《しき》にあふことも
をしふることもまたかたし
よくきくこともかたければ
行《ぎやう》ずることもなほかたし

68 二〇 一代諸教の信よりも
弘《ぐ》願《ぐわん》の信《しん》楽《げう》なほかたし
難《なん》中《ちゆう》之《し》難《なん》と説きたまひ
無《む》過《くわ》此《し》難《なん》とのべたまふ

＊66以下は、経の流通分《るずう》（経の流布を願って記された部分）にあたり、66〜68は教法の難信を述べる。

66 弥陀如来の在世に生をうけて仏を見奉ること、仏の滅後に諸仏が説く教法を聞くこと、菩薩たちが修する行法に接することは、すべて甚だ困難で、限りなく永い間にも、機会を獲《え》るのはまれである。
◇経道　経典の説く道。法。◇勝法　すぐれた法。
◇まれら　めったにない。「ら」は状態を示す接尾語。

67 善き仏法の指導者に恵まれることも、指導者が人を得て法を教えることも、容易なことではない。まして法を正しく理解することは一層困難であり、それを行ずることはいよいよ難しい。
◇行ずること　文明本では「信ずること」とある。この句は、『大経』の「過善知識、聞法能行、此亦為難」（善知識に遇ひ、法を聞きてよく行ずること、これもまた難しとなす）によっている。

68 釈尊一代の教えを信ずることよりも、大経に説く弥陀の衆生を差別しない弘大な他力真実の法を疑いなき心で喜ぶことの方がなお難しい。それは難中の難、この難に過ぎた難事はないと説かれている。
◇弘願　第十八願をいう。◇信楽　信じ願うこと。
◇難中之難・無過此難　経文中の句をそのまま引く。

＊69・70は、真実の教えと真実に入るための仮の教えとの別を明らかにし、真実への帰入を讃える。

69 すべての人をひとしく成仏させようと誓われた弥陀の願力のうながしによる念仏のみが真実の

教えで、善根功徳のための修行を説く万行諸善の教えは、自力にとらわれた人のための仮の法門である。この真実と方便とを弁別しないで、存在の真のすがたである自然の浄土を理解できないでいるのは、まことに悲しいことである。
◇念仏成仏これ真宗　法照の『五会法事讃』中の「念仏成仏是真宗」の句による。◇要門　浄土に生れるための肝要な道という意。ここでは念仏以外の諸行によって往生しようとする立場を指す。文明本では「仮門」とある。◇権実真仮　権（かり）と実（まこと）、真（ほんもの）と仮（かりのもの）。◇自然の浄土　自力によらず、誓願の力によって迎えとられる浄土。

70　自力に執する衆生は、修行によって仏に成る聖道の方便の教えに久しく留まって、迷いの境界に流転する身となっている。己れが分際をわきまえ、弥陀大悲の本願力におまかせし従うばかりである。
◇聖道　この世でさとりを開くことを目指す自力の法門。◇権仮の方便　仮のてだて。◇諸有　もろもろの迷いの境界。◇悲願の一乗　すべての衆生をもらさない大慈悲にもとづく誓願。

＊『観経』は『仏説観無量寿経』の略称。教えの主旨は、救いを求める韋提夫人《いだいぶにん》のために、釈尊が極楽浄土の国土・聖衆・阿弥陀仏の荘厳を観想する方法と念仏往生の道を説くところにあるが、親鸞は特に序分を重くみ、71〜78は浄土教が説かれる因縁を述べた序分の意をとり、最後の一首だけで

69
三
念仏成仏これ真宗《しんしゅ》
万行《まんぎやう》諸善これ要門《えうもん》
権実《ごんじつ》真仮《しんけ》をわかずして
自然《じねん》の浄土をえぞしらぬ

70
三
聖道《しやうだう》権仮《ごんけ》の方便に
衆生ひさしくとどまりて
諸有《しよう》に流転《るてん》の身とぞなる
悲願の一乗帰命せよ

已上《いじやう》大経意

観《くわん》経《ぎやうの》意《こころ》　九首

正宗分・流通分を要約する。71は釈尊が弥陀大悲の本願を説き顕《あらわ》す機縁をつくった韋提夫人の選択を讃じたもの。

71　大悲の徳広大な釈尊は、韋提夫人のために、光明のなかに諸仏の国土をことごとく現され、夫人に仰せられて望む国を選ばしめた。その時、夫人が安楽浄土を特に選んで願われたことが、浄土教が興る因縁となった。
◇光台現国　釈尊の眉間《みけん》から放たれた光明のうちに現れた十方諸仏の浄土。◇安楽世界　経文には極楽世界とあるが、『大経』と通わして「安楽」とした。

＊72～75は、浄土教の興る逆縁を述べる。

72　頻婆沙羅王は、前世からのさだめによってわが王子に生れ変ることになっていた仙人の寿命が尽きるのを待ちきれず、臣下に命じてその仙人を殺害させた。その罪の報いで、子の阿闍世の手により七重の牢獄《ろうごく》に閉じこめられることとなった。
◇宿因　前世からのさだめ。◇その期　仙人は三年後に頻婆沙羅王の太子に生れ変ることになっていた。

73　阿闍世王は、母韋提が秘かに食物を運び、父王の命を永らえさせたことを知って心から怒りを発し、わが母はこれ賊なりと宣言し、無道にも母を殺そうと、剣を抜いて立ち向った。
◇我母是賊　経文中の句。父を幽閉して三週間経た頃阿闍世王が守門《もんばん》者に父の様子を尋ねると、守門者は、韋提夫人と仏弟子が毎日大王を見舞い、食物を運び、

71
一
恩《おん》徳《どく》広《くわう》大《だい》釈《しや》迦《か》如《によ》来《らい》
韋《ゐ》提《だい》夫《ぶ》人《にん》に勅《ちよく》してぞ
光《くわう》台《だい》現《げん》国《こく》のそのなかに
安楽世界をえらばしむ

72
二
頻《びん》婆《ば》沙《しや》羅《ら》王《わう》勅せしめ
宿《しう》因《いん》その期《ご》をまたずして
仙人殺《せつ》害《がい》のむくいには
七《しち》重《ぢゆう》のむろにとぢられき

73
三
阿《あ》闍《じや》世《せ》王《わう》は瞋《しん》怒《ぬ》して
我《が》母《も》是《ぜ》賊《ぞく》としめしてぞ
無道にははを害せむと
つるぎをぬきてむかひける

法を説いて慰めるので、大王はいつもと変らず安らかな顔をしていると答える。阿闍世はそれを聞いて心から怒り、「わが母はこれ賊なり」とののしった。

74　耆婆と月光の両大臣は、母を殺そうとする阿闍世王の振舞いを見かね、言葉を尽して人非人の仕業であると辱め、この城に共にとどまるわけにはいかないと言い、王の悪逆心を誠意をこめて諫《いさ》めた。◇旃陀羅　インドにおける四姓《カースト》外の賤民《せんみん》。漁猟・屠《と》殺《さつ》・牢獄の業に従い、人間とはみなされず、四姓の人との交際が禁じられていた。◇不宜住此　経文中の句。左注に「よろしくここに住すべからず」とある。

75　耆婆大臣は阿闍世王の悪逆を押さえ、きびしく諫言《かんげん》してたじろがせた。ついに王は剣を捨て、韋提を宮殿の奥に閉じこめるにとどめた。◇却行而退　経文中の句。「却行して退く」とよみ、あとずさりして去らせる意。

＊76〜78は、阿闍世の悪逆が縁となって浄土教が説かれた因縁を讃《たた》える。

76　弥陀と釈迦は方便のてだてを以て、王舎城の悲劇を現じ、阿難以下の人物のかかわりを介して衆生に弥陀の本願を知らしめた。◇阿難・目連　釈尊の左右に侍《はべ》って王宮に現れ、『観経』を聴聞し、世に弘めた弟子。◇富楼那　釈尊が頻婆沙羅の獄に遣わした弟子。◇達多　提婆のこと。七三頁注五参照。◇行雨　「雨行」とも呼ばれ、提婆の言を証言し、闍王に父王の殺害を決意させた大臣。

74 四
耆《ぎ》婆《ば》　月《ぐわつ》光《くわう》ねむごろに
是《ぜ》旃《せん》陀《だ》羅《ら》とはぢしめて
不《ふ》宜《ぎ》住《ぢゆう》此《し》と奏してぞ
闍《しや》王《わう》の逆心いさめける

75 五
耆《ぎ》婆《ば》大《だい》臣《じん》おさへてぞ
却《きやく》行《ぎやう》而《に》退《たい》せしめつつ
闍《しや》王《わう》つるぎをすてしめて
韋《ゐ》提《だい》をみやに禁じける

76 六
弥《み》陀《だ》　釈《しや》迦《か》方《はう》便《べん》して
阿《あ》難《なん》　目《もく》連《れん》　富《ふ》楼《る》那《な》　韋《ゐ》提《だい》
達《だつ》多《た》　闍《しや》王《わう》　頻《びん》婆《ば》沙《しや》羅《ら》
耆《ぎ》婆《ば》　月《ぐわつ》光《くわう》　行《ぎやう》雨《う》等《とう》

77　もろもろの聖者たちは、凡夫の姿を示して悪逆を現じ、それをてだてとして愚かな罪人であるわれらに、逆悪人も摂《おさ》め取る誓願力に、方便をもって気づかせて下さったのである。◇大聖　76に列挙する人物を聖者の示現《じげん》とする。◇凡愚底下　愚かで下劣な人間。左注に「(凡)おほよそ、(愚)ただうと、(底)そこ、われらは大海の底に沈めりとなり」とある。◇逆悪「逆といふは五逆なり。悪は十悪なり」(左注)。

78　浄土の教えを受け容れようとする心が人々にきざした時、釈迦や韋提が方便をめぐらし、行雨の証言を契機に闍王が逆害を起すことになった。◇浄土の機縁　浄土教を受け容れる因縁。

＊79は『観経』の要旨を一首にまとめている。

79　定善散善を修する人々は、自力の心を捨て、如来がさし向けて下さった他力の信心をいただいて、仏の誓願に随《したが》って罪悪にまみれた迷いの生を超えようと願おう。◇定散諸機　心をこらして浄土を観想する者と善根を積み念仏を修して往生を願う者。◇自力の三心『観経』に説かれる至誠心(真実の心)、深心(固い信仰心)、廻向発願心(自分が修した功徳をふり向けて往生を求める心)をいう。◇利他の信心　本願による他力の信心。如来の本願は他者である衆生を利益するものだから、「利他の信心」という。

＊『仏説阿弥陀経』を略して『弥陀経』という。この

77
七
大聖《だいしやう》おのおのもろともに
凡愚《ぼんぐ》底下《ていげ》のつみびとを
逆悪《ぎやくあく》もらさぬ誓願《せいぐわん》に
方便引入《いんにふ》せしめけり

78
八
釈迦　韋《ゐ》提《だい》方便して
浄土《じやうど》の機縁熟すれば
行雨《ぎやうう》大《だい》臣《じん》証《しよう》として
闍《しや》王《わう》逆害《ぎやくがい》興《こう》ぜしむ

79
九
定《ぢやう》散《さん》諸《しよ》機《き》各別《かくべつ》の
自《じ》力《りき》の三《さん》心《じん》ひるがへし
如来利他の信心に
通《つ》入《にふ》せむとねがふべし

経の主旨は、善根や福徳の根本となる名号を、臨終までひたすら称《とな》えることを勧めるところにある。しかし親鸞は、『弥陀経』後半に説かれている諸仏称讃の念仏に注目し、弥陀の本願によって念仏を称えるようになった諸仏が、名号の徳を証明し、衆生に本願の念仏を勧めている経と考えた。80は、阿弥陀の名義のいわれを讃える。

80　あらゆる世界のすべての念仏の衆生をつねに見まもり、仏の光のうちに摂め取って一人も残さないので、阿弥陀と呼び奉るのである。

◇十方微塵世界　十方の数限りない世界。◇みそなはし　ご覧になる。◇摂取　左注に「をさめとる。ひとたび取りて、永く捨てぬなり。摂はものの逃ぐるを追はへ取るなり。摂はをさめとる。取は迎へとる」とある。

＊81〜83の三首は、諸仏が弥陀の本願に帰するよう勧めていることを讃える。

81　無数無量の諸仏如来は、自力の諸善万行を少善としてしりぞけ、名号不思議のはたらきによる他力の信心を、あまねくひたすらに勧め給う。

◇恒沙塵数　恒河（ガンジス河）の砂や塵の数ほどに数限りなくあるもの。◇万行の少善　名号にそなわる善根や功徳に対し、念仏以外の諸善万行を少なき善根という。◇名号不思議の信心　如来のはからいによって衆生にさし向けて下さった本願の名号に疑いをはさまない心。◇すすめたり　文明本は「すすめしむ」。

已上観経意

弥《み》陀《だ》経《きやう》意《のこころ》　五首

80
一　十《じつ》方《ぱう》微《み》塵《ぢん》世界の
念仏の衆《しゆ》生《じやう》をみそなはし
摂《せふ》取《しゆ》してすてざれば
阿《あ》弥《み》陀《だ》となづけたてまつる

81
二　恒《ごう》沙《じや》塵《ぢん》数《じゆ》の如《によ》来《らい》は
万《まん》行《ぎやう》の少《せう》善《ぜん》きらひつつ
名《みやう》号《がう》不思議の信心を
ひとしくひとへにすすめたり

82　十方の無数の諸仏は、極めて信じ難い法である念仏を説き、五濁悪世の衆生のために、法の正しいことを証言し、念仏の信心を失わないことを念じておられる。◇極難信の法　経には「難信之法」とあり、それを親鸞は『唯信鈔文意』に「経には極難信法とのたまへり」と述べている。自我に固執する人に他力は信じ難い。◇証誠護念　諸仏が誠実な言葉で名号の徳を証明し、如来が念仏の衆生を障碍から護り、信心を失わないよう念じ守ること。

83　諸仏が護念証誠なさるのは、弥陀大悲の第十七願によるのだから、他力の信心を獲《え》る人は弥陀の大恩を感謝せずにはいられない。◇悲願成就　『唯信鈔文意』に「おほよそ十方世界に遍《あまね》くひろまることは、法蔵菩薩の四十八の大願のなかに第十七の願に十方無量の諸仏にわが名をほめられ称へられんと誓ひ給へる一乗大智海の誓願を成就し給へるによりてなり」とある。◇金剛心　他力の信心。

＊84は『弥陀経』の大要を善導（中国唐代の僧）の『観経疏』散善義によってまとめ、結びとした。

84　濁悪の末世を生きる邪悪無信の衆生のために、如来は特に名号を選びとって与え、無数の諸仏がこぞって証明する真実信心をさし向けて下さった。◇五濁……　「五濁」は六二頁18注参照。散善義からそのまま引いた句。◇恒沙の信心　無数の諸仏が証明し護念する信心。文明本は「恒沙の諸仏」。

82 三
十方恒《ごう》沙《じゃ》の諸仏は
極《ごく》難《なん》信《しん》の法《のり》を説き
五《ご》濁《ぢょく》悪《あく》世《せ》のためにとて
証《しょう》誠《じゃう》護《ご》念《ねん》せしめたり

83 四
諸仏の護《ご》念《ねん》証《しょう》誠《じゃう》は
悲願成《じゃう》就《じゅ》のゆゑなれば
金《こん》剛《がう》心《しん》をえむひとは
弥陀の大恩報ずべし

84 五
五《ご》濁《ぢょく》悪時悪世界
濁《ぢょく》悪《あく》邪《じゃ》見《けん》の衆生には
弥陀の名号あたへてぞ
恒《ごう》沙《じゃ》の信心すすめたる

＊釈尊がこの世に現れたのは、弥陀の本願による念仏を衆生に勧めるためであった。そのことを明らかにしようという目的で、方便の教えである自力聖道門の諸種の経典も、多く弥陀をほめていることを讃える。諸経のうちから『法華経』『華厳経』『涅槃経』『目連所問経』を選び、それぞれの経が説くところを和讃としたもの。

85〜87は、弥陀・釈尊の徳を讃嘆する。

85　弥陀は無明煩悩の大いなる闇に覆われた衆生をあわれんで、さとりのはたらきそのものである無量の光を投げかけられ、尽十方無碍光如来の仏身を示して、安養浄土に形を現される。

◇無明　道理にくらい愚癡《ぐち》の心。左注に「煩悩の王を無明といふなり」とある。◇大夜　左注に「大きなる闇の夜」とある。◇法身　左注に「法身はすべて心も言葉も及ばぬなり。虚空に満ち給へり」とある。◇無碍光　何ものにも妨げられない光。◇安養界　阿弥陀の浄土の異称。◇影現　形をとって現れること。

86　久しい昔にさとりを開いて仏となられた弥陀は、五濁の汚れをまぬがれない愚かな衆生をあわれみ、釈迦牟尼仏の人格を通してこの世に現れ、迦邪城にその姿を見せられた。

◇久遠実成　久遠の過去に実際に成仏した。◇迦邪城　左注に「浄飯大王（釈尊の父）のわたらせ給ひし所を迦邪城といふなり」とある。◇応現　仏・菩薩が衆生の機に応じてさまざまに姿を現すこと。

已上弥陀経意

諸経意弥陀仏和讃《しよきやうのこころみだぶつわさん》　九首

85
一　無《む》明《みやう》の大《たい》夜《や》をあはれみて
法《ほふ》身《しん》の光《くわう》輪《りん》きはもなく
無《む》碍《げ》光《くわう》仏《ぶつ》としめしてぞ
安《あん》養《やう》界《かい》に影《やう》現《げん》する

86
二　久《く》遠《をん》実《じつ》成《じやう》阿《あ》弥《み》陀《だ》仏《ぶつ》
五《ご》濁《ぢよく》の凡《ぼん》愚《ぐ》をあはれみて
釈《しや》迦《か》牟《む》尼《に》仏《ぶつ》としめしてぞ
迦《か》邪《や》城《じやう》には応《おう》現《げん》する

87
三
百千倶胝《くてい》劫《こふ》をへて
百千倶胝のしたをいだし
したごと無量のこゑをして
弥陀《みだ》をほめむになほつきじ

88
四
大聖易往《だいしやういわう》と説きたまふ
浄土《じやうど》をうたがふ衆生《しゆじやう》をば
無眼人《むげんにん》とぞなづけたる
無耳人《むににん》とぞのべたまふ

89
五
無上上《むじやうじやう》は真解脱《しんげだつ》
真解脱は如来《によらい》なり
真解脱にいたるにぞ
無愛無疑《むあいむぎ》とはあらはるる

87　たとえ百千万億劫という長い時間をついやし、百千万億の人が口をそろえてほめ讃えても、弥陀の徳はとうていほめ尽すことができない。
◇百千倶胝　「万億を倶胝といふ。倶胝といふは天竺《てんぢく》の言葉なり」（左注）。『称讃浄土経』の文による句。

＊88～91は、諸経に浄土を讃えるさまを述べる。

88　大聖釈尊は弥陀の浄土を勧め、本願力に乗ずれば往き易い所であることを明らかにされ、浄土を疑うものを眼なき人・耳なき人と仰せられた。
◇易往　『大無量寿経』に「易往而無人」（往き易くして人無し）とある。◇無眼人　左注に「まなこなき人と名づく。目連所問経の文なり。観念法門に引かれたり」とある。但し「観念法門」とするのは誤りで、『安楽集』（隋の道綽《どうしやく》の選）上巻末に引く『目連所問経』に「無量寿国は、往き易く取り易くして、人修行して往生すること能《あた》はず。かへつて九十五種の邪道につかふ。我この人を説きて眼無き人と名づく」とある。

89　この上なき仏果は真の解脱であって、真の解脱がすなわち如来である。この真解脱のさとりのはたらきにうながされた時にはじめて、欲や疑心を離れることができるようになる。
◇無上上　『教行信証』真仏土巻に引く『涅槃《ねはん》経』に「無上上は即ち真解脱なり。真解脱は即ちこれ如来なり。乃至もし阿耨多羅三藐三菩提《あのくたらさんみやくさんぼだい》を成《じやう》ずることを得已《をは》りて無愛無疑なり」とある。◇真解脱　左注に「法身を無上上ともいひ、真解脱ともいふ」とある。『涅槃

90 六
平等心をうるときを
一子《いつし》地《ぢ》となづけたり
一子地は仏《ぶつ》性《しやう》なり
安《あん》養《やう》にいたりてさとるべし

91 七
如来すなはち涅《ね》槃《はん》なり
涅槃を仏性となづけたり
凡《ぼん》地《ぢ》にしてはさとられず
安養にいたりて証すべし

92 八
歓《くわん》喜《ぎ》信心無《む》疑《ぎ》者《しや》をば
与《よ》諸《しよ》如《によ》来《らい》等《とう》と説く
大信心は仏性なり
仏性すなはち如来なり

経』には「解脱は名づけて虚無といふ」とあり、実体存在を離れた創造的な無をいう。

90 仏の平等な慈悲心のはたらきに心を開く時、人は一切衆生をわが子のように愛する心境を得るが、それを一子地と名づける。この一子地が仏性であり、仏性そのものについては、浄土に往生した後にさとることができるであろう。
◇一子地 『教行信証』信巻に引く『涅槃経』に「一子地の因縁を以ての故に菩薩は則ち一切衆生に於て平等心を得たり」とある。

91 すべてをそのようにあらしめる力がそのままさとりのはたらきであり、そのさとりのはたらきを仏性という。仏性は煩悩に覆われた凡夫の境涯ではさとれないが、浄土に往生すると証得するはずだ。

＊92・93は、他力の信心を喜び受け容れる者を讃え他力をこばみ疑いをさしはさむ者を非難する。

92 弥陀の本願のはたらきを知らされて心から歓び、他力を疑わない者は、如来にひとしいと説き給う。他力による信心は仏性である。仏性とは即ち存在の根源である。
◇歓喜信心…… 六十巻本『華厳経』入法界品の文による。文明本では「信心よろこぶその人を 如来とひとしと説きたまふ」。◇大信心は…… 以下は『涅槃経』の「大信心者《は》即是《ナリ》仏性、仏性者《は》即是《ナリ》如来」の句による。「われらが弥陀の本願他力を信じたるを大信心といふ。無上菩提に至るを大信といふなり」(左注)。

93　人間のあさはかな智慧をもって、透徹した仏智を疑いそしるなら、曾婆羅頻陀羅地獄におちて永劫の苦悩を受けることになる。
◇曾婆羅頻陀羅地獄　左注に「無間地獄の衆生を見ては、あら楽しげやと見るなり。仏法を誇《そし》りたるもの、この地獄に落ちて八万劫住す。大苦悩を受く」とある。
＊「現世の利益和讃」は、諸経に説くところの念仏の現世利益を明らかにし、浄土でのさとりに対し、念仏行者の現世での得益を讃える。いうまでもなく、念仏を称《とな》えて現世の利益を求めることを勧めたのではない。如来の大慈悲の誓願に発する念仏を通して、願わないのに自ずと功徳が如来の側からさし向けられることに報謝したのである。
94・95は『金光明経《こんこうみようきよう》』とその異訳『金光明最勝王経』により、息災延命・七難消滅の益を讃える。

94　阿弥陀如来は、衆生を救うためにこの世に現れて教えを説かれ、息災延命のために金光明経寿量品をひろめおかれた。
◇来化　この世に現れて衆生を教化すること。◇金光明の寿量品　左注に「四巻の経なり。これを最勝経といふなり。十巻なり」とある。「四巻の経」は北涼の曇《どん》無讖《むしん》訳『金光明経』のこと、「十巻」は唐の義浄訳『金光明最勝王経』のこと。ともに第二品は寿量品で、仏の寿命の無量なることを説く。◇みのり　仏の教え。

95　叡山《えいざん》の伝教大師は、国土人民の平和を願って、七難消滅の法に念仏をよしとし、「七難消滅護

93
九
衆生有碍《うげ》のさとりにて
無《む》碍《げ》の仏《ぶっ》智《ち》をうたがへば
曾《そう》婆《は》羅《ら》頻《ひん》陀《だ》羅《ら》地《ぢ》獄《ごく》にて
多《た》劫《こふ》衆《しゅ》苦《く》にしづむなり

已上諸経意

現《げん》世《ぜ》の利《り》益《やく》和《わ》讃《さん》　十五首

94
一
阿《あ》弥《み》陀《だ》如《によ》来《らい》来《らい》化《け》して
息《そく》災《さい》延《えん》命《めい》のためにとて
金《こん》光《くわう》明《みやう》の寿《じゅ》量《りやう》品《ほん》
説きおきたまへるみのりなり

頌」の文を作って、南無阿弥陀仏を称えることを勧められた。

◇山家　「比叡の山なり」(左注)。◇伝教大師　最澄《さいちょう》（七六七～八二二）。日本天台宗の開祖。◇七難　経によって異同があり、伝教大師の『顕戒論』に引く『仁王経』によれば、日月の運行が度を失う難、星宿が変化し度を失う難、災火難、雨水変異難、悪風難、旱害《かんがい》の難、悪賊難を七難という。◇誦文　左注に「そらに浮かべ読むを誦といふ」とある。

＊96・97は、念仏が転悪成善の益あるを讃える。

96　他のあらゆる功徳を超えてすぐれている南無阿弥陀仏の名号を称えると、過去・現在・未来の重い罪障は、すべてそのまま如来の心に摂《おさ》め取られて軽少となり往生のさわりとはならない。

◇一切の功徳　親鸞は『教行信証』行巻で「大行とは則ち無碍光如来（阿弥陀仏）の名を称するなり。この行は即ちこれもろもろの善法を摂《せふ》し、もろもろの徳本（功徳のもととなるもの）を具せり。極速円満す、真如一実の功徳宝海なり」と述べている。◇重障　重い罪。◇軽微　軽く小さいこと。

97　南無阿弥陀仏の名号を称えると、現世での利益は限りがない。迷界流転の罪が消滅して寿命も永らえ、若死する業因を除いて下さる。

◇流転輪廻　迷いの世界に生死を続けて経めぐる。◇定業中夭　「定業」は前世から定まっている業報で、限りある命。「中夭」は中途での夭死の意で、若死。

95　二
山《さん》家《げ》の伝《でん》教《げう》大《だい》師《し》は
国土人《にん》民《みん》をあはれみて
七難消《せう》滅《めつ》の誦《じゆ》文《もん》には
南《な》無《む》阿《あ》弥《み》陀《だ》仏《ぶつ》ととなへしむ

96　三
一《いつ》切《さい》の功《く》徳《どく》にすぐれたる
南無阿弥陀仏をとなふれば
三《さん》世《ぜ》の重《ぢゆう》障《しやう》みなながら
かならず転じて軽《きやう》微《み》なり

97　四
南無阿弥陀仏をとなふれば
このよの利《り》益《やく》きはもなし
流《る》転《てん》輪《りん》廻《ゑ》のつみきえて
定《ぢやう》業《ごふ》中《ちゆう》夭《えう》のぞこりぬ

98 五

南無阿弥陀仏をとなふれば
梵《ぼん》王《わう》帝《たい》釈《しやく》帰《き》敬《きやう》す
諸天善神ことごとく
よるひるつねにまもるなり

99 六

南無阿弥陀仏をとなふれば
四《し》天《てん》大《だい》王《わう》もろともに
よるひるつねにまもりつつ
よろづの悪《あく》鬼《き》をちかづけず

100 七

南無阿弥陀仏をとなふれば
堅《けん》牢《らう》地《ぢ》祇《ぎ》は尊《そん》敬《きやう》す
かげとかたちのごとくにて
よるひるつねにまもるなり

＊98〜103は、冥界《めいかい》の神々（順に、梵王及び帝釈・四天王・堅牢地祇・竜神・閻魔《えんま》大王・化天の魔王）が念仏者を護持していることを讃える。

98 南無阿弥陀仏を称《とな》えると、仏法の守護神である梵王・帝釈も帰依敬礼し、その眷族《けんぞく》の神々もすべて昼夜をわかず護って下さる。

◇梵王　大梵天王ともいい、仏法の守護神。◇帝釈　帝釈天といい、梵天とともに護法神。

99 南無阿弥陀仏を称えると、東西南北の四天の大王もことごとく昼夜をわかず護り続け、いかなる悪鬼も近寄らないようにして下さる。

◇四天大王　帝釈天の部下で、須弥山《しゆみせん》の四方にいる神。東方＝持国天、南方＝増長天、西方＝広目天、北方＝多聞《たもん》天。護国の神とされている。『教行信証』化身土巻には『大方等大集月蔵経《だいほうどうだいしつがつぞうきよう》』を引き、諸天の護持を明らかにしている。その中に「この四天下に南閻浮提《なんえんぶだい》（人間の住む所）は最も殊勝なりとす。何を以ての故に、閻浮提の人は、勇健聡慧《ようごんそうゑ》にして、梵行・仏に相応す、婆伽婆《ばがば》（釈尊）、中において出世し給ふ。この故に四大天王、ここに倍増してこの閻浮提を護持し養育せしむ」とある。

100 南無阿弥陀仏を称えると、大地の神も尊敬し、影が形に添うごとく、夜昼つねに護り給う。

◇堅牢地祇　左注に「この地に在る神、地より下なる神を堅牢地祇といふ」とある。『金光明経』堅牢地神品に見える神名。

101　南無阿弥陀仏を称えると、難陀竜王・跋難陀竜王をはじめとする八大竜王及びその部下の数限りない竜神もその人を尊敬し、夜昼つねに護り給う。◇難陀・跋難　ともに八大竜王の一。「跋難」は「跋難陀」ともいう。竜王は仏法の守護神。『金光明経』鬼神品に見える神名。◇無量の竜神　八大竜王の部下である無数の竜神。

102　南無阿弥陀仏を称えると、地獄の主である閻魔大王も尊敬する。その部下の五道の冥府《めいふ》の役人もみなすべて、念仏の人を昼夜をわかず守護し給う。◇炎魔法王　衆生の犯した罪を裁く冥界の大王。『金光明経』鬼神品によると、いつもは人間界にきて仏法を守護する。◇五道冥官　閻魔王の部下で、五道（地獄・餓鬼・畜生・人・天）の罪をさばく冥界の役人。

103　南無阿弥陀仏を称えると、他化自在天の魔王でさえも、釈迦牟尼仏の御前では、念仏の人を守護しようと誓われた。◇他化天の大魔王　「他化天」は欲界の最高の場所である第六天。「他化自在天」とも呼び、魔王の宮殿があったといわれている。『金光明経』付属品による。

101
八
南無阿弥陀仏をとなふれば
難陀《なんだ》　跋難《ばつなん》大竜《だいりゅう》等《とう》
無量の竜神尊敬《そんきやう》し
よるひるつねにまもるなり

102
九
南無阿弥陀仏をとなふれば
炎魔《えんま》法王《ほふわう》尊敬《そんきやう》す
五道《ごだう》冥官《みやうくわん》みなともに
よるひるつねにまもるなり

103
一〇
南無阿弥陀仏をとなふれば
他化《たけ》天《てん》の大魔王
釈迦牟尼仏《しゃかむにぶつ》のみまへにて
まもらむとこそちかひしか

＊104～106は、仏・菩薩たちが念仏の人を護り給うさまを善導の『観念法門』や『観経』により讃える。

104　南無阿弥陀仏を称《とな》えると、観音・勢至をはじめとし、数限りない菩薩たちが、影の形に添うように、つねに念仏の人を護念して下さる。◇観音・勢至　『唯信鈔文意』に「南無阿弥陀仏は智慧の名号なれば、この不可思議の智慧光仏のみ名を信受して憶念すれば、観音・勢至は必ず影の形に添へるが如くなり。この無碍光仏は観音と現れ勢至と示す」とある。◇恒沙塵数の菩薩　善導の『観念法門』に「観音大勢至亦作《またなり》二無数化身ノ一ト常ニ来三至ス行人之所ニ一」とある。

105　阿弥陀仏のさわりなき心光の中には、無量無数の化仏がましまし、世界のすみずみにまで智慧光を放って信心の人を護り給う。◇無碍光仏のひかり　『唯信鈔文意』に「法身は色もなし、形もましまさず。しかれば心も及ばれず、言葉も絶えたり。この一如より形をあらはして、(中略)不可思議の大誓願をおこしてあらはれ給ふ御かたちをば、世親菩薩は尽十方無碍光如来と名づけたてまつり給へり。この如来を報身と申す。(中略)この報身より応化等(応身・化身等)の無量無数の身をあらはして、微塵世界に無碍の智慧光を放たしめ給ふゆゑに尽十方無碍光仏と申す光にて形もましまさず、色もましまさず無明の闇をはらひ、悪業に障《さ》へられず。このゆゑに無碍光と申すなり」とある。◇おのおの無数の……　文明本では「おのおのことごとく　真実信心をまもるな

104　二　南無阿弥陀仏をとなふれば
観音《くわんおん》　勢至《せいし》はもろともに
恒沙《ごうじゃ》塵数《ぢんじゅ》の菩薩《ぼさつ》と
かげのごとくに身にそへり

105　三　無《む》碍《げ》光《くわう》仏《ぶつ》のひかりには
無《む》数《しゅ》の阿弥陀ましまして
化《け》仏《ぶつ》おのおの無数の
光明無量無辺なり

106　三　南無阿弥陀仏をとなふれば
十方無量の諸仏は
百重《ひやくぢゅう》千重《せんぢゅう》囲《ゐ》繞《ねう》して
よろこびまもりたまふなり

107 一〇四
天《てん》神《じん》地《ち》祇《ぎ》はことごとく
善《ぜん》鬼《き》神《じん》となづけたり
これらの善《ぜん》神《じん》みなともに
念仏のひとをまもるなり

108 一〇五
願力不思議の信心は
大《だい》菩《ぼ》提《だい》心《しん》なりければ
天地にみてる悪《あく》鬼《き》神《じん》
みなことごとくおそるなり

已上現世利益

已上弥陀一百八首　釈親鸞作

り」とある。

106　南無阿弥陀仏を称えると、あらゆる世界の数限りない諸仏は、百重にも千重にもとりかこんで念仏の人をよろこび護り給う。

◇百重千重囲繞　善導の『往生礼讃』後序に「復《また》与二前ノ二十五菩薩等一、百重千重囲二繞シテ行者ヲ一」とある。

＊107・108は、善鬼神・悪鬼神の護念の益をまとめる。

107　天の神も地の神もことごとく善鬼神でいらっしゃるので、すべてともに念仏の人を護り給う。

◇天神地祇　「天神」は梵天《ぼんてん》・帝釈《たいしゃく》・四天王などをいい、「地祇」は堅牢地祇・八大竜王などをいう。

108　誓願力による真実の信心は、無明の闇の世を照らし、衆生をさとりへと導くはたらきそのものであるから、天地に満ちみちている悪しき神々も、みなことごとく信心を得た人を恐れ、近づくことはない。

◇願力不思議の信心　願力による信心。◇大菩提心　『唯信鈔文意』に「この真実信心を世親菩薩は願作仏心とのたまへり。これ浄土の大菩提心なり。しかればこの願作仏心はすなはち度衆生心《どしゅじょうしん》（衆生を救う心）なり。この度衆生心と申すは、すなはち衆生をして生死の大海をわたす心なり」とある。

一　この記述から、「浄土和讃」の原形は「弥陀和讃」と題され、次の八首を含まないものであったと考えられる。

＊『首楞厳経』（十巻。インドの僧般剌蜜帝《はらみてい》訳）によって、法然《ほうねん》の本地（九九頁注一参照）と信じられていた勢至菩薩をほめ讃え、「浄土和讃」の結びとした。「首楞厳」は梵語《ぼんご》シューラガマ（非常に強力な、の意）の音写で、一種の禅定《ぜんじよう》（心を一点にこらし、安らかで充実した状態）をいう。

109〜111は、勢至菩薩が念仏に帰した縁を讃える。

109　釈尊が首楞厳経を説かれる会座《えざ》に参加した勢至菩薩は、念仏を一心に称《とな》えられたことによって存在の真のすがたをまどかにさとられた聖者で、五十二人の菩薩とともに座を立って、釈尊のみ足を自分の頭にいただいて礼拝なさる。

◇勢至……　普賢・弥勒などの聖者がさとりの境地を述べた中で、勢至は念仏三昧《さんまい》によってさとりを得る念仏円通の法を説いた。「円通」は、仏のさとりの境地。

110　勢至菩薩は教主釈尊に申し上げられた。はかりしれないほどはるかな昔に、仏がこの世に出現なさった。そしてその名を無量光とお呼びした、と。

◇教主　左注に「釈迦如来なり」とある。◇往昔恒河沙劫　ガンジス河の砂の数ほどあって数えきれないほど久しい大昔。『首楞厳経』の「仏に白《まう》して言《まう》さく、我往昔恒河沙劫を憶ふに、仏有りて世に出で給ふ。無量光と名づけたてまつる」の文による。

111　無量光仏以下、一劫に一仏ずつ、十二の如来が現れ、その間十二劫の長い時が経って、最後に現れた如来の名を超日月光仏と申し上げた。

首楞厳経《しゆりようごんきやう》によりて大勢至菩薩《だいせいしぼさつ》和讃《わさん》したてまつる

109
一
勢至《せいし》念仏《ねんぶつ》円通《ゑんつう》えて
五十二菩薩《ぼさつ》もろともに
すなはち座よりたたしめて
仏足《ぶつそく》を頂礼《ちやうらい》せしめつつ

110
二
教主世尊《けうしゆせそん》にまうさしむ
往昔恒河沙劫《わうじやくごうがしやこふ》に
仏《ぶつ》世にいでたまへりき
無量光《むりやうくわう》となづけたり

111 三
十二の如来《にょらい》あひつぎて
十二劫《こふ》をへたまへり
最後の如来をなづけてぞ
超日月光《てうにちぐわつくわう》とまうしける

112 四
超日月光この身には
念仏三昧《さんまい》をしへしむ
十方の如来衆生《しゅじゃう》を
一子《いっし》のごとくに憐念《れんねん》す

113 五
子の母をおもふごとくにて
衆生仏《ほとけ》を憶《おく》すれば
現前《げんぜん》当来《たうらい》とほからず
如来を拝見うたがはず

◇十二の如来　『首楞厳経』の「十二の如来、相継ぎて一劫なり。其の最後の仏を超日月と名づけたてまつる」の文による。無量光仏以下の十二光仏については「讃阿弥陀仏偈和讃」2〜13を参照。

＊112〜114は、他力念仏の徳を『首楞厳経』によって讃嘆したもの。

112　超日月光仏こそが、この私（勢至菩薩）に念仏三昧の法をお授け下さった仏であられる。この念仏三昧の法とは、阿弥陀如来が衆生を一人子のようにいつくしむ心のはたらきそのものをいう。

◇念仏三昧　阿弥陀仏だけをひたすら念じて他のことに心を乱さないこと。◇十方の如来　十方諸仏の大悲を阿弥陀仏はすべて具《そな》えているところから、弥陀如来をいう。◇一子のごとくに憐念す　如来が、一人子をいつくしむように衆生を思って下さることをいう。

113　子が母をしたうように衆生もまた仏を憶念すると、業による障りが除かれて今生にも仏を見奉り、浄土に生れた時にはまちがいなく如来をまのあたりにすることになる。

◇憶す　憶念する。『唯信鈔文意』に「憶念といふは、信心まことなる人は本願をつねに思ひ出づるこころの絶えずつねなるなり」とあり、「憶念」とは、衆生が仏のことを思うのではなく、仏が衆生を心に念じて誓願をたてられた念力によって衆生の心に仏を念じる心をいだかせることをいう。◇現前　現在目の前のこと。この世。◇当来　まさに来るべき世。浄土。

114
六
染《ぜん》香《かう》人《にん》のその身には
香《かう》気《け》あるがごとくなり
これをすなはちなづけては
香《かう》光《くわう》荘《しやう》厳《ごん》とまうすなり

115
七
われもと因《いん》地《ぢ》にありしとき
念仏の心《しん》をもちてこそ
無《む》生《しやう》忍《にん》にはいりしかば
いまこの娑《しや》婆《ば》界《かい》にして

116
八
念仏のひとを摂《せふ》してこそ
浄《じやう》土《ど》に帰せしむるなり
大《だい》勢《せい》至《し》菩《ぼ》薩《さつ》の
大恩ふかく報ずべし

114　香にそまった人がつねにその身にかぐわしい香りをただよわせているように、仏を憶念する人には、智慧の光が身にそなわっているので、これを名づけて香光荘厳の人と申すのである。◇染香人　左注に「香ばしき香、身に染めるが如しといふ」とある。◇なづけては　文明本は「なづけてぞ」。◇香光荘厳　左注に「念仏は智慧なり」とあり、香ばしい智慧の光明でかざられたさまをいう。◇まうすなり　文明本では「まうすなる」。

＊115・116は、勢至菩薩が念仏により自利・利他の二利を成就されたことを讃じて結びとした。

115　勢至菩薩が言われるには、われも久《く》遠《おん》の昔、修行中の身であった時、念仏の心を獲《え》てはじめて必ず仏になるべき位につくことができたので、いまこの人間世界に現れて念仏を説かずにはいられない。◇因地　因位ともいう。仏果を得ていない修行中の境位。◇無生忍　左注に「不退の位と申すなり。必ず仏になるべき身となるとなり」とある。

116　勢至菩薩はいまこの世界で、念仏の人を護り導き、浄土に帰入させて下さっている。この大勢至菩薩の大恩にどうして報いないでいられようか。◇摂してこそ　文明本では「摂取して」とある。

已上大勢至菩薩
一 源空《げんくう》聖人《しやうにん》之御本地《ごほんぢ》也
二 経《きやう》ニ言《いはク》
三 我本因地《われもといんぢ》ニシテ　以テ二念仏ノ心ヲ一
入レリ二無生忍《むしやうにん》ニ一　今於テ二此界ニ一
摂シテ二念仏ノ人ヲ一　帰セシムルナリ二於浄土ニ一

一 「源空」は法然。「本地」は、衆生を救うために仮に神や人の形をとってこの世に現れた化身の、もとの仏・菩薩をいう。「源空」はひろく当時の人に勢至菩薩の化現《けげん》であると信じられていた。

二 『首楞厳経』のこと。なお、以下は文明本にはない。

三 『首楞厳経』からの引用。「我」は大勢至菩薩。内容については115および116を参照。なお、親鸞が、その『尊号真像銘文』に「大勢至菩薩御銘文」として、『首楞厳経』から抄出した箇所（但し一部）を参考までに掲げる。親鸞が「我本因地……」の文を重要視していたことが、このことによっても理解できよう。

「勢至念仏円通を獲たり。大勢至法王子、与其《よご》同倫《どうりん》五十二菩薩、即従《そくじゆう》座起、頂礼仏足、而白《にびやく》仏言　我憶《がおく》往昔《わうじやく》　恒河《ごうが》沙劫《しやこふ》　有仏出世　名無量光　十二如来　相継《さうけい》一劫　其最後《ご》仏　名超日月光　彼仏教我　念仏三昧乃至　若《にやく》衆生心憶仏念仏《おくぶつねんぶつ》　現前当来　必定見仏　仏去るごと遠からず　方便を仮らず　自得《じとく》心開　如《にょ》染香人　身有《しんう》香気　此則名日《しそくみやうわつ》　香光荘厳　我本因地　以念仏心　入無生忍　今於《こんお》此界　摂念仏人　帰於《きお》浄土　……」

一 浄《じやう》土《ど》高《かう》僧《そう》和《わ》讃《さん》

二 竜《りゆう》樹《じゆ》菩《ぼ》薩《さつ》　三 付釈文　十首

117 一 本《ほん》師《じ》竜《りゆう》樹《じゆ》菩《ぼ》薩《さつ》は
智《ち》度《ど》　十《じふ》住《ぢゆう》毘《び》婆《ば》沙《しや》等《とう》
つくりておほく西をほめ
すすめて念仏せしめたり

118 二 南《なん》天《てん》竺《ぢく》に比《び》丘《く》あらむ
竜樹菩薩となづくべし
有無の邪《じや》見《けん》を破《は》すべしと
世《せ》尊《そん》はかねて説きたまふ

一「浄土高僧和讃」は、竜樹《りゆうじゆ》・天親《てんじん》（世親）・曇鸞《どんらん》・道綽《どうしやく》・善導《ぜんどう》・源信・源空の七高僧の論釈によって、弥陀他力の法の尊さをほめ讃えたもの。奥書から、その制作は、さきの「浄土和讃」とあわせ、宝治二年（一二四八）親鸞七十六歳の時に一連のものとして完成を見たことが知られる。

二 一五〇～二五〇年頃の南インド出身の僧で大乗の仏教を究めた。

三 仏教を解釈した著作に依って作ったという意。

＊117～119は、竜樹が浄土教を広めた徳を讃える。

117　浄土教の祖師竜樹菩薩は、大智度論・十住毘婆沙論などを著して、多くの箇所で西方浄土を讃嘆し、人々に他力念仏の法を勧められた。

◇本師　本宗の祖師。◇竜樹　左注に「竜樹は樹のもとに生れてましましけるを、竜王とりて養ひたりけり。後に南天竺の王の子になり給ひけり」とある。◇智度『大智度論』の略。百巻で後秦の鳩摩羅什《くまらじゆう》の訳。『摩訶般若波羅蜜多経《まかはんにやはらみつた》』の注釈。◇十住毘婆沙『十住毘婆沙論』の略。十七巻で羅什訳。『華厳経』の説く十地のうち、初地・第二地の経文を解釈したもの。

118　釈尊は、かつてこう予言された。南天竺にすぐれた僧があらわれ、竜樹菩薩と呼ばれるであろう。彼こそ、有見（すべての存在に実体を認める見解）や無見（一切が無であるとする説）に執する邪見の誤りを論破して正しい法を説くであろうと。

◇南天竺……『入楞迦経《にゆうりようが》』巻九「於㆓南大国中㆒有㆓大

徳比丘㆒、名㆓竜樹菩薩㆒能破㆓有無見㆒」の文による。

119　竜樹菩薩は、大乗無上の法である念仏の教えを説き、みずからは仏となることに定まっている境地をあかしして、ひとえに念仏を勧められた。◇大乗無上の法……　『入楞迦経』巻九の前文に続く「為㆑人説㆓我乗大乗無上法㆒証㆓得歓喜地㆒往㆓生安楽国㆒」の文による。「大乗」は小乗に対する語。一切衆生の平等な救いを求める立場。◇歓喜地　菩薩の修行の十の階位のうち初地。始めてさとりを得て歓喜する位。左注に「歓喜地は正定聚の位なり」とある。

＊120〜123は『十住毘婆沙論』巻五「易行品」によって難易二道を判じ、他力念仏の功徳を讃える。

120　竜樹菩薩は世にいでて、仏教に難行と易行の二道のあることを教え、生死の迷いを繰り返しているわれら凡夫は、弥陀の本願力に摂《おさ》め取られて往生するほかはないと他力易行の道を勧められた。◇難易ふたつ……　文明本では「難行易行のみちをしへ」とある。「難」は難行のことで、自力の修行によってさとりをひらく道。「易」は易行のことで、他力のはたらきにのせられて往生する道。◇弘誓のふね　弥陀の本願を迷いの海を渡す船に喩《たと》えた。

121　竜樹菩薩の教えをつたえ聞くわれらは、弥陀の本願のいわれを心にかけたてまつって、つねに弥陀の名を称《とな》えよう。◇こころにかけしめて　九七頁113の注に引用した『唯信鈔文意』の文を参照。

119
三
本師竜樹菩薩は
大乗無《だいじようむ》上《じやう》の法を説き
歓《くわん》喜《ぎ》地《ぢ》を証《しよう》してぞ
ひとへに念仏すすめける

120
四
竜樹大《だい》士《じ》世にいでて
難《なん》易《い》ふたつのみちを説き
流《る》転《てん》輪《りん》廻《ゑ》のわれらをば
弘《ぐ》誓《ぜい》のふねにのせたまふ

121
五
本師竜樹菩薩の
をしへをつたへ聞かむひと
本《ほん》願《ぐわん》こころにかけしめて
つねに弥《み》陀《だ》を称すべし

122 六
不《ふ》退《たい》のくらゐすみやかに
得むと思はむひとはみな
恭《く》敬《ぎやう》の心《しん》に執《しふ》持《ぢ》して
弥陀の名《みやう》号《がう》称すべし

123 七
生《しやう》死《じ》の苦《く》海《かい》ほとりなし
久しくしづめるわれらをば
弥陀の悲願のふねのみぞ
のせてかならずわたしける

124 八
智《ち》度《ど》論《ろん》にのたまはく
仏は無上の法王なり
菩薩は法臣としたまひて
尊《そん》重《ぢゆう》すべきは世尊なり

122　現世にあって不退転の位にただちに至りたいとねがう人は、謙虚で敬虔《けいけん》な心をかたくたもって弥陀の名号を称《とな》えよう。
◇不退のくらゐ　ふたたび迷いの世界にあと戻りしない位。◇恭敬　つつしみうやまう。◇執持　堅く心に執りもって失わないこと。

123　生死を繰り返す迷いの世界は、もろもろの苦しみや悩みのたねが満ちみちて際限がない。そうした苦海にはまりこんで浮き沈みしているわれら凡夫を、一切衆生を差別することなく摂《おさ》め取る本願の船のみが乗せて必ず浄土に渡して下さるのである。
◇生死の苦海　生死を繰り返している迷界には、種々の苦難が満ちみちて際限のないさまを海に喩《たと》える。
＊124〜126は、『大智度論』釈文と道綽の『安楽集』の文によって仏の尊さと念仏の徳益を讃える。

124　竜樹菩薩は大智度論でこう言われた。阿弥陀仏はこの上なき唯一の法王であり、菩薩たちは、その法を伝える臣下としてお仕えする。菩薩たちが尊重なさるのは世の中で最も尊い方、すなわち阿弥陀仏だけである、と。
◇仏は無上の法王なり　この一句は、『教行信証』信巻に引用されている『安楽集』の『大智度論』に依る取意文「仏はこれ無上法王なり、菩薩は法臣とす。尊ぶところ、重くするところ、ただ仏世尊なり。この故に、まさに常に念仏すべきなり」によっている。なお、文明本では「如来は無上法王なり」とある。

125 九 一切《いつさい》菩薩ののたまはく
われら因地《いんぢ》にありしとき
無量劫《むりやうこふ》をへめぐりて
万善《まんぜん》諸行《しよぎやう》を修《しゆ》せしかど

126 一〇 恩愛はなはだたちがたく
生死《しやうじ》はなはだつきがたし
念仏三昧《さんまい》行じてぞ
罪障《ざいしやう》を滅し度《ど》脱《だつ》せし

已上竜樹菩薩

一 天《てん》親《じん》菩《ぼ》薩《さつ》　付釈文　十首

125 すべての菩薩たちはこうのたまう。われらがまだ修行中の身であったころ、生れかわり死にかわりして生をかさね、はかり知れない長い時をかけてすべての善根《ぜんこん》を修し、難行苦行をかさねて生死の迷いをのがれようとつとめたが。◇因地　因位地のこと。まださとりを得ていない修行時代。◇無量劫　はかり知れないほどの長い時間。

126 父母妻子等への恩愛の情はたちがたく、生死を繰り返す迷いの世界を出ることができなかった。しかるに、幸いにして他力信心の教えに帰し、もっぱら御名《みな》を称えると、罪業の障りを離れ、生死の苦海を自ずと越えてしまった。◇念仏三昧　九七頁112注参照。◇罪障　不退転の位に至ることを妨げる障り。◇度脱　生死の迷いの海を度《わた》り、生死の苦を脱《のが》れること。

＊親鸞は『教行信証』行巻末に付された「正信偈」で竜樹菩薩を次のように讃えている。「南天竺《なんてんぢく》に竜樹大士世に出でて、悉《ことごと》くよく有無の見《けん》を摧破《さいは》せむ。大乗無上の法を宣説《せんぜつ》し、歓喜地を証して安楽に生ぜむと。難行の陸路《ろくろ》苦しきことを顕示《けんじ》して、易行《いぎやう》の水道《すいだう》楽しきことを信楽《しんげう》せしむ。弥陀仏の本願を憶念すれば、自然《じねん》に即《そく》の時必定《ひつぢやう》に入る。ただよく常に如来の号《みな》を称して、大悲弘誓《ぐぜい》の恩を報ずべしといへり」。

一 新訳では世親という。五世紀頃、北インドに生れ、大乗仏教の論師となり、多くの著作を遺す。

＊127は、天親菩薩が『浄土論』をつくって弥陀の本願を宣揚したことを讃《たた》える。

127　釈尊が衆生の素質・能力に応じて説いた教法は、大乗と小乗、真実の教えと方便の教えなどさまざまであるが、天親菩薩は諸教のなかでも特に浄土教を重くみて、煩悩具足のわれらの為に浄土論をつくられ、弥陀の本願に帰することを勧められた。

◇煩悩成就　煩悩のことごとくをそなえていること。

◇弥陀の弘誓を……　天親菩薩が『大無量寿経』の要旨をとって『無量寿経優婆提舎願生偈《うばだいしやがんしようげ》』（『浄土論』または『往生浄土論』『往生論』とも呼ばれる）をつくり、弥陀の本願力による往生を説かれたことをいう。

＊128～131は、『浄土論』の要旨により、浄土の無量、願力の功徳、満足の功徳、平等の功徳を讃える。

128　極楽浄土のけだかさは、ただ仏と仏との間でのみ知ることができる境位であって、その果てしなさは虚空のごとく広大で限りがない。

◇唯仏与仏　『法華経』のことば。人間の自意識を超えた仏性（存在の本然のはたらき）と仏性とが応じあうこと。◇究竟　畢竟《ひつきよう》と同じ。事物の極限。

129　本願のはたらきの前に心を開いて、本願力をすなおに受けいれるなら、空しく迷いの世界にとどまる者はない。名号の無量の功徳がその身に満ちみちて、濁れる煩悩の水も同化してしまう。

◇功徳の宝海　『教行信証』行巻に「海と言《い》ふは、久《く》遠《をん》よりこのかた、凡聖《ぼんしやう》（凡人や聖人）所修の雑修雑善

127
一
釈《しや》迦《か》の教《けう》法《ほふ》おほけれど
天《てん》親《じん》菩《ぼ》薩《さつ》はねむごろに
煩《ぼん》悩《なう》成《じやう》就《じゆ》のわれらには
弥《み》陀《だ》の弘《ぐ》誓《ぜい》をすすめしむ

128
二
安《あん》養《やう》浄《じやう》土《ど》の荘《しやう》厳《ごん》は
唯《ゆい》仏《ぶつ》与《よ》仏《ぶつ》の知《ち》見《けん》なり
究《く》竟《きやう》せること虚《こ》空《く》にして
広大にして辺《へん》際《ざい》なし

129
三
本《ほん》願《ぐわん》力《りき》にあひぬれば
むなしくすぐるひとぞなき
功《く》徳《どく》の宝《ほう》海《かい》みちみちて
煩悩の濁《ぢよく》水《すい》へだてなし

130 四

如《によ》来《らい》浄《じやう》華《け》の聖《しやう》衆《じゆ》は
正《しやう》覚《がく》のはなより化《け》生《しやう》して
衆《しゆ》生《じやう》の願《ぐわん》楽《げう》ことごとく
すみやかにとく満足す

131 五

天《てん》人《にん》不動の聖衆は
弘《ぐ》誓《ぜい》の智《ち》海《かい》より生ず
心《しん》業《ごふ》の功徳清《しやう》浄《じやう》にて
虚《こ》空《く》のごとく差《しや》別《べつ》なし

132 六

天《てん》親《じん》論《ろん》主《じゆ》は一心に
無《む》碍《げ》光《くわう》に帰《き》命《みやう》して
本願力に乗ずれば
報土にいたるとのべたまふ

(自力の修行や善行)の川水《せんすい》を転じ、逆謗《ぎやくはう》(五逆と謗法)闡提《せんだい》(出離を求めない者)恒沙無明《ごうじやむみやう》の海水を転じて、本願大悲智慧真実恒沙万徳の大宝海水となる、これを海《うみ》のごときに喩《たと》ふるなり」と述べる。

130 阿弥陀仏のいます蓮華座《れんげざ》の聖衆は、仏の正覚(さとり)の力によって自然に生れたのであって、衆生のねがいはことごとく速やかに満たされる。◇浄華の聖衆 左注に「浄華といふは、阿弥陀の仏になり給ひし時の華なり。この華に生ずる衆生は、同一に念仏して別の道なしといふなり」とある。

131 浄土の心ゆるがぬ聖衆は、一切衆生を救わんという弥陀の智慧のはたらきによって生れたのであり、聖衆の心のはたらきは、煩悩にけがされることなく清浄であり、虚空のように無差別平等である。◇天人不動の聖衆 天上界・人間界から浄土に来生した堅固不動の心をもった聖衆。◇智海 智慧の徳が深く広いことを海に喩える。◇心業 心のはたらき。

＊ 132〜136は、『浄土論』の要旨と曇鸞の『浄土論註』の句によって浄土に往生する因果を讃える。

132 天親菩薩は、我は一心に無碍光如来に帰依したてまつり、如来の本願力におまかせすると、真の浄土に至ると述べられる。◇論主 論の作者。◇一心 『浄土論』の「世尊よ、我一心に、尽十方無碍光如来に帰命し、安楽国に生れんと願ふ」の句による。◇帰命して 文明本「帰命す」。◇乗ずる おまかせする。

133　十方世界をあまねく照らす無碍光仏に一心に帰依したてまつることを、天親菩薩の意趣をうけた曇鸞の論註のことばによると、願作仏心——仏にならんと願う心——と述べられている。
◇尽十方の無碍光仏　阿弥陀仏の光明は十方世界の衆生をことごとく照らし、何物にも妨げられないことをいう。◇天親論主の御こと　事実としては曇鸞の『浄土論註』のことば。

134　仏になろうと願う心は、そのまま、衆生に往生を遂げさせたいと願う利他の願心である。この衆生を度《ど》せんとする心は、即ち、如来からさし向けられた他力真実の信心である。
◇利他真実の信心　如来のはからいによる他力真実の信心。如来が衆生を利益しようと思う心を、凡夫の側から他力という。

135　この他力真実の信心が、即ち天親のいう一心であり、この一心は即ち金剛心であり、金剛心は菩提心と同じである。この「心」こそ他力廻《え》向《こう》のはたらきに他ならない。
◇一心　『唯信鈔文意』に「一心は横超《わうてう》の信心なり。横はよこさまといふ。超はこえてといふ。よろづの法にすぐれて速《すみや》かに疾《と》く生死の大海を越えて無上覚に至る故に、超と申すなり。これ即ち、如来大悲の誓願力なる故なり。この信心は摂取の故に金剛心となる。……この真実信心を世親菩薩は『願作仏心』とのたまへり。これ浄土の大菩提心なり。しかれば、この願作

133　七
尽《じん》十《じっ》方《ぱう》の無《む》碍《げ》光《くわう》仏《ぶつ》
一心に帰《き》命《みやう》するをこそ
天親論主の御《み》ことには
願作《ぐわんさ》仏《ぶつ》心《しん》とのべたまへ

134　八
願作《ぐわんさ》仏《ぶつ》の心《しん》はこれ
度《ど》衆《しゅ》生《じやう》のこころなり
度衆生の心《しん》はこれ
利他真実の信心なり

135　九
信心すなはち一心なり
一心すなはち金《こん》剛《がう》心《しん》
金剛心は菩《ぼ》提《だい》心《しん》
この心《しん》すなはち他《た》力《りき》なり

仏心は、即ち度衆生心なり。この度衆生心と申すは、即ち衆生をして生死の大海を渡すこころなり。この信楽《げう》は衆生をして無上大涅槃に至らしめ給ふ心なり。この信《しん》心即ち大慈大悲の心なり」とある。

136 本願成就の浄土に至ると、速やかに無上の解脱《げだつ》の境地をさとりえて、ただちに衆生済度の大慈悲心をおこす。これを他力の廻向と名づけた。

◇願土 弥陀の本願力によって実現する国土、即ち浄土。◇廻向 自分が得た功徳を他にさし向けること。

＊「正信偈」では天親菩薩を次のように讃えている。「天親菩薩、論を造りて説《と》かく、無碍光如来に帰命したてまつる。修多羅（経）に依りて真実を顕《あらはし》して、横超（他力によって生死を超える）の大誓願を光闡《くわうせん》す（明らかにする）。広く本願力の廻向に由《よ》りて、群生を度せんがために一心を彰《あら》はす。功徳大宝海に帰入すれば、必ず大会衆《だいゑしゆ》の数に入ることを得《う》。蓮華蔵世界に至ることを得れば、即ち真如法性の身を証せしむと。煩悩の林に遊んで神通《じんつう》を現じ、生死の園に入りて応化《おうげ》を示すといへり」

一 中国北朝の四論（中論・百論・十二門論・大智度論）の学僧。後、浄土教に帰す。四七六～五四二年。

＊ 137～147は、曇鸞の伝記により弘教の徳を讃える。

137 斉の曇鸞和尚は、北インドから来られた学僧菩提流支の教えによって、不老長寿を説く道教の書をすべて焼き捨てて、浄土の法門に帰入された。

◇斉朝の 文明本では「本師」とある。

136
一〇 願土《ぐわんど》にいたればすみやかに
無上涅槃《ねはん》を証してぞ
すなはち大悲をおこすなり
これを廻向《ゑかう》となづけたり

已上天親菩薩

一 曇鸞和尚《どんらんくわしやう》 付釈文 三十四首

137
一 斉朝《せいてう》の曇鸞和尚《どんらんくわしやう》は
菩提流支《ぼだいるし》のをしへにて
仙経《せんぎやう》ながくやきすてて
浄土《じやうど》にふかく帰《き》せしめり

138
曇鸞大師は、四論の講義を取りやめて、本願他力の法を説かれ、煩悩具足の凡夫を導いて、涅槃のさとりをひらく念仏の門に入るよう勧められた。◇四論　竜樹作の『中論』四巻、『十二門論』一巻、『大智度論』百巻、提婆《だいば》作の『百論』一巻の四つの論。◇具縛　煩悩を身に具え、煩悩に縛られること。「具縛といふは煩悩具足の凡夫といふなり」（左注）。◇涅槃のかど　念仏門。念仏は涅槃に入る門。『唯信鈔文意』に「涅槃をば滅度といふ、無為といふ、安楽といふ、常楽といふ、実相といふ、法身といふ、法性といふ、真如といふ、一如といふ、仏性といふ」とある。

139
世俗の国王が曇鸞大師のもとに行幸され、浄土往生を勧められるわけを問われた。十方浄土のうち、どうして西方浄土のみを願われるのかと。◇君子　左注に「国王」とある。◇浄土のゆゑ　西方浄土を勧められる理由。

140
曇鸞大師が答えていわれるには、私は智慧の浅い凡夫であって、いまだ不退（仏になると定まって退かない）の位に至らないので、十方の諸仏をひとしく念ずることなど、とうてい及ぶところではありません。それゆえに西方浄土を願うばかりです、と。◇地位　左注に「不退の位に至らずとなり」とある。普通には、菩薩が修行して仏にいたる十信・十住・十行・十廻向・十地・等覚・妙覚の五十二位中の十地の位をいう。◇念力ひとしく……　左注に「おもふ力、余の浄土にかなはずとなり」とある。

138
二
四《し》論《ろん》の講《こう》説《ぜち》さしおきて
本《ほん》願《ぐわん》他《た》力《りき》を説きたまふ
具《ぐ》縛《ばく》の凡《ぼん》衆《しゅ》をみちびきて
涅《ね》槃《はん》のかどにぞいらしめし

139
三
世俗の君《くん》子《し》幸《かう》臨《りん》し
勅《ちょく》して浄土のゆゑをとふ
十方仏国浄土なり
なにによりてか西にある

140
四
鸞《らん》師《し》こたへてのたまはく
わがみは智《ち》慧《ゑ》あさくして
いまだ地《ぢ》位《ゐ》にいらざれば
念《ねん》力《りき》ひとしくおよばれず

141　当時は、儒教・仏教・道教と諸説いり乱れ、仏法興隆の気運をめぐる軋轢《あつれき》もあって、出家も在家もすべての者がどうしたらよいか、そのよりどころに迷っていた。その時、大師ただ一人、安楽浄土を勧めてともに浄土に帰することを思いさだめられた。◇安楽歓帰　自ら弥陀に帰して安楽浄土を願生し、他の人々にもそれを勧めること。◇ひとりさだめたり　論争に決着を与え、往生浄土の志をさだめられたのは、ただ曇鸞大師一人であった。

142　魏の国王孝静帝の勅命により、曇鸞大師は山西省太原の大巌寺に住せられ、晩年に及んで太原に近い汾州の玄忠寺にお移りになられた。◇魏　南北朝時代の北朝の国。三八六～五五〇年。◇主　東魏の孝静帝を指す。◇大巌寺　「曇鸞の造らせ給ひたる御寺なり」（左注）。◇汾州　『続高僧伝』によると、曇鸞は汾州の北山石壁の玄忠寺に住した。

143　魏の国王は曇鸞を尊敬されて、神鸞と名づけたてまつった。また、曇鸞が住み給うたところの跡を鸞公巌と名づけた。◇神鸞　「神」は曇鸞に対する敬語。左注に「ほめまゐらするこころなり。すべてめでたうましますといふこころなり」とある。◇まうしけれ　文明本では「号せしか」とある。◇おはせしところ……　『続高僧伝』によれば、曇鸞は玄忠寺に移って後、寺に近い巌窟に人人を集めて念仏を修した。その旧跡を人々は尊んで鸞公巌と名づけた。「公」は敬語で鸞師の巌《いわや》の意。

141　五

一《いつ》切《さい》道《だう》俗《ぞく》もろともに
帰《き》すべきところぞさらになき
安楽歓《くわん》帰《き》のこころざし
鸞師ひとりさだめたり

142　六

魏《ぎ》の主《しゆ》勅《ちよく》して并《へい》州《しう》の
大《たい》巌《がん》寺《じ》にこそおはしけれ
やうやくをはりにのぞみては
汾《ふん》州《しう》にうつりたまひにき

143　七

魏の天《てん》子《し》はたふとみて
神《しん》鸞《らん》とこそまうしけれ
おはせしところのその名をば
鸞《らん》公《こう》巌《がん》とぞなづけたる

144　曇鸞大師は、盛んに念仏を人々に勧めて、玄忠寺に住んでおられたが、魏の興和四年に平遙山寺に退かれたのであった。

◇浄業　浄土に往生する行業。念仏。◇玄忠寺にこそおはしけれ　「玄忠寺」は左注に「曇鸞の造らせ給ひたる御寺なり。道綽《だうしやく》は鸞師の御弟子なり、この寺に道綽は継ぎておはしましけり」とある。文明本では「玄忠寺にぞおはしける」とある。◇興和四年　東魏孝静帝の年代。五四二年。◇遙山寺　平遙山寺の略。

145　平遙山寺に移られた曇鸞大師は、六十七歳の時、浄土の往生を遂げられた。臨終の時、さまざまのめでたい不思議が現れ、出家も在家もこぞって大師の徳に心をよせ敬慕すること限りなかった。

◇霊瑞　左注に「霊瑞は様々《やうやう》のめでたきことの現じ、仏も見えなむどし給ふほどのことなり」とある。◇帰敬　左注に「仰せにしたがふ。依り頼みまゐらせて敬ひ奉るなり」とある。

146　曇鸞大師入滅の際の霊瑞不思議が耳に達するや、天子はいちずに大師を敬慕し、勅宣をくだして、ただちに汾州汾西郡の秦陵の景勝の地に霊廟をたてられた。

◇君子　孝静帝（在位五三四〜五五〇年）を指す。◇たふとみて　文明本では「おもくして」とある。◇汾西　後の山西省平陽。◇秦陵　『続高僧伝』には「秦陵の文谷」とある。◇勝地に霊廟……　左注に「勝れたる所に曇鸞の御墓をたてたり」とある。

144
八　浄業《じやうごふ》さかりにすすめつつ
玄忠寺《げんちゆうじ》にこそおはしけれ
魏《ぎ》の興和《こうわ》四年に
遙山寺《えうさんじ》にこそうつりしか

145
九　六十有《いう》七ときいたり
浄土の往生《わうじやう》とげたまふ
そのとき霊瑞《れいずい》不思議にて
一切道俗帰《き》敬《きやう》しき

146
一〇　君子ひとへにたふとみて
勅宣《ちよくせん》くだしてたちまちに
汾州《ふんしう》汾西《ふんせい》秦陵《しんりよう》の
勝地《しようち》に霊廟《れいべう》たてたまふ

＊147〜170は『浄土論註』によって教義を讃える。147はまず『論註』撰述の功績を讃詠する。

147　天親菩薩の著作浄土論のお言葉も、曇鸞大師が浄土論註を著してその深意を説き示して下さらなかったならば、一心の信心や五念門の行業が、自力の信心や行ではなく、すぐれて広大な他力のうながしであることを、どうして知ることができようか。◇心行　信心と正行。『浄土論』には「一心」の信心と「礼拝門・讃嘆門・作願門・観察門・廻向門」の五念門の正行を説く。

＊148・149は、本願の功徳のすばらしさを讃える。

148　すべての功徳をそなえ一切衆生をただちに浄土へ導いて下さる本願は、どんな罪人をも摂《おさ》め取ってもらさない。そう信じて疑わない時、煩悩はそのままさとりであることを速やかに気づかせて下さる。◇円頓　左注に「八万聖教のすべて少しも欠くることなきを円頓と申すなり」とある。◇一乗　善悪・凡聖を差別することなく乗せて浄土に至らしめる法。

149　経論に五種の不思議を説くなかで、仏法不思議に及ぶものはない。この仏法不思議ということが、弥陀の弘大な本願にほかならない。◇いつつの不思議　『大智度論』に説く、五種の不可思議。衆生の多少・業力の果報・竜神力・禅定力・仏法力の五つ。◇仏法不思議　仏の教えが人の迷いを転じ、さとりを開かしめるはたらきの不思議さ。◇弘願　文明本では「弘誓」。

147
二
天《てん》親《じん》菩《ぼ》薩《さつ》の御《み》ことをも
鸞《らん》師《し》説きのべたまはずば
他力広大威徳の
心《しん》行《ぎやう》いかでかさとらまし

148
三
本願円《ゑん》頓《どん》一《いち》乗《じよう》は
逆《ぎやく》悪《あく》摂《せふ》すと信《しん》知《ち》して
煩《ぼん》悩《なう》菩《ぼ》提《だい》体《たい》無《む》二《に》と
すみやかにとくさとらしむ

149
三
いつつの不思議を説くなかに
仏法不思議にしくぞなき
仏法不思議といふことは
弥《み》陀《だ》の弘《ぐ》願《ぐわん》になづけたり

＊150～152は、往相還相の二種の廻向について讃ずる。

150　阿弥陀仏は廻向の功徳を成就なさった。その廻向は往相と還相の二つである。この二種の廻向によって、一心の信心と五念門の行がわれらに可能となるのである。
◇往相還相　「往相」は本願によって衆生が浄土に往生すること。「還相」は浄土に往生した者がふたたびこの世に還って来て衆生を教化すること。

151　阿弥陀仏は、あまねく衆生を救うために、四十八の大願を成就なさった。その功徳を一切衆生にさし向けられるという大悲の方便にあずかる時、衆生は往生を願うに至る。それを往相の廻向という。第十八願の至心・信楽・欲生我国の三信と十念の行とを身にいただくと、生死の迷いのままに涅槃のさとりに導かれる。
◇ときいたり　仏の大悲心が衆生の心に届き、仏と衆生とが結ばれる機縁が熟すること。◇悲願の信行　第十八願の至心・信楽・欲生の三信心と十念の行をいう。◇涅槃　138注参照。

152　論註に説かれている還相の廻向とは、本願によって浄土に往生した者が、そのさとりの境地をこの世の衆生とわかち合い、さとりの世界へ教え導く力を身につけ、浄土からふたたびこの世にたち還ってくることである。そして普賢菩薩と同じように衆生済度の行をはげむことになる。

150 一四
弥陀の廻《ゑ》向《かう》成《じやう》就《じゆ》して
往《わう》相《さう》還《げん》相《さう》ふたつなり
これらの廻向によりてこそ
心行ともにえしむなれ

151 一五
往相の廻向と説くことは
弥陀の方《はう》便《べん》ときいたり
悲願の信《しん》行《ぎやう》えしむれば
生《しやう》死《じ》すなはち涅《ね》槃《はん》なり

152 一六
還相の廻向と説くことは
利他教《けう》化《け》の果《くわ》をえしめ
すなはち諸《しよ》有《う》に廻《ゑ》入《にふ》して
普《ふ》賢《げん》の徳を修《しゆ》するなり

153
一七
論《ろん》主《じゅ》の一心と説けるをば
曇《どん》鸞《らん》大《だい》師《し》の御《み》ことには
煩悩成就のわれらが
他力の信とのべたまふ

154
一八
尽《じん》十《じっ》方《ぱう》の無《む》碍《げ》光《くわう》は
無《む》明《みやう》のやみをてらしつつ
一念歓《くわん》喜《ぎ》するひとを
かならず滅《めっ》度《ど》にいたらしむ

155
一九
無《む》碍《げ》光《くわう》の利《り》益《やく》より
威徳広大の信をえて
かならず煩悩のこほりとけ
すなはち菩提のみづとなる

◇利他教化の果　仏法を教えて衆生を教導し、利益《りやく》する果報。◇諸有　左注に「十方のよろづの衆生なり」とある。◇普賢の徳　15注参照。左注に「普賢といふは仏の慈悲の極まりなり」とある。

＊153は、「一心」を他力と理解したことを讃える。

153　天親菩薩が浄土論で「われ一心に」と帰命の意味に説かれたその「一心」を、曇鸞大師の論註では、煩悩具足のわれらに如来から廻《え》向《こう》された他力の信心にほかならない、と述べられている。

◇論主　左注に「論主といふは天親菩薩なり」とある。◇一心と説ける　『浄土論』に「世尊我れ一心に、尽十方無碍光如来に帰命したてまつる」（菩提流支《ぼだいるし》訳、親鸞訓）と述べる。

＊154～158は、光明と弥陀の名に具わる功徳を讃える。

154　十方をくまなく照らし何物にも妨げられない光明は、よく衆生の無明の闇を照破して他力の信心をさし向けて下さる。そして、ひとたび信心をいだいて身心に歓《よろこ》びをおぼえた人を、のこらずさとりの境界へと導いて下さる。

◇無明　無知。◇一念歓喜　信心をえて往生が定まる喜び。◇滅度　七七頁57注参照。

155　無碍の光明の恵みによって、すぐれた徳を具え、広大で何ものをも差別しない他力廻向の信心に帰する時は、煩悩の氷はたちまちとけて、そのままさとりの水となる。

156
二〇 罪《ざい》障《しやう》功《く》徳《どく》の体《たい》となる
こほりとみづのごとくにて
こほりおほきにみづおほし
さはりおほきに徳おほし

157
二一 名《みやう》号《がう》不思議の海水は
逆《ぎやく》謗《はう》の死《し》骸《がい》もとどまらず
衆《しゆ》悪《あく》の万《ばん》川《せん》帰しぬれば
功徳のうしほに一《いち》味《み》なり

158
二二 尽《じん》十《じつ》方《ぱう》無《む》碍《げ》光《くわう》仏《ぶつ》の
大慈大悲の願海《ぐわんかい》に
煩悩の衆流《しゆうる》帰しぬれば
智《ち》慧《ゑ》のうしほと転ずなり

156 さとりを妨げる悪業こそが功徳の本体となるのである。罪障と功徳との関係は、氷と水の関係のようなもので、罪障の氷が多ければ多いほど功徳の水も多いことになる。
◇こほりとみづ 129の注に引いた『教行信証』行巻の文に続いて「まことに知《し》んぬ、経に説きて『煩悩の氷とけて功徳の水となる』とのたまへるがごとし」とある。

157 名号不思議の力がはたらくところでは、五逆と誇法の罪にけがれた者も心をひるがえすことですべて浄土に帰し、悪業の障りは残らない。さまざまな悪に満ちたよろずの川も海にそそぐ時は、海水の塩味にひとしく帰するように、すべての悪業は功徳と転ずるのである。
◇名号不思議の海水 名号の徳を海水の徳に喩える。◇死骸 『教行信証』行巻に引く『浄土論註』の文は「海とは、言ふこころは仏の一切種智、深広にして涯《きし》なし、二乗雑善の中下の屍骸を宿さず」とある。

158 すべての世界をくまなく照らし、何物にも妨げられることのない光明の徳をそなえた阿弥陀仏の大いなる慈悲の心の海に、煩悩のよろずの流れがそそぐと、仏の智慧の海水と一体となり、煩悩は転じて信心の智慧と化す。
◇尽十方無碍光仏の 文明本では「仏」が省かれている。◇大慈大悲の願海に 文明本では「大悲大願の海水に」とある。「願海」は、広大な誓願のはたらきを海に喩えたもの。◇衆流　多くの流れ。『浄土論註』巻上に「如《シト》下海性《ノ》一味《ニシテ》衆流入《レバ》者必為《ナリテ》二一味《ト》一海味不《ルガ》中随《テ》レ彼《ニ》改《マラ》上也」とある。◇転ずなり　文明本では「一味なり」。

＊159〜162は、本願力による往生の徳を讃《たた》える。

159　阿弥陀仏の安楽浄土に往生することは、ついに仏となる道であり、それが成仏の最上のてだてであるから、諸仏はこぞって弥陀の浄土を勧められた。

◇畢竟成仏の道路　仏となる究極最上の道。◇無上の方便　この上なくすぐれたてだて。

160　一切諸仏の智慧や功徳を一身にそなえられ、身・口・意の三業を清浄になさった阿弥陀仏は、徹底してすべてのものをわけへだてなさらない。それは不実と虚偽で固められた衆生の三業のさわりをのぞき去るためであると説き給う。

◇三業　身・口・意のいとなみ。◇虚誑　うそ、いつわり。

161　安楽浄土に往生するためには、この上なく貴い宝珠のような名号と、仏の真実信心のはたらきが一体となる必要があり、それ以外に往生のてだてはないと説き給う。

◇無上宝珠　名号の喩え。左注に「如意宝珠の玉なり。この宝珠は濁れる水に入るれば、水は澄めども、みさびゐず。……かるが故に、……宝珠をば名号に喩《よ》ふ」とある。◇無別道故　「別の道の無き故に」と訓む。

159
一三三
安楽仏国に生ずるは
畢竟《ひつきやう》成仏の道路にて
無上の方便なりければ
諸仏浄土をすすめけり

160
一三四
諸仏三《さん》業《ごふ》荘《しやう》厳《ごん》して
畢竟平等なることは
衆《しゆ》生《じやう》虚《こ》誑《わう》の身《しん》口《く》意《い》を
治《ぢ》せむがためとのべたまふ

161
一三五
安楽仏国にいたるには
無上宝《ほう》珠《じゆ》の名号と
真実信心ひとつにて
無《む》別《べつ》道《だう》故《こ》と説きたまふ

162 安楽の浄土は、弥陀の清浄な願心によって成就された国土であるから、往生は生滅の輪廻《りんね》を離れた生である。この世では人の素質について九段階の別をいいたてるが、浄土では平等に仏果を得るのであり、一・二という差別はない。

◇無生の生　左注に「六道の生を離れたる生なり。六道四生に生まるること、真実信心の人は無き故に、無生といふ」とある。◇本則三々の品　「本《もと》は則ち三々の品」と訓《よ》む。この世にいた時は、善悪九品の素質の別があったこと。

＊163は、名号と光明の徳を讃える。

163 無碍光如来の名号と、その智慧のはたらきのすがたである光明とは、煩悩におおわれた無明の闇を破り、衆生の願いを満足させて下さる。

◇光明智相　光明は智慧の相を示す。◇無明長夜の闇　愚癡《ぐち》の煩悩におおわれ、生死の迷いに沈んですごす衆生の境涯《きようがい》の繰り返しを、長夜の闇に喩《たと》えた。

＊164～168は、不如実修行を示し、如実修行の根本義を讃える。そのうち164～167の偈文は、『浄土論註』「云何《いかんが》為ス二不如実修行ト一」「一者《は》信心不レ淳カラ、二者信心不レ一ナラ、無キ二決定一故ニ、三者信心不ニ相続セ一、余念間ルガ故ナリ。此ノ三句展転シテ相成ズ、以テノ二信心不ルヲ一レ淳カラ故ニ、無シ二決定一、無キガ二決定一故ニ念不ル二相続セ一、亦可シ下念不ルガ二相続セ一故ニ上不レ得二決定信ヲ一」の句によって作られている。

164 不如実修行ということについて、曇鸞大師は次のように説いて明かされる。その第一は、信心

162
三六
如《によ》来《らい》清《しやう》浄《じやう》本願の
無《む》生《しやう》の生なりければ
本則三《さん》々《ざん》の品《ほん》なれど
一《いち》二《に》もかはることぞなき

163
三七
無《む》碍《げ》光《くわう》如来の名号と
かの光明智《ち》相《さう》とは
無《む》明《みやう》長《ぢやう》夜《や》の闇《あん》を破し
衆生の志願をみてたまふ

164
三八
不《ふ》如《によ》実《じつ》修行といへること
鸞《らん》師《し》釈してのたまはく
一《いつ》者《しや》信心あつからず
若《にやく》存《ぞん》若《にやく》亡《まう》するゆゑに

165 二九
二《に》者《しや》信心一《いつ》ならず
決《けつ》定《ぢやう》なきゆゑなれば
三者信心相続せず
余《よ》念《ねん》間《けん》故《こ》とのべたまふ

166 三〇
三信展《てん》転《でん》相《さう》成《じやう》す
行《ぎやう》者《じや》こころをとどむべし
信心あつからざるゆゑに
決定の信なかりけり

167 三一
決定の信なきゆゑに
念相続せざるなり
念相続せざるゆゑ
決定の信をえざるなり

を正しくすなおに受けとめないために、自力をたのむ心によって、ある時は信じ、ある時は疑いをはさんだりして、真実信心を見失うことになる。

◇不如実修行　左注に「実の如く修行せず」とある。

◇若存若亡　左注に「ある時には往生してむずと思ひ、ある時には往生は得せじと思ふを、若存若亡といふなり」とある。これも『浄土論註』の句による。

165　第二には、信心が一筋でなく、余仏余菩薩をたのんであれこれと迷い、弥陀一仏にかける決定心がないからであると、第三には、信心をそのまま保持できないで、余行余善に心を寄せるからだ、と述べられている。

◇余念間故　「余念まじはるが故に」と訓む。「余念」とは余行余善に心を寄せること。「間」は他のものがまじわること。

166　淳心（あつき信心）・一心（一なる信心）・相続心（持続する信心）の三信は、互いに関係しあって成り立つもので、念仏の行者はこの点に心をいたさなくてはならない。信心があつくないから、真実信心がそなわらないのである。

◇三信展転相成す　三つの信心が互いにかかわり合って一つに結びつくところに「如実修行」が成立する。

167　真実信心をいただかないから信心が持続しないのである。信心が持続しないから、決定の信が身にそなわらないのである。

◇決定の信　本願力にそなわる信心。

168　決定の信を得ないから、信心不淳であると述べられた。南無阿弥陀仏の名を衆生にさし向けて下さった仏の心にかなう念仏は、ひとえに真実信心のはたらきによる（このことを天親菩薩は浄土論の初めで「一心」といい表されたのである）。
◇信心不淳　信心あつからず。◇如実修行相応　仏の教えの通りに念仏し、名号の義にかなうこと。

＊169は、本願の大道を讃える。

169　自力で万行諸善を修する難行の小路から、本願他力の真実の大道に帰すると、涅槃のさとりがその時ひらけることになる。
◇万行諸善の小路　万行諸善の自力の修行は、少数の聖者だけのものであるから「小路」という。◇本願一実　本願すなわち一切善悪の凡夫の平等な往生を可能にする究極の真実。

＊170は、曇鸞大師の徳を讃えて結びとする。

170　梁の天子の蕭王は、曇鸞大師を敬い、つねに大師のいます方角に向って「鸞菩薩」といって礼拝された。
◇蕭王　梁の武帝。姓は蕭、名は衍《えん》。
一　文明本には「曇鸞和尚」とある。
＊曇鸞について「正信偈」では「本師曇鸞は、梁の天子、つねに鸞《る》の処《し》に向ふて菩薩と礼《らい》したてまつる。三蔵流支浄教を授けしかば、仙経《せんぎやう》を焚焼《ふんせう》して楽邦《らくはう》（浄土）に帰したまひき。天親菩薩の論を註解《ちゆうげ》して、報土の因果、誓願を顕《あら》はす。往還《わうげん》の

168 三二
決《けつ》定《ぢやう》の信をえざるゆゑ
信心不《ふ》淳《じゆん》とのべたまふ
如《によ》実《じつ》修《しゆ》行《ぎやう》相《さう》応《おう》は
信心ひとつにさだめたり

169 三三
万《まん》行《ぎやう》諸善の小《せう》路《ろ》より
本願一《いち》実《じつ》の大《だい》道《だう》に
帰《き》入《にふ》しぬれば涅《ね》槃《はん》の
さとりはすなはちひらくなり

170 三四
本《ほん》師《じ》曇《どん》鸞《らん》大《だい》師《し》をば
梁《りやう》の天子蕭《せう》王《わう》は
おはせしかたにつねにむき
鸞菩薩とぞ礼《らい》しける

廻《ゑ》向《かう》は他力に由る。正定の因はただ信心なり。惑《わく》染《ぜん》の凡《ぼん》夫《ぶ》、信心発《ほつ》すれば、生《しやう》死《じ》即ち涅槃なりと証知せしむ。必ず無量光明土に至れば、諸有の衆生みな普《あま》ねく化《け》すといへり」と述べている。

二 五六二〜六四五。『涅槃経』の研《けん》鑽《さん》につとめていたが、曇鸞を慕って浄土教に帰し、玄忠寺に住して専ら念仏を修した。『安楽集』を著す。

＊171・172は、『安楽集』と『続高僧伝』によって、道綽禅師の弘教の徳を讃える。

171　道綽禅師は、(仏教に聖道・浄土の二門があることを判別した上で)自力聖道門のすべての修行をさしおいて、ただ浄土の一門のみが末世の衆生の帰すべき道であると説かれる。

◇唯有浄土一門　「ただ浄土一門のみありて」と訓《よ》む。『安楽集』上巻に「当今は末法にして、現に是れ五濁悪世なり、唯《た》だ浄土の一門のみありて通入すべき路なり」とある。

172　道綽禅師は『涅槃経』を講ずる大事業をとりやめて、本願他力に帰依されて、広く五濁悪世の衆生に浄土の教えを勧められた。

◇涅槃の広業　四十巻もある大部な『涅槃経』を講ずるという広大な事業。『続高僧伝』によれば、道綽は、浄土門に帰する以前に、二十四回までも『涅槃経』を講義し、多くの人々を勧化したという。◇五濁　18注参照。◇群生　衆生に同じ。

巳上曇鸞菩薩

道《だう》綽《しやく》禅《ぜん》師《じ》二　付釈文　七首

171
一 本《ほん》師《じ》道《だう》綽《しやく》禅《ぜん》師《じ》は
聖《しやう》道《だう》万《まん》行《ぎやう》さしおきて
唯《ゆい》有《う》浄《じやう》土《ど》一門を
通《つ》入《にふ》すべきみちと説く

172
二 本師道綽大師は
涅《ね》槃《はん》の広《くわう》業《ごふ》さしおきて
本《ほん》願《ぐわん》他《た》力《りき》をたのみつつ
五《ご》濁《ぢよく》の群《ぐん》生《じやう》すすめしむ

＊173・174は、聖道自力の修行の困難さを示す。

173　末法五濁の世を生きる衆生は、聖道自力の修行を修めたとしても、一人として行の成果としてのさとり（証）を得られまいと教主釈尊は説き給う。◇末法　正法・像法・末法の三時説のうちの末法時をいう。濁世ともいい、仏教はその教えのみがあって、その実践（行）や修行の成果（証）がともなわない時代。釈尊入滅後千五百年、もしくは二千年を経た後の一万年間を指す。

174　曇鸞大師の教えをうけつがれた道綽禅師は、この世で菩提心をおこして道を修めようとすることを、すべてみな自力をたのむ立場と判断された。◇在此起心立行　この世にあって発心修行を志すこと。◇此是自力　「これはこれ自力なり」（左注）。

＊175〜177は、浄土・念仏・本願の徳を讃える。

175　五濁悪世の衆生が悪心を起し罪業を造ることは、暴風・駛雨のように烈しくさだめがたい。このように悪を犯し罪を造らないではいられない衆生を諸仏はあわれんで、弥陀の本願力による浄土往生の道につくよう誘い勧められた。◇起悪造罪　左注に「悪を起し罪を造ること」とある。「起心立行」の対。◇駛雨　急に降ってくる烈しい雨。

176　人は一生をすごす間、つぎつぎと悪行をふるまい続けるけれども、ひとえに心を弥陀一仏にかたむけて、常に念仏する時は、もろもろの罪障も自然に除かれてしまう。

173
三
末《まつ》法《ぼふ》五《ご》濁《ぢよく》の衆《しゆ》生《じやう》は
聖《しやう》道《だう》の修行せしむとも
ひとりも証《しよう》をえじとこそ
教《けう》主《しゆ》世《せ》尊《そん》は説きたまへ

174
四
鸞《らん》師《し》のをしへをうけつたへ
綽《しやく》和《くわ》尚《しやう》はもろともに
在《ざい》此《し》起《き》心《しん》立《りふ》行《ぎやう》は
此《し》是《ぜ》自《じ》力《りき》とさだめたり

175
五
濁《ぢよく》世《せ》の起《き》悪《あく》造《ざう》罪《ざい》は
暴《ぼ》風《ふ》駛《し》雨《う》にことならず
諸仏これらをあはれみて
すすめて浄土に帰せしめり

176 六
一形《いちぎやう》悪をつくれども
専精《せんじやう》にこころをかけしめて
つねに念仏せしむれば
諸《しよ》障《しやう》自《じ》然《ねん》にのぞこりぬ

177 七
縦《じゆ》令《りやう》一生造悪の
衆生引《いん》接《ぜふ》のためにとて
称《しよう》我《が》名《みやう》字《じ》と願じつつ
若《にやく》不《ふ》生《しやう》者《じや》とちかひけり

已上一道綽和尚

二善《ぜん》導《だう》禅《ぜん》師《じ》　付釈文　二十六首

◇一形　肉体とともに存在する間。一生。◇専精　もっぱらまじりけなく。◇諸障　もろもろの罪障。

177　たとえ一生の間悪を造ってすごす衆生であっても、弥陀は手を引いて浄土へ導こうとされ、わが名を称えよ、それでもし浄土に往生できないことがあったとしたら、我は仏とならないと誓われた。

◇縦令　左注に「たとひ」とある。◇引接　引導し摂取すること。◇称我名字　「わが名字を称えよ」の意。◇若不生者とちかひけり　第十八願の「若《も》し生れずば、正覚を取らじ」の誓いを意味する。

一　文明本には「道綽大師」とある。

＊道綽について「正信偈」では「道綽、聖道の証し難きことを決して、ただ浄土の通入すべきことを明かす。万善の自力、勤修《ごんしゅ》を貶《へん》し、円満の徳号、専称を勧《すす》む。三不三信（信心淳《あつ》からず・一ならず・相続せずの三不信と淳心・一心・相続心の三信）の誨《をし》へ慇懃《をんごん》にして、像末法滅同じく悲引《ひいん》す。一生悪を造れども弘誓《ぐぜい》に値《まうあ》ひぬれば、安養界に至りて妙果を証せしむといへり」と述べている。

二　文明本には「善導大師」とある。六一三〜六八一。中国唐代の僧。二十歳余りで山西省の玄忠寺を尋ね、道綽について『観無量寿経』の講義を聴き、のち長安の光明寺で浄土教を説き、広く大衆を教化した。『観《かん》経疏《ぎようしよ》』四巻、『法事讃』二巻、『観念法門』、『往生礼讃』、『般舟讃《はんじゆさん》』各一巻の五部九巻の著作がある。

178 一 大《だい》心《しん》海《かい》より化《け》してこそ
善《ぜん》導《だう》和《くわ》尚《しやう》とおはしけれ
末代濁《ぢよく》世《せ》のためにとて
十《じつ》方《ぱう》諸仏に証《しよう》をこふ

179 二 世《よ》々《よ》に善導いでたまひ
法《ほふ》照《せう》　少《せう》康《かう》としめしつつ
功《く》徳《どく》蔵《ざう》をひらきてぞ
諸仏の本意をとげたまふ

180 三 弥《み》陀《だ》の名願《みやうぐわん》によらざれば
百千万劫《ごふ》すぐれども
いつつのさはりはなれねば
女《によ》身《しん》をいかでか転ずべき

＊178・179は、善導の伝記にもとづいて大師を讃える。

178　如来の広大な智慧のはたらきを体現して善導和尚はこの世に現れ給うた。善導は、末代濁世の衆生が大師のことばに疑惑をさしはさむことがないようにするために、一々十方諸仏に証明を請われた。◇大心海　『教行信証』に用いられている親鸞の用語。広大な仏心のはたらきを海に喩《たと》えた。◇十方諸仏に証をこふ　左注に「観経の義造らんとて十方諸仏に証を請ひ給ひたり」とある。このことは善導自らが、『観経疏』の巻末に記している。

179　善導大師はつぎつぎとこの世に出現され、ある時は法照法師に、ある時は少康法師として生れかわり、名号の功徳を説きひろめ、弥陀の本願を説きひろめたいという諸仏の本意を実現し給うた。◇法照　八世紀中頃の僧で五会《ごえ》念仏の法を弘め、『五会法事讃』一巻を著した。善導の後身といわれた。◇少康　八世紀末の僧で、善導の教えに帰して以後、もっぱら浄土教の弘布につとめ、「後善導」と称された。◇功徳蔵　左注に「名号を功徳蔵と申すなり。よろづの善根を集めたるによりてなり」とある。

＊180・181は、善導の文により弥陀・釈迦の教えの本意を示す。

180　弥陀の本願の名号によらないならば、百千万劫という長い時をかけて修行しても、五つの障りをまぬがれないのだから、どうして女身を転じて成仏することができようか。

◇名願　阿弥陀仏の名号を称《とな》える者を必ず往生させようという本願。第十八願。◇いつつのさはり　五障。『法華経』提婆品《だいばほん》に、女人は梵天《ぼんてん》王・帝釈《たいしやく》天・魔王・転輪聖王・仏になることはできない、と説く。

181　釈尊は他力浄土門に人をいざない導くための肝要な契機を編みだし、定善・散善をはげむ自力の人の心を思いやりあわれんで、正行と雑行の二行を分ち、方便の教えを説かれたが、その本意はひたすら専修念仏をお勧めになるところにあった。

◇要門　他力浄土門に入るかなめの門。◇定散諸機　定善（心を純一にたもつこと）・散善（悪を廃し善を修する）を修めようとする者。◇あはれみて　文明本では「こしらへて」（誘引する）。◇正雑二行　正行（弥陀一仏を心にかけての読誦《どくじゆ》・観察・礼拝・称名・讃嘆供養）と雑行（余仏を心にかけて上のことをする）。

＊182～184は、浄土の教えのかなめを説き明かす。

182　たとえ正行を修しても、助業と正定業とを区別しないで同じく修することを雑修という。雑修を行う人々は如来大悲の誓願力による真実信心に気づいていないので、仏恩を報謝する心がない。

◇助正　正行のうち称名を正定業、他を助業とする。

183　弥陀の名号をもっぱら称えるものでも、現世の幸福を祈るものは、これも雑修と名づけ、千人中に一人も往生できないとしりぞけられる。

◇仏号　阿弥陀仏の名号　◇千中無一　千人の中に一人も浄土に往生する者がないこと。

181 四
釈《しや》迦《か》は要《えう》門《もん》ひらきつつ
定《ぢやう》散《さん》諸《しよ》機《き》をあはれみて
正《しやう》雑《ざふ》二《に》行《ぎやう》方《はう》便《べん》し
ひとへに専《せん》修《じゆ》をすすめしむ

182 五
助《じよ》正《しやう》ならべて修《しゆ》するをば
すなはち雑《ざふ》修《しゆ》となづけたり
一心をえざるひとなれば
仏恩報ずるこころなし

183 六
仏《ぶつ》号《がう》むねと修すれども
現《げん》世《ぜ》をいのる行《ぎやう》者《じや》をば
これも雑修となづけてぞ
千《せん》中《ぢゆう》無《む》一《いち》ときらはるる

184　意味は全く違うのに、雑行と雑修とは言葉の上では似通っている。浄土往生のためには正行の中でも称名を専ら修すればよく、現世の祈りを含めて修する行は、ことごとく雑修と名づける。
◇雑行雑修　左注に「雑行はよろづの行、雑修は現世を祈り、助業を修するをいふなり」とある。◇雑修となづけしむ　文明本では「雑行となづけたり」。

＊185～189は、弥陀の弘願《ぐがん》を善導の釈意により讃《たた》える。

185　善導大師は、諸仏の証明を請うて観経疏をつくられ、自力の定散二心を翻して他力廻向《えこう》の信心につくように、二河白道《びゃくどう》の譬喩を説いて弥陀の誓願にもとづく信心のはたらきを正しく示された。
◇証をこひ　左注に「十方諸仏に申し給はく、この観経義を造り候ふに、証人になり給へと祈らせ給ひたり」とある。◇定散二心　『教行信証』化身土《けしんど》巻に「一種の三心（三心は79注参照）とは、一つには定の三心（定善にともなう三心）、二つには散の三心（散善にともなう三心）なり」とあり、『観無量寿経』に説く三心を定散の二つに分けている。◇貪瞋　「貪は女を愛し、男を愛し、瞋は怒り腹立つ」（左注）。◇二河の譬喩　西へ行こうとしていた旅人がある所で火の河と水の河にはさまれた細道につきあたる。火と水がこもごも道をおかしている光景を見て立ちすくんでいると、後から群賊悪獣が迫ってくるので死を覚悟して渡り始める。背後から引き返すように呼ぶ声があったが、かえりみずに進むと、遂《つい》に西岸に到りつき永く苦

184
七
こころはひとつにあらねども
雑《ざふ》行《ぎやう》雑《ざふ》修《しゆ》これ似たり
浄《じやう》土《ど》の行にあらぬをば
ひとへに雑修となづけしむ

185
八
善導大師証《しよう》をこひ
定《ぢやう》散《さん》二《に》心《しん》をひるがへし
貪《とん》瞋《じん》二《に》河《が》の譬《ひ》喩《ゆ》を説き
弘《ぐ》願《ぐわん》の信心守護せしむ

186
九
経《きやう》道《だう》滅《めつ》尽《じん》ときいたり
如《によ》来《らい》出世の本意なる
本《ほん》願《ぐわん》真《しん》宗《しゆ》にあひぬれば
凡《ぼん》夫《ぶ》念じてさとるなり

難を免れたという二河白道のたとえ。火河は瞋を、水河は貪を示す。『観経疏』散善義に説かれている。

186　聖道自力の仏法が滅亡する末世となったこの時に、如来が世に現れた本意である本願の真実の教えに出会うと、罪悪の凡夫も信心の力にたすけられて浄土のさとりを開くことができる。

◇経道　聖道自力の教え。◇本願真宗　弥陀の本願の真実の宗旨。文明本では「弘願真宗」とある。

187　弥陀の本願力の不思議には、もろもろの悪業も妨げとならないので、弥陀の本願を、勝れて強力な縁、すなわち増上縁というのである。

◇諸邪業繋　諸々の悪業の繋縛《けばく》。◇本弘誓願　弘誓《ぐぜい》の本願の意で第十八願を指す。

188　本願力で成就された弥陀の浄土には、自力の菩提心や修行では往生できないので、大乗の聖人も小乗の聖人もすべて皆、自力を頼む心を翻して、如来の本願におまかせするばかりである。

◇いたらねば　浄土に往生できないので。◇乗ずべし　文明本では「乗ずなり」とある。

189　わが身は煩悩具足の凡夫であると心から自覚し、自力の修行をたのむ心を捨てて本願力にまかせてしまうと、その時ただちにあさましき身のけがれを転じ、生死の迷いを離れた常楽の境地をさとらせて下さる。

◇法性常楽　存在の本来のすがたにかなった絶対の楽しみの境地。

187
一〇
仏《ぶつ》法《ぽふ》力《りき》の不思議には
諸《しよ》邪《じや》業《ごふ》繋《け》さはらねば
弥《み》陀《だ》の本《ほん》弘《ぐ》誓《せい》願《ぐわん》を
増《ぞう》上《じやう》縁《えん》となづけたり

188
一一
願《ぐわん》力《りき》成《じやう》就《じゆ》の報《ほう》土《ど》には
自《じ》力《りき》の心《しん》行《ぎやう》いたらねば
大小聖《しやう》人《にん》みなながら
如来の弘《ぐ》誓《ぜい》に乗ずべし

189
一二
煩《ぼん》悩《なう》具《ぐ》足《そく》と信《しん》知《ち》して
本願力に乗ずれば
すなはち穢《ゑ》身《しん》すてはてて
法《ほふ》性《しやう》常《じやう》楽《らく》証せしむ

＊190は、『般舟讃《はんじゆさん》』の文により二尊の慈悲を讃える。

190　釈迦は慈父、弥陀は悲母として、種々の巧みなてだてをあみだし、我々を導いて、仏智のはたらきの現れである信心をひらきおこして下さる。◇善巧方便　衆生の能力に応じて巧みに相手を導く方法。◇無上の信心　如来よりさし向け下さった他力の信心。

＊191〜198は、信心の徳を讃える。

191　如来の真実心をしっかりと心の底に受けとめた人は、罪障や煩悩に左右されない他力真実の信心をいただくことになるので、自力の聖者で三品の懺悔をする人にひとしいと善導大師は述べられた。◇金剛の心　『唯信鈔文意』に「選択《せんぢやく》不思議の本願、無上智慧の尊号を聞きて、一念も疑ふこころなきを真実信心といふなり。金剛心とも名づく」とある。◇三品の懺悔　善導の『往生礼讃』は懺悔の三段階を説く。上品《じようぼん》は身の毛孔から血を出し、眼から血を流す懺悔をいい、中品は身の毛孔から汗を流し、眼から血を流す懺悔をいい、下品は身熱を出し、涙を流して懺悔するをいう。◇もの　文明本では「ひと」とある。◇宗師　真宗の祖師。ここは善導大師を指す。

192　五濁悪世に生れたわれらこそ、弥陀がわれわれにさし向けて下さったまことの信心だけをたよりとして、永久に生死流転の境界を離れ去り、願力に乗せられて自ずと浄土に至るのである。◇自然の浄土　そこに至れば自《おのずか》らさとりを開く浄土。

190
三
釈迦弥陀は慈悲の父母《ぶも》
種々に善巧《ぜんげう》方便して
われらが無上の信心を
発起《ほつき》せしめたまひけり

191
一四
真《しん》心《じん》徹《てつ》到《たう》するひとは
金《こん》剛《がう》の心《しん》なりければ
三《さん》品《ぼん》の懺《ざん》悔《げ》するものと
ひとしと宗《しゆ》師《し》はのたまへり

192
一五
五《ご》濁《ぢよく》悪《あく》世《せ》のわれらこそ
金剛の信心ばかりにて
ながく生死《しやうじ》をすてはてて
自《じ》然《ねん》の浄土にいたるなれ

193 二六
金剛堅固の信心の
さだまるときをまちえてぞ
弥陀の心光《しんくわう》摂護《せふご》して
ながく生死《しやうじ》をへだてける

194 二七
真実信心えざるをば
一心かけぬとをしへたり
一心かけたるひとはみな
三信具せずとおもふべし

195 二八
利他の信楽《しんげう》うるひとは
願に相応するゆゑに
教《けう》と仏語にしたがへば
外《げ》の雑縁《ざふえん》さらになし

193　名号にそなわる他力真実の信心に疑いをはさまなくなる時を待ちうけて、弥陀の大慈悲のはたらきはわれら凡夫を摂《おさ》め取り、永く生死流転の苦しみから遠ざけてお護《まも》り下さる。◇心光摂護　『尊号真像銘文』で「正信偈」中の句「摂取心光常照護」を親鸞自ら「無碍光仏の心光つねに照らし護り給ふ故に、無明の闇晴れ、生死の永き夜すでにあかつきになりぬと知るべし」と釈している。

194　仏智にもとづく真実信心を心得ないものを、善導は他力の信心と縁なきものと教えられた。他力の信心がそなわっていない人はみな、本願の三信もまたそなわっていないと考えなくてはならない。◇一心　他力の信心のこと。『一念多念文意』に「一心は金剛の信心なり」とある。◇三信　三心ともいう。第十八願にいう「至心、信楽《しんげう》、欲生」の三信で、56注を参照。

195　他力の信心をそなえた人は、弥陀の本願の趣旨にかなうので、釈尊の教えと諸仏のことばにたがわないようになり、煩悩に迷わされたり、立場の異なる人の言説に信心を乱されることがない。◇利他の信楽　阿弥陀仏が衆生を利益《りやく》するためにさし向けられた信心。◇願に相応　信心を得ることは弥陀の本願の趣旨にかなっているということ。◇教と仏語　「教」は釈尊の教え、「仏語」は釈尊の教えを讃える諸仏のことば。◇外の雑縁　聖道門諸宗の教えがまじったり、貪欲《とんよく》・瞋恚《しんい》に信心を乱されること。

196 本願他力の念仏のいわれを聞くことができて、一念の疑いもさしはさまない人を、善導は希有最勝人とほめたたえ、この人こそ正しい他力の信心をそなえた人と定められた。
◇真宗念仏　本願にもとづく念仏。『末燈鈔』第一書簡に、「選択本願は浄土真宗なり」とある。◇一念無疑　左注に「一念も疑ひなきを。本願を疑ふ心なしとなり」とある。◇希有最勝人　左注に「最はもつとも殊に勝れたり。ありがたく勝れたるよき人とほむるこころなり」とある。◇正念　往生の信心。

197 自力のこころをたのむ人は、仏の本願と応じ合うことがないので、その信心は悪業煩悩にくるわされたり、異学・異見の人の言説にまどわされたりして、信・不信の心の動揺が絶えない。信心をみだし失うことを、善導は「失正念」（正念失す）と述べられた。

198 凡夫の信心は弥陀の本願力によって生ずるものであるから、念仏が称《とな》えられるのも、浄土に往生して成仏できるのも、本願力によってそうなるだけである。存在を存在たらしめるはたらきを真如（自然）と名づけるなら、弥陀の誓願は真如のはたらきそのものであるから、願力によってもたらされた浄土（報土）もまた真如の顕《あらわ》れである。浄土でこの上ないさとりをひらくことは疑いない。
◇自然　人間のはからいを超えたはたらき。◇証大涅槃　大涅槃（すぐれたさとりの境地）をさとること。

196
一九
真《しん》宗《しゅ》念仏ききえつつ
一念無《む》疑《ぎ》なるをこそ
希《け》有《う》最《さい》勝《しよう》人《にん》とほめ
正《しやう》念《ねん》をうとはさだめたれ

197
二〇
本願相応せざるゆゑ
雑《ざふ》縁《えん》きたりみだるなり
信心乱《らん》失《しつ》するをこそ
正念失《う》すとはのべたまへ

198
二一
信は願より生ずれば
念仏成仏自《じ》然《ねん》なり
自然はすなはち報土なり
証《しよう》大《だい》涅《ね》槃《はん》うたがはず

199
五《ご》濁《ぢよく》増《ぞう》のときいたり
疑《ぎ》謗《はう》のともがらおほくして
道俗ともにあひきらひ
修《しゆ》するをみてはあだをなす

200
本願毀《き》滅《めつ》のともがらは
生《しやう》盲《まう》闡《せん》提《だい》となづけたり
大《だい》地《ぢ》微《み》塵《ぢん》劫《ごふ》をへて
ながく三《さん》塗《づ》にしづむなり

201
西《さい》路《ろ》を指《し》受《じゆ》せしかども
自《じ》障《しやう》障《しやう》他《た》せしほどに
曠《くわう》劫《ごふ》已《い》来《らい》もいたづらに
むなしくこそはすぎにけれ

＊199～201は、弥陀の本願を疑い謗《そし》ることの過失を、主として『法事讃』の句によって示す。

199　末法五濁の時代に入ると、本願を疑い謗るものが多くなり、僧侶《そうりよ》も俗人も自分の信ずる法を是とし、他人の信ずる法を非として互いに憎悪し、自分が嫌《きら》う法を修する者を見ると敵とみなして妨害を加えるに至る。◇五濁増　末法に入って五濁（18注参照）がますますひどくなること。

200　本願を謗り滅ぼす者は、生れながらの盲目で、仏法に縁なき者としてしりぞけた。それらの人は、はかり知れない長い時を経ても、地獄・畜生・餓鬼道の三塗の苦しみからのがれることはありえない。◇生盲闡提　「生盲」は生れながらの盲目。「闡提」は、仏になる因を全く持たない者。仏法を信じない者、は、この世に光明の存在することを知らないのでこう名づける。◇大地微塵劫　三千世界の大地を微塵にくだいて、その一塵を一劫と数え、それがなくなるまでの長い間。◇三塗　「塗」は道・境の意。

201　西方浄土に往生する道を過去世において既に多くの師が教え授けたけれども、自らは本願に背を向けて信じようとはせず、また人に向っては本願を謗って浄土往生を妨げた。それ故、久遠劫《くおんごふ》の昔から空しく生死の流転を繰り返してきたのであった。◇自障障他　自ら信心を妨げ、他人に対しても信心を妨げること。◇曠劫　久遠劫。

202 二五
弘《ぐ》誓《ぜい》のちからをかぶらずは
いづれのときにか娑《しや》婆《ば》をいでむ
仏恩ふかくおもひつつ
つねに弥陀を念ずべし

203 二六
娑《しや》婆《ば》永《やう》劫《こふ》の苦をすてて
浄土無《む》為《ゐ》を期《ご》すること
本《ほん》師《じ》釈迦のちからなり
長時に慈恩を報ずべし

已上善導[一]和尚

源《げん》[二]信《じん》大《だい》師《し》　付釈文　十首

＊202・203は、弥陀と釈尊の恩徳を讃える。

202　弥陀の本願力をこうむらなければ、いったいいつこの迷いの世界を離れることができようか。本願力によって往生することが定まった今、仏の恩徳に深く感謝して、常に弥陀を念じよう。

◇かぶらずは　恩恵をこうむらないならば。

203　この人間世界において永遠に繰り返す苦悩を離れて、浄土のさとりを期待することができるのは、本師釈迦如来の力である。常に釈尊の慈恩を報謝しよう。

一　文明本には「善導大師」とある。

＊善導について「正信偈」には「善導独り仏の正意を明せり。定散と逆悪とを矜《こう》哀《あい》して（深く憐み）、光明名号因縁を顕《あらは》す。本願の大智海に開入すれば、行者正《まさ》しく金剛心（他力の信心）を受けしめ、慶《きやう》喜《き》の一念相応して後、韋《ゐ》提《だい》と等しく三忍（喜忍、悟忍、信忍。忍は法を見定め、惑いのない心の状態）を獲《え》む、即ち法性の常楽（存在の本性にかなった絶対の楽しみの境地）を証せしむといへり」とある。

二　九四二～一〇一七。恵心僧《そう》都《ず》、横《よ》川《かわ》僧都とも。わが国浄土教の祖。大和《やまとの》国葛城《かつらぎ》郡当麻《たいま》郷の人。出家して叡山《えいざん》に登り良源に師事。後に横川の恵心院に隠棲《いんせい》し著作に専念、『往生要集』『一乗要決』などを著す。『源氏物語』の横川僧都のモデルとされる。

＊204・205は、源信の伝記によりその徳を讃える。

204
一 源《げん》信《じん》和《くわ》尚《しやう》のたまはく
われこれ故《こ》仏《ぶつ》とあらはして
化《け》縁《えん》すでにつきぬれば
本土にかへるとしめしけり

205
二 本《ほん》師《じ》源信ねむごろに
一代仏教のそのなかに
念仏一門ひらきてぞ
濁《ぢよく》世《せ》末代すすめける

206
三 霊《りやう》山《ぜん》聴《ちやう》衆《じゆ》とおはしける
源信僧《そう》都《づ》のをしへには
報《ほう》化《け》二《に》土《ど》をしへてぞ
専《せん》雑《ざふ》の得《とく》失《しつ》さだめたる

204 三井寺の慶祐《きようゆう》の夢に源信僧都が現れてこう言われた。われはもと浄土の仏、衆生済度のためにこの世に人の身をともなって現れたが、今や教化《きようけ》の縁もつきたので、本国の浄土に還るのだと告げられた。◇のたまはく　文明本では「ののたまはく」。◇われこれ……　源信僧都が、生前の法友であった慶祐の夢に現れて告げられたことば。この伝承は、『源信僧都行実』にも見える。「故仏」は、もとは仏の意。「あらはして」は、隠していたことを明らかにすること。文明本では「あらはれて」。「化縁」は人々を導く機縁。

205 源信僧都は懇切に、釈尊一代の教えの中から念仏の法門をとくに明らかにして、濁世末代の衆生に勧められた。◇一代仏教　釈尊一代の間に説かれたあらゆる教法。◇濁世末代すすめける　『往生要集』の序文に「夫《そ》れ往生極楽の教行は、濁世末代の目足なり」と述べている。文明本では「……をしへける」。

＊206〜209は、専修（称名の一行を専ら修める）と雑修（称名の正業と読誦・観察・礼拝・讃嘆供養の助業をあわせて修する）の得失を明らかにする。

206 釈尊在世の昔、インドの霊鷲山《りようじゆせん》の聴衆であられた源信僧都は、浄土に報土と化土の区別があることを教え、他力専修の人が報土に生れる得と雑修の者が化土に生れる失とをはっきり示された。◇報化二土　本願力によってもたらされた浄土（報土）と衆生の素質・能力に応じて現した浄土（化土）。

207 四

本《ほん》師《じ》源信和尚は
懐《ゑ》感《かん》法《ほふ》師《し》の釈《しやく》により
処《しよ》胎《たい》経《きやう》をひらきてぞ
懈《け》慢《まん》界《がい》をばあらはせる

208 五

専《せん》修《じゆ》のひとをほむるには
千《せん》無《む》一《いつ》失《しつ》とをしへたり
雑《ざふ》修《しゆ》のひとをきらふには
万《まん》不《ぶ》一《いつ》生《しやう》とのべたまふ

209 六

報《ほう》の浄《じやう》土《ど》の往《わう》生《じやう》は
おほからずとぞあらはせる
化《け》土《ど》にむまるる衆《しゆ》生《じやう》をば
すくなからずとをしへたり

207　源信僧都は、懐感が群疑論に引用している処胎経を見て、雑修の者が生れる懈慢界を明らかにし、これを化土とされた。◇懐感法師の釈　「懐感」は唐代の僧で善導に随《したが》って浄土教に帰す。「釈」は、その著『釈浄土群疑論』七巻を指す。文明本には「懐感禅師」とある。◇処胎経　正しくは『菩薩従兜術天降神母《とじゆつてんこうじんも》胎《たい》説広普経』七巻。後秦の竺仏念《じくぶつねん》訳。釈尊一代の説法によせて種々の教えを説いたもの。◇懈慢界　65注参照。

208　源信僧都は、他力専修の人をほめるにあたって、弥陀の本願に往生をおまかせするそれらの人々は、千人中に一人の例外もなく浄土に生れると教えられた。また、雑修の人をきらって、それら自力をまじえる人々は、万人の中に一人も浄土に生れることがないと述べられた。◇千無一失　千に一失なし。◇万不一生　万に一生せず。

209　他力専修の人は少ないために、真実の浄土に往生する者はまれであり、自力雑修の人が多いために、化土に生れる人は少なくない、と教えられた。◇報の浄土　弥陀が誓願を完成することによってもたらされた浄土。『唯信鈔文意』に「さまざまの大小の戒品《かいほん》をたもてるいみじき人々も、他力真実の信心をえてのちに真実の報土には往生をとぐるなり。自らおのおのの戒善、おのおのの自力の信、自力の善にては、真実の報の浄土には生れずと知るべし」とある。

＊210〜213は、専修念仏を勧めることばを讃《たた》える。

210　弥陀の名号を称《とな》えることにおいては、男女・貴賤といった世俗の差別は全くなく、行・住・坐・臥の、人間の行為をあれこれ区別する必要もない。そしてまた、時と場所と境遇とによってさしさわりが生じることもない。

◇行住坐臥　歩くこと、とどまっていること、坐っていること、横に臥《ふ》していること。◇時処諸縁　時と処と、学識・技能・経験・境遇・職業などといった生活を支える外的条件。

211　念仏を称える時、すべての人はまさしく弥陀の本願力と出会うはずなのに、煩悩に妨げられて、われわれを摂《おさ》め取らないではおかない仏のはたらきをこばみ、光明の前に眼をとじて光を見ようとしない。しかし、仏の大悲はそのような凡夫を見捨てることなく、常にわが身を照らし、はたらきかけをやめないのである。

◇摂取の光明　『唯信鈔文意』に「摂取の光と申すは、無碍光仏の御こころのうちに摂め取り給ふ」とあり、『一念多念文意』には「光明は智慧なり。智慧は光のかたちなり。智慧またかたちなければ不可思議光仏と申すなり」とある。

212　弥陀の浄土を願う人は、外にあらわれた姿はそれぞれにちがっていても、ただ本願の名号のいわれをことばのままに受けとめ、寝ても覚めても忘れてはならない。

210
七
男《なん》女《によ》貴《き》賤《せん》ことごとく
弥《み》陀《だ》の名《みやう》号《がう》称するに
行《ぎやう》住《ぢゆう》坐《ざ》臥《ぐわ》をえらばれず
時《じ》処《しよ》諸《しよ》縁《えん》もさはりなし

211
八
煩《ぼん》悩《なう》にまなこさへられて
摂《せふ》取《しゆ》の光《くわう》明《みやう》みざれども
大悲ものうきことなくて
つねにわが身をてらすなり

212
九
弥陀の報土をねがふひと
外《げ》儀《ぎ》のすがたはことなりと
本願名号信《しん》受《じゆ》して
寤《ご》寐《び》にわするることなかれ

213
一〇
極《ごく》悪《あく》深《じん》重《ぢゆう》の衆生は
他の方《はう》便《べん》さらになし
ひとへに弥陀を称してぞ
浄土にむまるとのべたまふ

已上源信和尚 一

源《げん》空《く》聖《しやう》人《にん》 二 付釈文 二十首

214
一
本《ほん》師《じ》源《げん》空《く》世にいでて
弘《ぐ》願《ぐわん》の一《いち》乗《じよう》ひろめつつ
日本一《いつ》州《しう》ことごとく
浄《じやう》土《ど》の機《き》縁《えん》あらはれぬ

213 極重の悪人であるわれわれは、他の諸々の善根功徳やその他の仏菩薩の力で救われるということは全くありえない。ひたすら弥陀の名号を称《とな》えてはじめて浄土に往生できるのだ、と述べられた。

◇他の方便 左注に「余の善、余の仏菩薩の方便にては、生死出でがたしとなり」とある。

一 文明本には「源信大師」とある。

＊「正信偈」では源信について「源信広く一代の教《けう》を開きて、ひとへに安養（浄土）に帰して一切を勧む。専《せん》雑《ざふ》の執心、浅《せん》深《じん》を判じて、報《ほう》化《け》二《に》土《ど》正《まさ》しく弁《べん》立《りふ》せり。極重の悪人はただ仏を称すべし、我もまたかの摂取の中にあれども、煩悩眼《まなこ》を障《さ》へて見たてまつらずと雖《いへど》も、大悲倦《もの》う きことなくして常に我を照らし給ふといへり」と述べている。

二 一一三三～一二一二。浄土宗の開祖。法然房と号す。黒谷聖人とも呼ばれた。美作国《みまさかのくに》に生れ、十五歳の時叡《えい》山《ざん》に登り、源光・皇円・叡空らに師事し、後に京都・奈良で諸宗の教義を究めた。承安五年（一一七五）『観経疏』を読んで専修念仏に帰し、浄土教を弘めた。建永二年（一二〇七）に専修念仏を停止され土佐に配流された。後に東山大谷に帰り、八十歳で没。『選択本願念仏集』などの著作がある。

＊ 214～217は、浄土宗開宗の徳を讃える。

214 本師源空聖人がこの世に出現して、本願念仏の一乗の法を弘められたので、日本全国津々浦々に、浄土教が興る機縁が熟すようになった。

◇本師　主として教えを授けてくれた師。◇弘願の一乗　「弘願」は本願の念仏のこと。「乗」は乗物。本願の念仏はすべての衆生をもれなく摂め取るので「一乗」という。◇機縁　時機因縁の略。きっかけ。

215　弥陀の智慧のはたらきを体現して源空聖人はこの世に現れ、真の浄土の教えを明らかにして、選択本願の念仏を弘められた。

◇智慧光のちから　弥陀の智慧のはたらきを現した仏を勢至菩薩と呼んだので、智慧第一といわれた法然聖人を親鸞は勢至菩薩の化身とあがめた。◇浄土真宗　浄土に生れる真実の教え。『唯信鈔文意』に「真実信心をうれば実報土に生ると教へ給へるを浄土真宗とすと知るべし」とある。◇選択本願　阿弥陀仏の四十八願のうち、最もすぐれたものとして選び取った第十八願(念仏往生の願)をいう。

216　いかに善導大師や源信僧都が浄土の教えを勧められても、源空聖人が出て専修念仏の法を弘めなかったならば、島国である小国日本の、しかも濁世に生をうけた我々は、どうして浄土の真の教えを知ることができたろうか。

◇片州　島々より成り立っている国。

217　久遠《くおん》の昔から今まで、幾度となく生死を繰り返す間にも、迷いの世界を離れるための強い縁である弥陀の本願を知ることがなかった。いまもし源空聖人がおられなかったならば、このたびの一生もむなしく過ぎたであろう。

215
二
智《ち》慧《ゑ》光《くわう》のちからより
本師源空あらはれて
浄土《じやうど》真宗《しんしゆ》をひらきつつ
選択《せんぢやく》本願《ほんぐわん》のべたまふ

216
三
善導《ぜんだう》源信《げんしん》すすむとも
本師源空ひろめずば
片州《へんしう》濁世《ぢよくせ》のともがらは
いかでか真宗をさとらまし

217
四
曠劫《くわうごふ》多生《たしやう》のあひだにも
出離《しゆつり》の強縁《がうえん》しらざりき
本師源空いまさずば
このたびむなしくすぎなまし

218 五
源《げん》空《く》三《さん》五《ご》のよはひにて
無常のことわりさとりつつ
厭《えん》離《り》の素《そ》懐《くわい》をあらはして
菩《ぼ》提《だい》のみちにぞいらしめし

219 六
源空智《ち》行《ぎやう》の至《し》徳《とく》には
聖《しやう》道《だう》諸《しよ》宗《しゆ》の師《し》主《しゆ》も
みなもろともに帰《き》せしめて
一《いつ》心《しん》金《こん》剛《がう》戒《かい》師《し》とす

220 七
源空在世のそのときに
金《こん》色《じき》の光明はなたしむ
兼《けん》実《じつ》博《はく》陸《りく》まのあたり
拝見せしめたまひけり

＊218～223は、源空の伝記によりその徳を讃える。

218　源空聖人は十五歳で無常の道理をさとり、苦悩に満ちたこの世を厭《いと》い離れたいというかねがねの思いを表明して、出家の道に入られた。◇源空三五のよはひ　源空は九歳のとき、敵の襲撃をうけて父母を失い、その後寺にかくまわれて内外の経典を学ぶようになった。十三歳で叡山に登り源光の室に入り、ついで皇円を師として仏道を学び、十五歳で受戒し、出家の志を遂げた。◇菩提のみち　仏道。

219　源空聖人の智慧や修行のすぐれた徳に、かつて聖人を教えた聖道門諸宗の師たちも、後には皆こぞって帰依され、一心金剛戒の戒師と仰がれた。◇聖道諸宗の師主　左注に「聖人の聖道の御師」とある。源空聖人九歳の時の師観覚得業（美作《みまさか》の人）や叡山における叡空などが、後に聖人に帰依して念仏門に入った。◇一心金剛戒師　一心金剛戒の師匠。「一心金剛戒」は、大乗戒・円頓戒・菩薩戒とも呼び、煩瑣《はんさ》な戒律を立てずに、衆生の根底にある自由にして本来的な心（一心）をたもつための戒。金剛のように堅く、その徳が失われないことを喩《たと》えて「金剛戒」という。

220　源空聖人がこの世にあられた時、そのお姿から金色の光明を放たれたことを、入道関白兼実《かねざね》はまのあたりに拝見なさった。◇源空在世のそのとき　聖覚の『十六門記』には、源空七十三歳の元久二年四月一日のこととして伝える。文明本には「源空存在せしときに」とある。◇兼実博陸」関白九条兼実。「博陸」は関白の唐名。文明本には「禅定《ぜんぢやう》博陸」とある。

221　世間の人々はいろいろに伝えて、源空聖人のご本地を道綽和尚だと評判申し上げたり、あるいは善導大師の再来でいらっしゃると定めたりした。
◇本地　衆生済度のために仮にあらわれた垂迹身《すいじやくしん》に対し、その本体をいう。◇世俗のひとびとあひつたへ　『拾遺古徳伝絵』巻六に「およそ聖人在世の間、諸人霊夢これ多し。……或人は聖人道綽禅師とみる。或人は善導大師なりとみる」とある。

222　源空はまた人々の夢に勢至菩薩の姿を示し、あるいは弥陀のお姿をもって現れ給うた。天子・大臣・公卿から、あまねく都鄙《とひ》の庶民までこぞって聖人の徳を仰ぎ奉った。
◇源空勢至と示現し……　『拾遺古徳伝絵』巻六に「およそ聖人在世の間、諸人霊夢これ多し。……或人は聖人弥陀如来とみる。或人は聖人大勢至菩薩なりとみる」と伝える。◇京夷　都と田舎。

223　承久の太上法皇は、特に源空聖人を帰依尊敬なさった。僧侶《そうりよ》も在家の学者たちも、ともに同じく聖人の説く他力真実の教えを正しく理解した。
◇承久の太上法王　後高倉院のこと。安徳天皇の弟守貞親王は、出家して行助といったが、承久の乱後に後堀河天皇が践祚《せんそ》すると、天皇の父として太上法皇と称した。◇釈門儒林　僧侶と在家の学者たち。◇さとりけり　文明本では「悟入せり」。

221
八　本師源空の本地《ほんぢ》をば
世俗のひとびとあひつたへ
綽和尚《しやくくわしやう》と称せしめ
あるいは善導《ぜんだう》としめしけり

222
九　源空勢至《せいし》と示現《じげん》し
あるいは弥陀《みだ》と顕現《けんげん》す
上皇群臣《じやうくわうぐんしん》尊敬《そんきやう》し
京夷《きやうい》庶民欽仰《きんがう》す

223
一〇　承久《しようきう》の太上法王《だいじやうほふわう》は
本師源空を帰敬《ききやう》しき
釈門儒林《しやくもんじゆりん》みなともに
ひとしく真宗をさとりけり

224
二
諸仏方便《はうべん》ときいたり
源空ひじりとしめしつつ
無上の信心をしへてぞ
涅槃《ねはん》のかどをばひらきける

225
三
真の知識にあふことは
かたきがなかになほかたし
流転輪廻《るてんりんゑ》のきはなきは
疑情《ぎじやう》のさはりにしくぞなき

226
三
源空光明はなたしめ
門徒につねにみせしめき
賢哲愚夫《けんてつぐふ》もえらばれず
豪貴鄙賤《がうきひせん》もへだてなし

＊224・225は『選択本願念仏集』によって源空聖人の教えの要旨である信疑の得失を明かす。

224　阿弥陀如来が方便して衆生済度される時期が到来し、源空聖人の姿をかりて示現し給い、他力信心のいわれを衆生に教えて、涅槃のさとりに入る道を示された。

◇諸仏　阿弥陀仏のこと。弥陀はあらゆる仏の智慧を集められた仏なので「諸仏」と名づける。◇無上の信心　如来よりさし向けられた他力廻向《えこう》の信心。◇涅槃　『一念多念文意』に「涅槃すなはち法性なり。法性すなはち如来なり。（中略）この如来は光明なり。光明は智慧なり」とある。

225　弥陀の本願を正しく教える指導者とめぐりあえることは、この上なくむずかしい。それなのに、今さいわいに真の指導者にめぐまれた。衆生が果てしなく生死の迷界に流転し、生死をのがれられない最大の障害は、真の指導者が得られず、本願を疑う心を持ち続けることである。

◇知識　善知識。教え導いてくれる師。◇きはなき　際限がない。

＊226〜233は、再び史伝によって源空聖人の晩年および臨終の瑞相を讃える。

226　源空聖人は身より光明をお放ちになり、門弟にたびたびお見せになられた。賢人と愚者、貴人と身分いやしい者とをわけへだてすることなく、光明は放たれ、すべての人がその光をこうむった。

◇源空光明　たとえば『法然上人行状絵図』第七には、建久九年（一一九八）正月七日の別時《べつじ》念仏の間、源空は種々の瑞相を示し、その中に「或時は左の眼より光をいだす」とあり、また、第八には「上人三昧発得の後は、暗夜に燈燭なしといへども、眼より光を放ちて、聖教をひらき、室の内外を見給ふ」などとある。

227　臨終のときが近づいて、源空聖人は門弟に告げてこう言われた。浄土に往生するのは今度で三回目になろうとしているが、このたびは教化をはたしたので殊に心おきなく往生を遂げることができると。

◇往生みたび　『源空聖人私日記』などの伝記によると、聖人は前生ではインドの声聞僧・中国の善導として生を遂げ、いま源空として往生することをいう。

228　源空聖人自ら仰せられるには、霊鷲山《りようじゆせん》での釈尊説法の座にたちまじっていた頃、小乗の比丘《びく》とともに修行し、乞食《こつじき》の行を修して衆生を教え導いた。

◇源空みづからのたまはく　このことは『源空聖人私日記』に伝えられている。◇声聞僧　仏の教えを聞いて修行する僧。◇頭陀　梵語《ぼんご》の音写。乞食行・節食行などをして煩悩を払いのける修行。

229　聖人は小国日本に生れて専修念仏の浄土宗を開宗して教えを弘められた。衆生を教化済度するために、浄土からこの世にたびたび還って来られたのである。

◇粟散片州　粟《あわ》を散らしたような島々からなる国。日本のこと。

227
一四 命《みやう》終《じゆ》その期《ご》ちかづきて
本師源空のたまはく
往《わう》生《じやう》みたびになりぬるに
このたびことにとげやすし

228
一五 源空みづからのたまはく
霊《りやう》山《ぜん》会《ゑ》上《じやう》にありしとき
声《しやう》聞《もん》僧《ぞう》にまじはりて
頭《づ》陀《だ》を行じて化《け》度《ど》せしむ

229
一六 粟《ぞく》散《さん》片《へん》州《しう》に誕生して
念《ねん》仏《ぶつ》宗《しゆ》をひろめしむ
衆《しゆ》生《じやう》化《け》度《ど》のためにとて
この土《ど》にたびたびきたらしむ

230　阿弥陀如来が人の姿をかりてこの世に示現されたことが、源空聖人の一生のいわれである。この世での教化の縁が尽きたので浄土に還られた。◇化縁　人々を教え導く機縁。

231　源空聖人の臨終には、その坊舎の上を紫の雲が覆うように光明が照り満ち、来迎《らいごう》の楽の音はあわれにさえわたり、妙なる珍しい香気があたり一面にたちこめた。◇光明紫雲　左注に「光、紫の雲の如くなり」とある。◇哀婉雅亮にて　左注に「あはれにすめる声にて」とある。◇暎芳す　かんばしい香りを放つこと。

232　聖人の臨終の場には、かねてから僧俗男女が参上し、公卿殿上人《くぎょうてんじょうびと》もむらがり集まっていた。聖人は頭を北に顔を西に向けて右脇を下に横たわり、釈尊入滅の儀式を守って命終を迎えられた。◇予参　前もって参上する。◇卿上　公卿。「公」は摂政・関白・太政大臣・左右大臣。「卿」は、大納言《だいなごん》・中納言・参議および三位《さんみ》以上の者。◇雲客　殿上人。昇殿を許された人。四位・五位以上の人および六位の蔵人《くろうど》をいう。

233　源空聖人命終の時は建暦二年みずのえさるの年正月二十五日で、この日に浄土に還り給うた。◇建暦第二　一二一二年にあたる。◇初春　正月。

＊「正信偈」には源空について「本師源空は仏の教へに明らかにして、善悪の凡夫人《ぼんぶにん》を憐愍《れんみん》せしむ。真宗の教証片州に興し、選択本願悪世に弘む。生死

230
一七
阿弥陀如来化《あみだにょらいけ》してこそ
本師源空としめしけり
化縁《けえん》すでにつきぬれば
浄土にかへりたまひにき

231
一八
本師《ほんじ》源空のをはりには
光明紫雲《しうん》のごとくなり
音楽哀婉雅亮《あいえんがりやう》にて
異香《いきやう》みぎりに暎芳《えいはう》す

232
一九
道俗男女《なんによ》予参《よさん》し
卿上雲客群集《けいじやううんかくぐんしふ》す
頭北面西右脇《づほくめんさいうけふ》にて
如来涅槃《ねはん》の儀をまもる

233 二〇 本師源空命終時《みやうじゆじ》
建暦《けんりやく》第二壬申《じんしん》歳《さい》
初春下旬第五日
浄土に還帰《げんき》せしめけり

已上源空聖人

一 已上高僧和讃一百十七首

二 弥陀和讃高僧和讃都合二百二十五首

三 宝治第二戊申歳初月下旬第一日
釈親鸞七十六歳書之畢

四 見写人者必可唱南無阿弥陀仏

輪転の家に還《かへ》り来たることは、決するに疑情を以て所止《しよし》とす。速《すみや》かに寂静無為の楽《みやこ》に入ることは、必ず信心を以て能入とすといへり」とある。

一 文明本では「已上七高僧……」とある。

二 「弥陀和讃」の称呼は「浄土和讃」の別称と考えられ、「都合二百二十五首」とある数には「大勢至菩薩和讃」八首（109〜116）が加えられていない。なお、この部分以下は文明本にはない。

三 宝治二年（一二四八）一月二十一日。

四 「見写の人は必ず南無阿弥陀仏を唱《とな》ふべし」。

＊ 文明本では「已上七高僧……」のあとに、次のような、和讃二首と七高僧の名が示されている。

五濁悪世の衆生の
選択本願信ずれば
不可称不可説不可思議の
功徳は行者の身にみてり

聖徳太子 敏達天皇元年正月一日誕生
当《あたレリ》二仏滅後一千五百二十一年一也

南無阿弥陀仏をとけるには
衆善海水のごとくなり
かの清浄の善身にえたり
ひとしく衆生に廻向せん

天竺 竜樹菩薩 天親菩薩
震旦 曇鸞和尚 道綽禅師 善導禅師
和朝 源信和尚 源空聖人 已上七人

一 正《しやう》像《ざう》末《まつ》法《ぽふ》和《わ》讃《さん》

二 般舟三昧行道往生讃《はんじゆさんまいぎやうだうわうじやうさんニ》曰《いはク》

敬《うやまフテ》白《まうサク》二一切《いつさい》往生《ノ》知識等《ニ》一大《おほきニ》須《すべからク》《べし》二慚愧《ざんぎス》一釈迦如来《ハ》実《げニ》

是《レ》慈悲《ノ》父母《ぶもナリ》 種種《ノ》方便《ヲシテ》 発二起《セシメタマフ》 我等無上《ノ》信心《ヲ》一

三 康元《かうげん》二歳丁巳《ひのとみ》二月九日《ここのかノ》夜《よ》

寅時夢《とらノときゆめニ》告《つげテ》云《いはク》

234

弥《み》陀《だ》の本願《ほんぐわん》信ずべし

本願信ずる人はみな

摂《せふ》取《しゆ》不《ふ》捨《しや》の利《り》益《やく》にて

無《む》上《じやう》覚《がく》をばさとるなり

一 「浄土和讃」「高僧和讃」におくれること十年、親鸞八十五歳のころから「正像末法和讃」はその作成がすすめられ翌年に成立をみた。八十四歳の康元元年（一二五六）夏に息男善鸞を義絶し、鎌倉における念仏についての訴訟事件をめぐって動揺する東国の門弟に精力的に他力信心のあり方を訴え続けた親鸞は、末法濁世の現実を生きることの悲歎を味わったが、それにもかかわらずどのような者をも見捨てない弥陀の本願への讃仰の念をますます深くした。

二 善導の著作。一巻。正しくは『依観経等明般舟三昧行道往生讃』といい、略して『般舟讃』とよぶ。以下の二行は『般舟讃』巻頭の引用。「一切往生知識等」は、往生浄土を願うすべての人々の意。この場合の「知識」は、縁のある人々を意味する。「無上信心」は他力廻向の信心のこと。文明本にはこの引文はない。

三 一二五七年。親鸞八十五歳。三月に正嘉と改元。

＊234の夢告《むこく》和讃は、草稿本である国宝本では、正嘉元年閏《うるう》三月一日に「この和讃を夢に仰せを蒙《かうむ》りてうれしさに書きつけ参らせたるなり」と付記し、一連の和讃（三十五首）の次に書き加えられている。濁世の人々は大悲の本願をたのみ、他力廻向の信心に帰すべきことを明らかにする。

234 弥陀の本願を信ぜよ。本願を信ずる人はすべて、摂取不捨の御誓いに摂《おさ》め取っておまもり下さることによって究極のさとりを得るのである。

◇無上覚　仏のさとり。梵語「菩提」の新訳。

正《しやう》像《ざう》末《まつ》法《ぼふ》和《わ》讃《さん》四

235
一
釈《しやく》尊《そん》かくれましまして
二千余年になりたまふ
正《しやう》像《ざう》の二時はをはりにき
如《によ》来《らい》の遺《ゆい》弟《てい》悲《ひ》泣《きふ》せよ

236
二
末《まつ》法《ぼふ》五《ご》濁《ぢよく》の有《う》情《じやう》の
行《ぎやう》証《しよう》かなはぬときなれば
釈《しや》迦《か》の遺《ゆい》法《ほふ》ことごとく
竜《りゆう》宮《ぐ》にいりたまひにき

四 文明本は「正像末浄土和讃　愚禿善信集《あつむ》」とする。
＊ 235～250の十六首は、末法における釈尊の遺教の衰滅と五濁が増大する時代相を示して悲歎する。

235　釈尊がおかくれになってからすでに、二千余年が過ぎ去り、正法・像法の時代はすでに終ってしまった。釈尊の亡きあとに生れてきた弟子たちは、この末法の時代を歎き悲しむべきである。
◇釈尊　文明本には「釈迦如来」とある。◇正像の二時　釈尊の滅後千年（五百年説もある）を正法といい、教説（教）とその実践（行）と、その成果（証）とが正しくそなわり、釈尊の教えが完全に行われる時代。その次の千年（五百年説もある）を像法といい、教と行は成り立つが、証を得る者がない時代。

236　末法五濁の世は、人間が教法にもとづく修行や、修行によってさとりを得ることが不可能な時代なので、釈尊が遺された教法はすべてみなこの世から失《う》せて、竜王の宮にかくれてしまわれた。
◇五濁　劫《こう》濁（時代の濁り）、見《けん》濁（思想の乱れ）、煩悩濁（悪徳の栄え）、衆生濁（人の資質の低下）、命《みょう》濁（生命力の衰え）をいう。◇有情　すべての生きものをいうが、ここは人間のことをいう。「浄土」「高僧」の二和讃には旧訳の「衆生」の語が用いられ、「有情」は全く用いられないが、「正像末法和讃」では、主に新訳の「有情」が用いられる。◇遺法　釈尊の説きのこされた教法。◇竜宮にいりたまひにき　『末法燈明記』に、末法がきわまって「教法竜宮に蔵《をさま》る」とある。

237　正・像・末の三時にわたって弥陀の本願は世にひろく受け容れられた。像法の末期から末法の今の世にかけては、人が見捨てた諸善万行を説く教法は、竜王が海に持ち去ってしまい、なきにひとしい状態である。

◇像季　像法の末期。◇諸善　釈尊の教法をいう。◇竜宮にいりたまふ　親鸞は直接には触れていないが『摩訶摩耶経《まかまやきよう》』（『大正大蔵経』十二巻所収）下に、仏滅後千百年に至り、竜王が一切の経蔵を持ち去って海に入るということが述べられている。

238　大集経に述べられている説によると、今の時代は第五の五百年に当り、闘争をこととする時代であるから、正しい教法は隠れすたれてしまわれた。

◇大集経に……　「大集経」はここでは『大方等大集経』中の「大集月蔵経」を指す。親鸞は、道綽撰述の『安楽集』に引用してある『月蔵経』の言葉によって和讃したと思われる。『安楽集』には「第五の五百年には、白法隠滞して多く諍訟《じやうじゆ》あらむ」とある。◇闘諍堅固　互いに自己主張をして譲らず、相手を憎み謗《そし》り争うことが甚だしいこと。◇白法　善法。黒法の対。

239　数万年という長い寿命をもった人間も、年とともに果報が衰え、寿命が二万歳となると五濁悪世と名づけられた。

◇数万歳の有情　『瑜伽論《ゆが》』などに、発生時の人間の寿命は非常に長く数万歳であったと説かれている。◇果報　過去の所行が因となって報いた結果。◇二万

237
三
正《しやう》像《ざう》末《まつ》の三時には
弥陀の本願ひろまれり
像《ざう》季《き》末《まつ》法《ぽふ》のこの世には
諸善竜宮《りゆうぐ》にいりたまふ

238
四
大《たい》集《しふ》経《きやう》に説きたまふ
この世は第五の五百年
闘《とう》諍《じやう》堅《けん》固《ご》なるゆゑに
白《びやく》法《ほふ》隠《おん》滞《たい》したまへり

239
五
数《しゆ》万《まん》歳《ざい》の有《う》情《じやう》も
果《くわ》報《ほう》やうやくおとろへて
二万歳《ざい》にいたりては
五《ご》濁《ぢよく》悪《あく》世《せ》の名をえたり

歳に至り『悲華経』に見える説。◇五濁悪世　悪世における五種のけがれ。236注参照。

240　時代が下って時の濁りが増してくると、人の体も次第に小柄となり、五濁のうちの衆生濁もつもって、人の心はますます邪悪となり、悪竜毒蛇のようになってしまった。◇劫濁　時代的な社会環境の汚染。◇悪竜毒蛇　心の恐ろしさの喩《たと》え。善導の『法事讃』に見える語。文明本では「毒蛇悪竜」とある。

241　無明煩悩がたえまなく心をおかすさま（煩悩濁）は、塵《ちり》がいたるところあまねく満ちみちているようなものである。自分の心に順《かな》う時は、愛執の思いをいだき、心に違《たが》う時は、いかり憎悪するという心のはげしい起伏は、高い峰や山岳にも喩えられる。◇塵数　塵のように数の多いさま。◇愛憎違順　心に順うものは貪《むさぼ》り愛し、心に違うものは憎み瞋《いか》ること。

242　末法五濁の世に入ると人の思想が乱れ（見濁）邪見が世に勢いを得て、草むらや林のようにはびこり、その恐ろしさは茨《いばら》やからたちの刺《とげ》のようである。この邪見によって、念仏の信者を疑い謗り、激しく怒って信心を攻撃し破ろうとする。◇熾盛　火が燃えさかるように盛んなさま。◇瞋毒　いかりうらむことを毒に喩えていう。

240　六

劫《こふ》濁《ぢよく》のときうつるには
有情ややうやく身《しん》小《せう》なり
五《ご》濁《ぢよく》悪《あく》邪《じや》まさるゆゑ
悪《あく》竜《りゆう》毒《どく》蛇《じや》のごとくなり

241　七

無《む》明《みやう》煩《ぼん》悩《なう》しげくして
塵《ぢん》数《じゆ》のごとく偏《へん》満《まん》す
愛《あい》憎《ぞう》違《ゐ》順《じゆん》することは
高《かう》峯《ぶ》岳《がく》山《さん》にことならず

242　八

有情の邪見熾《し》盛《じやう》にて
叢《そう》林《りん》棘《こく》刺《し》のごとくなり
念仏の信者を疑《ぎ》謗《はう》して
破《は》壊《ゑ》瞋《しん》毒《どく》さかりなり

243 九 命濁《みやうぢよく》中夭《ちゆうえう》刹那《せつな》にて
依正《えしやう》二報《にほう》滅亡《めつまう》す
背正帰邪《はいしやうきじや》をこのむゆゑ
横《わう》にあだをぞおこしける

244 一〇 末法第五の五百年
この世の一切有情《いつさいうじやう》の
如来の悲願を信ぜねば
出離《しゆつり》その期《ご》もなかるべし

245 一一 九十五種世《よ》をけがす
唯仏《ゆいぶつ》一道きよくます
菩提《ぼだい》に出到《しゆつたう》してのみぞ
火宅《くわたく》の利益《りやく》は自然《じねん》なる

243 末法の世になると人の寿命が短くもろくなり、不慮の出来事により早死し、人の命もその境界も共に滅び失われてしまう。正しいことには背を向け、邪《よこしま》なことを好んでそれに従うから、不当にもわが身に害を招くようになる。
◇命濁　人の寿命が短くなること。◇中夭　寿命を全うしないで早死すること。◇依正二報　依報（環境世界）と正報（われわれの身心）。◇背正帰邪をこのむゆゑ　「背正帰邪」は、仏法の正理に背き、外道の邪法に帰すること。「をこのむゆゑ」は文明本では「まさるゆゑ」とある。◇横に　不当に。

244 今は、末法第五の五百年にあたっている。この世のすべての人間は、如来の悲願を仰ぎ、仏の願力に帰するほかに、生死輪廻《しようじりんね》の迷界を離れるあてはないであろう。
◇末法第五の五百年　第五次の五百年は、正像末三時の末法時に当る。◇信ぜねば　文明本「信ぜずば」。◇出離　生死を繰り返す迷いの世界を離れ出ること。

245 末法の世に入ると、九十五種もの外道《げどう》がはびこって世人をまどわし人心をけがすに至る。ただ阿弥陀仏の本願の一道だけが清浄にましまます。浄土に往生し、仏のさとりを得てのちにこの世に還来して衆生を教化することは、如来のはたらきゆえに自然である。
◇九十五種　仏教以外の諸宗教や思想的立場の違いの多様さを概数をあげて示す。◇唯仏一道　阿弥陀仏の

246
一二
五《ご》濁《ぢよく》の時機いたりては
道俗ともにあらそひて
念仏信ずる人をみて
疑《ぎ》謗《はう》破滅さかりなり

247
一三
菩提をうまじき人はみな
専《せん》修《じゆ》念仏にあだをなす
頓《とん》教《げう》毀《き》滅《めつ》のしるしには
生《しやう》死《じ》の大《だい》海《かい》きはもなし

248
一四
正《しやう》法《ほふ》の時機とおもへども
底《てい》下《げ》の凡《ぼん》愚《ぐ》となれる身は
清《しやう》浄《じやう》真実のこころなし
発《ほつ》菩《ぼ》提《だい》心《しん》いかがせむ

本願の一道。◇菩提に出到　生死の迷界を出て、仏のさとりの世界に至ること。◇火宅　『法華経』譬《ひ》喩《ゆ》品《ほん》の「三界は安きことなし、猶し火宅の如し」にもとづくことば。五官の欲望に迫られ苦悩にみちたこの世。

246　五濁末法の時機となってしまうと、出家も在家もたがいに己れを是とし、他を非として憎み争う。念仏を信ずる人を見ると、念仏を疑い謗《そし》り、権力を用いてでも禁圧し消滅させてしまおうとする動きが盛んにおこってくる。

◇時機　時代の様相と人間の能力。

247　如来からさし向けられた真実信心を受けとることができない人々は、すべて専修念仏に敵対し害を加えようとする。頓教一乗の法である念仏を非難し滅ぼした報いによって、彼らは生死の大海に溺れ沈み、果てしなく迷界を輪廻しなくてはならない。

◇菩提をうまじき人　生盲闡提《しようもうせんだい》（200注参照）をいう。◇頓教　段階を経て長い間修行することによってさとりを得る漸教《ぜんぎよう》に対し、段階をふまずただちに仏のさとりにいたる教法をいう。ここは専修念仏の法を指す。

248　たとえ正法の時機と思って修行するにせよ、いたっていやしい愚かな凡夫と生れついたこの身には、清浄の心や真実の心が一片も具《そな》わっていない。それでどうして菩提心をおこすことができようか。

◇底下の凡愚　煩悩罪悪の底に沈んだ最低レベルの愚かな凡夫。『一念多念文意』に「凡夫《ぼんぶ》はすなはちわれらなり」とある。

249
自力でさとりを得ようとする聖道の教えが説く菩提心は、深遠幽邃《ゆうすい》で心に思いはかることも、ことばで表すこともまったくできない。常没流転の愚かな凡夫であるわれらは、どうしてそのような菩提心をおこすことができようか。
◇常没流転　左注に「常に生死大海に沈むとなり。二十五有にまどひあるくを流転とはいふなり」とある。『一念多念文意』では「凡夫といふは、無明煩悩われらが身に満ちみちて、欲も多く、怒り、腹立ち、そねみ、妬《ねた》むこころ多く、ひまなくして、臨終の一念にいたるまでとどまらず、消えず、絶えず」と述べている。

250
われらは過去世において、無数の諸仏が出現されるたびごとに仏のいらっしゃる座に参じ、その教えにしたがって大菩提心をおこしたと涅槃経には説かれているが、現実には自力の修行をなし遂げることができずに、今もって流転を繰り返している。
◇三恒河沙　数の多いことをガンジス河の砂に喩《たと》え、その三倍にした数。◇大菩提心　国宝本の左注に「よろづの衆生を仏になさむと思ふこころなり」とある。

＊251〜264は、末法の世になると弥陀の悲願のみが興隆するようになる根本理由を讃える。

251
像法・末法の五濁の世となって、釈迦が説きおかれた聖道の諸教はかくれすたれ給うた。ただ弥陀大悲の本願のみが弘まって、念仏往生の法がひろく人々に受け容れられ、いよいよ盛んになる。
◇遺教かくれしむ　「釈迦のみ法《のり》の遺《のこ》り給ひたる、乱

249
二五
自《じ》力《りき》聖《しやう》道《だう》の菩《ぼ》提《だい》心《しん》
こころもことばもおよばれず
常《じやう》没《もつ》流《る》転《てん》の凡《ぼん》愚《ぐ》は
いかでか発《ほつ》起《き》せしむべき

250
二六
三《さん》恒《ごう》河《が》沙《じや》の諸仏の
出世のみもとにありしとき
大菩提心おこせども
自力かなはで流転せり

251
二七
像《ざう》末《まつ》五《ご》濁《ぢよく》の世となりて
釈迦の遺《ゆい》教《けう》かくれしむ
弥陀の悲願はひろまりて
念《ねん》仏《ぶつ》往《わう》生《じやう》さかりなり

り失せ、入り給ひにたりと知るべし」(国宝本左注)。

252　阿弥陀仏は、修行中に十方諸仏の国土をつぶさにみそなわし、五劫という長い時間をかけて考えぬかれた上で、善妙なものを選択し摂取し、この上なくすぐれた誓願を立てられた。そのなかで、光明無量・寿命無量の願をもって大悲の根本とし給うた。◇光明・寿命の誓願　阿弥陀仏の仏身仏土の徳をあらわす願。光明無量の願は、その身の光明は果てしなく、一切の国土を照らすと誓われた願(第十二願)。寿命無量の願は、寿命に限りがなく無量であることを誓われた願(第十三願)。

253　浄土他力の大菩提心は、浄土に生れて仏になろうと願う心を勧め給う。弥陀の悲願を深く心に銘じて仏になろうと願う心は、そのまま一切衆生を仏にしたいと願う利他心のあらわれなので、すなわち願作仏心を度衆生心というのである。◇願作仏心　仏になろうと思う心。◇度衆生心　衆生を済度したいと思う心。

254　一切衆生の成仏を願う度衆生心というのは、弥陀の悲願のはたらきそのものである。そうした弥陀願力の智慧によって与えられた信心を正しく受けとめえた人は、必ず仏果をさとるのである。◇智願　智慧光仏の本願。『唯信鈔文意』に「光明は智慧なりと知るべし」とある。◇廻向の信楽　弥陀の本願力によって衆生にめぐらし与えられた信心。◇大般涅槃　大いなる仏のさとりの境地。

252
一八
超《てう》世《せ》無《む》上《じやう》に摂《せふ》取《しゆ》し
選《せん》択《ぢやく》五《ご》劫《ごふ》思《し》惟《ゆい》して
光明　寿命の誓願《せいぐわん》を
大《だい》悲《ひ》の本《ほん》としたまへり

253
一九
浄土《じやうど》の大菩提心は
願作《ぐわんさ》仏《ぶつ》心《しん》をすすめしむ
すなはち願作仏心を
度《ど》衆《しゆ》生《じやう》心《しん》となづけたり

254
二〇
度衆生心といふことは
弥陀智《ち》願《ぐわん》の廻《ゑ》向《かう》なり
廻向の信《しん》楽《げう》うるひとは
大《だい》般《はつ》涅《ね》槃《はん》をさとるなり

255 三 如来の廻向《ゑかう》に帰入《きにふ》して
願作仏心《ぐわんさぶつしん》をうる人は
自力の廻向をすてはてて
利益有情《りやくうじやう》はきはもなし

256 三 弥陀の智願《ちぐわん》海水に
他力《たりき》の信水いりぬれば
真実報土のならひには
煩悩菩提一味《ぼんなうぼだいいちみ》なり

257 亖 如来二種の廻向を
ふかく信ずる人はみな
等正覚《とうしやうがく》にいたるゆゑ
憶念《おくねん》の心はたえぬなり

255 名号を称《とな》えるすべての人を浄土へ迎えとろうとお約束下さった如来のおことばをたよりとして、浄土に生れようと願う人は、自力を励まして積んだ功徳を人々のためにふり向けようなどと考えなくても、自《おの》ずと衆生を利益すること限りない。◇如来の廻向　国宝本の左注に「弥陀の本願をわれらに与へ給ひたるを廻向と申すなり。これを如来の廻向と申すなり」とある。◇自力の廻向　自分が修めた善根功徳を他人のためにさし向けること。◇利益有情　一切衆生に功徳を与え救い導くこと。

256 いかなる河の水も海に流れこむと同じ塩味の海水となってしまうように、大海のように広大な弥陀の本願に従うときは、浄土の自然のはたらきによって、われらの心と仏の御心は一つになる。◇弥陀の智願海水　国宝本の左注に「弥陀の本願を智慧といふなり。この本願を大海に喩へたるなり」とある。◇他力の信水　同じく「真実の信心を水に喩へたるなり」とある。◇ならひには　文明本は「ならひにて」。◇煩悩菩提一味なり　同じく「われら心と仏のおん心と一つになると知るべし」とある。

257 弥陀如来の本願である往相と還相の二つの廻向を知って深く心に銘じた人は、すべて仏のさとりにはたらきかけられて、本願を憶《おも》う心が持続して絶えることがない。◇如来二種の廻向　国宝本の左注に「弥陀如来の本願の廻向に、往相の廻向（阿弥陀仏が往生の因を衆生にさし向けるはたらき）、還相の廻向（浄土に往生して仏のさとりを得たものがこの世に還ってきて、弥陀の誓願をもって衆生を利益するはたらき）と申して、二つの廻向のあるなり」とある。◇等正覚　仏のさとりの境地にひとしい位。260注参照。

258　弥陀の智慧のあらわれである本願力のはたらきにうながされて他力の信心を心に受けとめた人は、摂め取って見捨てることがないと誓われた仏の御心によって等正覚の位に至るのである。
◇摂取不捨の利益　国宝本左注に「信心の人を弥陀如来をさめ取り給ふと申すなり」とある。

259　弥勒菩薩が成仏されるのは、兜率天《とそつてん》浄土で五十六億七千万年のとしを経た後のことである。如来廻向の信心を心にまさしく受けとめた人は、この世で弥勒菩薩と同じ位につき、命が終るとただちに浄土に生れて仏のさとりを開くであろう。
◇五十六億七千万　『菩薩処胎経《ぼさつしよたいきやう》』の説によると、弥勒菩薩は、五十六億七千万年を経て、菩提樹の下で無上等正覚をさとり成仏するとされている。◇弥勒　釈尊の仏位を継ぐ菩薩。

260　第十八願の念仏往生の願によって、等正覚に至る人は、そのまま弥勒菩薩と同じであって、必ずすぐれて完全なさとりを開くことになる。
◇等正覚　国宝本の左注に「正定聚の位をいふなり。弥勒を等正覚と申すなり」とある。「正定聚」は、弥陀の本願力によって、正しく仏になると定まった人。

258 二五八
弥陀智願の廻向の
信楽《しんげう》まことにうる人は
摂取《せふしゆ》不捨《ふしや》の利益ゆゑ
等正覚にはいたるなり

259 二五九
五十六億七千万
弥勒《みろく》菩薩《ぼさつ》はとしをへむ
まことの信心うる人は
このたびさとりをひらくべし

260 二六〇
念仏《ねんぶつ》往生《わうじやう》の願により
等正覚にいたる人
すなはち弥勒におなじくて
大般涅槃《だいはつねはん》をさとるべし

261 誓願真実の信心を得た人は、摂取不捨の誓いゆえにただちに仏になることが定まってしまうから、釈尊の次に仏になることが定まっている弥勒菩薩と同じ位につく。そしてこの上なく完全なさとりを開くことになる。
◇定聚　正定聚の略。◇補処　仏の処を補うという意。釈尊についで仏となる菩薩。◇無上覚　国宝本左注に「大般《だいはつ》涅槃を申すなり」とある。

262 像法時代の智者たちも、聖道自力の諸教を捨ておいて、浄土の教えを時代環境と人の素質に相応した教法と認め、念仏門に帰し給う。
◇像法のときの智人　仏滅後七百年に出生した竜樹や九百年に出生した天親（世親）などを指す。
＊つぎの一首は、国宝本では「尊号」が「名号」に、「信楽」が「信心」となっており、その形で文明本の「浄土和讃」の巻頭に掲げられている。

263 弥陀の名号を称えて、如来廻向の信心を心から喜んで受けとめた人は、如来のはからいによっておのずから憶念の心が絶えることなく、仏恩を報謝する思いが生じる。
◇信楽　『尊号真像銘文』に「信楽といふは、如来の本願真実にましますを、二心なく深く信じて疑はざれば信楽と申すなり」とある。◇憶念　弥陀の本願をつねに思い出して忘れないこと。
＊つぎの一首は、文明本では末行が「功徳は行者の身にみてり」とあり、しかも、「有情」が「衆生」

261
二六一
真実信心をうるゆゑに
すなはち定聚《ぢやうじゆ》にいりぬれば
補《ふ》処《しよ》の弥《み》勒《ろく》におなじくて
無《む》上《じやう》覚《がく》をさとるなり

262
二六二
像《ざう》法《ほふ》のときの智《ち》人《にん》も
自力の諸教をさしおきて
時機相応の法なれば
念仏門にぞいりたまふ

263
二六三
弥陀の尊《そん》号《がう》となへつつ
信《しん》楽《げう》まことにうる人は
憶念の心《しん》つねにして
仏恩報ずるおもひあり

とある以外は同じ形の和讃が「高僧和讃」巻末に掲げられている（一四一頁＊印参照）。なお、国宝本（第一次草稿本）の264でも「有情」は「衆生」となっている。

264　五濁悪世の衆生が、選択本願である第十八の念仏往生の願とめぐり会うと、説明することも、ことばで言い表すことも、心でおしはかることもできない無量の功徳を信心の人はいただくことになる。

◇選択本願　諸行を捨てて念仏の一行を選び取られた弥陀の本願、つまり『無量寿経』の第十八願をいう。

＊265～278の十四首は、弥陀・釈尊の慈悲のはたらきを明かし、諸仏の証明にふれ、弥陀・釈尊・諸仏が一致して他力信心を勧めていることを讃《たた》える。

265　無碍光仏の仰せられることには、末代の衆生に力をかして浄土に生れさせるために、大勢至菩薩に智慧の念仏をお授けになられた、と。

◇無碍光仏　阿弥陀仏のこと。◇御こと　おことば。◇智慧の念仏　弥陀の智慧を代表する勢至菩薩に授けられた智慧のはたらきをともなう念仏。

266　勢至菩薩は末法濁世の衆生をあわれんで、弥陀から授けられた智慧の念仏を勧められた。この念仏を心に深く受けとめた人を摂《おさ》め取って、浄土に帰依するよう導かれたのである。

◇勢至念仏すすめしむ　親鸞は『首楞厳《しゆりようごん》経』巻五から「大勢至菩薩御銘文」と称して要文を『尊号真像銘文』（広本）に抜粋しており、それによっている。

264
三〇
五《ご》濁《ぢよく》悪世の有《う》情《じやう》の
選《せん》択《ぢやく》本願信ずれば
不《ふ》可《か》称《しよう》不《ふ》可《か》説《せつ》不可思議の
功《く》徳《どく》は信者ぞたまはれる

265
三一
無《む》碍《げ》光《くわう》仏《ぶつ》の御《み》ことには
未来の有情利せむとて
大《だい》勢《せい》至《し》菩《ぼ》薩《さつ》に
智《ち》慧《ゑ》の念仏さづけしむ

266
三二
濁《ぢよく》世《せ》の有情をあはれみて
勢至念仏すすめしむ
信心の人を摂《せふ》取《しゆ》して
浄《じやう》土《ど》に帰《き》入《にふ》せしめけり

267　弥陀・釈迦二尊の慈悲によってはじめて、人は成仏を願う心をいだくようになった。この弥陀廻向の信心にともなう智慧のうながしによって信ずる心が生れたとき、仏恩を報謝する身となるのだ。◇弥陀・釈迦　国宝本及び文明本では「釈迦・弥陀」とある。◇願作仏心　国宝本の左注に「仏にならんと誓ひを信ずる心なり」とある。◇信心の智慧　同じく「弥陀の誓ひは智慧にてましますに、信ずる心の出でくるは智慧のおこると知るべし」とある。

268　仏の広大な智慧そのものである名号をよろこびをもって信ずることは、法蔵菩薩の願力のはたらきによる。その願力によって授けられた信心の智慧を身にそなえなかったなら、どうして仏のさとりを得ることができよう。◇法蔵願力　弥陀が法蔵菩薩であられた修行時代に立てられた誓願を、成就された力。◇涅槃　国宝本の左注に「まことの仏になるを申すなり」とある。

269　弥陀の本願は、煩悩に覆われて長い夜のように闇《くら》い心を照らす大きなともしびである。だから、真実を見る智慧の眼がくらいと悲しむことはない。弥陀の本願は、無限に続く生死の苦しみの大海をわたして、われわれを浄土にとどける船であり、筏《いかだ》である。罪障が重いからといって歎くことはない。◇無明長夜　左注に「煩悩を長き夜に喩ふ」とある。◇燈炬　同じく「燈」は「常のともしび」、「炬」は「大きなるともしび」「弥陀のおん誓ひをともしびに喩へ

267
二六七
弥陀　釈迦の慈悲よりぞ
願《ぐわん》作《さ》仏《ぶつ》心《しん》はえしめたる
信心の智《ち》慧《ゑ》にいりてこそ
仏恩報ずる身とはなれ

268
二六八
智慧の念仏うることは
法《ほふ》蔵《ざう》願《ぐわん》力《りき》のなせるなり
信心の智慧なかりせば
いかでか涅《ね》槃《はん》をさとらまし

269
二六九
無《む》明《みやう》長《ぢやう》夜《や》の燈《とう》炬《こ》なり
智《ち》眼《げん》くらしとかなしむな
生《しやう》死《じ》大《だい》海《かい》の船《せん》筏《ばつ》なり
罪《ざい》障《しやう》おもしとなげかざれ

申すなり」とある。◇智眼　真理を見る智慧の眼。

270　弥陀の本願力は無限であられるので、罪の障りがどれほど深く重いものであっても本願力をさえぎることがない。仏の智慧も限りなく広くましますから、われらの散乱放逸の心を嫌わないで、真実信心をお授け下さる。

◇散乱　心がものに動かされて一刹那《せつな》もとどまることなくあれこれと散り乱れること。◇放逸　善を修する心がなくてほしいままに悪を造る心。

271　阿弥陀如来の発願のいわれをよくよく考えてみると、われら迷界に苦悩する衆生を見捨てることなく、長い間の修行の成果のすべてを衆生にふり向け施すことを第一目的とされ、大悲の誓願を成就なさったのである。

◇作願　「作」は「発」と同じ。願を発《おこ》す。◇衆生　文明本では「有情」とある。◇首とし　主要な目的とし。

272　他力の真実信心を得て、阿弥陀の名号を称えることは、弥陀の本願力から廻向される法であるから、凡夫の側からは不廻向の法と名づける。そうすることで、自力の称名念仏と一線を劃《かく》された。

◇自力の称念　親鸞は、万善諸行の自力の善をふりむけて浄土往生を願う念仏（『観無量寿経』に説く念仏）や、阿弥陀仏の誓願による称名をもって己れが善根とみなし、自らの往生の因とする念仏（『阿弥陀経』に説く念仏）を「他力の中の自力」として「他力真実」と区別した。

270
三六
願《ぐわん》力《りき》無《む》窮《ぐ》にましませば
罪《ざい》業《ごふ》深《じん》重《ぢゆう》もおもからず
仏《ぶつ》智《ち》無辺にましませば
散乱放《はう》逸《いつ》もすてられず

271
三七
如来の作《さ》願《ぐわん》をたづぬれば
苦悩の衆《しゆ》生《じやう》をすてずして
廻《ゑ》向《かう》を首《しゆ》としたまひて
大悲心をば成《じやう》就《じゆ》せり

272
三八
真実信心の称《しよう》名《みやう》は
弥陀廻向の法なれば
不《ふ》廻《ゑ》向《かう》となづけてぞ
自力の称念きらはるる

273 三九

弥陀智願《ちぐわん》の広海《くわうかい》に
凡夫《ぼんぶ》善悪の心水《しんすい》も
帰入《きにふ》しぬればすなはちに
大悲心とぞ転ずなる

274 四〇

造悪このむわが弟子の
邪見放逸《じやけんはういつ》さかりにて
末世にわが法破《は》すべしと
蓮華面経《れんげめんきやう》に説きたまふ

275 四一

念仏誹謗《ひはう》の有情《うじやう》は
阿鼻地獄《あびぢごく》に堕在《だざい》して
八万劫中《はちまんごふちゆう》大苦悩
ひまなく受くとぞ説きたまふ

273 すべての川の水が海に流れ入って一味の潮となるように、弥陀の本願にそなわる深広な智慧のはたらきに触れると、自力をはげまして善を修めようとする心も、煩悩に狂わされて悪を犯す心も、たちまちに大慈悲心となりかわる。◇善悪の心水　善心・悪心を水に喩《たと》える。善心とは雑修雑善の自力の心、悪心は五逆・謗法《ほうぼう》などを指す。◇大悲心とぞ転ずなる　左注に「さまざまの水の海に入りて即ち潮となるが如く、善悪の心の水みな大悲の心になるなり」とある。

274 釈尊は、末法の世になると好んで悪を造る仏弟子が現れ、よこしまな見解やほしいままの行為が勢いを得て、わが法を破るようになるにちがいないと蓮華面経に戒め説き給う。◇わが法　釈尊の教法。◇蓮華面経　二巻。隋《ずい》の那連《なれん》提耶舎《だいやしや》訳。この経に末世の悪比丘《びく》を獅子身中の虫に喩えて仏法破滅の相を説く。

275 念仏の法を誹謗《ひぼう》する人々は無間地獄に堕《お》ちこんで、八万劫という長きにわたって絶えまなく大きな責苦を受けると戒め説かれている。◇阿鼻　梵語《ぼんご》阿鼻旨《あびし》の略。無間と訳す。◇説きたまふ　善導の『法事讃』上巻末に「地獄経に云く」として引く『観仏三昧経』巻五の取意文や、道綽《どうしやく》の『安楽集』下巻末に引いてある『十往生経』の文に、阿弥陀仏を説いた経を誹謗する者は死後地獄に堕ちて苦しみを受ける旨の戒めが説かれている。

276 四二 真実報土の正因《しやういん》を
二《に》尊《そん》の御《み》ことにたまはりて
正定聚《しやうぢやうじゆ》に住《ぢゆう》すれば
かならず滅度《めつど》をさとるなり

277 四三 十《じつ》方《ぱう》無《む》量《りやう》の諸仏の
証誠護念《しやうじやうごねん》の御《み》ことにて
自力の大菩提心の
かなはぬほどはしりぬべし

278 四四 真実信心うることは
末法濁世《まつぽふぢよくせ》にまれなりと
恒沙《ごうじや》の諸仏の証誠《しやうじやう》に
えがたきほどをあらはせり

276 真実報土へ往生する正因である他力の信心を、浄土往生を勧める釈尊のおことばと浄土にお誘い下さる弥陀のみ教えによっていただき、その結果、この世で正定聚の位にすわる身となると、必ず大涅槃をさとるのである。

◇真実報土　大悲の誓願成就の報いによって建立《こんりゆう》された無量光明土。◇正因　直接の原因。◇正定聚　まさしく仏になると定まった人々。◇滅度　57注参照。

277 あらゆる世界の数限りない諸仏が、念仏往生に誤りのないことを証明し、念仏の人をしっかりと護りたいと誓われたおことばによって、自力で仏のさとりを得ようと願ってもそれはできないのだと気づくに違いない。

◇証誠護念　「証誠」は、ある事が真実であると証明すること、「護念」は、心にかけて護ること。◇大菩提心　仏のさとりを得ようと願う心。

278 他力真実の信心を心にたもつことは、末法濁世には希《まれ》であるといわれた。恒河の砂の数ほどいます諸仏たちが証明されたことばによって、他力信心がいかに困難なものであるかが明らかにされた。

◇えがたきほどをあらはせり　『阿弥陀経』に、諸仏の御言《みこと》として「釈迦牟尼仏は、よく、甚難《じんなん》・希有《けう》の事をなしたまへり。よく娑婆《しやば》国土の、五濁の悪世たる劫濁、見濁、煩悩濁、衆生濁、命濁の中において、阿耨《あのく》多羅《たら》三藐三菩提《さんみやくさんぼだい》を得て、もろもろの衆生のために、この一切の世間に難信の法を説き給へり」とある。

四五
往《わう》相《さう》還《げん》相《さう》の廻《ゑ》向《かう》に
まうあはぬ身となりにせば
流《る》転《てん》輪《りん》廻《ゑ》もきはもなし
苦《く》海《かい》の沈《ちん》淪《りん》いかがせむ

四六
仏《ぶつ》智《ち》不思議を信ずれば
正《しやう》定《ぢやう》聚《じゆ》にこそ住《ぢゆう》しけれ
化《け》生《しやう》の人は智《ち》慧《ゑ》すぐれ
無《む》上《じやう》覚《がく》をぞさとりける

四七
不思議の仏智を信ずるを
報土の因《いん》としたまへり
信心の正《しやう》因《いん》うることは
かたきがなかになほかたし

＊279〜285は、如来の二種廻向の恩徳を讃える。

279　もしも往相・還相の二種の廻向にお遇《あ》い申し上げる機会にめぐまれない境遇に生れあわせたならば、生死流転のはてしない苦海に沈んでいる歎きをどうすることができたろうか。
◇往相還相　150・151・152の和讃と注を参照。◇まうあはぬ　「まうあふ」は「まゐあふ」の音便で、「まゐりあふ」。面会するの意の敬語動詞。『一念多念文意』に「遇はまうあふといふ。まうあふと申すは、本願力を信ずるなり」とある。◇沈淪　しずむこと。

280　はかりしれない仏の智慧を信じると、この世ではまさしく仏となる位に住することになる。すなわち仏智を信ずる人は、命が終り次第、ただちに浄土に生れる化生の人となり、仏の智慧の心に摂《おさ》め取られて無上のさとりをひらくのである。
◇化生の人は……　「化生」は、仏智を疑って仮の浄土にとどまる胎生に対し、ただちに浄土に往生することをいう。『大無量寿経』に「もし衆生ありて、明らかに仏智ないし勝智を信じて、もろもろの功徳をなし、信心廻向せば、このもろもろの衆生は、七宝の華の中において自然に化生す、(中略)弥勒よ、まさに知るべし。かの化生の者は、智慧勝れたるが故なり」とある。

281　不可思議の仏智をいただくことを、弥陀の浄土に往生する因とされた。この信心という唯一の因を得ることは、困難の中の困難、至難のことである。
◇かたきがなかになほかたし　『尊号真像銘文』のな

かで、親鸞は、『大無量寿経』中の句「易往而無人」を釈して「易往はゆきやすしとなり。本願力に乗ずれば本願の実報土に生るること疑ひなければ往き易きなり。無人といふは、人無しといふ。人無しといふは、真実信心の人はありがたき故に、実報土に生るる人まれなり」と述べている。

282　いつが始めともわからない永劫の昔から続いた流転の苦を捨てて、この上なき涅槃のさとりを期待する身となりえたことは、ひとえに如来の二種廻向のたまもので、その恩徳はいかに感謝しても感謝し尽すことはできない。

◇涅槃　『唯信鈔文意』に「涅槃をば滅度（苦悩が消滅して静安な根源に帰ること）といふ、無為（生滅を超えた存在）といふ、安楽といふ、常楽といふ、実相といふ、法身といふ、法性といふ、真如といふ」とある。

283　真実の浄土に生れる信者は少なくて、化土に赴く自力の行者の数ははなはだ多い。自力で報土に往生することはむずかしいので、久遠の昔から生死の流転をかさねてきたのである。

◇報土の信者　真の浄土に生れる信者。◇化土　報土（真の浄土）に対して、仮の浄土。

284　南無阿弥陀仏の名号を衆生にお与え下さった本願の恩徳は、まことに広大不思議であり、誓願力のはたらきで浄土に往生してさとりを得ると、そのままこの世に還って衆生を本願の道理に導き入れようとするはたらきに転ずるのである。

282
四八　無《む》始《し》流《る》転《てん》の苦をすてて
無上涅《ね》槃《はん》を期《ご》すること
如来二種の廻向の
恩《おん》徳《どく》まことに謝しがたし

283
四九　報土の信者はおほからず
化《け》土《ど》の行《ぎやう》者《じや》はかずおほし
自力の菩《ぼ》提《だい》かなはねば
久《く》遠《をん》劫《ごふ》より流転せり

284
五〇　南無阿弥陀仏の廻向の
恩《おん》徳《どく》広《くわう》大《だい》不思議にて
往《わう》相《さう》廻向の利《り》益《やく》には
還《げん》相《さう》廻向に廻《ゑ》入《にふ》せり

285 浄土に往生して無上覚をさとる直接の原因をわれらにお与え下さる如来の大慈のはたらきが、衆生教化のためにこの世の生をうけたいと願うはたらきに転じるところに、如来の廻向が往生を願う自利の心と衆生を利益《りやく》しようとする利他の心との二相にわかれる根拠がある。もし如来の廻向がなかったならば、浄土のさとりを得ることがどうしてできようか。

＊286〜291は、仏や祖師たちの教化の徳を讃える。

286 弥陀と弥陀の化仏であられる観音・大勢至の二菩薩は、生死の大海を渡す大きな船とも言うべき誓願に衆生を摂《おさ》め取るために、この世に人の姿をかりて出現なさった。釈尊や善導、或いは聖徳太子や法然聖人として衆生にたちまじり、生死の闇にまどうわれらを教え導き十八願の大船にお乗せ下さる。
◇大願の船に乗じて　迦才《かざい》の『浄土論』巻下の文に「阿弥陀、観世音・大勢至と、大願の船に乗じて、生死の海に浮び、この娑婆《しやば》世界に就き、衆生を呼喚《こくわん》して、大願の船に上せしめ、西方に送著せしむ」とある。
◇衆生　文明本には「有情」とある。

287 弥陀の大悲にもとづく誓願を深く心にいだく人は誰でもすべて、寝てもさめてもかわることなく、常に南無阿弥陀仏と称えるにちがいない。
◇南無阿弥陀仏ととなふ　文明本には「南無阿弥陀仏を」とある。称名について親鸞は『教行信証』行巻に「名《みな》を称するに、よく衆生の一切の無明を破し、よく

285
二八五
往相《わうさう》廻向《ゑかう》の大慈より
還相《げんさう》廻向の大悲をう
如来の廻向なかりせば
浄土《じやうど》の菩提《ぼだい》はいかがせむ

286
二八六
弥陀《みだ》　観音《くわんおん》　大勢至《だいせいし》
大願の船に乗じてぞ
生死《しやうじ》の海にうかびつつ
衆生《しゆじやう》をよばふてのせたまふ

287
二八七
弥陀大悲の誓願《せいぐわん》を
ふかく信ぜむ人はみな
ねてもさめてもへだてなく
南無阿弥陀仏ととなふべし

衆生の一切の志願を満《み》てたまふ。称名は即ちこれ最勝真妙の正業《しやうごふ》（まさしく浄土往生が決定する業因）なり、正業は則ちこれ念仏なり、念仏は則ちこれ南無阿弥陀仏なり、南無阿弥陀仏は即ちこれ正念（如来廻向の信心）なりと、知るべし」と述べている。

288　聖道門の人はみな、自分をたのむ心を拠《よ》り所としているが、他力不思議の浄土門に帰入すると、義なきを義とする立場に心をまかせるようになる。◇むねとせり　「むね」は根本もしくは根拠の意。文明本では「むねとして」。◇義なきを義とす　自力のはからい心を捨てる立場を正しい道理とする。『歎異抄』第十参照。◇信知　信じ受けとること。

289　末法の世には、釈迦が説きおかれた聖道の諸教がとどまってはいるが、それを修め行ずる人間がいないから、さとりを開くものは一人もないであろうと説き給う。◇釈迦の遺法　釈尊が説きのこされた教え。文明本には「釈迦の教法」とある。

290　インド・中国・日本の三国にあらわれた浄土門の祖師たちよ。煩悩にまみれた衆生をあわれみ、受けとめ下さって、如来廻向の真実信心を勧め給い、必ず仏になる位にひき入れさせ給え。◇三朝浄土の……　天竺《てんじく》（インド）・震旦《しんたん》（中国）・和朝（日本）における、釈尊や世親・曇鸞・源信などの高僧を指す。◇哀愍摂受　国宝本の左注に「哀れみ給へとなり。われらを受け給へとなり」とある。

288
聖道門《しやうだうもん》の人はみな
自力の心《しん》をむねとせり
他力不思議にいりぬれば
義なきを義とすと信知《しんち》せり

289
釈迦《しやか》の遺法《ゆいほふ》ましませど
修《しゆ》すべき有情《うじやう》なきゆゑに
さとりうるもの末法に
一人《いちにん》もあらじと説きたまふ

290
三朝浄土《さんてうじやうど》の大師等
哀愍摂受《あいみんせふじゆ》したまひて
真実信心すすめしめ
定聚《ぢやうじゆ》のくらゐにいれしめよ

291 二七
他力の信心うる人を
うやまひおほきによろこべば
すなはちわが親《しん》友《う》ぞと
教《けう》主《しゅ》世《せ》尊《そん》はほめたまふ

292 二八
如来大悲の恩《おん》徳《どく》は
身を粉《こ》にしても報ずべし
師《し》主《しゅ》知識の恩徳も
骨を砕きても謝すべし

一 已上正像末之三時
弥陀如来和讃五十八首

291 他力の信心を受けとった人を、教主釈尊は、信心の人は弥陀の本願を敬いよろこぶので、すなわちわが善き親友であると述べられておほめ下さっている。
◇うやまひおほきによろこべば　『大無量寿経』に「法を聞きて忘れず、見て敬ひ、得て大いに慶ばば、則ちわが善き親友なり」とある。

＊292は、如来の恩徳に対する報謝を勧めて結ぶ。

292 往生の正因をわれら衆生にさし向けて下さった弥陀大悲の恩徳に対し、身を粉にしても報じよう。また本願の趣旨を明らかにし、仏の正意をあらわしてわれらを本願に導き入れて下さった、釈尊をはじめとする祖師たちの恩徳には、骨をくだいても報謝しよう。

一 文明本には「已上正像末法和讃　五十八首」とある。「正像末法和讃」の第一部をなすこの五十八首の和讃群は、正・像・末の三時を貫いて弥陀の本願のはたらきが弘まり、末法濁世の衆生をもことごとく浄土に導かれる功徳を讃えたものである。したがって「弥陀如来和讃」と別名が記された。内容的には「浄土和讃」中の「弥陀仏和讃」の続編とも考えられる。国宝本の「正像末法和讃」三十五首は、二首を除いた三十三首が順序をかえて底本に引きつがれている。

愚《ぐ》禿《とく》述《しゆつ》懐《くわい》

293 一 不《ふ》了《れう》仏《ぶつ》智《ち》のしるしには
如《によ》来《らい》の諸《しよ》智《ち》を疑惑して
罪《ざい》福《ふく》信じ善《ぜん》本《ぼん》を
たのめば辺《へん》地《ぢ》にとまるなり

294 二 罪福信ずる行《ぎやう》者《じや》は
仏智の不思議をうたがひて
疑《ぎ》城《じやう》胎《たい》宮《く》にとどまれば
三《さん》宝《ぼう》にはなれたてまつる

＊以下の和讃は、文明本では標題がないが、古来「疑惑罪過和讃」または「仏智疑惑和讃」、あるいは単に「疑惑和讃」と称され、次の「愚禿悲歎述懐」と共に、正嘉二年（一二五八）親鸞八十六歳の作と見られる。己れをたのむ心が強くなった末法の衆生が自力の心で本願を信じようとしたり、己れのはからいで仏の本願を疑うことの誤りを、主として『大無量寿経』によって繰り返し説いている。なお、文明本では293の次に一首増補され、順序に多少の異同がある。

293〜298は、仏の智慧を疑う罪過を明かす。

293 自力の行者が仏智をよく了解していない証拠には、如来のもろもろの智徳を疑って、善悪因果の道理を信じ、念仏を己れの善根とたのみ、その結果、仮の浄土にとどまっている。

◇不了仏智　仏智を明瞭にさとらないこと。◇如来の諸智　経には五種の智徳の相が説かれている。◇善本　一切の善の根本という意で、弥陀の名号をいう。

294 自ら励む行によって罪を滅し、福を招きよせようとする者は、はかりしれない仏智を信じようとはせず、光を拒み目を開こうとしない。それは、閉ざされた城や胎内にとどまるようなもので、真実の仏・法・僧の三宝におあいすることがない。

◇疑城胎宮　仏智を疑う者が往生する仮の浄土を、閉ざされた城や、光のささない胎内のような宮殿にたとえた。

295 仏智に疑惑をいだく者は、自らの行為のむくいによって懈慢の辺地にとどまるのである。これらの人は疑惑の罪が深いので、こうした仮の浄土に長い年月をむなしく過すことになると説かれている。
◇懈慢辺地　居心地のよさに執着して進むことが出来なくなるといわれる仮の浄土。

296 自力の念仏者が仮の浄土にとどまっているのは、あたかも、転輪皇の王子が皇に背いた罪によって、黄金の鎖でつながれ、牢獄にとらえおかれるようなものである。
◇転輪皇　転輪聖王ともいう。世界を統一支配する理想の帝王。天から宝の輪を感得し、これを転じて四方を順化するので転輪王という。

297 念仏を己れの善根として励む自力の行者は、如来廻向《えこう》の本願念仏を信じない。他力を疑い他力に背をむけるその罪の深さゆえに、七宝の牢獄である疑城胎宮に閉じこめられる。
◇うたがひのつみ　文明本には「うたがふつみ」とある。◇七宝の獄　『大無量寿経』に、仏智に疑惑をさしはさむ者が生れる場所を、転輪聖王が罪をおかした王子を閉じこめておくために設けたといわれる荘厳華麗な七宝の牢獄に喩えている。

295 三
仏《ぶつ》智《ち》疑《ぎ》惑《わく》の罪により
懈《け》慢《まん》辺《へん》地《ぢ》にとまるなり
疑惑の罪のふかきゆゑ
年《ねん》歳《さい》劫《こふ》数《しゆ》をふると説く

296 四
転《てん》輪《りん》皇《わう》の王子の
皇《わう》につみをうるゆゑに
金《こん》鎖《さ》をもちてつなぎつつ
牢《らう》獄《ごく》にいるがごとくにて

297 五
自《じ》力《りき》称《しよう》名《みやう》の人はみな
如来の本《ほん》願《ぐわん》信ぜねば
うたがひのつみふかきゆゑ
七《しつ》宝《ぽう》の獄にぞいましむる

＊文明本ではこの次に313・314が入り、疑惑の罪過を主題とする和讃が合計九首まとめられている。

298　仏智の不思議を疑って、衆善万徳の根本である念仏を己れの善根功徳とみなし、自力の念仏を励む人は、辺地懈慢の仮の浄土に生れるので、衆生を済度する大慈悲心を如来から廻向されることがない。◇善本徳本　よろずの善、無量無辺の功徳をそなえた阿弥陀仏の名号。◇たのむ人　弥陀廻向の名号を自力の心で称え、その功徳で往生をあてにする人。

＊299は、化土への往生をきらう仏意を讃える。

299　本願を疑う行者には、仮の浄土に往生し、たとえば、開かない蓮華《れんげ》の花に閉じこめられて出られないような人もいる。自力の行者は、あるいは懈慢辺地に生れる者としてきらわれ、あるいは胎宮《たいく》に堕ちる者として否定される。◇含華未出　蓮華の花につつまれて出られないこと。◇或生辺地　あるいは辺地に生れ、の意。◇或堕宮胎　あるいは宮胎に堕つ。「宮胎」は胎宮に同じ。

＊300〜311と314は、胎生辺地に生れる因果を明かす。

300　如来の智慧を疑って、智慧より出た他力廻向の念仏は信じないのに、自らの力で罪を滅し福を招こうとする善悪因果の念仏は深く信仰し、善根としての称名に励みつとめることが盛んである。◇如来の諸智　『大無量寿経』に説かれている五智、すなわち仏智・不思議智・不可称智・大乗広智・無等無倫最上勝智をいう。

298
六
仏智の不思議をうたがひて
善《ぜん》本《ぼん》徳《とく》本《ぼん》たのむ人
辺《へん》地《ぢ》懈《け》慢《まん》にむまるれば
大慈大悲はえざりけり

299
七
本願疑惑の行《ぎやう》者《じや》には
含《がん》華《け》未《み》出《しゆつ》の人もあり
或《わく》生《しやう》辺《へん》地《ぢ》ときらひつつ
或《わく》堕《だ》宮《く》胎《たい》とすてらるる

300
八
如来の諸智を疑惑して
信ぜずながらなほもまた
罪福ふかく信ぜしめ
善本修《しゆ》習《しふ》すぐれたり

301　仏智を疑うことによって仮の浄土に生れ、花のつぼみにつつまれて過す者は、如来の智慧の光明にふれることがない。疑惑の人は必ず母の胎内のような閉ざされた場所に生れるが、それは、自らを牢獄につなぐことに異ならない。
◇胎生のもの　花のつぼみの中のような場所に生れて、仏・法・僧の三宝を見聞することができない者を喩える。

302　七宝で飾り立てられた宮殿のように楽しい場所であっても、真実の浄土から見れば牢獄にひとしい。そこに生れると五百歳の年月を過しても三宝を見聞きできないので、衆生に如来廻向の大慈悲心をめぐらしほどこすことは全くありえない。
◇七宝の宮殿　『大無量寿経』に説かれている七宝の牢獄。297注参照。そこに生れた者には、そうした牢獄がもろもろの快楽にみちた宮殿のように見えると説く。

303　胎生の者は、仮の浄土にある七宝の宮殿に、閉じこめられたまま五百年もの間むなしく過し、自分からまいた疑惑のとがめによって、もろもろの苦厄を受けるのである。
◇過咎　つみ、とが。◇もろもろの厄　仏法を聞く機会がなく、仏・菩薩に出会うこともないので、大慈悲心に目ざめず、苦しみを受けること。

301
九
仏《ぶつ》智《ち》を疑惑するゆゑに
胎《たい》生《しやう》のものは智《ち》慧《ゑ》もなし
胎《たい》宮《く》にかならずむまるるを
牢獄にいるとたとへたり

302
一〇
七《しつ》宝《ぽう》の宮《く》殿《でん》にむまれては
五百歳のとしをへて
三《さん》宝《ぽう》を見《けん》聞《もん》せざるゆゑ
有《う》情《じやう》利《り》益《やく》はさらになし

303
一一
辺《へん》地《ぢ》七宝の宮《く》殿《でん》に
五百歳までいでずして
みづから過《くわ》咎《く》をなさしめて
もろもろの厄《やく》をうくるなり

304
三
罪福ふかく信じつつ
善《ぜん》本《ぽん》修《しゆ》習《しふ》する人は
疑心の善人なるゆゑに
方《はう》便《べん》化《け》土《ど》にとまるなり

305
三
弥《み》陀《だ》の本願信ぜねば
疑惑を帯《たい》してむまれつつ
華《はな》はすなはちひらけねば
胎《たい》に処するにたとへたり

306
四
ときに慈《じ》氏《し》菩《ぼ》薩《さつ》の
世《せ》尊《そん》にまうしたまひけり
何《が》因《いん》何《が》縁《えん》いかなれば
胎《たい》生《しやう》化《け》生《しやう》となづけたる

304　善悪因果の道理を深く信じこみ、善の根本である念仏を自力の善根とたのんで励み称《とな》える人は、如来のはからいを信じようとしないから、真実の浄土に生れることはなく、仮の浄土にとどまることになる。
◇方便化土　本願を疑う者が生れる仮の浄土。辺地懈《け》慢《まん》、疑城《ぎじよう》、胎宮《たいく》などをいう。親鸞は、真仏（不可思議光如来）真土（無量光明土）に対し、方便化身・化土をたて、真仮の弁別を『教行信証』真仏土巻・化身土巻において強調している。

305　自力の念仏者は弥陀の本願を信じきっていないから、心に疑いをいだいたまま仮の浄土に往生することになる。本願力の前に自ら心を閉ざしたその姿は、花のつぼみの中にいるようなもので、母の胎内にいるのと同じである。
◇胎に処するにたとへたり　善導の『観経疏』定善義に「疑惑を帯して生ずれば、華いまだ発《ひら》けず、合掌籠籠として胎に処するに喩ふ」とある。

306　釈尊が大無量寿経を説法された会座《えざ》で、胎生の説に及んだその時に、弥勒菩薩が釈尊にたずねられた。どういうわけで胎生・化生と名をつけて、往生を区別するのですか、と。
◇慈氏菩薩　弥勒菩薩のこと。◇何因何縁　「因」は直接の原因、「縁」は外部的間接の原因。いかなる因縁。◇胎生　胎宮（化土）に往生すること。◇化生　ただちに阿弥陀仏の浄土に往生すること。

307　釈尊が弥勒菩薩に答えていわれるのには、疑惑の心にまどわされて、念仏が如来廻向の本願力のはたらきであることに気づくことができない者は、自力で念仏を励み、その功徳をたのんで往生を願うようになり、本願力を自ら拒む結果、胎生のものとなって辺地の浄土にとどまる、と。

◇如来慈氏にのたまはく　『大無量寿経』に「仏告慈氏、若有衆生、以疑惑心、修諸功徳、願生彼国、不了仏智、不思議智、不可称智、大乗広智、無等無倫、最上勝智、於此諸智、疑惑不信。然猶信罪福（309参照）、修習善本（307参照）、願生其国。此諸衆生、生彼宮殿、寿五百歳（308参照）、常不見仏、不聞経法、不見菩薩声聞聖衆（310参照）。是故於彼国土、謂之胎生（311参照）」とある。◇善本修する　「善本」とは、一切の善の根本である名号をいう。この名号を自力の心で称《とな》えること。

308　仏智を疑うものは、たとえば、転輪皇の王子が皇に背いた罪により、七宝で飾られた牢獄にきびしくつなぎとめられたように、自らまいた疑惑の咎《とが》で、五百年もの長い間、牢獄にもひとしい所で過すことになる。これを胎生というと仏はお説きになった。

◇仏智疑惑の罪ゆゑに……　『浄土三経往生文類』に「定散自力の行人は、不可思議の仏智を疑惑して信受せず、如来の尊号を己れが善根として、自ら浄土に廻向して果遂の誓ひをたのむ。不可思議の名号を称念しながら不可称不可説不可思議の大悲の誓願を疑ふ。そ

307
一五
如《によ》来《らい》慈《じ》氏《し》にのたまはく
疑惑の心《しん》をもちながら
善本修《しゅ》するをたのみにて
胎《たい》生《しやう》辺《へん》地《ぢ》にとどまれり

308
一六
仏《ぶつ》智《ち》疑《ぎ》惑《わく》の罪ゆゑに
五百歳まで牢獄に
かたくいましめおはします
これを胎生と説きたまふ

309
一七
仏智の不思議をうたがひて
罪福信ずる有《う》情《じやう》は
宮《く》殿《でん》にかならずむまるれば
胎生のものと説きたまふ

の罪深く重くして、七宝の牢獄にいましめられて、命五百歳の間、自在なることあたはず、三宝を見奉らず仕へ奉ることなしと如来は説き給へり」とある。

309　仏智の不思議を疑って、自力の修行の結果をたのみ、善悪因果の道理を信ずる衆生は、念仏をもって己れの善根とする咎を背負うことになる。そういう自力の人々は、七宝の宮殿のような閉ざされた所に生れるので、胎生の者というと仏は説き給う。

310　自力をたのむ心を根本として、不可思議の仏智に心を開かない者は、母の胎内のように閉ざされた仮の浄土に生れて、五百年もの年月を過すことになる。そこでは、大慈悲の現れである仏を見奉ることもなく、経法を聞く機会もなく、菩薩や聖衆とめぐり会うこともない。

◇三宝の慈悲にはなれたり　慈悲の現れである仏・法・僧の三宝を見聞することがない。

311　仏智の不思議を疑って、善悪因果の道理を信じ、善本である名号を己れの善根として修め、それによって往生を願う人を、胎生の者というと仏は説き給う。

＊312と313は、疑惑の罪をいましめ、仏智を信ずべきことを示す。文明本では312が結びとなる。

312　仏智を疑う罪はまことに深い。この疑惑の心の咎を思い知ったならば、悔いる心をもととして仏智の不思議をたのむべきである。

310
一八
自力の心《しん》をむねとして
不思議の仏智をたのまねば
胎《たい》宮《く》にむまれて五百歳
三《さん》宝《ぽう》の慈悲にはなれたり

311
一九
仏智の不思議を疑惑して
罪福信じ善本を
修《しゅ》して浄土《じゃうど》をねがふをば
胎生といふと説きたまふ

312
二〇
仏智うたがふつみふかし
この心《しん》おもひしるならば
くゆるこころをむねとして
仏智の不思議をたのむべし

313 三 信心の人におとらじと
疑心自力の行者も
如来大悲の恩をしり
称名念仏はげむべし

314 三 自力諸善の人はみな
仏智《ぶつち》の不思議をうたがへば
自業《じごふ》自得《じとく》の道理にて
七宝《しつぽう》の獄にぞいりにける

一 已上疑惑罪過二十二首

二 仏智うたがふつみとがのふかきことをあらはせり。
これを辺地《へんぢ》・懈慢《けまん》・胎生《たいしやう》なんどといふなり。

＊313・314は文明本では297の次に配されこの二首は疑惑和讃の中では特殊な主題を取りあげたものと言える。

313　仏智を疑う自力の行者であっても、他力信心の人に劣ることのないようにと、弥陀は第十八願のほかに方便の願まで設けて下さった。その大慈悲の恩をよくよく思い知って、称名念仏に励むがよい。◇信心の人　如来廻向の信心を受けとめた人。◇如来大悲の恩　第十八願（本願）の他に、第十九願（至心発願の願）第二十願（至心廻向の願）を設けて、自力の者が他力のはたらきに気づくよう誘引される如来の大悲。

314　心をとぎすまして真理を見きわめようとしたり悪をやめて善を修することによって往生を願う人は、仏智不思議の本願力に往生をまかせきっていない。そうした自力の人は、自業自得の道理で、七宝の牢獄にも似た疑城胎宮に往生するようになる。

一　文明本では、293の次に「仏智の不思議をうたがひて　自力の称念このむゆゑ　辺地懈慢にとどまりて　仏恩報ずるこころなし」が増補されているので、「已上二十三首」とあり、「疑惑罪過」の標目はない。

二　文明本では「仏不思議の弥陀の御誓ひをうたがふつみとがをしらせんとあらはせるなり」とあり、「これを辺地……」はない。「仏不思議」は「仏智不思議」の脱字と考えられる。

愚《ぐ》禿《とく》悲《ひ》歎《たん》述懐《しゆつくわい》

315
一 浄土《じやうど》真宗《しんしゆ》に帰《き》すれども
真実の心《しん》はありがたし
虚《こ》仮《け》不《ふ》実《じつ》のこの身にて
清浄《しやうじやう》の心《しん》もさらになし

316
二 外《げ》儀《ぎ》のすがたはひとごとに
賢《げん》善《ぜん》精進《しやうじん》現ぜしむ
貪《とん》瞋《じん》邪《じや》偽《ぎ》おほきゆゑ
奸《かん》詐《さ》ももはし身にみてり

＊巻尾に「愚禿述懐」二十二首とあわせて「已上三十三首　愚禿悲歎述懐」とあり、「愚禿述懐」と一連の作と見られる。「愚禿述懐」が疑惑の罪過を主題としたのに対し、「愚禿悲歎述懐」は、真実信心の前に照らし出された親鸞自身のすがたが述懐されている。なお、文明本では「愚禿述懐」の次に「皇太子聖徳奉讃」十一首が入る。

315～317は、「虚仮《きえ》不実のこの身」を懺悔《ざんげ》する。

315　浄土真宗に帰依する身となっても、わが心が正しく立派になることはあり得ない。外面は誠実をよそおっても、内心はうそいつわりにみちた不実なわが身であって、清浄の心も全くない。
◇浄土真宗　本願力によって真実の浄土（実報土）に往生するという教え。『唯信鈔文意』に「真実信心をうれば実報土に生ると教へ給へるを浄土真宗とすと知るべし」とある。◇虚仮不実　うそ、いつわりばかりで真実がないこと。◇この身　文明本は「わが身」。

316　人は誰しも、わが身の愚かさをとりつくろって賢そうにふるまい、ほんとうは怠惰なのに人前では善を励むかのように見せかけている。しかし実際には、むさぼり怒る心が盛んで、いつわりに満ちみち、人をたぶらかすことばかり考えている。
◇奸詐　「奸」は姦、よこしまなこと。「詐」はいつわりごと。◇ももはし　百端。数多いことをいう。

317　身にそなわっている悪性をとどめることは、全く不可能にひとしく、煩悩の心は毒蛇やさそりのように恐ろしい。たとえ善行を修めたとしても、そこには煩悩の毒がまじっているので、虚仮の行と名づけ、真実の業とはいわない。
◇悪性さらにやめがたし　親鸞は、『教行信証』信巻に善導の『観経疏』定善義の一文を引き、次のように述べている。「外《ほか》に賢善精進の相を現ずることを得ざれ、内に虚仮を懐いて、貪瞋邪偽《とんじんじやぎ》奸詐《かんさ》百端《ひやくたん》にして悪性侵《や》め難し、事、蛇蝎に同じ。三業を起こすといへども名づけて雑毒の善とす、また虚仮の行と名づく、真実の行と名づけざるなり」。
＊318～320は、如来廻向の名号・誓願の功徳を讃える。
318　恥知らずのわが身であって、真実の信仰心は持ちあわせていないけれども、如来の真実心から廻向される名号であるから、その功徳はおのずからすべての衆生の上にひとしく及び、真実信心を得させて下さるのである。
◇無慚無愧　自ら省みて恥じる心がないこと。◇まことのこころはなけれども　『唯信鈔文意』に「この世の人は無実の心のみにして、浄土を願ふ人は、偽り、諂《へつら》ひの心のみなりと聞えたり。世を捨つるも　名の心(名誉心)、利の心（利欲）を先とする故なり。しかれば善人にも非ず、賢人にも非ず、精進の心もなし。懈怠の心のみにして、内は虚しく、偽り、飾り、諂ふ心のみ常にして、実《まこと》の心なき身と知るべし」とある。

317
三
悪《あく》性《しやう》さらにやめがたし
こころは蛇《じや》蝎《かつ》のごとくなり
修《しゆ》善《ぜん》も雑《ざふ》毒《どく》なるゆゑに
虚《こ》仮《け》の行とぞなづけたる

318
四
無《む》慚《ざん》無《む》愧《き》のこの身にて
まことのこころはなけれども
弥《み》陀《だ》の廻《ゑ》向《かう》の御《み》名《な》なれば
功《く》徳《どく》は十《じつ》方《ぱう》にみちたまふ

319
五
小《せう》慈《じ》小《せう》悲《ひ》もなき身にて
有《う》情《じやう》利《り》益《やく》はおもふべき
如《によ》来《らい》の願《ぐわん》船《せん》いまさずば
苦《く》海《かい》をいかでかわたるべき

319　わが身はわずかな慈悲の心も持ちあわせないのだから、人を救おうなどとどうして思うことができようか。如来がさし向けて下さった願船がいまさないならば、迷いの苦海をどうして渡ることができよう。
◇おもふべき　文明本では「おもふまじ」とある。◇如来の願船　弥陀の誓願力によってさとりに至ることを船に喩《たと》えたもの。

320　蛇やさそりのように恐ろしくよこしまな心で自力の修善を励んだとしても、目的を遂げることはあり得ないだろう。如来からさし向けていただいた真実心におまかせしなければ、一生恥知らずの境涯で終ることだろう。
◇自力の修善　文明本には「自力修善」とある。
＊ 321〜325は、末法の世である今、僧も在家の者も、外面は仏法の信奉者のように見せかけながら、内心は異教を信じていることを悲歎している。

321　五濁がいや増す末法の証拠には、この世の出家も在家もみなすべて、外面は仏教徒のようにふるまいながら、内心では外道を敬い信じている。
◇外道　仏教以外の異教。

322　悲しいことには、出家も在家もみなすべて、日時の吉凶善悪をえらぶ占いを信じたり、天地の神々を崇拝し、除災招福のまじない・祈禱《きとう》にもっぱら励んでいる。
◇天神地祇　107注参照。

320
六
蛇《じや》蝎《かつ》奸《かん》詐《さ》のこころにて
自《じ》力《りき》の修善はかなふまじ
如来の廻向をたのまでは
無《む》慚《ざん》無《む》愧《き》にてはてぞせむ

321
七
五《ご》濁《ぢよく》増《ぞう》のしるしには
この世の道俗ことごとく
外《げ》儀《ぎ》は仏教のすがたにて
内心外《げ》道《だう》を帰《き》敬《きやう》せり

322
八
かなしきかなや道俗の
良《りやう》時《じ》吉《きち》日《にち》えらばしめ
天《てん》神《じん》地《ぢ》祇《ぎ》をあがめつつ
卜《ぼく》筮《ぜい》祭《さい》祀《し》をつとめとす

323 九
僧ぞ法師といふ御名《みな》は
たふときこととききしかど
提《だい》婆《ば》五《ご》邪《じゃ》の法に似て
いやしきものになづけたり

324 一〇
外《げ》道《だう》梵《ぼん》士《じ》尼《に》乾《けん》子《じ》に
こころはかはらぬものとして
如来の法《ほふ》衣《え》をつねにきて
一《いっ》切《さい》鬼《き》神《じん》をあがむめり

325 一一
かなしきかなやこのごろの
和《わ》国《こく》の道俗みなともに
仏教の威《ゐ》儀《ぎ》をこととして
天《てん》地《ち》の鬼《き》神《じん》を尊《そん》敬《きやう》す

323 僧とか法師とかいう名は尊いものと聞いていたのに、いまは提婆の邪法にまどわされたかのように、仏道をふみはずした卑しい所行をする者の呼び名になってしまった。
◇僧ぞ法師といふ御名　「僧」は梵語「僧伽」の略。和合衆と訳し、比丘《びく》が和合して修行する団体を指す。「法師」は、法を説いて衆生を導く者をいう。文明本には「僧ぞ法師のその御名は」とある。◇提婆五邪の法　「提婆」は、提婆達多《だった》の略。阿難の兄で釈尊の従弟であったが、釈尊の人望をねたみ、僧伽を分裂させるために五種の邪法を作った。

324 末法のわれらは、内心は異教徒である婆羅門《ばらもん》や尼乾子と少しもかわるところがないのに、外面は仏徒の袈裟《けさ》を常に身にまとっている。そしてあらゆる鬼神を崇拝し、現世の福を祈っているようだ。
◇梵士　インドの古代宗教における宇宙創造神である梵天を祭りあがめる者。◇尼乾子　梵語、ジャイナ教徒。

325 悲しいことだ。この頃の日本では、僧であれ在家の者であれ皆こぞって、仏が制定した袈裟をまとい、表面上の威儀をととのえることに腐心し、内心では異教である天地の鬼神を尊崇している。
◇こととして　文明本では「もととして」。

＊文明本には325の和讃に続けて五首が増補されている。以上の和讃と一連のものと考えられるので、解説二八二頁以下に掲げた。

已上三十三首 一

愚禿悲歎述懐

草本云 二

正嘉二歳九月廿四日

親鸞八十六歳

一「愚禿述懐」二十二首と合算して「三十三首」とする。文明本には「已上十六首（「愚禿述懐」を除いた数）これは愚禿が悲しみ歎きにして述懐としたり。この世の本寺本山のいみじき僧と申すも法師と申すも憂きことなり」とあり、「愚禿悲歎述懐」の語はない。

二「草本」は草稿本のこと。本和讃の底本を書写したのは、親鸞面授の弟子顕智であるが、「正嘉二歳九月」以下は、顕智が写した草稿本にあった奥書である。「正嘉二歳」は一二五八年。この奥書も文明本にはない。

＊文明本には、「愚禿悲歎述懐」の次に「善光寺如来和讃」五首と、八十八歳の筆になる「自然法爾の事」の法語および「述懐の和讃」二首（解説二四二頁参照）が増補されており、文明五年の識語をもつ蓮如の奥書がある。

末燈鈔

現在伝えられている親鸞の書簡・法語は、真蹟十二通を含め四十三通（区切り方を変えると四十四）を数える。『末燈鈔《まっとうしょう》』は、そのうちの二十二通の書簡と法語とを収め、古来最も流布した書簡集である。建長三年（一二五一）七十九歳の折の消息法語（手紙の形で仏の教えを平明に述べたもの）に始まり、八十代の十年間に書かれたもので、特に八十四歳の時に息男善鸞《ぜんらん》を義絶した事件にまつわる書簡が目をひく。八十代の親鸞は、東国の門徒の教義論争に終止符をうつべく、残された生涯の全情熱を傾けて著作活動にあたり、自作の和讃や法語、および聖覚《せいかく》・隆寛《りゅうかん》の著の写しやそれらに注を加えたものを次々と東国へ送り届け、念仏に対し正しい理解をもってもらうことを切実に願った。第一書簡は、そうした教義論争に整理を与えるため、浄土教を諸宗の教学と比較して位置づけようとした消息法語であるため、教理にとらわれた固苦しい文章と見えるかもしれないが、「信心のさだまるとき往生またさだまるなり。来迎の儀則をまたず」といった新しい考えが明快に披瀝《ひれき》されている。以下、門弟と信心を共にする喜び、間違った理解に対する戒め、謗法《ほうぼう》の行為に対する歎きをめんめんと説き語っている書簡が続くので、第一書簡でつまずかずに読んでほしい。これらの書簡を読み進める時、『歎異抄』の逆説的な言葉とは異なって、親しみ深い人間親鸞の気息を間近に聞く思いをいだかせられるにちがいない。

『末燈鈔』は、本願寺第三世覚如《かくにょ》の次男従覚《じゅうかく》（一二九五〜一三六〇）の手で、親鸞没後七十二年にあたる正慶二年（一三三三）に京都で編集された。書名については、従覚はふれていないので、誰の命名かはっきりしないが、末代の衆生が心のともしび（燈）ともすべき要文を書き取った書という意味である。

真実信心の人は来迎往生をまたず——第一書簡

＊この書簡は、常陸《ひたち》の門弟から提出された「臨終正念」（死期に臨み、妄念《もうねん》をしずめて仏のお迎えを待つこと）の念仏のあり方をめぐる疑問に答えた消息法語と考えられる。『親鸞聖人御消息集』に収められている教忍坊宛の書簡に「常陸国中《ひたちのくにうち》の念仏者のなかに、有念《うねん》無念の念仏沙汰《ざた》の聞え候ふは、僻言《ひがごと》に候ふと申し候ひにき」とあるが、有念の念仏（悪を廃《す》て善を修めながらとなえる念仏）か無念の念仏（心をこらして、となえる念仏）かの議論は、来迎をたのむ臨終往生の念仏をめぐってなされたようである。親鸞は、来迎を期待する念仏や自力にたよる念仏をすべて方便仮門《ほうべんけもん》とし、本願の念仏は「有念にあらず、無念にあらず」と説く。

一 臨終の時に、阿弥陀仏が二十五人の菩薩《ぼさつ》とともに紫雲に乗って迎えに来て衆生を極楽へ引き取ること。

二 修行や善行を積むことで浄土に生れようと願う人のためにあるのであって。

三 如来からさし向けられた他力の信心。

四 如来廻向《えこう》の信心に促されて念仏を行ずる人は。

五 仏の大慈悲の心にもれなく摂《おさ》め取られる恵み。

六 まさしく往生することが定まっている位置にいるのです。六三頁「浄土和讃」22参照。

七 本願力による信心がしっかりと身に備わること。

八 この上ないさとりの境地。

一

有《う》念《ねん》無《む》念《ねん》の事《こと》

来迎《らいかう》[一]は諸行[二]往生にあり、自力の行者なるがゆゑに《〔それを望むのは〕自力をたのむ人だからです》。臨終《りんじゅ》といふことは《臨終に来迎を期待するのは》、諸行往生のひとにいふべし《あてはまることで》、いまだ真実[三]の信心をえざるがゆゑなり《得ていないからです》。また十悪五逆の罪人《重い罪をおかした人が》の、はじめて《〔臨終の折〕》善知識《ぜんちしき》にあふて《導師にあって》、すすめ《〔念仏を〕》らるるときにいふことなり。真実信心の行人《ぎやうにん》[四]は、摂取不捨《せつしゆふしや》[五]のゆゑに、正定聚《しやうぢやうじゆ》[六]のくらゐに住《ぢゆう》す。このゆゑに臨終まつことなし《臨終正念の往生を待つ必要はなく》、来迎たのむことなし。信心のさだまるとき往生またさだまるなり。来迎の儀則《儀式を必要としない》をまたず。

正念《しやうねん》といふは、本弘《ほんぐ》[七]誓願の信楽《しんげう》さだまるをいふなり。この信心《他力の信心》をうるゆゑに、かならず無上涅槃《ねはん》[八]にいたるなり。この信心を一心といふ、この一心を金剛心といふ《金剛不壊の心といい》、この金剛心を[一]大菩提《ぼだい》心といふなり。

これすなはち他力のなかの他力なり。

また正念といふにつきて二つあり。一つには[二]定心《ぢやうしん》の行人《ぎやうにん》の正念、二つには[三]散心《さんじん》の行人の正念あるべし。この二つの正念は他力のなかの自力の正念なり。[四]定散《ぢやうさん》の善は諸行往生のことばにをさまるなり《諸善万行によって往生しようとする立場にあてはまります》。この善は他力のなかの自力の善なり。この自力の行人は《この自力をたのむ念仏者は》、来迎をまたずしては《臨終のお迎えを待たないでは》、[五]辺地《へんぢ》・胎生《たいしやう》・懈《け》慢界《まんがい》までも生まるべからず《にすら往生できないのです》。このゆゑに[六]第十九の誓願に、もろもろの善をして浄土に廻向して往生せんと《さまざまな善を積んでその功徳をさし向けて浄土に往生しようと》ねがふ人の臨終には、われ現じてむかへんとちかひ給へり《如来が姿をあらわして迎えようとお誓いになっています》。臨終まつことと来迎往生といふことは《お迎えをうけて往生するということは》、この定心・散心の行者のいふことなり。

[七]選択《せんぢやく》本願は有念にあらず《本願の念仏は有念のものでもなく》、無念にあらず《無念のものでもない》。有念はすなはち〔仏の〕色・形をおもふについていふことなり《心に思いえがくことからそういうのです》。無念といふは、形をこころにかけず《思いえがかず》、色をこころにおもはずして、念もなきをいふなり《一切の思いのないことをいいます》。これみな[八]聖《しやう》

一 仏のさとりを分ち与えられた心。「願力不思議の信心は　大菩提心なりければ」（「浄土和讃108）。

二 道場に安坐し、心をこらして浄土のありさまを観想する人に備わる正念。

三 悪をとどめ善を修する功徳によって浄土往生を願う人に備わる正念。

四 定心・散心の行を修めること。

五 真実の浄土ではない仮の浄土。「辺地」「懈慢界」は、七九頁「浄土和讃」65注参照。「胎生」は、一六六頁「正像末法和讃」301注参照。

六 『大無量寿経』に説く、弥陀四十八願の一つ。至心発願の願、来迎引接《いんじょう》の願とも呼ぶ。仏となろうと願う人があって、さまざまの善を積み、その功徳によって往生しようとする時、その人の臨終に際して迎えにゆくことができないなら、仏とならない、という誓い。

七 弥陀の四十八願のうちから精髄として選びぬかれた本願。第十八願をいう。『歎異抄』一二頁注一参照。

八 自力の修行で仏のさとりを得ようとする宗門の教え。「また有念無念と申すことは、他力の法門にはあらぬことにて候ふ。聖道門に申すことにて候ふなり。みな自力聖道の法文なり。阿弥陀如来の選択本願念仏は有念の義にもあらず、無念の義にもあらずと申し候ふなり」（『親鸞聖人御消息集』）とある。

九 仏性（仏心）を自覚して、直ちに仏となることを教える宗門。ここでは以下にあるごとく禅宗をいう。

一〇 『中論』『十二門論』（以上竜樹《りゅうじゅ》作）、『百論』（竜

樹の弟子提婆《だいば》の作）にもとづく宗派。開祖は羅什《らじゅう》。

一一「大乗」は、一切衆生の平等の成仏を目的とする最高最深の教え。親鸞は『愚禿鈔』上に「大乗教について二教あり。一には頓教《とんぎょう》、二には漸教《ぜんぎょう》なり。頓教について二教・二超あり、二教は、一には難行聖道の実教なり。いはゆる仏心・真言・法華・華厳等の教也。二には易行浄土本願真実の教『大無量寿経』等なり」と述べ、平等に、速やかにさとりに到達し得る「易行浄土本願真実」の教えを最高最深の教えとしている。

一二「法相宗」は『瑜伽《ゆが》論』などにもとづく宗派で、唯識《ゆいしき》宗ともいい、心識のはたらきとして存在をとらえる教説をとなえる。「成実宗」は『成実論』にもとづく宗派で、空観と無我観を主張する。「倶舎宗」は『倶舎論』（世親作）にもとづく宗派で、存在そのものはつねに有であると見る。

一三 人々の素質に応じて仮に説いた教え。「権」は、方便の意で、実に対する語。

一四 自己一人の成仏を目的とする教え。

一五 悪をやめ善を修める功徳で浄土を願う立場。

一六 心を凝らして浄土のありさまを観想する立場。

一七 聖道門の無念は、妄念《もうねん》がなくなった境地をいうから浄土の教えでいう無念とは異なるのである。

一八 底本は「これ」とあるが、古写本により改める。

一九 自力の人を本願に引き入れるための方便として仮に設けた教え。

二〇 大乗と小乗、権教と実教。

道《だう》のをしへなり。聖道といふは、すでに仏《ぶつ》になり給へる人《仏の地位に至られた方が》の、われらがこころをすすめんがために《わたしたちの心を勧め導くために説かれた教えであって》、[九]仏心宗・真言宗・法華宗・華厳《けごん》宗・[一〇]三論《さんろん》宗等の大乗[一一]至極《しごく》の教《けう》なり。仏心宗といふは、この世にひろまる禅宗これなり。また[一二]法相《ほつさう》宗・成実《じやうじつ》宗・倶舎《くしや》宗等の[一三]権教《ごんけう》、[一四]小乗等の教なり。これみな聖道門《しやうだうもん》なり。権教といふは、すなはちすでに仏になり給へる仏・菩薩《ぼさつ》の、かりにさまざまの形をあらはしてすすめ給ふがゆゑに、権《ごん》といふなり。

浄土宗《浄土の教え》にまた有念あり、無念あり。有念は[一五]散善義《さんぜんのぎ》、無念は[一六]定善義《ぢやうぜんのぎ》なり。浄土《浄土宗》の無念は[一七]聖道の無念には似ず。またこの[一八]聖道の無念のなかにまた有念あり、よくよく問ふべし《〔学問のある方に〕よくよく問い質すのがよいでしょう》。

浄土宗のなかに真あり、仮あり《真実の教えと方便の教えがある》。真といふは選択本願《十八願にもとづく教え》なり。仮といふは定散二善なり。選択本願は浄土真宗《浄土の真実の教えである》なり。定散二善は[一九]方便《はうべん》仮《け》門《もん》なり。浄土真宗は大乗のなかの至極なり。方便仮門のなかにまた[二〇]大小権実《ごんじつ》の教あり。釈迦如来の御善知識は一百一十人なり《釈尊が教えをうけられた導師は百十人であります》。『華厳経』にみえたり。

南無阿弥陀仏

建長三歳[一]辛亥《かのとゐ》閏《うるふ》九月二十日《はつかのひ》　愚禿《ぐとく》[二]親鸞 七十九歳

自力の念仏と他力の本願
念仏の違い——第二書簡

二

[三]かさまの念仏者のうたがひ問はれたる事

それ浄土真宗のこころは《いったい浄土の真実の教えの趣旨は》、往生の根機[四]に他力[五]あり、自力あり。このことすでに天竺《てんぢく》[六]の論家《ろんげ》・浄土の祖師[七]のおほせられたることなり。

まづ自力と申すことは、行者のおのおの縁にしたがひて《人それぞれにそなわった縁に応じて》、余[八]の仏号を称念し、余の善根《念仏以外の善行》を修行して、わが身をたのみ《自分の能力に自信を持ち》、わがはからひのこころをもて《自分自身であれこれ考えて》身口意《しんくい》[九]のみだれごころをつくろひ《みだりがわしい心の起るのをおしこめ》、めでたうしなして《ことさら立派そうに振舞って》、浄土へ往生せんとおもふを、自力と申すなり。また他力と

一 一二五一年。
二 『歎異抄』四九頁注一八参照。
＊ 第二書簡は、常陸国笠間郡《ひたちのくにかさま》に住む門弟性信房からの自力・他力にまつわる不審に対する返書である。自力によっては往生できないことを言葉を尽して答え、また念仏以外の善を行う人をそしる必要のないことを説いている。同一書簡が『親鸞聖人血脈文集』にも収められ、さらに『古写消息』(専修寺蔵)では標題が「念仏する人々のなかよりうたがひ問はるる事」と改められ、本書簡の書かれた翌年四月の日付となっているので、たび重ねて門弟に書き与えられたものらしい。
三 今の茨城県笠間市を中心とした地方。親鸞は、流罪を許されて後、越後から常陸に移住し、笠間郡稲田郷に草庵をかまえて住んだと伝えられている(『親鸞伝絵』)。
四 往生を願う人の素質や能力。
五 他力をまつ必要がある者と、自力の修行で往生をとげようとする者との別があります。
六 インドの思想家。竜樹や天親などをいう。「高僧和讃」参照。
七 浄土の教えを明らかにされた諸師。曇鸞《どんらん》・道綽《どうしゃく》・善導・源信・源空など。「高僧和讃」参照。
八 弥陀以外の仏の御名をとなえ、また心に念じ。
九 身と口と心でなす行為。

申すことは、弥陀如来の御ちかひのなかに、[一〇]選択摂取《せんぢやくせつしゆ》し給へる、[一一]第十八の念仏往生の本願を[一二]信楽《しんげう》するを、他力と申すなり。〔他力は〕如来の御ちかひなれば《如来のお誓いであるから》、他力には[一三]義なきを義とすと、聖人のおほせごとにて《法然聖人が常に仰せられたことで》ありき《ありました》。義といふことは、はからふことばなり《人が推しはかるという意味の言葉です》。行者のはからひは自力なれば、義といふなり。他力は《他力では》本願を信楽して往生[一四]必定《ひつぢやう》なるゆゑに、さらに義なしとなり《全くとやかく考える必要がないというのです》。

しかれば《ですから》、わが身のわるければ《自分は悪人なので》、いかでか如来むかへ給はんとおもふべからず《どうして如来が浄土へお迎え下さるだろうかと心配してはなりません》。凡夫はもとより[一五]煩悩《ぼんなう》具足したるゆゑに、〔自分を〕わるきものとおもふべし《認めるのがよいのです》。また、わがこころよければ往生すべしと《自分の心は正しいので必ず往生できるだろうと》、おもふべからず《心に決めてはなりません》。自力の御はからひにては[一六]真実の報土へ[一七]生ずべからざるなり《生れることはできません》。行者のおのおのの[一八]自力の信にては、[一九]懈慢《けまん》・辺地《へんぢ》の往生、[二〇]胎生《たいしやう》・[二一]疑城《ぎじやう》の浄土までぞ《までが》、往生せらるることにてあるべきとぞ《往生できる限界であるにちがいないと》、うけたまはりたりし《うけたまわったことでした》。第十八の本願成就のゆゑに《第十八の本願を成就することによって》、阿弥陀《あみだ》如来とならせ給ひて、不可思議の利益《りやく》きはまりましまさぬ御かたちを《恵みに限りがあらせられない御ありさまを》、[二二]天親菩薩《てんじんぼさつ》は[二三]尽十方《じんじつぱう》

一〇 とくに選びわけて摂《おさ》め取って下さった。
一一 弥陀の四十八願中の第十八番目、念仏するものをすべて平等に浄土に生れさせようという誓願。仏の平等の慈悲をあらわした根本の願ゆえに本願という。
一二 深く信じて疑いをはさまないこと。六四頁「浄土和讃」24注参照。
一三 他力については、人智がとうてい及ばないことを知ることをもって基本の教えとする。
一四 浄土に生れることが決定しているので。
一五 煩悩のことごとくを身に具《そな》えていること。一二五頁「高僧和讃」189参照。
一六 弥陀の本願の報いとして成り立っている浄土。『歎異抄』一五頁注一一参照。
一七 真蹟書簡には「むまるべからず」とある。
一八 底本は「自力の身」とあるが、真蹟書簡によって「自力の信」と改めた。自分で決めた信心。
一九 七九頁「浄土和讃」65注参照。
二〇 一六六頁「正像末法和讃」301注参照。
二一 一六三頁「正像末法和讃」294注参照。
二二 インドの世親《せしん》。一〇三頁「高僧和讃」注一参照。
二三 一〇六頁「高僧和讃」133の本文と注参照。『一念多念文意』に「この如来（阿弥陀）は光明なり、光明は智慧なり、智慧は光のかたちなり、（中略）この如来、十方微塵《みぢん》世界に満ちみち給へるが故に無辺光仏と申す。しかれば、世親菩薩は尽十方無碍光如来と名づけたてまつり給へり」とある。

無《む》碍光《げくわう》如来とあらはし給へり《表現しておられます》。このゆゑに、よきあしき人をきらはず《善人悪人をえりごのみすることなく》、煩悩のこころをえらばず《煩悩の心の深浅を選ぶことなく》、へだてずして《わけへだてもなく》、往生は必ずするなりと知るべしとなり《知るのがよいといわれています》。しかれば[一]恵心院《ゑしんゐん》の和尚《くわしやう》は、『往生要集』[二]に、本願の念仏を信楽するありさまをあらはせるには《信じよろこぶ人のありさまを書き記している言葉として》、「[三]行住坐臥《ぎやうぢゆうざぐわ》をえらばず、時処諸縁をきらはず」とおほせられたり。真実の信心をえたるひとは《如来からさし向けられた信心を受けとめた人は》、[四]摂取《せつしゆ》のひかりにをさめとられ参らせたりと《無碍光仏の御こころのうちに摂め取っていただいているのだと》、たしかにあらはせり《書き記している》。しかれば[五]無明煩悩《むみやうぼんなう》を具して[六]安養浄土《極楽浄土》に往生すれば、かならずすなはち《ただちに》無上仏果にいたると《この上ないさとりに至ると》、[七]釈迦如来説き給へり。

しかるに[八]五濁《ごぢよく》悪世のわれら《末世に生きる我々は》、釈迦一仏のみことを信受せんことありがたかるべしとて《釈尊お一人のお言葉をそのまま受けとめ信じることはきわめて困難であろうというので》、[九]十方恒沙《じつぱうごうじや》の諸仏証人とならせ給ふと、[一〇]善導和尚は釈し給へり《説かれておられる》。釈迦・弥陀・十方の諸仏、みなおなじ御こころにて、本願念仏の衆生には、[一一]かげのかたちにそへるがごとくして《〔釈迦・弥陀・諸仏が〕影が形についてまわるように》、はなれ給はずとあかせり《お離れにならないと明言していらっしゃる》。しかれば《ですから》、この信心の人を《如来廻向の信心を心にたもつ人を》、釈迦如来は、[一二]わが親しき友なりとよろこびます《およろこびになっておられます》。この信心の人を真の仏

一 源信（九四二〜一〇一七）のこと。比叡《ひえい》山横川《よかわ》の恵心院に住んでいたので、恵心僧都《そうず》と呼ばれた。一三〇頁「高僧和讃」注二参照。
二 源信の代表作で、日本浄土教の基《もとい》となった書。この引用文は、その第八「念仏の証拠」に見える。
三 人の起居動作のありようを区別することなく、時や場所の環境条件を問題にしない。一三三頁「高僧和讃」210の本文と注参照。
四 一三三頁「高僧和讃」211参照。『往生要集』第四「正修念仏」に見える「極重の悪人はただ仏を称すべし、我また彼の摂取の中に在れども、煩悩に眼を障《さ》へられて見ること能《あた》はずと雖《いど》も、大悲は倦《う》くこと無く、常に我が身を照らしたまふ」の文によっている。
五 物事の真実を理解できずに迷い悩む闇《くら》い心。
六 心を安んじ、身を養うところ、の意。
七 『大無量寿経』に説く「安養国に往生して、横に五悪趣を截《き》り、悪趣自然に閉《と》ぢん」などの言葉を指していったものと考えられる。
八 六二頁「浄土和讃」18注参照。
九 あらゆる世界の無数の仏が、念仏によって必ず往生する事実を、口をそろえてほめ讃え、その証人となっておられる（『阿弥陀経』に見える）。
一〇 以上は、善導の『観念法門』のなかに見える説。善導については一二一頁「高僧和讃」注二参照。
一一 本願のはたらきにうながされて念仏する人。

弟子といへり。

この人を正念に住する人とす《本願による信心がそなわった人とします》。この人は摂取してすて給はざれ《〔仏が〕お心に摂め取ってお捨てにならな》ば《いので》、金剛心をえたる人と申すなり。このひとを[一三]上上人《じやうじやうにん》とも、好人《かうにん》とも、妙好人《すぐれて好ましい人》とも、最勝人《最もすぐれた人》とも、[一四]希有人《けうにん》とも申すなり。このひとは正《まさ》定聚のくらゐにさだまれるなりとしるべし《しく仏の位につく身と定まっている人であると知らねばなりません》。しかれば[一五]弥勒仏《みろくぶつ》とひとしき人とのたまへり。これは真実信心をえたるゆゑに《如来廻向の信心を心にたもつゆえに》、かならず真実の報土に往生するなりとしるべし。

この信心をうることは《真実信心をそなえることができるのは》、釈迦・弥陀・十方諸仏の御方便よりたまはりたる《いろいろなてだてによっていただくもの》としるべし《と知らねばならない》。しかれば諸仏の御をしへをそしることなし《そしる必要はなく》、余の善根《念仏以外の善》を行《ぎやう》ずる人をそしることなし。この念仏するひとをにくみそしるひとをも、にくみそしることあるべからず。あはれみをなし《あわれみの心をかけ》、かなしむこころをもつべし《いとおしむ心を持つようにするがよいと》とこそ、[一六]聖人はおほせごとありしか《法然聖人は仰せられたことでした》。あなかしこあなかしこ。

仏恩のふかきことは、懈慢《けまん》・辺地《へんぢ》に往生し、疑城《ぎじやう》・[一七]胎宮《たいぐ》に往生す

一二『大無量寿経』の「法を聞きてよく忘れず、見て敬ひ得て大いに慶《よろこ》ばば、則《すなは》ち我が善き親友《しんう》なり」の文による。

一三 以下は、善導の『観経疏《かんぎようしよ》』散善義に見える言葉。「もし念仏の者《ひと》は、即ちこれ人中の好人なり、人中の妙好人なり、人中の上々人なり、人中の希有人なり、人中の最勝人なり」とある。

一四 めったにいない人。

一五 信心の定まった人は、仏になることが約束されている点で弥勒菩薩と同じである。『一念多念文意』に「王日休《わうにちきう》(不詳～一一七三。浄土教に関する要文を集めた『浄土文』を撰す)のいはく『念仏衆生便同《べんどう》弥勒』といへり。『念仏衆生』は、金剛の信心をえたる人なり。『便』は、すなはちといふ、たよりといふ。信心の方便によりて、すなはち正定聚のくらゐに住せしめ給ふが故にとなり。『同』はおなじきなりといふ。念仏の人は無上涅槃にいたること、弥勒に同じき人と申すなり」とある。東国の門徒の中にこの言葉を「自分は弥勒と等しい」と誤解する者が出たため論争が起り、混乱をひきおこすに至った。

一六『西方指南抄』中末所収の北条政子宛の法然の消息に「さやうにひがごと申し候ふらむ人(念仏する人を憎み、そしる人)をば、かへりてあはれみ給ふべきものなり」とあり、同趣旨の言葉は、同じく下末所収の津戸三郎為守宛消息にも見える。

一七 母の胎内のように閉じこめられた場所。

るだにも、弥陀の御ちかひのなかに、第十九[一]・第二十[二]の願の御あはれみにてこそ、不可思議のたのしみにあふことにて候へ《言葉で説明できないよろこびに心が満たされることになるのです》。仏恩のふかきこと、そのきはもなし《その限界はありません》。いかにいはんや《まして》、真実の報土《浄土》へ往生して[三]大涅槃《ねはん》のさとりをひらかんこと《さとりを開くようになることについては》、仏恩よくよく御案ども候ふべし《心にかみしめ肝に銘じて下さい》。

これさらに《これは決して》、性信坊《しやうしんばう》[四]、親鸞がはからひ申すにはあらず候ふ《私親鸞自身の考えを申しているのではありません》。ゆめゆめ。

建長七歳[五]乙卯《きのとう》十月三日　　愚禿親鸞八十三歳 書之

此御書者《は》[六]、自《より》二性信聖之遺跡《ゆいせき》一、以《テ》二聖人御自筆之本《ヲ》一写《シ》二‐与《フ》彼《ノ》門弟中《ニ》一云々

三

一 一八〇頁注六参照。

二 弥陀の名号を聞いて、弥陀の浄土のありさまを思いえがき、さまざまの善根功徳を積み、心をつくして往生を願う者には、その願いを叶《かな》えようと誓われた願。至心廻向の願とも呼ぶ。『大無量寿経』に述べられている法蔵比丘《びく》(阿弥陀仏の修行中の身)が立てた四十八の誓願の第二十。

三 大般《だいはつ》涅槃の略。すぐれて完全なさとりの境地をいう。『一念多念文意』に「一実真如と申すは、無上大涅槃なり。涅槃すなはち法性なり、法性すなはち如来なり」とある。

四 呼びかけ。「性信房」は親鸞の門弟で、善鸞の異議にまつわる訴訟事件の解決にあたった。下総《しもうさ》横曾根報恩寺の開基で、建治元年(一二七五)八十九歳で没。

五 一二五五年。

六 以下の文章は、編者の従覚《じゅうかく》が記したもの。「このお手紙は、性信聖《ひじり》のご遺跡から見出だしたもので、親鸞聖人ご自筆のものによって写した分を、彼の門弟の間に分ち与えたものである」という意。

* 第三書簡は『御消息集』(飯沼の善性書写本)や『血脈文集《けつみゃくもんじゅう》』にも収められ、『血脈文集』においては「金剛信心の事」と標題が付されている。本書簡が弥勒仏との関係を論じているのは、当時の東国における弥勒信仰の流布が背景にあると考えられ、親鸞は真言系の弥勒信仰をも「浄土の真実信

心」の立場にとりこみ、王日休の『浄土文』に見える「一念往生便《すなはチ》同《ジ》二弥勒《ニ》一」の文を拠《よ》り所に「弥勒におなじ」という考えを強く説くようになった。

真実信心の人は如来とひとし――第三書簡

[七] まさしく仏の位につく身と定まった人々。

[八] 仏となることを約束された位。一五一頁「正像末法和讃」258・260参照。

[九] 浄土教の根本経典。曹魏《そうぎ》の康僧鎧《こうそうがい》訳『仏説無量寿経』二巻をいう。略して『大経』ともいう。以下の叙述は、巻下のはじめの部分「それ、衆生ありて、かの国に生れんとする者は、みな、ことごとく正定聚に住す」によっている。

[一〇]『大無量寿経』の異訳本。『大宝積経《だいほうしゃくきょう》』に収められている。唐僧菩提流支《ぼだいるし》訳。その十一願文に「もし、われ成仏せんに、国中の有情、もし、決定《けつぢゃう》して等正覚を成り、大涅槃を証せずば、菩提を取らじ」（『教行信証』証巻の引文による）とある。

[一一] 仏の処を補う、の意。釈尊について仏の地位に補任される位。

[一二]「次いで弥勒の如し」と訓《よ》む。『一念多念文意』に「他力信楽《しんげう》の人は、この世のうちにて不退の位にのぼりて、必ず大般涅槃《だいはつねはん》のさとりを開かむこと、弥勒の如しとなり」と述べている。

[一三] 汚《けが》れを持ち、悪をなさずにはいられない身。

[一四] 如来からさし向けられた信心をよろこぶ心。

信心をえたるひとは《如来廻向の信心を受けとめ得た人は》、かならず[七]正定聚《しやうぢやうじゆ》のくらゐに住するがゆゑに、[八]等正覚《とうしやうがく》のくらゐと申すなり。[九]『大無量寿経』には、摂取《せつしゆ》不捨の利益《功徳にあずかることになっている者を》にさだまるものを正定聚となづけ、[一〇]『無量寿如来会《にょらいゑ》』には、等正覚と説き給へり。その名こそかはりたれども《その呼び方はちがっているけれども》、正定聚・等正覚はひとつこころ《同じ意味内容であり》、ひとつくらゐなり《同じ地位のことなのです》。等正覚と申すくらゐは、[一一]補処《ふしよ》の弥勒《みろく》とおなじくらゐなり。弥勒とおなじく、このたび無上覚にいたるべきゆゑに《今度往生してこの上ないさとりをうることになっているので》、弥勒におなじと説き給へり。

さて『大経《大無量寿経》』には、「[一二]次如《しにょ》弥勒」とは申すなり。

弥勒はすでに仏《ぶつ》にちかくましませば、弥勒仏と諸宗のならひは申すなり《諸宗では言いならわしています》。しかれば弥勒におなじくらゐなれば、正定聚の人は如来とひとしとも申すなり。浄土の真実信心の人は《他力の真実信心をそなえた人は》、この身こそあさまし《なさけない》き[一三]不浄造悪の身なれども、[一四]こころはすでに如来とひとしければ、如来とひとしと申すこともあるべしとしらせ給へ《ご理解下さい》。弥勒すでに〔は〕無上《最高の》

覚《さとりに》にその心《しん》さだまりてあるべきにならせ給ふによりて《その心が住するようになることが決っていらっしゃるので》、三会《さんゑ》[一]のあかつきと申すなり。浄土真実のひとも《浄土を願う真実信心をそなえた人も》、このこころをこころうべき《この意味を心得ているのがよい》なり《のです》。

[二]光明寺の和尚《くわしやう》の『[三]般舟讃《はんじゆさん》』には、信心のひとは、その心《しん》すでに[四]「つねに浄土に居《こ》す」と釈し給へり《解かれました》。「居す」といふは、浄土に、信心のひとのこころ、つねにゐたりといふこころなり《住しているという意味であります》。これは弥勒と[五]おなじといふことを申すなり。これは、等正覚を弥勒とおなじと申すによりて、信心のひとは如来とひとしと申すこころなり《他力信心の人は如来ときわめて近いという意味であります》。

[六]正嘉元年丁巳《ひのとみ》十月十日　親鸞

[七]性信御房

一　無明の闇がはらわれることを暁に喩《たと》え「三会の暁」というのです。「三会」は、弥勒が釈尊入滅後五十六億七千万年の後に仏のさとりを開き、竜華樹のもとで上中下それぞれの能力・素質に応じて行う三度の大説法会をいう。

二　善導のこと。一二一頁「高僧和讃」注二参照。

三　『観無量寿経』などによって浄土を讃えた文。

四　この本文を『教行信証』信巻から引くと「凡夫の生死貪《しやうじとん》じて（凡夫の境界はこれを貪《むさぼ》り執着し）厭《いと》はざるべからず、弥陀の浄土軽めて忻《ねが》はざるべからず。厭へば則《すなは》ち娑婆《しやば》永く隔つ（迷いの世界を永遠に離れ）、忻へば則ち浄土に常に居《こ》す」とある。

五　信心の人が浄土に往生して仏のさとりを証することができるのは、弥勒が三会の暁にこの上ない仏のさとりを極めるのと同じであるということ。

六　一二五七年。親鸞八十五歳。

七　一八六頁注四参照。

＊　第四書簡は、第三書簡と同じ日付のもので、内容も共通する。どのような人間であれ、真実信心をいただいた者は如来に等しいという思想は、すでに「浄土和讃」92（八九頁）にも見え、その時（宝治二年、親鸞七十六歳）から親鸞の内面に熟し、正嘉元年には前面に強く打ち出されるようになった。この思想は、古代的権威の桎梏《しつこく》のもとにつながれていた農民を、自主自立の地平に解放した。

四

なお同文の書簡が善性本『御消息集』にも収められている。

信心よろこぶ人は、諸々の如来にひとし——第四書簡

八 これは経の文《もん》なり。九『華厳経』に言《のたまはく》、一〇「信心歓喜《くわんぎ》者《しや》与《よ》諸《しよ》如来《によらい》等《とう》」といふは、信心よろこぶひとは、もろもろの如来とひとしといふなり。もろもろの如来とひとしといふは、信心をえてことによろこぶひと《とくによろこぶ人のことを》は、釈尊のみこと《お言葉》には、一一「見敬得大慶《けんきやうとくだいきやう》　則《そく》我《が》善《ぜん》親友《しんう》」と説き給へり。また弥陀の第十七の願一二には、「一三十方《じつぱう》世界　無量諸仏　不《ふ》悉《しつ》咨《し》嗟《しや》　称我名者《しようがみやうじや》　不《ふ》取正覚《しゆしやうがく》」とちかひ給へり。願成就一四の文《もん》には、「よろづの仏《ぶつ》にほめられ、よろこび給ふ」とみえたり。すこしもうたがふべきにあらず。これは如来とひとしといふ文どもあらはししるすなり《以上は如来と等しいということに関する経文の証拠をあげて書き記したものです》。

正嘉元年丁巳十月十日　親鸞

一五 真仏御房

八 次の「信心歓喜……」以下の文を指す。

九 正しくは『大方広仏華厳経《だいほうこうぶつけごんきょう》』といい、この宇宙は、広大無辺の仏のはたらきのなかに摂め取られ、万物は相互にかかわりあい、一塵《いちじん》にも宇宙の全体が宿って重々無尽の縁起を展開していると説く。

一〇「信心歓喜する者は、もろもろの如来と等し」と訓《よ》む。この句は『華厳経』（旧訳）巻六十入法界品の結びの偈頌《げじゅ》「聞《キテ》二此法《ノヲ》一歓二喜《シテ》一　信心《ヲ》無《キ》レ疑《ヒ》者《ハ》　速《カニ》成《ラム》二無上道《ヲ》一　与《と》二諸如来《ノ》一等《ひとシトナリ》」（『教行信証』信巻に引く訓《よみ》による）の文によっている。

一一「見て敬ひ、得て大いに慶ぶは、すなはちわが善き親友なり」と訓む。『大無量寿経』に見える。

一二『大無量寿経』に説かれている第十七願。

一三「十方世界の無量の諸仏、ことごとく咨嗟《しし》して（ほめ讃えて）わが名を称せずは、正覚を取らじ」と訓む。

一四『大無量寿経』に見える「十方恒沙《じっぽうごうじゃ》のもろもろの仏・如来は、みな、ともに無量寿仏の威神功徳の不可思議なることを讃嘆し給ふ」以下をいう。

一五 下野国《しもつけのくに》高田（栃木県芳賀郡二宮町）の人。高田専修寺の第二祖。正嘉二年（一二五八）に五十歳で没。

五

一 自然法爾《じねんほふに》の事

自然といふは、自はおのづからといふ《それ自体のはたらきをいい》、行者のはからひにあらず《人が意図したことではありません》、然といふは、しからしむといふことばなり《そのように成立させているという意味の言葉です》。しからしむといふは、行者のはからひにあらず、如来のちかひにてあるがゆゑに、二 法爾といふ。法爾といふは、この如来の御ちかひなるがゆゑにしからしむ《そのようにさせる》るを《ということを》、法爾といふなり。法爾はこの御ちかひなりけるゆゑに、三 おほよす《一般に》行者のはからひ《人の主観的なはからい》のなきをもて、この法の徳のゆゑにしからしむといふなり《一切の事物にそなわっているはたらきゆえにそうあらしめるといいます》。すべてひとのはじめてはからはざるなり《人があらたにもくろんだことではないのです》。このゆゑに義なきを義とすとしるべしとなり《主観によるはからいを離れ去るのを本義とすると知るがよいというのです》。

自然といふは、もとより《もともと》しからしむるといふことばなり《そのようにあらしめるという意味の言葉です》。弥陀《みだ》仏

＊ 第五書簡は、消息法語の代表的なもので、いわゆる書簡とは考えられない。専修寺蔵『古写消息』には、「正嘉二歳戊午《つちのえうま》十二月日、善法坊僧都御坊、三条富小路の御坊にて、聖人にあひまゐらせての聞書、そのとき顕智これをかくなり」とあり、顕智によって東国にもたらされた法語と考えられる。なお、文明本の『三帖和讃』巻末にもこの法語と同じ内容のものが収められている。

しからしむるということば――第五書簡

一 「自然法爾」とは、一切のものごとを成り立たせている存在の理法を意味する言葉である。親鸞はそうした理法を一般的な抽象原理として捉《とら》えないで、阿弥陀仏の名号によって気づかせていただいた誓願（本願）のはたらきとして受けとめた。『古写消息』には標題はなく、「自然といふは……」の前に、「獲字《ぎやくのじ》は、因位のときうるを獲《ぎやく》といふ。得字は、果位のときにいたりてうることを得といふなり。名字は、因位のときのなを名といふ。号字は、果位のときのなを号といふ」という前文が付されている。獲と得、名と号との区別を論じたこの前文と本文との関係はよくわからない。『尊号真像銘文』（広本）に「獲といふはうるといふことばなり、うるといふはすなはち因位（修行時代）のときさとりをうるといふ」とあり、「得はうべきことをえたりといふ」（『一念多念文意』）という説明が参考になる。

二 法によってそのようにあらしめられていること。

の御ちかひの、もとより行者のはからひにあらずして《人が考えだしたことではなくて》、[四]南無阿弥陀仏とたのませ給ひて、むかへんとはからはせ給ひたるによりて《〔仏が〕迎えいれようとおはからいになられたことでありますから》、[五]行者のよからんとも、あしからんともおもはぬを、自然とは申すぞときききて候ふ。

ちかひのやうは《弥陀仏の誓願の肝要は》、[六]無上仏にならしめんとちかひ給へるなり《つかせようとお誓いになられたことです》。無上仏と申すは、かたちもなくまします《なくていらっしゃいます》。かたちもましまさぬゆゑに、自然とは申すなり。かたちましますとしめすときには《形がおありでいらっしゃるように示すときには》、[七]無上涅槃《ねはん》とは申さず。かたちもましまさぬやうをしらせんとて《形もおありでないという真相をわからせようとして》、はじめて《改めて》弥陀仏と申すとぞ、きききならひて候ふ《たびたび聞いてそのように理解しております》。

[八]弥陀仏は自然のやうをしらせんれうなり《ありようを知らせようとするてだてです》。この道理をこころえつるのちには、この自然のことはつねに沙汰すべきにはあらざるなり《繰り返しあれこれとせんさくすべきではないのです》。つねに自然を沙汰《さた》せば、義なきを義とすといふことは、なほ義のあるになるべし《また義があることになってしまいます》。これは仏智の不思議にてあるなるべし《沙汰しないのは如来の智慧が人智を超えているからです》。

正嘉二年十二月十四日

愚禿親鸞　八十六歳

三　底本は「をよす」、他本により「ほ」を補う。

四　南無阿弥陀仏ととなえるようしむけて下さって。

五　人が、如来の本願におまかせするのは善いことかまちがいかなどとあれこれ考えないことを。

六　（念仏の人を）この上ない仏の位に。仏に「無上」の語を冠した言葉は、この「自然法爾の事」の法語中にのみ見える。『菩薩念仏三昧経』に「無上自然仏」の語があり、その語によって「自然」と「無上仏」とを関連づけて論じたものと思われる。

七　究極の真如の世界。

八　弥陀は、世界をこのように成り立たせているはたらきを人に教え知らせる方便として現じたもので、すべての存在をかかわりにおいて一つの世界におさめまとめるはたらきに阿弥陀仏と名づけた。そうしたはたらきが、はたらき自体の自覚をうながす道程を示したのが法蔵の修行であって、その成仏は、真理そのもののはたらきを人々に知らせ得たことを意味する。このことを親鸞は『一念多念文意』に「この一如宝海より形をあらはして法蔵菩薩となのり給ひて、無碍《むげ》の誓ひを発《おこ》し給ふを因《たね》として、阿弥陀仏となり給ふが故に、報身如来と申すなり。これを尽十方無碍光仏と名づけ奉れるなり。この如来を南無不可思議光仏とも申すなり。この如来を方便法身とは申すなり。方便と申すは、形をあらはし、御名を示して、衆生に知らしめ給ふを申すなり。すなはち阿弥陀仏なり」と述べている。

六

なによりも、こぞ《去年》[一]、ことし、老少男女《なんにょ》おほくのひとびとの、死に《相次いで亡くなられたことは何とも悲しいことです》あひて候ふらんことこそあはれに候へ。ただし生死《しやうじ》[二]無常のことわり、くはしく如来の説きおかせおはしまして候ふ上は《如来が説き置かれていらっしゃるところですから》、おどろきおぼしめすべからず候ふ《いまさら驚きをお感じになる必要はありません》。まづ善信[三]が身には、臨終[四]の善悪をば申さず、信[五]心決定《けつぢやう》の人は、うたがひなければ《〔信心を〕疑うことをしないので》、正定聚《しやうぢやうじゆ》[六]に住《ぢゆう》することにて候ふなり《身を置くことになっております》。さればこそ愚癡《ぐち》無智の人も《愚かな凡夫も》、をはりもめでたく候へ。如来の御はからひにて往生するよし、ひとびとに申され候ひける《〔あなたが〕話しておられることは》、少しもたがはず候ふなり《間違ってはおりません》。としごろ《年来》、おのおのに申し候ひしこと《〔私が〕あなた方に申してきたことに》、たがはずこそ候へ《全くいちがいはありません》。かまへて《決して》学生沙汰《がくしやうざた》[七]せさせ給ひ候はで《学者ぶった議論はなさらないで》、往生をとげさせ給ひ候ふべし。

＊第六書簡は、文応元年（一二六〇）、親鸞八十八歳の折のもので、『末燈鈔』の中では最晩年のもの。善信と署名しているのも珍しい。飢饉《ききん》のさなか、悲惨な死にざまを余儀なくされた人々を念頭において、親鸞は臨終のめでたさと往生との関係を否定するが、それは、念仏の人が、古い浄土教の考え方に惑わされたり、脅やかされたりしないよう願ったからである。

往生は如来の御はからい——第六書簡

一 正元《しようげん》元年と文応元年。『吾《あ》妻鏡《ずまかがみ》』や日蓮の『立正安国論』によると、両年にわたって飢饉が起り、そこへ悪疫が流行をきわめたため、おびただしい数の死者が出た。

二 生あるものはいつ死ぬかわからないという道理。

三 親鸞の僧名。親鸞は『教行信証』の結語で、元久二年（親鸞三十三歳）に法然のゆるしを得て『選択本願念仏集』を書写したこと、ついで法然の真影を図画したものに、夢告に依り綽空《しやくくう》を改めて名乗った善信という名を法然に書いてもらったことを記している。

四 臨終の際の死にざまのよしあし。

五 如来からさし向けられた他力の信心をしっかりと受けとめた人。

六 まさしく浄土に往生することが定まっている位。

七 法然の「一枚起請文《きしようもん》」に「念仏を信ぜん人は、たとひ一代の法をよくよく学すとも、一文不知の愚鈍《ぐどん》の身になして、尼入道の無智のともがらに同じくして、智者の振舞をせずして、唯《ただ》一向に念仏すべし」とある。

七故法然聖人は、「浄土宗の人は愚者になりて往生す」とさうらひ《仰せになりま》しことを《したのを》、たしかにうけたまはり候ひし上に《承りましたばかりでなくさらに》、ものもおぼえぬあさましきひとびとの《道理をわきまえないで見下げたくなるほどひどい人々が》参りたるを御覧じては、「往生必定すべし《必ず往生するにちがいない》」とてゑませ給ひしを《ほほえまれたお顔を》、見参らせ候ひき《拝見したこともありました》。八文沙汰《ふみざた》して、さかさかしき人の《賢くすぐれた人のように振》参りたるをば《舞う人が訪ねてきた時は》、「往生はいかがあらんずらん」と、たしかにうけたまはりき《〔おっしゃるのを〕確かにお聞きしました》。九いまにいたるまで《いまになっても》、おもひあはせられ候ふなり《あらためてわが心に思いあわせられます》。ひとびとにすかされさせ給はで《だまされたりなさらないで》、御信心たぢろがせ給はずして《ご信心がゆらぐようなことはなさらず》、おのおの御往生候ふべきなり。ただし人にすかされ給ひ候はずとも《だまされなくても》、一〇信心のさだまらぬ人は、正定聚に住し給はずして《浄土に生れることになっておられなくて》、うかれ給ひたる人なり《心が落ち着かれない人でありま す》。

一一乗信房にかやうに申し候ふやうを《このように申しましたことを》、ひとびとにも申され候ふべし。

あなかしこあなかしこ。

文応元年十一月十三日　　善信 八十八歳

乗信御房

八 学問上の論議。

九 親鸞が法然のもとで親しく教えを受けたのは、二十九歳から三十五歳までであった。従って、法然と別れてから「いま」まで五十余年を経ている。

一〇 この書簡が書かれる五年前の建長七年十一月九日に、親鸞は息男慈信（善鸞）に宛てて次のような手紙を送っている。「慈信坊のくだりて、わが聞きたる法文（慈信が直接父から聞いた教え）こそ、まことにてはあれ、日頃の念仏はみないたづら（無駄）事なりとかや、大部《おほぶ》の中太郎の方の人々は、九十人何人とかや、みな慈信坊の方へとて、中太郎入道を捨てたるとかや聞き候。いかなるやうにて、さやうには候ふぞ。詮ずるところ、信心の定まらざりけると聞き候。いかやうなる事にて、さほどに多くの人々のたぢろぎ候ふらん、不便のやうと聞き候」。この場合は、真相を知らなかった親鸞が慈信に疑問をいだくに終ったが、その背景には、慈信が、自分は父親鸞から直接秘密の教えを受けたとして、念仏を誣告《ぶこく》し、幕府の念仏禁遏《きんあつ》の方針に手を貸すという事件があったのである。こうした事件もからんで関東では門弟の争奪を伴う異議が主張され、そのたびに、他力の信心に疑いをいだく者が現れたらしい。親鸞はそうした疑惑に答えるために、消息法語を関東の門弟に書き送り、多くの人に閲読されることを願った。

一一『親鸞聖人門侶交名牒』によると、常陸国《ひたちのくに》奥郡（茨城県北部）に住んでいた。

一この御消息の正本は、坂東下野国《しもつけのくに》二おほうちの御庄高田にこれあるなりと云々

七

諸仏等同と云事《いふこと》

三往生は何事も何事も《どんな場合であっても》凡夫のはからひならず《はからいによるものではなく》、如来の御ちかひにまかせ参らせたればこそ《おまかせしたからこそ》、他力にては候へ《他力というのです》。様々《やうやう》にはからひあふて候《［人が］あれこれ議論をかわしておられるのは》ふらん、をかしく候ふ《笑止なことです》。

如来の誓願を信ずる心《しん》のさだまると申すは、摂取《せっしゅ》四不捨の利益《りやく》にあづかるゆゑに不退五の位にさだまると、御こころえ候ふべし。真実六信心のさだまると申すも、金剛七の信心のさだまると申すも、摂取

一 このお手紙のもとになった親鸞聖人の真蹟は。この注記は編者（従覚《じゅうかく》）が付したものと考えられる。
二 下野国芳賀郡大内庄高田。今の栃木県芳賀郡二宮町高田。但し、現在はこの書簡の真筆は伝わらない。

＊第七書簡は、善性本『御消息集』にも収められており、それによれば、下野国高田の真仏の弟子の浄信《じょうしん》から、『華厳経』の「聞《キテ》二此《ノ》法《ヲ》一歓二喜《シテ》信心《ヲ》一無《キ》レ疑《ヒ》者 速《すみやかニ》成《ル》二無上道《ヲ》一与《ヒトシ》二諸《もろもろノ》如来一等」（真仏の『経釈文聞書』所引の文による）にもとづく「（信心の人は）この世より如来と等し」（浄信の上書中の言葉）という思想に関する質問に答えた消息法語と考えられる。専修寺蔵の真蹟書簡の巻首に「浄信御坊御返事親鸞」という押紙があるのはこの事実を語るものであろう。親鸞は『大無量寿経』の「次如弥勒《しにょみろく》」の句を根拠に、信心の人は「弥勒仏に等し」という思想を強調していたが、文明本「浄土和讃」に見るように、「信心よろこぶその人を　如来と等しと説きたまふ　大信心は仏性なり　仏性すなはち如来なり」（八九頁92参照）と、信心の人の尊厳性の根拠を明らかにしている。

信心の人をば諸仏に等しと申すなり——第七書簡

三 以下三行分の一節は、真蹟書簡には見えない。
四 どのような人をも差別せず御心の裡《うち》に摂《おさ》め取って下さるという如来のお恵み。

不捨のゆゑに申すなり。されば《だからこそ》こそ、[八]無上覚にいたるべき心のおこると申すなり。これを不退の位とも申し、[九]正定聚《しやうぢやうじゆ》の位にいたるとも申し、[一〇]等正覚《とうしやうがく》にいたるとも申すなり。このこころのさだまるを、十方諸仏のよろこびて《すべての仏たちがよろこんで》、諸仏の御こころにひとしとほめ給ふなり。このゆゑに《そういうわけで》、まことの信心のひとをば《他力廻向の信心を正しく受けとめた人を》、諸仏とひとしと申すなり。また、[一一]補処《ふしよ》の弥勒《みろく》とおなじとも申すなり。この世にて真実信心のひとをまもらせ給へばこそ《現生では如来から賜った信心が人をお護りになっておられるからこそ》、[一二]『阿弥陀経』には、[一三]十方恒沙《ごうじや》の諸仏護念すとは申すことにては候へ《諸仏が心にかけてお護り下さると示されているのです》。安楽浄土へ往生してのちに、まもり給ふと申すことにては候はず《護って下さるというわけではありません》。[一四]娑婆《しやば》世界にゐたるほど《この世に生きているあいだに》護念すと申すことなり。信心まことなるひとのこころを《他力の信心をしっかりいただいた人の心を》、十方恒沙の如来《一切の数限りない如来》のほめ給へば、仏と[一五]ひとしとは申すことなり。

また他力と申すことは、[一六]義なきを義とすと申すなり。義と申すことは、行者のおのおのはからふことを《人々が自己流の意味づけをおこなうことを》、義とは申すなり。如来の誓願は不可思議にましますゆゑに、[一七]仏と仏との御はからひなり。凡《愚か》

五 仏となることが決っている位。
六 如来の大慈悲心からさし向けられた他力の信心。
七 金剛のように固くてこわれない信心。
八 この上ないさとりの境地。
九 正しく仏の位につく身と定まっている者。
一〇 仏のさとりの境地に等しい位。
一一 次の世に仏となって釈迦如来のあとを補うことになっている弥勒菩薩。
一二 浄土三部経の一つ。八五頁*印参照。
一三 『阿弥陀経』の後半に、念仏の衆生を十方の一切諸仏がお護りになることが説かれており、そのことからこの経を『一切諸仏所護念経』とも呼ぶ（若有《にやくう》㆓善《ぜん》男子《なんし》善女人《ぜんによにん》㆒、聞《もん》㆓是《ぜ》諸仏所説《しよぶつしよせつ》 名及経名《みやうきふきやうみやう》㆒者《しや》、是《ぜ》諸善男子《しよぜんなんし》善女人《ぜんによにん》、皆為《かいい》㆓一切諸仏《いつさいしよぶつ》㆒、共所《ぐしよ》㆓護念《ごねん》㆒）。
一四 梵語サハーの音写。「忍土」とも訳し、諸々の苦悩に堪え忍ばねばならない苦しみの世界を意味する。
一五 親鸞は「弥勒に同じ」ということと「如来等同」とを区別し、「如来に同じ」とは決して言わなかった。この使いわけは、『唯信鈔文意』に「まことの信心の人をば諸仏と等しと申すなり。また補処の弥勒と同じとも申すなり」とはっきり示されている。
一六 人の立場からする意味づけをしないことをもって本義とする。二二頁『歎異抄』第十参照。
一七 仏となってはじめて仏のお心が了解できるというものです。『法華経』方便品に「唯《ただ》仏と仏とのみ、乃《すなは》ち能《よ》く究め尽す」（唯仏与仏《ゆいぶつよぶつ》 乃能究尽《ないのうぐうじん》）とある。

夫のはからひにあらず《な人のさかしらな智慧では理解できません》。補処の弥勒《みろく》菩薩《ぼさつ》をはじめとして、仏智の不思議をはからふべきひとは候はず《あれこれ定義づけることなど誰にもできません》。しかれば如来の誓願には義なきを義とすとは、大師聖人《法然聖人》のおほせに候ひき。このこころのほかに往《浄土》生にいるべきこと候はずとこころえてまかりすぎ候へば《に生れるために必要なことはないと心得てこの世をすごして参りましたので》、ひとのおほせごとには《他の人が仰せられる言葉には》、一入《い》らぬものにて候ふなり《立ち入らないことがよろしいのです》。

二月二十五日　親鸞

二浄信御房御返事

八

また三五説といふは、よろづの経を説かれ候ふに《さまざまな経が説かれたけれども》、〔類別すると〕五種にはすぎず候ふなり《五種を出ないのです》。一《ひとつ》には仏説《釈尊の説》、二《ふたつ》には四聖《しやう》弟子の説、三《みつ》には天仙《天人や仙人》の説、四《よつ》には五鬼神《きじん》の説、五《いつつ》には六変化《へんげ》の説といへり。この五のなかに、仏説をも

一　善性本『御消息集』に「他力と申すは、行者のはからひの、塵ばかりも入らぬなり。かるがゆゑに義なきを義とすと申すなり」とある。

二　伝記未詳。存如《ぞんにょ》筆の専光寺本『末燈鈔』の宛名の下に小さく「私云、浄信は高田門人云々」とある。

浄土の教えは、人の思惟を超えた真実である——第八書簡

＊　第八書簡は、宛名と年次を欠くが、「閏《うるう》三月」とあるので、正嘉元年（一二五七）八十五歳の折のものとわかる。書き出しから推測すると、ある手紙に添えられた追申かとも思われる。門弟から全仏教の中での浄土宗の位置づけ（教相判釈《きようそうはんじやく》）を問われ、浄土宗の立場を教学上の観念を用いて答えている。親鸞の教相判釈を知るための資料としては最も簡にして要を得たものである。

三　諸経を説いた者を五つに類別すること。

四　聖者である仏弟子。

五　阿修羅《あしゆら》、羅刹《らせつ》など、通力を持ったもの。

六　神通力をもってこの世に仮に姿を現したもの。

七　浄土の三部経。『大無量寿経』二巻、『観無量寿経』一巻、『阿弥陀経』一巻をいう。善導の『観経疏』散善義の説により、法然が『選択集』でこれらの経典を浄土三部経と名づけた。わが国では既に八世紀より、鎮護国家・法華・大日・弥勒のそれぞれの三部経が行われていた。

八　四種の仏土。

ちゐてかみ《他の》の四種《ししゆ》をたのむべからず《信頼してはなりません》候ふ。この三部経[七]は釈迦《しやか》如来の自説にてましますと知るべしとなり《自らお説きになられた経典であると知るのがよいのです》。四土《しど》[八]といふは、一には法身[九]の土、二には報身[一〇]の土、三には応身[一一]の土、四には化土《けど》[一二]なり。いまこの安楽浄土は、報土《報身の土》なり。三身《さんしん》[一三]といふは、一には法身[一四]、二には報身[一五]、三には応身[一六]なり。いまこの弥陀《みだ》如来は報身如来なり。三宝[一七]といふは、一には仏宝、二には法宝、三には僧宝なり。いまこの浄土宗は仏宝なり。四乗《しじよう》[一八]といふは、一には仏乗[一九]、二には菩薩《ぼさつ》乗[二〇]、三には縁覚《えんがく》乗[二一]、四には声聞《しやうもん》乗[二二]なり。いまこの浄土宗[二三]は菩薩乗なり。二教《にけう》といふは、一には頓教《とんげう》[二四]、二には漸教《ぜんげう》[二五]なり。いまこの教は頓教なり。二蔵《にざう》[二六]といふは、一には菩薩蔵《大乗の経典》、二には声聞蔵《小乗の経典》なり。いまこの教は菩薩蔵なり。二道《にだう》[二七]といふは、一には難行道《自力聖道門》、二には易行道《他力浄土門》なり。いまこの浄土宗は易行道なり。二行《にぎやう》[二八]といふは、一には正行《しやうぎやう》、二には雑行《ざふぎやう》なり。いまこの浄土宗は正行を本《ほん》とするなり。二超《にてう》[二九]といふは、一には竪超《じゆてう》、二には横超《わうてう》なり。いまこの浄土宗は横超なり。竪超は聖道自力なり。

九 真理そのものの絶対世界。
一〇 理想を求めて思索し、修行した仏によって明らかになった世界。報土。
一一 人の理解能力に応じて出現した仏が示す世界。
一二 人の能力に応じて方便として示された仮の世界。
一三 三種の仏身。
一四 本源的な絶対者。
一五 本願をたて修行を積んだむくいとして現じた仏。
一六 人の能力に応じて仮に姿を現した仏。
一七 仏教徒が尊敬し、供養すべき三つの宝。
一八 迷いの世界からさとりの世界に運ぶ四つの乗物。
一九 仏のさとりそのもの。
二〇 すべてのものを仏たらしめる教え。
二一 独力で縁起の理を観察してさとりを開く教え。
二二 自己のさとりだけを求める教え。
二三 浄土宗の教えを「仏乗」とすることもあるが、仏の位につくことが定まる教えなので「菩薩乗」という。
二四 段階を経ないで凡夫からただちに仏になる教え。
二五 修行の順序次第をふんで仏の境地に至る教え。
二六 「蔵」は容れ物の意で経典をいう。
二七 仏道修行の二つの方法。
二八 浄土教における二種の修行。善導は読誦《どくじゆ》・観察・礼拝・称名・讃嘆供養を「正行」、他を「雑行」とした。
二九 生死（迷い苦しむ世界）を超える二つの超え方。「竪超」は自力で因果をたどり、さとろうとすること、「横超」は他力によってさとりに至る道。

二縁《にえん》といふは、一には無縁[一]、二には有縁《うえん》[二]なり。いまこの浄土は有縁の教なり。二住《にじゅう》[三]といふは、一には止住《しじゅう》[四]、二には不住《ふじゅう》[五]なり。いまこの浄土の教は、法滅百歳[六]まで住し給ひて、有情を利益し給ふとなり《人々に恵みを与えられるのです》[七]。不住は聖道諸善なり《自力聖道の教えです》。諸善はみな竜宮《りゅうぐ》[八]へかくれいり給ひぬるなり。思不思《しふし》[九]といふは、思議[一〇]の法は聖道八万四千の諸善なり。不思といふは、浄土の教は不可思議[一一]の教法なり。

これらはかやうにしるし申したり《以上のように書き記しました》。よくしれらんひとにたづね申し給ふべし《〔さらに〕よく知っている人にお尋ねになるのがよろしいでしょう》。またくはしくは《くわしいことは》このふみにて申すべくも候はず《申し述べることはできません》。目もみえず候ふ。なにごともみなわすれて候ふうへに、ひとにあきらかに申すべき身にもあらず候ふ《〔もともと〕人にはっきり説明できるように学問をおさめた身でもありません》。よくよく浄土の学生《がくしやう》[一二]にとひ申し給ふべし。穴賢《あなかしこ》穴賢。

閏[一三]三月三日　　　親鸞

一　仏縁を持たない限り救われないこと。
二　仏の側からすべてにはたらきかけ救いとること。
三　教法がこの世に伝えられていく二種のあり方。
四　一切の教法が伝えられなくなって滅び去った後にもなおとどまり存在する教え。
五　時がくれば滅び去ってしまう教え。
六　『大無量寿経』に、釈尊が弥勒にむかって、いつの日にかは諸経ことごとく滅び尽して伝わらなくなることを予言し、『大無量寿経』についてのみは「我以《テ》㆓慈悲《ヲ》㆒、特《ニ》留《メテ》㆓此《ノ》経《ヲ》㆒、止住《スルコト》百歳《ナラシメン》」と語ったことを指す。
七　すべての生きものをいうが、ここは人間を指す。一四三頁「正像末法和讃」236注参照。
八　竜王の住む宮殿。竜王には釈迦の教法を守ろうという誓いがあり、竜宮に諸仏の教法が収められている（『菩薩処胎経』）。一四三頁「正像末法和讃」236参照。
九　思議・不思議、の略。
一〇　人智のはたらきによって理解が可能となる教法。
一一　人の思慮の及ばない不可思議の他力に心を開かせるための教法。
一二　浄土教の教学にくわしい学者。
一三　親鸞の生涯中に、閏《うるう》三月があった年は安貞元年（一二二七）五十五歳の折と正嘉元年（一二五七）八十五歳の時の二回しかない。したがってこの消息は帰《き》洛《らく》後の八十五歳の折のもの。

九

誓願名号同一の事

御ふみくはしくうけたまはり候ひぬ《お手紙のおもむきはくわしく承りました》。さては《ところで》この御不審しかるべ《仰せのご不審をもっともなこ》しともおぼえず候ふ《とはうなずけません》。そのゆゑは、一四誓願・名号《みやうがう》と申してかはりたる《別のことではあ》こと候はず《りません》。誓願をはなれたる名号も候はず《誓願にもとづかない名号はありえませんし》、名号をはなれたる誓《名号をともなわない誓願もま》願も候はず候ふ《たありえないことです》。かく申し候ふも《誓願と名号について説明しますのも》、はからひにて候ふなり《人のさかしら心でございます》。ただ誓願を一五不思議と信じ、また名号を不思議と一六一念信じとなへつるうへは、何条わがはからひをいたすべき《どうして自分のはからいをさしはさめましょうか》。ききわけ、しりわくるなど《人に聞いて理解し　本を読み納得しようなど》、わづ《な》らはしくは仰せられ候ふやらん《ぜそんな面倒なことをいわれるのでしょうか》。これみなひがごとにて候ふなり《間違ったことでございます》。ただ不思議と信じつるうへは、とかく御はからひあるべからず候ふ《あれこれとお考えをめぐらす必要はありません》。一七往生の業《ごふ》にはわたくしのはからひはあるまじく候ふなり《自己中心の思いはかりがかかわりを持つはずがありません》。あなかしこあなかしこ。

他力は、人智の及ばない不思議である――第九書簡

＊第九書簡は、『歎異抄』第十一（二二四・二二五頁）に取りあげられている異議と同じ問題にふれたものである。親鸞帰洛後の東国では、名号（南無阿弥陀仏）の功徳を信じて念仏をとなえるのか、誓願力によって廻向《ゑかう》された信心にうながされて念仏申すのかといった議論が行われていたらしい。親鸞はそうした小賢《こざか》しい議論にとらわれている東国の門徒にいらだたしい思いをこめて返書をしたためている。

一四 誓願は名号をとなえる者を浄土に迎えとろうということであるから、名号を根本としており、名号は誓願から出たものとしてはじめて意味をもつ。したがって、誓願と名号は切り離すことができないはずだということを以下に述べている。

一五 人の思議（思いはからい）の対象となり得ない絶対の存在と信じ。親鸞は「不思議」の語を、和讃の中で多く用いており、「浄土和讃」だけでも19、36、43、45、56、58、65、81、108などの諸例が参考になる。

一六 ひたすらに受けとめること。「一」は、専ら、ひたすらという意。親鸞が説く信心とは、人が心において信ずるか否かといった意識の在り方を問題にすることではなく、仏の大慈悲のはたらきによってわれわれにさし向けられた心そのものをいう。「高僧和讃」190などを参照。

一七 往生が可能となる本来の因。

ただ如来にまかせ参らせおはしますべく候ふ《ひたすら如来におまかせするようにお心がけいただきたいものです》。あなかしこあなかしこ。

五月五日　　親鸞

一 教名御房

二 このふみをもて、ひとびとにも見せ参らせさせ給ふべく候ふ。

三 他力には義なきを義とすとは申し候ふなり。

十

仏智不思議と信ずべき事

御ふみくはしくうけたまはり候ひぬ。さては《さて》御法門の御不審に《浄土の教えについてのご質問に》、四 一念発起信心のとき、五 無碍《むげ》の心光に摂護《せふご》せられ参らせ候ふゆゑに、つねに六 浄土の業因決定《ごふいんけつぢやう》すとおほせられ候ふ。これめでたく候ふ《それは結構なことです》。か［しかし］

一 古写本には「けうやう」とあり、専修寺蔵の『古写消息』にも「けうやうの御房へ」とあるので、稲田西念《さいねん》寺の寺伝（『二十四輩順拝図会』後巻三による）にある笠間慶養房と同一人物と考えられる。寺伝には、当国の住人で源家の子孫、稲田九郎頼重と称し、武略の達人であったが、親鸞の教えを聞きただちに髪を剃《そ》りおとして弟子となり、頼重房慶善の法号を賜ったとある。頼重は『門侶交名牒』に「頼重　号稲田九郎」の名で掲げられている。

二 以下の追申は『古写消息』では前文として掲げる。

三 二二頁『歎異抄』第十参照。

＊ 第十書簡は、内容・形式ともに第九書簡と共通するものがある。おそらく同じ頃、東国の門弟の間で「浄土の業因」をめぐって、念仏を主因にする立場と信心を重くみる立場との間で論争が起り、親鸞に考え方の当否の問い合せが相次いだので、年は不明であるが同じ五月五日に教名と浄信宛で返書をしたためたものと思われる。

他力には、とかくのはからいがあってはならない——第十書簡

四 仏の誓いを信ずる心が一度《ひとたび》心にきざす時。『歎異抄』第十四、三三頁最終行から次頁へかけてを参照。

五 何物にも妨げられない仏の心の光に摂め取られ護っていただくゆえに。

六 浄土往生の因《たね》となるべき念仏。一二七頁「高僧和讃」193参照。

くめでたくはおほせ候へども《このように結構なことを仰せられていますが》、これみなわたくしの御はからひにな《ご自身のはからいを述べられたものとな》りぬとおぼえ候ふ《っているように思います》。ただ不思議と信ぜさせ給ひ候ひぬるうへは、わづらはしきはからひあるべからず《はからいがあってはなりません》候ふ。

またある人の候ふなること[七]、出世[八]のこころおほく、浄土[九]の業因すくなしと候ふなるは、こころえがたく候ふ《納得しがたいことです》。出世と候ふも、浄土の業因と候ふも、みなひとつにて候ふ《全く同じことであります》なり。すべて、これ、なまじひ《余計な》なる御はからひと存じ候ふ。仏智[一〇]不思議と信ぜさせ給ひ候ひなば《お信じになられたならば》、別にわづらはしく、とかくの御はからひあるべからず候ふ。ただ《全く》、ひとびとのとかく申し候はんことをば《人々があれこれと申したてるようなことに対して》、御不審あるべからず候ふ《〔いちいち〕疑問をいだかれる必要はありません》。ただ、如来の誓願にまかせ参らせ給ふべく候ふ《おまかせになるのがよろしゅうございます》。とかくの御はからひあるべからず候ふなり。あなかしこあなかしこ。

五月五日　親鸞御判

浄信[一一]御房へ

他力と申し候ふは、とかくのはからひなきを申し候ふなり。

七「申し候ふなること」の略。申しているということについてですが。

八 この世を厭《いと》い浄土を願う心は強く。「出世」は、出世間《しゅつせけん》、つまりこの世をのがれ浄土往生を願うこと。

九 浄土に生れる因となる念仏をとなえることは少なくてもよい、と申しているということは。

一〇 仏のはからいは、人がとやかく推し量りえないものであるということ。『親鸞聖人御消息集』（慶西御坊御返事）に「他力と申すは、仏智不思議にて候ふなる、ときに煩悩具足の凡夫の無上覚のさとりを得候ふなることをば、仏と仏とのみ御はからひなり。さらに行者のはからひにあらず候ふ。しかれば、義なきを義とすと候ふなり」とある。

一一 伝未詳。第七・第十五書簡もこの浄信宛である。一九六頁注二参照。

十一

[一]専信房、京ちかくなられて候ふこそ《京都の近くに移られたということは》、たのもしくおぼえ候へ《何ともたのもしく思われます》。又、御こころざしの銭《ぜに》三百文、たしかにたしかにかしこまりてたまはりて候ふ《つつしんで頂戴いたしました》。

四月七日の御ふみ、五月二十六日たしかにたしかに見候ひぬ。さてはおほせられたること、[二]信の一念、[三]行《ぎやう》の一念、ふたつなれども《〔言葉の上では〕二つであるけれども》、信をはなれたる行もなし。行の一念をはなれたる信の一念もなし。そのゆゑは、行と申すは、[四]本願の名号をひとこゑとなへて往生すと《一声でもとなえると往生するのです》申すことを聞きて、ひとこゑをもとなへ、もしは[五]十念をもせんは行なり。この御ちかひを聞きて、疑ふこころのすこしもなきを、信の一念と申せば、信と行とふたつと聞けども、[六]行をひとこゑすると聞

弥陀の誓願によってさし向けられた信心と名号――第十一書簡

＊第十一書簡は、真蹟が専修寺に伝えられ、それには別筆で包紙に建長八年（八十四歳）五月二十八日の親鸞の返事である旨が記されている。もしそれが事実ならば、この返書をしたためた翌日に、親鸞は、いわゆる「慈信房（善鸞）義絶状」を書いたことになる。弥陀の本願を聞いて疑う心をはさまない信心と本願の名号とを一つのものとして強調する背景には、本願を「しぼめる花」にたとえたといわれる善鸞の邪説を防ぎたいという願いがこめられていたと考えられる。

一 生没未詳。『門侶交名牒』（光明寺本）では、親鸞面授の弟子に数え、遠江《とおとうみ》住としているが、光薗院本は真仏の弟子とし、遠江国鶴見の住とする。さらに『三河念仏相承日記』によれば、建長八年十月には、真仏や顕智と一緒に上洛《じょうらく》している。

二 如来が衆生を悲憐《ひれん》してさし向けて下さる信心をいただくその瞬間。親鸞は信心や称名において、とかく信心の深浅や念仏の数の多少にこだわりやすい人々に対し「一念」を強調した。

三 弥陀の本願を聞いて、名号をとなえる心がきざす決定的な瞬間。

四 本願にもとづく名号（南無阿弥陀仏）。

五 十度《とたび》まで名号をとなえてしまうのは。

六 （弥陀の誓願により）念仏を一声でもとなえると

きて疑はねば、行《念仏をともなわない信心》をはなれたる信はなしと聞[七]きて候ふ。また信をはなれたる行なしとおぼしめすべし《念仏はありえないとご理解下さい》。

これみな弥陀[八]の御ちかひと申すことをこころうべし《知らねばなりません》。行と信とは御ちかひを申すなり。あなかしこあなかしこ。

いのち候はば、[九]かならずかならずのぼらせ給ふべし《ご上京なさって下さい》。

五月二十八日　（花押）[一〇]

覚信御房[一一]御返事

建長八歳　丙辰《ひのえたつ》五月二十八日　親鸞聖人御返事

十二

名号となうとも本願を信じない者は辺地に往生する——第十二書簡

尋ね仰せられ候ふ念仏の不審のこと、念仏往生と信ずる人は《念仏によって往生できると信じる人は》、辺地の往生とてきらはれ候ふらんこと《浄土の辺界に往生するのだといって嫌っておられるのは》、おほかたこころえがたく候ふ《全く理解できません》。

往生するのだと理解して疑わないのだから。

七（法然聖人から）聞いています。『一言芳談《いちごんほうだん》』に法然の言葉として「一念十念にて往生すと言へばとて、念仏を疎相《そさう》に申すは、信が行を妨ぐるなり。念々不捨者（一念となえる者をも見捨てない）と言へばとて、一念十念を不定に思ふ（一念や十念では往生をおぼつかなく思う）は、行が信を妨ぐるなり。信をば一念に生ると取りて、行をば一形《いちぎやう》（生涯）に励むべし」とある。

八 弥陀が第十八願の御誓いを成就された本願力によってさし向けて下さったのだということ。

九 覚信はまもなく上洛し、正嘉二年（一二五八）親鸞のもとで病没した。

一〇 親鸞の自筆であることを証明する書判《かきはん》。

一一 下野国《しもつけの》（栃木県）に在住（『門侶交名牒』）。

＊ 第十二書簡も、信心と名号との関係についての疑問に答えた返書である。親鸞は『教行信証』信巻で「真実の信心は必ず名号を具す、名号は必ずしも願力の信心を具せざるなり」と述べており、「名号為本」の立場に対し「信心為本」を強調したように誤解されることが多かった。門弟の中には、この誤解した「信心為本」の立場から、念仏を二義的に考える者もあったらしい。

そのゆゑは、[一]弥陀の本願と申すは、[二]名号をとなへん者をば、極楽へ迎へんと誓はせ給ひたるを、ふかく信じてとなふるがめでたきこと《すばらしいことなの》にて《です》候ふなり。信心ありとも、名号をとなへざらんは《名号をとなえないのは》詮《せん》《甲斐が》なく候ふ《ないことです》。また一向名号をとなふとも《ひたすら名号をとなえても》、信心あさくば《信心をしっかりといただかないなら》往生しがたく候ふ《往生しがたいのです》。されば[三]念仏往生とふかく信じて、しかも名号をとなへんずるは《なおかつ名号をとなえることが》、うたがひなき[四]報土の往生にてあるべく候ふなり《往生ということを可能にするのです》。詮ずるところ《つまるところ》、名号をとなふといふとも、[五]他力本願を信ぜざらんは《信じない者は》[六]辺地に生《む》まるべし。本願他力をふかく信ぜんともがらは《心にしっかりうけとめることができた人は》、なにごとにかは辺地の往生にて候ふべき《どうして辺地に往生することがありましょうか》。このやう《趣旨》をよくよく御こころえ候ひて《ご理解なさって》御念仏候ふべし。

この身《わが身は》は、いまは、としきはまりて候へば《すっかり年をとってしまいましたので》、さだめて《きっと》さきだちて《〔あなたに〕先だって往生するでしょうから》往生し候はんずれば、浄土にてかならずかならず待ち参らせ候ふべし。あなかしこあなかしこ。

七月十三日　親鸞

[七]有阿弥陀仏御返事

一『大無量寿経』に見える四十八の誓願のうち、第十八の願をいう。『歎異抄』一二頁注一参照。

二 第十八願の十念の意味を、名号をとなえることと解したのは善導であった。善導は第十八願の心をくみとり、『往生礼讃』に「若我成仏　十方衆生　称我名号　下至十声　若不生者　不取正覚」（もし我　仏とならんに　十方の衆生　我が名号を称せんに　しも十声に至るまで　もし生ぜずんば　正覚を取らじ）と要約している。親鸞は法然に帰入して五年目の秋に、許されて写した法然の肖像画に、この要文を法然の直筆で書き添えてもらった。

三 念仏往生の本願のいわれをしっかりと心に受けとめて。

四 弥陀の本願の報いによってもたらされた浄土。

五 弥陀の本願によってさし向けられたはたらき。本願の他力。親鸞は「本願他力」という言い方をよく用いる。

六「報土」ではない、かたほとりの浄土。

七 伝未詳。○阿弥陀仏・○阿弥のように阿弥陀仏号を法名に用いるのは、一般に法然の弟子俊乗房重源《ちょうげん》に始まるといわれているが、それ以前の記録にも見える。

十三

摂取不捨《せつしゆふしや》の事《こと》[八]

たづねおほせられて候ふ摂取不捨のことは、『[九]般舟三昧行道《はんじゆさんまいぎやうだう》往生讃』と申すにおほせられて候ふ《記されているところを》をみ参らせ候へば《拝見いたしますと》、[一〇]釈迦《しやか》如来・弥陀《みだ》仏われらが慈悲の父母《ぶも》にて、さまざまの方便にて《てだてによって》、われらが[一一]無上の信心をば、ひらきおこさせ給ふと候へば、まことの信心のさだまることは、釈迦・弥陀の御はからひとみえて候ふ《御はからいによるものと理解いたします》。[一二]往生の心《しん》うたがひなくなり候ふは、摂取せられ参らせたるゆゑとみえて候ふ《如来のはたらきに摂め取られたことによるものと思われます》。摂取のうへには、ともかくも行者のはからひあるべからず候ふ《あってはいけません》。浄土へ往生するまでは、[一三]不退のくらゐにておはしまし候へば《〔あなたは〕信心のゆらがない位にあるのですから》、[一四]正定聚《しやうぢやうじゆ》のくらゐと名づけて、おはしますことにて候ふなり《〔必ず涅槃のさとりをひらく身で〕おいでになるのです》。まことの信心をば、

＊第十三書簡は、「摂取不捨」についての質問に答えた「御返事」である。『歎異抄』第十四・十六にも「摂取不捨」をめぐる疑問が取り上げられている。それによれば、病苦に身をせめられて念仏をとなえることができないまま臨終を迎えたり、思いがけないことから罪業を犯し、そのまま死んだりしても、如来に見捨てられることはないだろうかという疑問であった。

信心が定まるのは、如来の摂取にあずかる時である――第十三書簡

親鸞はこの書簡においても、如来の「摂取不捨」のはたらきについて、はからいをさしはさむべきではないことを強調している。おそらく『歎異抄』にみられるような疑問が出されたものであろう。なお真蹟は専修寺にあり、宛名は二・三字目が削って改められ、「しのぶの御房」となっている。

八 真蹟には、この標題はない。

九 一巻。善導の著。略して『般舟讃』という。

一〇 『般舟讃』の始めに「釈迦如来実《ハ》是《ニ》慈悲《ノ》父母《ナリ》。種種《ノ》方便《モテ》、発起《セシメタマフ》我等《ガ》無上《ノ》信心《ヲ》」とあり、「弥陀仏」の名は見えない。一二六頁「高僧和讃」190参照。

一一 如来よりさし向けて下さった他力の信心。

一二 浄土に生れることを願う心に、疑いがまじらなくなるのは。

一三 退くことのない位。七七頁「浄土和讃」57参照。

一四 浄土に生れることがまさしく決っている人々。

釈迦如来・弥陀如来二尊の御はからひにて発起せしめ給ひ候ふとみ《人の心にお与え下さったものであると》えて候へば《いうことですから》、一信心のさだまると申すは、二摂取にあづかるときにて候ふなり。そののちは正定聚のくらゐにて《まさしく往生が定まっている身であって》、まことに浄土へむまるるまでは《本当に浄土へ生れるまでは》候ふべしとみえ候ふなり《[正定聚の位のままで] いるものと説かれています》。ともかくも、行者のはからひ、ち《いさ》りばかりもあるべからず候へばこそ《さかもさしはさむことがあってはならないからこそ》、他力と申すことにて候へ《他力とは申すのであります》。あなかしこあなかしこ。

十月六日　　親鸞御判

三真仏御房御返事

十四

畏《かしこま》りて申し候ふ。

『(大無量寿)経』に信心歓嘉・(喜)と候ふ。

一　一二七頁「高僧和讃」193参照。

二　『教行信証』の総序に「ああ弘誓《ぐぜい》の強縁《がうえん》、多生《たしやう》にも値《まうあ》ひがたく、真実の浄信、億劫《おくこふ》にも獲《え》がたし。たまたま行信を獲ば、遠く宿縁を慶《よろこ》べ。もしまたこのたび疑網《ぎまう》(疑いの心)に覆蔽《ふへい》せられれば、更《か》へてまた曠劫《くわうごふ》を逕歴《きやうりやく》せむ。誠なるかな、摂取不捨の真言、超世希有《けう》の正法、聞思《もんし》して遅慮《ちりよ》することなかれ」とあり、如来の本願にあわせていただいた幸《さいわい》を心から歓ぶことができるのは、すでに如来の御《み》心のはたらきに摂め取られているからであると述べている。

三　一八九頁注一五参照。

信心よろこぶ人は如来にひとしい——慶信の上書

＊ 第十四は特殊な書簡である。慶信《きようしん》の親鸞宛の書簡と追申、追申に対する親鸞の返答、そして慶信の手紙を取り次いだ蓮位《れんい》の添状の三つからなり、慶信の書簡には、親鸞の補筆訂正が記されている。慶信は、京都の親鸞の許にあって親しく教えを受け、晩年の親鸞が力説した「如来等同」の思想を理解して郷里である東国に帰った。ところが同門の者から、如来等同説は自力であり、真言宗の教えに近い考えであるという批判を受けたらしい。そこで、自分の理解したところをまとめ、その是非を判断してもらおうとした。折から病臥中の親鸞は、自ら筆を執って訂正加筆した。特に「さとり」を「自力」と

（『華厳経《けごんきやう》』をひきて浄土）和讃にも、「四信心よろこぶそのひとを、如来とひとしと説きたまふ、大信心は仏性なり、仏性すなはち如来なり」と仰せられて候ふに、五専修《せんじゅ》の人のなかに、ある人心得《心得》ちがへて候ふやらん《ちがいをされているのでしょうか》、「信心よろこぶ人を如来とひとしと六同《どう》行達《ぎやうたち》のたまふは、自力なり、七真言にかたよりたり」と申し候《申している》ふなる《ようで》、人のうへを知るべきに候はねども申し候ふ《他人の考えの是非を論じられる身ではありませんが申し上げます》。また「八真実信心うる人は、即ち定聚《ぢやうじゅ》のかずの・（に）入る、不退の位に入りぬれば、必ず滅度をさとらしむ」と候ふ。滅度をさとらしむと候ふは、このたびこの身の終り候はん時《現世でのこの命が終ろうとする時》、九真実信心の行者の心《しん》、報土にいたり候ひなば《真実の浄土に至りついたならば》、寿命無量を体として《如来の無限の命と一つになって》、一〇光明無量の徳用《とくゆう》はなれ給はざれば、如来の心光に一味なり《等しいのです》。これゆゑ、大信心は仏性なり、仏性は即ち如来なりと、仰せられて候ふやら《仰せられたのでありましょう》ん。これは一一十一・二・三の御誓ひと心得られ候ふ《理解されます》。罪悪のわれらがためにおこし給へる、大悲《〔弥陀の〕大慈悲》の御誓ひのめでたく《すばらしく》、あはれに《感銘深くいら》

改め、「一念するに」「一念にとげ候ひぬる」とあった箇所を、「一念までの」「一念聞名にいたるまで」と改め、自力他力の論や一念多念の説に無用の疑問を与えないようにした点は注目される。なお、本文の（ ）内の部分は、・印を付した小字（慶信の語）に対する親鸞の訂正文、及び補筆部分である。

四 八九頁「浄土和讃」92参照。ここに引く本文は、宝治二年（一二四八）に制作したものの表現を親鸞が後に改めたもので、文明本と同じである。

五 専修念仏の人。一八頁注一参照。

六 念仏信心を共にする人たち。

七 真言の教え。真言宗では、即身成仏を説き、父母より生をうけたこの肉身のままでさとりを開き、仏（覚者）となりうると説く。

八 七七頁「浄土和讃」57参照。「住すれば」の句が文明本と同じく「入りぬれば」に改められている。

九 如来からさし向けられた信心を得ている人。

一〇 如来のはかりしれない光明の御心のはたらきを、その身にそなえることになりますので。「徳用」は、すぐれたはたらき。

一一 第十一「必至滅度の願」（すべての人が仏のさとりを得る身とならなければ、自分は仏にならないという弥陀如来の誓願）、第十二「光明無量の願」、第十三「寿命無量の願」（仏の光明があまねく照りとおり、寿命が永遠でなければ仏とはならないという誓願）。

ましますうれしさ、《つしゃることのうれしさは》こころもおよばれず、《感謝の心の表しようもなく》ことばもたえて、《表現すべき言葉もなく》申しつくしがたき事、かぎりなく候ふ。[一]無始広（曠）劫より以来《このかた》、過去遠々《をんをん》に、[二]恒沙《ごうしや》の諸仏の出世の所にて、自力の（大）[三]菩提心おこすといへども、さとり（自力）かなはず、《自力の修行ではかなえられず》[四]二尊の御方便に、《お恵みによる》もよほされ参らせて、《うながしをいただいて》[五]雑行《ざふぎやう》・[六]雑修《ざふしゆ》・[七]自力・[八]疑心のおもひなし。[九]無《む》碍光《げくわう》如来の摂取不捨の御あはれみのゆゑに、疑心なく、よろこび参らせて、《よろこびの心に満たされて》[一〇]一念するに（までの）往生さだまりて、誓願不思議と心得候ひなん（む）には、《心得ましたから》聞き見る《いくら見聞》（候ふ）にあかぬ《きしてもあきることのない》浄土の御（聖）教も、知識にあひ参らせんとおもはんことも、《よき指導者におあいしたいと思うことも》摂取不捨も、信も、《信心も》念仏も、人のためとおぼえられ候ふ。《私一人のためにさし向け下さったことと思われます》

いま[一一]師主の（御）教によりて（へのゆゑ）、心をぬきて御こころむきをうかがひ候ふによりて、《私のはからいを捨てて教えの趣旨をうかがいましたことによって》願意《本願のこころ》をさとり、[一二]直道《ぢきだう》を求めえて、まさしき真実報土にいたり候はんこと、《正しい真実の浄土に至るであろうこと》このたび[一三]一念にとげ候ひぬる（聞名にいたるまで）、《仏のみ名を聞くだけの者にも「かなえられる」》うれしさ、御恩のいたり、そのうへ

一 遠いはるかな昔から。「曠」は久しいの意。
二 ガンジス河の砂のように数かぎりない諸仏がこの世に出現された所に衆生が参じて。「正像末法和讃」
250 「三恒河沙《さんごうがしゃ》の諸仏の　出世のみもとにありしとき　大菩提心おこせども　自力かなはで流転せり」（一四八頁）の意をとっている。
三 仏のさとりを得て、衆生を導き救おうとする心。
四 釈迦如来と阿弥陀仏。
五 弥陀一仏を心にかけて読誦《どくじゅ》・観察《かんざつ》・礼拝・称名・讃嘆供養する正行に対し、弥陀だけでなくもろもろの仏を心にかけて読誦などを行うことをいう。
六 正行のうちの称名（正定業）とその他の行（助業）とを区別しないで同じように修することをいう。一二三頁「高僧和讃」181〜184参照。
七 自力で善根功徳を修めようとすること。一七〇頁「正像末法和讃」314参照。
八 自己を超えた仏智のはたらきを疑うこと。
九 阿弥陀仏の別号。阿弥陀仏の救いのはたらきは、何ものにも妨げられないのでこのようにいう。
一〇 「一念するに」を「一念までの」と改めたのは、「一念」（一声の念仏）で往生が定まるとし、多念をしりぞける一念義の誤解をさけるためであると思われる。念仏の数を問わない上で、一念を重視した言い方。
一一 人の師となるべき人。ここは弥陀の本願を明らかにしたインド・中国・日本の高僧を指す。『尊号真像銘文』に「師主の教へをおもふに弥陀の悲願にひとし

『[一四]弥陀経義集』におろおろあきらかにおぼえられ候ふ《によって不十分ながら明らかに知ることができました》。しかるに[一五]世間の忽々《そうそう》にまぎれて、[一六]一時《いちじ》もしは二時、三時おこたるといへども、昼夜にわすれず、御あはれみを《仏のお慈悲を》よろこぶ[一七]業力ばかりにて《はからいにあずかって》、行住坐臥《ざぐわ》に、時処の不浄をもきらはず《時と場所の浄・不浄を問題としないで》、一向《ひたすら》に[一八]金剛の信心ばかりにて、[一九]仏恩のふかさ、師主の御とく（恩徳）のうれしさ、報謝のためにただ御名をとなふるばかりにて、[二〇]日の所作《しょさ》とせず。このやう《このような仕方は》、ひがざまにや候ふらん《間違いでございましょうか》。一期の大事《一生の重大問題は》、ただこれにすぎたるはなし《全くこのこと以上のものはありません》。しかるべくんば《そのようなわけで》、よくよくこまかに仰せをかうぶり候はん《くわしくお教えをいただきたいと思いまして》とて、わづかにおもふばかりを《少しばかり心に思うところだけを》記して申し上げ候ふ。

さては《さて〔思い返してみれば〕》、京にひさしく候ひしに、[二一]忽々にのみ候ふて、こころしづかにおぼえず候ひしことのなげかれ候ふて《心静かに本願に思いをいたすことができなかったことが残念でなりませんので》、[二二]わざと、いかにしても《何として》みもとに《〔聖人の〕おそば近くに》してもまかりのぼりて《も上京して》、こころしづかに、せめては五日、みもとにさうらはばやとねがひ候ふなり《お仕えしたいものと願っております》。ああ（噫《ああ》）からまで申し候ふも《こうまで申しますのも》、[二三]御恩のちからなり。

一二 ただちにさとりに至る方法。『教行信証』に「最勝の直道」「本願一実の直道」とある。

一三 「一念聞名《もんみやう》」は、如来の誓願にもとづく名号を一たび聞いて信ずること。

一四 著者不明。他力念仏の趣旨を説いた書。

一五 世俗の仕事の多忙さにとりまぎれて。

一六 ひと時。今の二時間。

一七 「大願業力」のことで、『一念多念文意』に「仏の大願業力のふねに乗じぬれば、生死《しやうじ》の大海《だいかい》を横ざまに超えて真実報土の岸に着くなり」とあるように、如来からさし向けられたはたらきをいう。仏の慈悲によって与えられた信心をよろこぶ心それ自体もまた、如来の大願業力にあずかることに他ならない。

一八 金剛堅固の信心。『唯信鈔文意』に「信心やぶれず、傾かず、乱れぬこと金剛のごとくなり。しかれば、金剛の信心といふなり」とある。

一九 一六二頁「正像末法和讃」292参照。

二〇 念仏を日課として定めて励むということをいたしません。

二一 ただ忙しい日々を過すだけで。関東の武士として京都勤番を命ぜられて滞在したかと考えられる。

二二 何かの所用にかこつけてでも。

二三 師恩のしからしめるところ。師恩を思う心は、そのまま、弥陀の大慈悲・釈尊をはじめとする祖師たちの恩徳を思う心に通じる。

進上、聖人の御所《みもと》へ　[一]蓮位《れんゐ》御房《おんばう》申させ給へ
十月十日　[二]慶信《きやうしん》上（花押）

[三]追つて申し上げ候ふ。

念仏申し候ふ人々のなかに、南無阿弥陀仏ととなへ候ふひまには、[四]無碍《むげ》光《くわう》如来ととなへ参らせ候ふ人も候ふ《となえておいでになる方もいます》。これを聞きて、ある人の申し候ふなる《申しますことには》、「南無阿弥陀仏ととなへてのうへに《となえてその上さらに》、[五]帰命《きみやう》尽十方無碍光如来ととなへ参らせ候ふことは《「ただ」》、おそれある《はばかりある》ことにてこそあれ《ことです》。《「それに」》[六]いまめかはしく」と申し候ふなる《申しています》。このやういかが候ふべき《こうしたことはどう考えたらよいのでしょうか》。

一『門侶交名牒』に「洛中《らくちゆう》居住弟子」と注してその名が見え、親鸞の曾孫覚如《かくによ》が元弘元年（一三三一）に著した『口伝鈔』の「蓮位房夢想記」の割注には「聖人常随の御門弟真宗稽古の学者、俗姓源三位頼政卿順孫」とある。自筆本『教行信証』の第三・第四冊にあたる証巻と真仏土巻の外題の左側袖書《そでがき》に「釈蓮位」とあるのは、これらの本が京都での常随の弟子蓮位に与えられたことを物語ると考えられる。

二『門侶交名牒』に「下野《しもつけ》高田住」とある。

三 以下は慶信の追申。

四『弥陀如来名号徳』に「無碍光といふは、この日月の光は、物を隔てつれば、その光かよはず。この弥陀の御《おん》光は物に碍《さ》へられずして、よろづの有情を照らし給ふゆゑに、無碍光仏と申すなり。有情《うじやう》の煩悩悪業の心に碍へられずましますによりて無碍光仏と申すなり」とある。

五『弥陀如来名号徳』に「弥陀の光の不可思議にましますことを表し知らせんとて帰命尽十方無碍光如来とは申すなり」とある。

六 目新しいものを好むきざな感じでわざとらしい。

＊ つぎの書簡は、追申による慶信の疑問に対し、親鸞がその余白を利用し、左側から右側へそして上部へと自筆をもって答えを記し、慶信の上書に訂正加筆した分と併せて送り返されたもので、慶信の追申と同一文面に書かれたものである。親鸞は、「南無阿弥陀仏」という六字の名号が、とも

すれば呪文《じゅもん》のようにとなえられがちであることに危惧《きぐ》を覚えたためか、「帰命尽十方無碍光如来」の十字名号を積極的にとり用い、無碍光仏としての弥陀の徳を関東の門侶に説きひろめた。本文は、自筆書簡によって改めた。

七 帰命は、梵語《ぼんご》南無のことである、の意。「帰命」とは、生命を捧げて従うこと。

八 天親菩薩のこと。「世親」は、新訳の語。一〇四頁以下「高僧和讃」127〜136参照。

九 親鸞は『教行信証』真仏土巻に「浄土論に曰く、世尊我一心《ニ》帰命《シタテマツリテ》尽十方《ノ》無碍光如来《ニ》願《ズ》生《レント》安楽国……」と『浄土論』巻頭の偈文《げもん》を引いている。

＊ 次の書簡は、慶信から、親鸞への取り次ぎを依頼された蓮位が、慶信に親鸞加筆の上書を送り返すにあたって添えた書状で善性本『御消息集』から採録した。この書簡によって、添削の理由やその時の状況をくわしく知ることができる。さらに慶信の父覚信の往生の様を語った後半の部分は感動的である。

一〇 慶信の上書、二〇八頁七行目参照。

一一 一たびの念仏で往生することに定まってはいるが、一念ということにこだわるところがよくない。

阿弥陀仏は智慧の光にてまします——第十四書簡

南無阿弥陀仏をとなへてのうへに、無碍光如来と申さむは、あし《間違っ》きことなりと候ふなるこそ《ていると言うことこそ》、きはまれる御ひがごとときこえ候へ《大変なお心得ちがいと思われます》。[七]帰命は南無なり。無碍光仏は光明なり、智慧なり。この智慧はすなはち阿弥陀仏。阿弥陀仏の御かたちを知らせ給はねば《〔人々は〕阿弥陀仏の真のお姿を理解申し上げていないので》、その御かたちをたしかにたしかに知らせ参らせんとて《はっきり理解していただこうと願って》、[八]世親菩薩《せしんぼさつ》、御ちからをつくして、[九]あらはし給へるなり《お説きになられたのです》。このほかのことは、少々文字をなほして《文字をなおし》参らせ候ふなり《てお返しいたしました》。

この手紙の趣旨に間違いはありません——蓮位の添状

この御ふみのやう、くはしく申し上げて《あなたのお手紙の内容を〔聖人に〕》候ふ。すべて《〔すると〕》この御《お手》ふみのやう《紙の趣旨に》、たがはず候ふと仰せ候ふなり《間違いはないと仰せられました》。ただし「[一〇]一念するに往生さだまりて、誓願不思議と心得候ふ」と仰せ《〔あなたが〕》候ふをぞ、「よきやうには候へども《まあよいようではあるけれども》、[一一]一念にとどまるところあしく候ふと

一 このように書き入れなさい。
二 親鸞聖人が直接筆をとって書かれた文字。
三 咳《がい》病。せきの出る病気。
四 念仏の人は、仏のさとりを得ることに定まっているので、仏になることが決っている弥勒と同じ位にいるということ。
五 仏果(仏の位)を得ることのできる位にいる身分であって。
六 弥勒が釈尊入滅後五十六億七千万年の暁を待つのは、さとりを得る以前の修行中の身分のあり方の問題です。
七 そうした弥勒のあり方は自己の力をたのんで修行する者の姿です。
八 如来の誓願をしっかりと心に受けとめることができた愚かな凡夫でありますが。
九 弥勒菩薩を指す。
一〇 信心決定の凡夫を指す。

て、御ふみのそばに、御自筆をもて《〔聖人の〕ご自筆で》、あしく候ふよしをいれさせおはしまして《よくないところに筆を入れてお改めになられました》候ふ。蓮位に「かくいれよ」[一]と仰せをかぶりて《仰せをいただいたので》候へども《すけれども》、御自筆[二]はつよき証拠におぼしめされ候ひぬとおぼえ候ふあひだ《しっかりした証拠とあなたもお思いになられることと考えましたので》、をりふし《ちょうど》御かいびやう[三]にて、御わづらひにわたらせ給ひ候へども《ずっと患われていらっしゃいましたけれども》、申して候ふなり《お頼みしたのです》。

また、のぼりて候ひし人々《京に上ってきた人々が》、くにに論じ申すとて《郷里で論じ合っているといって》、あるいは弥勒《みろく》[四]とひとしと申し候ふ人々候ふよしを申し候ひしかば《申す人々があるということを言っておられたので》、記し仰せられて候ふふみの候ふ《〔聖人がすでに〕書き記して述べられた文がありますのを》、記して参らせ候ふなり《書いて差し上げました》。御覧あるべく候ふ《ご覧になって下さい》。また、弥勒とひとしと候ふは、弥勒は等覚《とうがく》[五]の分なり、これは因位《いんゐ》[六]の分なり、これは、十四・十五の月の円満し給ふが《弥勒は〔月に喩えると〕月は十四日か十五日で円く満ちますが》、すでに八日・九日の月のいまだ円満し給はぬほどを申し候ふなり《まだ円くないが必ず満月になると決っている状態をいいます》。これは自力修行のやうなり[七]。われらは信心決定《けつぢやう》[八]の凡夫、くらゐ正定聚のくらゐなり《まさしく浄土に生れると定まった位にいます》。これは因位なり。これ等覚の分なり。かれ[九]は自力なり。これ[一〇]は他力なり。自他のかはり《自力と他力の違い》こそ候へども、因位のくらゐはひとしといふなり。また弥勒の[一一]妙覚《みやうがく》のさとりはおそく、われらが[一二]滅度にいたることはとく候はむずるなり《速やかであります》。かれは《弥勒は》[一三]五十六億七千万歳のあかつきを期《ご》し、これはちくまくをへだつるほどなり《他力信心の人は[一四]ただちに正定聚の位に定まるのです》。かれは[一五]漸《ぜん》・頓《とん》のなかの頓、これは[一六]頓のなかの頓なり。滅度といふは妙覚なり。[一七]曇鸞《どんらん》の『[一八]註』にいはく、樹《じゅ》あり、好堅樹《かうけんじゅ》といふ。この木、地《ぢ》のそこに百年わだかまりゐて《地下に百年もの間じっと根をはっていて》、おひるとき《芽を出し生長する時》一日に百[一九]丈《ぢやう》おひ候ふなるぞ《生長するということです》。この木、地のそこに百年候ふは、われらが娑婆世界に候ひて《この世にあって》、正定聚のくらゐに住する分なり。一日に百丈おひ候ふなるは、滅度にいたる分なり。これにたとへて候ふなり。これは他力のやうなり《他力のはたらきの姿です》。松の生長するは、としごとに寸をすぎず。これはおそし、自力修行のやうなり。

また、如来とひとしといふは、[二〇]煩悩成就の凡夫、[二一]仏の心光に照らされ参らせて[二二]信心歓喜す。信心歓喜するゆゑに正定聚のか《数の》

一一 まことにすぐれた仏としてのさとりを得るためには永い時間を必要とし。

一二 梵語「涅槃」の訳。迷いを離れた境地。『唯信鈔文意』に「涅槃をば滅度といふ、無為といふ、安楽といふ、常楽といふ、実相といふ、法身といふ、法性といふ、真如といふ、一如といふ、仏性といふ、仏性すなはち如来なり」とある。

一三 釈尊滅後五十六億七千万年の後を期してこの世に現れ、竜華樹の下でさとりを開き、仏となるが。

一四 竹膜。竹の内側についている薄い膜のことで、きわめて薄いものの喩《たと》え。

一五 さとりを得るまでの道程の緩急をくらべる場合、相対的に速いということ。

一六 他力信心の人がさとりを得る速さというのは、比較を超えた絶対の速さであること。

一七 一〇七頁注一および「高僧和讃」137～170参照。

一八 『浄土論註』のこと。その巻下に好堅樹の喩えが掲げられている。

一九 長さの単位。一丈は約三メートルで、十尺。

二〇 煩悩のすべてを身にそなえている愚かな凡夫。

二一 弥陀の名号にそなわっている仏の智慧のはたらきによるうながしをこうむって。

二二 （如来の誓願を理解することができて）誓願力に支えられて生きていることを知り、よろこびをおぼえます。

ずに住《うちに入っています》す。信心といふは智なり。この智は、他力の光明に摂取《如来の光明に摂め取ってい》せられ参らせぬるゆゑにうるところの智なり《ただいたからこそ身にそなわるようになった智慧であります》。仏の光明も智なり。かるがゆゑに《そういうわけで》おなじといふなり。おなじといふは、[一]信心をひとしといふなり。[二]歓喜地《くわんぎぢ》といふは、信心を歓喜するなり。[三]わが信心を歓喜するゆゑにおなじといふなり。くはしく御自筆に記されて候ふを、かきうつして参らせ候ふ。また南無阿弥陀仏と申し、また無碍光如来ととなへ候ふ御不審も、くはしく[四]自筆に御消息《［あなたの］》のそばにあそばして候ふ《お書き入れになりました》なり。かるがゆゑにそれより《あなたからの》の御ふみを参らせ候ふ《お手紙をお返しいたします》。あるいは阿弥陀といひ、あるいは無碍光と申し、御名《みな》ことなりといへども、こころは一なり《その意味は同じです》。阿弥陀といふは[五]梵語《ぼんご》なり、これには《我が国では》無量寿ともいふ、無碍光とも申し候ふ。梵・漢ことなりといへども、こころおなじく候ふなり。

そもそも[六]覚信坊の事、ことにあはれにおぼえ、また、尊くもおぼえ候ふ。そのゆゑは、信心たがはずして終られて候ふ《信心を思いあやまることなく亡くなられたからです》。ま

一 如来からさし向けられた信心であるから、信心を如来と等しくしているということです。

二 菩薩の修行の階位の最初の位。この位に入ると仏になることが定まり、心は常によろこびに満たされる。『教行信証』行巻に引く『十住毘婆《じゅうじゅうびば》沙《しゃ》論』に「問ふて曰く、初地《しよち》なんが故ぞ名づけて歓喜とするや。答へて曰く、初果《しよくわ》の究竟《くきやう》して涅槃《ねはん》に至ることを得るがごとし。菩薩この地を得れば、心常《こころつね》に歓喜多し」とある。

三 信心を得た人は、その信心を大いによろこぶゆえに、歓喜地の位と同じといいます。

四 二一一頁に掲げた親鸞の書簡を指す。

五 サンスクリット語。古代インドの標準文語。

六 生没年未詳。『門侶交名牒』に「下野《しもつけ》高田住」とあり、蓮位の手紙に「親となり、子となるも、先世のちぎり」とあることから、慶信の父と考えられる。

七 信心についての理解の仕方は。

八 明確に理解できるようになった由のことを申しま

た、たびたび信心ぞんぢのやう[七]、いかやうにかとたびたび申し《どのようであろうかとたびたび尋ねました》候《ところ》ひしかば、当時《〔覚信は〕》まではたがふべくも候はず、いよいよ信心《他力信心》の《の趣旨》やうはつよく[八]ぞんずるよし候ひき。[九]のぼり候ひしに、くにをた《郷里を出発し》ち《て》て、[一〇]ひといちと申ししとき《ひといちという所に来た時》、病みいだして候ひしかども《発病しましたけれども》、[一一]同《どう》行《ぎやう》達は、帰れなむど《などと》申し候ひしかども、「死するほどのことならば《死ぬほどの病気であるならば》、帰るとも死し、とどまるとも死し候はむず《死ぬことでしょう》。またやまひ《病気がな》はやみ候はば《おるものであるならば》、帰るともやみ《なおり》、とどまるともやみ候はむず。おなじくは、みもとにてこそ終り候はば終り候はめ《聖人のおそばで死ねるものならば是非そうしたいもの》、とぞんじて《と覚悟して》参りて候ふなり《参ったのです》」と御ものがたり候ひしなり。この御信心まことにめでたくおぼえ候ふ《立派なものと思いました》。[一二]善導和尚《くわしやう》の釈[一三]の二河《にが》[一四]の譬喩《ひゆ》におもひあはせられて、よにめでたくぞんじ《非常に感銘ぶかく思い》、うらやましく候ふなり。[一五]終りのとき、南無阿弥陀仏、南無無碍光如来、南無不可思議光如来ととなへられて、手を組みて、しづかに終られて候ひしなり。また、おくれさきだつためしはあはれになげかしくおぼし《親しい人に死に遅れたり先立ったりする例は哀れに悲しくお思いになられる》

した。

九 東国から京都へ上られました時に。

一〇 地名。場所不詳。毎月一日に市《いち》が開かれる土地の呼称。

一一 信心を同じくする仲間。

一二 中国唐代の僧。一二一頁注二および「高僧和讃」178～203参照。

一三『観経疏』散善義の上品上生釈を指す。

一四 瞋を火の河、貪を水の河に喩《たと》えた二河白道の譬喩。一二四頁「高僧和讃」185注参照。

一五 臨終の時。覚信房の臨終のさまは『口伝鈔』一六「信のうへの称名の事」にくわしく伝えられている。それによれば、親鸞が「信心ぞんぢのやう」（注七）を尋ねたのは、臨終正念の念仏をめぐって覚信房の信心に対し疑問がもたれたためと考えられる。死の苦しみに迫られ、あらい息をしながらも覚信は念仏をやめようとしなかった。病床を見舞った親鸞は、その所存に不審を覚え、自力の念仏をとなえているのではと思って尋ねたところ、覚信は「よろこびすでに近づけり、存せん事一瞬に迫る。刹那《せつな》の間たりといふとも、息の通はむ程は、往生の大益《たいやく》を得たる仏恩を報謝のために称名つかまつるものなり」と答えた。この言葉を聞いて一同は感に堪えず、落涙千万行に及んだという。この自力の称名を励んでいるかのように誤解されそうになったことの返事の主旨が二行目の「当時まではたがふべくも候はず……」であったと想像される。

めされ候へども《でしょうが》、さきだちて滅度にいたり候ひぬれば《さとりの世界に至った時には》、かならず最初引接《いんぜふ》[一]の誓ひをおこして、結縁《けちえん》[二]・眷属《けんぞく》・朋友《ほういう》をみちびくことにて候ふなれば、しかるべく[三]、おなじ法文の門《教えの門》に入りて候へば、蓮位もたのもしくおぼえ候ふ。また、親となり、子となるも、先世《せんぜ》のちぎりと申し候へば、たのもしくおぼしめさるべく候ふなり。このあはれさ、たふとさ、申しつくしがたく候へば、とどめ候ひぬ《筆をとめました》。いかにしてか《なんとかして》、みづからこのことを申し候ふべきや《〔あなたに〕直接この事を申し上げることはできないものでしょうか》、くはしくはなほなほ申し候ふべく候ふ。このふみのやう《内容》を〔聖人の〕御まへにて、あしくもや候ふとて[四]、よみあげて[五]候へば、「これ《これ》にすぐべくも候はず《以上立派に書くことはできません》、めでたく候ふ《結構です》」と仰せをかぶりて候ふ《仰せをいただきました》なり。ことに覚信坊のところに《覚信坊のことにふれたところで》、御なみだをながさせ給ひて候ふなり。よにあはれにおもはせ給ひて候ふなり。

十月二十九日[六]　　蓮位

慶信御坊へ

一　この世で縁の有った者をまず浄土へ迎えとろうという誓願。

二　仏縁をとり結んだ者や身内・友人。

三　そのようになるはずで。「しかあるべく」の約。

四　間違えた所があるのではなかろうかと。

五　親鸞の前で読みあげて認可を受けたのは、「……とどめ候ひぬ」までであろうと想像される。「いかにして……」以降は後に書き加えられたものと考えられる。

六　何年の十月であるかは不明。建長八年（一二五六）の覚信房宛の書簡（第十一書簡、二〇二頁参照）で、親鸞は覚信の上京をすすめており、正元元年（一二五九）の高田の入道への書簡では、覚信房の旧年頃の死を話題にしているので、この手紙は、正嘉元年（一二五七）か同二年の十月に書かれたものと推定される。

十五

たづね仰せられて候ふこと、かへすがへすめでたく候ふ。まことの信心を得たる人は、すでに仏《ぶつ》になり給ふべき御身となりておはしますゆゑに、如来とひとしき人[七]と経[八]に説かれて候ふなり。弥勒《みろく》はいまだ仏になり給はねども、このたびかならずかならず仏になり給ふべきによりて、弥勒をばすでに弥勒仏と申し候ふなり。その定に、《それと同じように》真実信心を得たる人をば、如来とひとしと仰せられて[九]候ふなり。また承信房《じょうしん》[一〇]の、《〔信心を得た人は〕》弥勒とひとしと候ふも、《申しているのも》ひが事には候はねども、《間違いではないけれども》他力によりて信を得てよろこぶこころは、《信心をいただいてよろこぶ心が》如来とひとしと候ふを、《如来と等しいというのであって　それを》自力なりと候ふらんは、《自力であると申されるのは》いますこし、承信房の御こころのそこのゆきつ[一一]かぬやうにきこえ候ふこそ、よくよく御あん候ふべくや候ふらん。《ご思案下さいませんでしょうか》

＊この書簡の主題もまた第二・第七・第十四書簡とともに、「弥勒等同」「如来等同」の教説に関する疑問に答えたものである。弥勒は東国の地でも末法の世の救済仏として盛んに信仰され、弥勒の兜《と》率《そつ》浄土と弥陀の西方浄土との優劣が問題となるほどで、『沙石集《しゃせき》』の無住は、念仏を劣とみた。このような真言密教に根ざす弥勒信仰を念仏に取り込んだ親鸞の教説は、東国の門弟に念仏への信頼を深める契機となったが、一方ではこの教説を自力であるとする論難をも呼びおこしたようである。この書簡の真蹟は専修寺に蔵されている。

自力の心で、わが身を如来とひとしいと思ってはならない——第十五書簡

七 同じような位にある人。

八 『華厳経』の次の文を指す。「聞《キテ》二此法《ノヲ》一歓二喜《シテ》信心《ヲ》一無《キ》レ疑《ヒ》者《ハ》 速《カニ》成《ラム》二無上道《ヲ》一与《と》二諸《もろもろノ》 如来《ト》一等《シトナリ》」（『教行信証』信巻の引文による）。

九 竜樹《りゅうじゅ》の「即時入必定」（『十住毘婆沙論』）や曇鸞の「入正定聚之数」（『往生論註』）などの言説を指していっていると考えられる。

一〇 伝未詳。

一一 他力の信心のはたらきが、お心の底まで行きとどいていない結果、そのようにお考えになられたものと思われますので。

自力のこころにて、わが身は如来とひとしと候ふらんは《申されるのは》、まことにあしく候ふべし。他力の信心のゆゑに、[一]浄信房のよろこばせ給ひ候ふらんは《あなたがよろこびをおぼえていらっしゃることが》、なにかは自力にて候ふべき《どうして自力を頼む心でありえましょうか》。よくよく御はからひ候ふべし《お考えになって下さい》。[二]このやうは、[三]この人々にくはしく申して候ふ。[四]承信の御房、問ひ参らせさせ給ふべし《承信の御房は「この人々に」お尋ねになられる必要があります》。あなかしこあなかしこ。

十月二十八日　　親鸞

[五]浄信御房　御返事

十六

なによりも、聖教《大切な仏の》の教へをも知らず、また浄土宗のまことの底をも知らずして《浄土の教えの本質である他力の不思議をも理解しないで》、不可思議《思いもよらない》の[六]放逸無慚《はういつむざん》の者どものなかに、悪はおもふさまに振舞ふべしと仰せられ候ふなるこそ、かへすがへすあるべく《あってはなら》

一 底本には「承信房」とあるが、明らかな誤りなので、真蹟により「浄信房」と改めた。
二 如来廻向《えこう》の真実信心を得た人は、弥勒に同じ位で、如来に等しいという教え。
三 東国に帰る予定の在京者。この書簡は、それらの念仏者に託されたものであろう。
四 底本には「承信の御房に」とあるが、明らかな誤りなので、真蹟により「に」を省いた。
五 第七書簡一九六頁注二参照。

悪くるしからずということは、とんでもない考えです――第十六書簡

＊ 第十六書簡は、このあと第十九・第二十書簡と続く、「造悪無碍《ぞうあくむげ》」（悪は思うままに振舞うべし）の考え方に対する批判の発端をなす。弥陀の誓願力の前に現世の約束事である善悪を徹底して相対視した親鸞は、外面に賢善精進の姿を装い、内面に虚仮《こけ》不実の心を抱く凡夫の現実を深く認識するところから人間性と信心とのかかわりをとらえ、「本願を信ぜんには、他の善も要にあらず。念仏にまさるべき善なきゆゑに。悪をもおそるべからず。弥陀の本願をさまたぐるほどの悪なきゆゑに」（『歎異抄』第一）と、罪悪深重の凡夫の存在をそのままの姿で信心の対象に据えた。ところが、この考えは「凡夫なればとて、なにごともおもふさまに」に振舞え、といった誤解

を生む一方、こうした思想を捉《とら》えて念仏者一般を、造悪無碍者として弾圧する口実にも使われるに至った。東国に下った善鸞は、親鸞の門弟をこうした造悪無碍者として親鸞にも報告し、領家・地頭・名主といった権力者にも誣告《ぶこく》した。造悪無碍の考え方に対する批判は、このような情況のなかで展開されるに至ったのである。

六 「放逸」は、ほしいままであること。「無慚」は、恥を知らないこと。
七 常陸《ひたち》国（茨城県）の北部一帯を指していう。
八 伝未詳。異本には「善乗房」「善勝房」とある。
九 思いのままに振舞うのだというのなら、現実に盗みをはたらいたり、人を殺したりなどしているでしょうか（そのようなことは、理屈で想定できても、現実にはあり得ないことです）。
一〇 罪悪を犯しても、往生の妨げとはならないので、全くさしつかえないと言うことは。
一一 自分で自分のことがどうにもならずに。
一二 弥陀の本願を妨げるほどの悪はこの世にあり得ないからといって。
一三 煩悩に狂わされたためではなく、故意にしたことであって。
一四 常陸国（茨城県）東南部に位置する郡名。「鹿島」は、鹿島灘《なだ》に面し、「なめかた」は、北浦・霞ヶ浦にはさまれた地。
一五 具体的にどの地方を指すか不明。

も候はず《ないことです》。[七]北の郡《こほり》にありし[八]善證房《ぜんしょうばう》といひし者に、つひにあひむつることなくてやみにしをば見ざりけるにや《〔私は〕最後まで親しむ機会を持つことなく終ってしまったことをご存じなかったでしょうか》。凡夫なればとて、なにごとも[九]おもふさまならば、盗みをもし、人をも殺しなんどすべきかは。もと《以前は》盗みごころあらん人も、極楽をねがひ、念仏を申すほどのことになりなば、もとひがうたるこころをもおもひなほしてこそあるべきに《以前のひがんだ心も自然と思い直すようにしむけられてしまうはずであって》、そのしるしもなからん人々に、[一〇]悪くるしからずといふこと、ゆめゆめあるべからず候ふ《絶対にあってはならないことです》。煩悩にくるはされて、[一一]おもはざるほかにすまじきことをも振舞ひ《してはならないことをもついしてしまい》、いふまじきことをもいひ、おもふまじきことをもおもふにてこそあれ《思ってはならないことでも思ってしまうのです》。[一二]さはらぬことなればとて、人のためにも腹ぐろく、すまじきことをもし、いふまじきことをもいはば、[一三]煩悩にくるはされたる儀にはあらで、わざとすまじきことをもせば、かへすがへすあるまじきことなり。

[一四]鹿島《かしま》・なめかたの人々の、あしからんことをばいひとどめ《間違った考えを改めるよう説得し》、その[一五]辺《へん》の人々の、ことにひがみたることをば制し給はばこそ《とりわけねじけた考えをおさえとどめて下さったならば それこそ》、この辺《わたしと》

よりいできたるしるしにては候はめ《信心をともにしてきた念仏者の証拠というものでしょう》。振舞ひは、なにともこころにまかせよといひつると候ふらん《どんなことも心にまかせてすればよいと言ったということですが》、あさましきこと《あきれたことです》に候ふ。この《現実の》世のわろき《生活の上では悪事》をも捨て、あさましきことをもせざらんこそ《見苦しいことをしないようにしてこそ》、[一]世をいとひ、念仏申すことにては候へ《念仏をとなえるといえるのです》。としごろ念仏する人なんどの《長年の間念仏をとなえている人などで》、人のためにあしきことをし、またいひもせば、[二]世をいとふしるしもなし。

されば[三]善導《ぜんだう》の御教へには、悪をこのむ人をば、[四]つつしんで遠ざかれとこそ、[五]至誠心のなかには教へ置かせおはしまして候へ。いつか《いったいいつ》、わがこころのわろきにまかせて振舞へとは候ふ《振舞えと仰せられたか》。おほかた、経釈《経典や注釈》をも知らず、如来の御ことをも知らぬ身に、ゆめゆめその沙汰あるべくも候はず《決してそのような考え方を口にしてはなりません》。あなかしこあなかしこ。

[六]十一月二十四日　　親鸞

一　親鸞の和語による著作中で「世をいとふ」という表現が見られるのは、造悪の問題にふれたこの書簡と、第十九・二十の書簡だけである。厭離穢土《おんりえど》・欣求《ごんぐ》浄土の観念を強調することがなかった親鸞ではあるが、この世での造悪の問題を浄土を願う心（如来からさし向けられた願生心）の自覚において語る時は、このように言わないわけにはいかなかったと思われる。

二　この世を厭い、浄土を願っている証拠。

三　善導の『観経疏』散善義の至誠心釈の次の言葉を指す。「若《シ》非《ズ》二善業一者《バ》、敬《ツツシンデ》而遠《ザカレ》レ之《ヲ》、亦不《レト》二随喜《セ》一也」（『教行信証』化身土巻の引文による）。

四　底本（真宗聖教全書本）には「うやまひて」とあるが、「真宗仮名聖教」所収本には「つつしんで」とあり、真蹟本の『教行信証』でもそのように訓《よ》んでいるので改めた。

五　至誠心についての釈文の中に。

六　同じような問題にふれた第二十書簡が、建長四年二月二十四日付なので、これは建長三年（一二五一）の十一月と推定される。

＊　第十七書簡は、『末燈鈔』と重複する書簡七通を収める『親鸞聖人御消息集』には、「真仏ノ御坊御返事」とある。東国の門弟たちは、京都での聖人の生活の支えの一端に役立てるべく、写本などを送って貰った礼を兼ねた志納金をたびたび送り届けていたらしい。志納金に添えられた真仏房の

上書に、他力の中にまた他力ということがあるかどうかという質問があったために、このような返書がしたためられたものと考えられる。親鸞は『観無量寿経』が説く、万善諸行の功徳によって浄土を願う念仏を「他力の中の自力」と呼び、本願力による他力の念仏と区別した。親鸞自身が

他力のなかにまた他力と申すことは聞き候はず――第十七書簡

時として絶対他力を強調するために「他力のなかの他力」（第一書簡、一八〇頁参照）という言葉を用いることもあったが、このような概念で、「義なきを義とす」る他力念仏をあげつらう態度そのものを批判したと考えられる。

七　阿弥陀仏以外の諸仏を礼拝したり、その名をとなえたり、讃嘆したりすること。
八　念仏のほかに他の行をまじえて修すること。
九　雑念をとどめ心を静かに保って念仏すること。
一〇　祖師たちの言葉のなかに見当りません。
一一　第十一書簡、二〇二頁注一参照。

＊第十八書簡は、随信房より、摂取不捨のこと、諸仏等同のこと、臨終の来迎を待たずということをめぐっての不審を問われたために、その返書としてしたためられたものである。摂取不捨についてはすでに第十三書簡でも問題となっていたが、如来の側からの摂取にあずかることで往生が決ると

十七

他力のなかには自力と申すことは候ふと聞き候ひき。他力のなかにまた他力と申すことは聞き候はず。他力のなかに自力と申すことは、七雑行《ざふぎやう》・八雑修《ざふしゆ》・九定心《ぢやうしん》念仏をこころがけられて候ふ人々は、他力のなかの自力の人々なり。他力のなかにまた他力と申すことは一〇うけたまはり候はず。何事も一一専信房のしばらくもゐたらんと候へば《しばらくこちらに滞在するそうですから》、その《その間にく》とき申し候ふべし《わしく申し伝えておきましょう》。あなかしこあなかしこ。

十一月二十五日　親鸞

銭《ぜに》弐拾貫文、たしかにたしかに給はり候ふ《頂戴いたしました》。穴賢《あなかしこ》穴賢。

十八

いう他力の思想は、自力の執心を離れがたい凡夫にとって理解しがたいところであったらしい。諸仏等同の思想は、親鸞が東国を離れてから強調されるようになったため、門弟の間で、その理解をめぐって論争が見られたことは、第十五書簡ですでにふれられていた。源信以来の浄土教の眼目とされた臨終における来迎引接《らいごういんじよう》の思想をしりぞけ、現生において往生が定まる現生不退の思想を親鸞が説いたことも、保守的な人にすなおに受け容れがたかったものと思われる。

一　阿弥陀仏が、あらゆる衆生の平等な往生を実現するために、自ら修せられたところの行と智慧の力のすべてをさし向け下さるというお誓い。

二　如来よりさし向けられた信心。

三　仏の智慧のはたらきに摂《おさ》め取られて。

四．まさしく浄土に生れることに定まった位。

五　「見て敬ひ、得て大いに慶《よろこ》ぶは、則《すなは》ち我が善き親しき友なり」と訓《よ》む。

六　「他力」とは、如来の願力をいう。如来の願力によって成就された信心。

七　同じように念仏をとなえるお仲間。自分の門弟ではないので「御同行」という。

八　臨終に阿弥陀如来のお迎えを受けることを期待して（念仏をとなえるのです）、といわれるのは。念仏

信心をえたる人は、臨終を期し、来迎を待つ必要がない——第十八書簡

御たづね候ふことは、[一]弥陀《みだ》他力の廻向《ゑかう》の誓願にあひたてまつりて[二]真実の信心をたまはりて、よろこぶこころ《〔信心を恵まれたことを〕》のさだまるとき、[三]摂取《せつしゆ》して捨てられ参らせざるゆゑに《お見捨てになられないので》、金剛心になるときを《信心がゆるがぬものとなる時を》[四]正定聚《しやうぢやうじゆ》のくらゐに住すとも申す、弥勒菩薩《みろくぼさつ》とおなじくらゐになるとも、説かれて候《説かれているよ》ふめり《うです》。弥勒とひとつくらゐ《同じ位》になるゆゑに、信心まことなる人を、仏にひとしとも申す。また諸仏《諸仏が》の、真実信心をえてよろこぶをば《如来から信心を賜ったことをよろこぶ人を》、まことによろこびて《心からよろこんで》、われとひとしきものなり、と説かせ給ひて候ふなり。『大経』《大無量寿経》には、釈尊《しやくそん》のみことばに「[五]見敬得大慶《けんきやうとくだいきやう》 則我善親《そくがぜんしん》友《う》」とよろこばせ給ひ候へば、信心をえたる人は諸仏とひとしと説かれて候ふめり。また弥勒をば、すでに仏にならせ給はんことある《おなりになることが定まっていら》べきにならせ給ひて候へば《っしゃる身分なので》とて、弥勒仏《ぶつ》と申すなり。しかればすでに[六]他力の信をえたる人をも、仏とひとしと申すべし《仏と等しいということができると理解できます》とみえたり。御うたがひあるべからず候ふ。[七]御同行《どうぎやう》の、「[八]臨終《りんじゆ》を期《ご》して」と仰せら

れ候ふらんは、ちからおよばぬことなり《私の力ではどうしようもないことです》。信心まことにならせ給ひて候ふ人は、[九]誓願の利益《りやく》にて候ふうへに、摂取して捨てずと候へば、来迎《らいかう》臨終を期せさせ給ふべからず《お待ちになられる必要はないと思います》とこそおぼえ候へ。いまだ信心さだまらざらん人は、臨終をも期し、来迎をも待たせ給ふべし。

[一〇]この御ふみぬしの御名《おんな》は[一一]随信房《ずいしんばう》と仰せられ候はば《名乗られるようにしたら》、めでたく候ふべし《結構なことでしょう》。この御ふみのかきやう《このお手紙にあるご趣旨は》、めでたく候ふ《立派でございます》。御同行の仰せられやう《いわれている趣旨は》は、心得ず候ふ《理解に苦しみます》。それをばちからおよばず候ふ。あなかしこあなかしこ。

十一月二十六日　親鸞

随信御房

十九

の人は現生において往生が定まっているので、改めて臨終の来迎を祈る必要はないのである。

九 弥陀如来が、一切衆生を救うために、五劫という長い時間をかけて考えぬいて立てられた誓願のご恩恵にあずかっている上に。

一〇 質問を寄せてきた、手紙の差出人。

一一 この書き方から察すると、親鸞面授の門弟ではなさそうである。『門侶交名牒』に「常陸奥郡《ひたちおうぐん》住」の門侶の一人として「慈善」の名が掲げられ、その主要な門弟三人を記すなかに「随信」の名が見える。この人は、この時初めて親鸞のもとに書を寄せ、信心についての理解を述べると同時に、法名を親鸞からいただきたいと願ったものと考えられる。

＊第十九書簡は、常陸から上京した明教房などから、東国の門弟たちの動向をつぶさに聞いた親鸞が、念仏者が本願に甘え、放逸無慚《むざん》の振舞いが目立つようになったことを危惧《きぐ》し、特に常陸の奥郡の同行にそのことを戒めたものである。『親鸞聖人御消息集』に収められている善鸞（慈信坊）宛の返書によると、善鸞は、信願坊が「凡夫のならいとして、悪は当然のことなので、思ってはならないことを積極的に好み、なすまじきことを思うさまに振舞い、口にすべきでないことを遠慮なく言ってよいのだ」と造悪をそそのかしていると報告している。念仏者の言行が、保守的な立場に身

を置く者から、とかくの非難を受けることは当然と覚悟していた親鸞であったが、同行の中から「往生に障《さは》りなければとて、ひがごとを好むべし」（前記書簡）といった造悪無碍《むげ》の主張がなされていると聞いては、自粛を要望せざるを得なかったと思われる。その背景には、善鸞のような誣告《ぶこく》者がいた。

誓願があるからといって、わざと悪を好んではならない——第十九書簡

お手紙をたびたび差し上げました　ご覧にならなかったでしょうか
御ふみたびたび参らせ候ひき。御覧ぜずや候ひけん。なにごとよ
りも[一]明法御房《みやうほふのおんばう》の往生の[二]本意《ほい》とげておはしまし候ふこそ、常陸国《ひたちのくに》うち
浄土往生をこころざしていらっしゃる
の、これにこころざしおはします人々の御ために、めでたきことに
いずれにせよ　できることではありません
て候へ。往生は、ともかくも凡夫のはからひにてすべきことにても
立派な学者もあれこれと論じ決めることはできません　大乗・小乗の聖
候はず、めでたき智者もはからふべきことにも候はず、大小の聖人
人でさえも　あれこれ思案しないで
だにも、ともかくもはからはで、ただ願力にまかせてこそおはしま
あなたがたのようでいらっしゃる人々は
すことにて候へ。ましておのおののやうにおはします人々は、ただ
大変に恵まれたしあわせでございます　あれこれと議論をなさることは
[三]この誓ひありと聞き、[四]南無阿弥陀仏《なもあみだぶつ》にあひ参らせ給ふこそ、ありが
たく、めでたく候ふ御果報にては候ふなれ。とかくはからはせ給ふ
決してあってはならないことです　お送りしました
こと、ゆめゆめ候ふべからず。さきにくだし参らせ候ひし[五]『唯信鈔《ゆいしんせう》』
とってすぐれた導きの師でいらっしゃいます　〔著者の〕聖覚や隆寛こそは　今の世の人に
[六]『自力他力』なんどのふみにて御覧候ふべし。それこそ、この世に
それらの本に書かれていることは
とりてはよき人々にておはします。すでに往生をもしておはします
ほかのどの本に書い
人々にて候へば、そのふみどもに書かれて候ふには、なにごともな
てあることよりすぐれております
にごともすぐべくも候はず。法然聖人の御をしへを、よくよく御心

一　明法房。『門侶交名牒』に「常陸国北郡住」とある。『親鸞伝絵』によると、もと弁円と称した山伏で、親鸞の念仏布教をにくみ、板敷山で待ち伏せ、親鸞を殺害しようとしたが、かえって教化され念仏門に帰するに至った。

二　明法房の遺跡と伝えられる上宮寺（茨城県）の縁《えん》起《ぎ》によれば、明法房は建長三年（一二五一）十月十三日に七十二歳で往生を遂げたという。

三　如来の本願。

四　「南無阿弥陀仏」という六字の名号をとなえる機縁に恵まれなさったことは。

五　聖覚《せいかく》の著作。聖覚（一一六七～一二三五）は、天台の僧で、安居院《あぐい》法印聖覚と称し、唱導の名手として一世を風靡《ふうび》した。のちに法然門に帰し、『選択本願念仏集』の趣旨を平易に説いた『唯信鈔』を著した。親鸞の『唯信鈔文意《もんい》』はその注釈である。親鸞は自ら筆をとって何度か『唯信鈔』『唯信鈔文意』を書写し、

関東の門弟の閲読に供している。
六 隆寛《りゆうかん》の著作。正しくは『自力他力分別事』。長楽寺隆寛（一一四七〜一二二七）は、法然の弟子で、別に『一念多念分別事』の著があり、親鸞の『一念多念文意』は、この注釈である。
七 言語道断の悪行をくわだてようとした心。
八 自己の情にかなうものを何でも受け容れ、あくことをしらないむさぼりの心。「瞋恚」「愚癡」と共に、三毒の一つ。略して「貪瞋癡」という。
九 自分の心にたがうものを怒り恨むこと。
一〇 親鸞は「因果応報」の考えを語ったことはない。したがってここは、当然の道理を無視する心をいったものと考えられる。
一一 心が暗くて、ものの道理を理解する智慧に欠ける愚かしさ。
＊ 親鸞は『一念多念文意』で「凡夫といふは、無明煩悩われらが身に満ちみちて、欲も多く、怒り、腹立ち、そねみ、ねたむ心多く暇なくして、臨終の一念にいたるまで、止まらず、消えず、絶えずと、水火二河の喩へにあらはれたり。かかるあさましきわれら、願力の白道《びやくだう》を一分二分やうやうづつ歩み行けば、無碍光仏の光の御心に摂め取り給ふがゆゑに、必ず安楽浄土へいたれば、弥陀如来と同じく、かの正覚の華《はな》に化生《けしやう》して、大般涅槃《だいはつねはん》のさとりを開かしむるを旨とせしむべしとなり」と述べている。

得たる人々にて《方々でいらっしゃいました》おはしますに候ひき。さればこそ、往生もめでたく《浄土にめでたくお生れ》しておはしまし候へ《になったのでしょう》。

おほかたは《一般に》、としごろ念仏申しあひ給ふ人々のなかにも《長年念仏をとなえることに励みを覚えておられる人々の中にも》、ひとへにわがおもふさまなることをのみ申しあはれて候ふ人々も候ひき《自己流のかたよった意見を主張しあって譲らない人々もありました》。いまも、さぞ候ふらんと《そうであろうと》、おぼえ候ふ。明法房などの往生しておはしますも、もとは[七]不可思議のひがごとをおもひなんどしたるこころをも、ひるがへしなんどしてこそ候ひしか《ひるがえしたからできたことでありました》。われ往生すべければとて《自分は往生することに決っているからといって》、すまじきことをもし《してはならないことをし》、おもふまじきことをもおもひ、いふまじきことをもいひなどすることは、あるべくも候はず《あってはなりません》。[八]貪欲《とんよく》の煩悩にくるはされて、欲もおこり、[九]瞋恚《しんい》の煩悩にくるはされて、ねたむべくもなき《ねたむ筋合いでもないのに》因果をやぶるこころもおこり《[一〇]道理におかまいなく嫉妬心を起し》、[一一]愚癡《ぐち》の煩悩にまどはされて、おもふまじきことなどもおこるにてこそ候へ《思ってしまうというものです》。めでたき《ありがたい》仏《ぶつ》の御誓ひのあればとて、わざと《故意に》すまじきことどもをもし、おもふまじきことどもをもおもひなどせんは、よくよくこの世のいとはしからず《この世のことがいやではなく》、身《わが》

一 ここは、念仏にそなわる智慧のはたらきにおまかせしようとする心をいう。

二 「順次」とは「順次生」のことで、この生涯の次の生を意味する。「順次の往生」とは、死後浄土に生れること。親鸞は、この「順次往生」に対し、「即得往生」を力説し、「本願を信受するは前念命終なり。即得往生は後念即生なり」(『愚禿鈔《ぐとくしょう》』上)と述べているように、この世で既に不退の位(往生することに定まっている位)につく往生観をもっていた。

三 ありがたい誓願があるからといって、思うままに故意に悪行を振舞ってはならないということ。

四 現在世に行われている念仏についての教義。法然の専修念仏の教義も、世にいう五流の派に分れ、それぞれが教義の正しさを争うに至った。五流とは、隆寛の多念義、幸西《こうさい》の一念義、証空《しょうくう》の西山《せいざん》義、聖光《しょうこう》の鎮西《ちんぜい》義、長西《ちょうさい》の諸行本願義をいうが、法然滅後の浄土宗の流派は、六流もしくは七流・九流と数えたてるほどであった。

五 それぞれに異説をお立てになって、正統を争いあっていらっしゃる人々。

六 しっかりした指導者が少ない田舎では、異説を説く者が現れると、この京都以上に混乱することだろうと想像し。

＊ 以下「この明教房の……あなかしこあなかしこ」

のわろきことをおもひ知らぬにて候へば《身の悪に無自覚な人でありましょうから》、念仏《〔口先では念仏をとなえても〕》に[一]こころざしもなく、仏の御誓ひにもこころざしのおはしまさぬにて候へば《誓願にすべてをおまかせしようとする心もないわけですから》、念仏せさせ給ふとも、その御こころざしにては順次の往生[二]もかたくや候ふべからん《困難なのではないでしょうか》。よくよくこのよし[三]を人々に聞かせ参らせさせ給ふべく《お聞かせになって下さいませ》候ふ。かやうにも申すべくも候はねども《このようにまで言ってよいとは思いませんが》、なにとなく《筆の勢いで》、この辺のことを御こころにかけあはせ給ふ人々にておはしましあひて候へば《この私の考えているところを十分理解していて下さる方々でいらっしゃるはずですので》、かくも《こうまで》申し候ふなり。

[四]この世の念仏の義はやうやうにかはりあふて候ふめれば《様々に異なっていますから》、とかく《あれこれ》申すにおよばず候へども《申し立てる必要はないけれども》、故聖人《法然聖人》の御をしへをよくよくうけたまはりておはします人々は、いまももとのやうにかはらせ給ふこと候はず《現在も聖人ご在世時と同様自己流の義を立てることはしていません》。世にかくれなきことなれば聞かせ給ひあふて候ふらん《〔このことは〕世間に知れわたっていますからお耳にしておられることでしょう》。浄土宗の義[五]みなかはりておはしましあふて候ふ人々も、聖人の御弟子にて候へども、やうやうに義をもいひかへなどして《いろいろと宗義を言いかえたりして》、身もまどひ《自分自身も迷い》、人をもまどはかしあふて候ふめり《人に対してもさまざま迷わせあっているようです》。あさましきことにて候ふなり。京《〔この〕京都》に

もおほくまどひあふて候ふめり《でも異議が行われて多くの人が惑いあっています》。[六]ゐなかはさこそ候ふらめと、こころにくくも候はず《ことさら知りたいとは思いません》。なにごとも申しつくしがたく候ふ、またまた申し候ふべし《またの折に申し上げましょう》。

この明教房《みやうけうばう》[七]ののぼられて候ふこと《明教房が上京されたことは》、まことにありがたきこととおぼえ候ふ。明法御房《みやうほふのおんばう》[八]の御往生のことをまのあたり[九]聞き候ふも、うれしく候ふ。[一〇]人々の御こころざしも、ありがたくおぼえ候ふ。かたがた《一方では》この人々ののぼり《明教房らのご上京も》、不思議のことに候ふ《全く思いがけないよろこびです》。このふみを、たれだれにもおなじこころに《同じ心で分け隔てなく》よみ聞かせ給ふべく候ふ。このふみは奥郡《あうぐん》[一一]におはします同朋《どうぼう》の御中に《仲間の皆さんに》、みなおなじく御覧候ふべし《全員同じようにご覧いただきたいものです》。あなかしこあなかしこ。

としごろ《長年》念仏して往生ねがふしるしには、[一二]もとあしかりし《それまで悪かった》わがこころをもおもひかへして、友・同朋にもねんごろにこころのおはしましあはば《友人や仲間に対して親切な心をいだきあうようになさるならば》こそ《それこそ》、世をいとふしるしにても候はめとこそおぼえ候へ《現世をいとい浄土を願う心の証拠と言えるのではないかと思います》。

よくよく御心得候ふべし。

の部分と「としごろ念仏して……御心得候ふべし」の部分は、本書簡の追申とみなすこともできる。但し、この部分は古写本相互間に著しい混乱が見られる。

七『門侶交名牒』には、「明教」という人物が二人記されているが、一人は親鸞の孫如信の弟子なので、文面からみてふさわしくない。この明教房は、常陸国奥郡の住人、乗信の門下と考えられる。

八 二二四頁注 参照。

九 間近く見聞した人から直接に様子を聞いたこと。

一〇 明教房の上京に託して、常陸の門弟一同の志納の金品が親鸞のもとに送り届けられたことを指す。

一一 常陸国（茨城県）の北部を指し、正式の郡名ではない。

一二 悪心を悔い改め、善心にかえることが往生の条件ではないが、念仏にそなわる功徳にはたらきかけられると自ずと自らの悪心を正しく見据えることができるようになり、もろもろの悪業を懺悔《ざんげ》するに至る。

＊ 書簡の末尾に書く「あなかしこあなかしこ」の語をもって本文を終るとみると、追申は「としごろ念仏して……御心得候ふべし」の部分だけとも考えられる。事実、次頁の「善知識を……御心得候ふべし」の部分は、『親鸞聖人御消息集』では、独立した書簡として扱われている。

一善知《ぜんち》識《しき》をおろかにおもひ《尊敬の念をもって接しないで》、師をそしるものをば二謗法《はうぼふ》のものと申すなり。親をそしるものをば三五逆のものと申すなり、同座せざれと《同座してはならないと》候ふなり《いいます》。されば四北の郡《こほり》に候ひし善證房《ぜんしようばう》は親をのり《ののしり》、五善信をやうやうにそしり候ひしかば《私のことを様々に非難していたものですから》、ちかづきむつまじくおもひ候はで《親しく交際しようと思う気持が起らずに》、ちかづけず候ひき。明法御房《みやうほふのおんばう》の往生のことを聞きながら、六あとをおろかにせん人々はその同朋《どうぼう》にあらず候ふべし。七無明《むみやう》の酒に酔《ゑ》ひたる人《酔っている人》にいよいよ酔ひをすすめ、八三毒をひさしくこのみくらふ人に、いよいよ毒をゆるしてこのめと申しあふて候ふらん《好きになるようそそのかしあっているのは》、不便のことに候ふ《不都合なことです〔私たちはただで》。無明の酒に酔ひたることをかなしみ《さえ〕無明を免れないことを悲しむべきであり〔あまつさえ〕》、三毒をこのみ食ふて、いまだ毒も《まだ毒が一つも》うせはてず《消えたことはなく》、無明の酔ひ《無明の酒の酔い》もいまださめやらぬにおはしましあふて候ふぞかし《さめない状態にお互いいらっしゃるのですぞ》。よくよく御心得候ふべし。

二十

一 正しい道に導く立派な指導者。
二 正しい法に背き、非難攻撃を加えるもの。
三 『歎異抄』二三二頁注八参照。
四 二一九頁注七・八参照。
五 親鸞の別名。法然の門に入って「綽空《しやくくう》」と号した親鸞は、入門後四年目の元久二年（一二〇五）に夢の告げによって綽空を「善信」と改めた。
六 明法房がそれまで努めてきたところを無視し、明法房の志を引き継ごうとしない人々。
七 「無明」とは、存在の根底にある根本的な無知のことで、われわれに、そうした自らの有限性と無知を知らしめるはたらきが、如来の智慧である。
八 貪欲《とんよく》・瞋恚《しんい》・愚癡《ぐち》の三毒（二二五頁注八・九・一一参照）を食べ物に喩《たと》えた。

＊第二十書簡の内容は、第十九書簡とほぼ同じと言える。第十九書簡が常陸国《ひたちのくに》の北部に住む門弟の間に回覧されることを期待して書かれたのに対し、これは常陸国の南部の人々に閲読してもらうために書かれたものである。ともに、明教房の上京に託して各地の門弟たちの志納の金品の数々が届けられたことに対する礼が述べられている。また、それぞれの地方の人たちの間で親しまれていた有力な門弟の往生をしのぶ言葉があり、念仏弾圧の口実とされやすい放逸無慚《むざん》な振舞いを戒めている

ところは、文章まで大同小異であり、前書簡と同時期の執筆と考えられる。

九 常陸国奥郡の住人、乗信の門下。二二七頁注七参照。

一〇 常陸国北郡の人。親鸞の念仏布教をにくみ、親鸞を殺害しようとしたが、かえって教化され念仏門に帰した。二二四頁注一参照。

一一 常陸国の東南部の郡名。鹿島灘《なだ》に面する。

一二 常陸国の、北浦・霞ヶ浦にはさまれた地。

一三 常陸国の北部を指す。正式な郡名ではない。

一四 平塚の入道か。五天良空（一六六九～一七三三）の『高田開山親鸞聖人正統伝』によると、親鸞の初期の門弟の名をあげた中の「武家領主」の項に「平塚入道信之《のぶゆき》」が見える。また、大磯の善福寺の縁起によると、その開基を「関東六老僧第二平塚入道了源房」とし、了源房は、曾我十郎祐成と大磯の名妓虎との間の子で、三浦氏・和田氏との兵乱の武功により平塚の地を源実朝《さねとも》より賜った河津三郎信之のことであると伝えている。信之は、執権北条義時の死を契機に出家、了源と号し、親鸞が鎌倉に来ていた頃、国府津《こふづ》に訪ねて弥陀の本願に帰したという。

一五 この場合は、都に対して田舎のことをいう。

一六 人並みすぐれた学者。

一七 法然聖人が亡くなられた今となっては。

一八 教えを説いた言葉。

薬あればとて、毒を好むべからず——第二十書簡

方々《かたがた》よりの御こころざしのものども《各地の方々からのご厚志の贈物の品々》、数のままに《数どおり》たしかに給はり候ふ。明教房《みやうけうばう》[九]ののぼられて《〔京へ〕》候ふこと、ありがたきことに候ふ。方々の御こころざし、申しつくしがたく候ふ。明法御房《みやうほふのおんばう》[一〇]の往生のこと《立派な往生の有様》、おどろき申すべきにはあらねども《とりたててほめそやす必要はありませんが》、かへすがへすうれしく候ふ。鹿島《かしま》[一一]・なめかた[一二]・奥郡《あうぐん》[一三]、かやうの往生ねがはせ給ふ人々の《このような浄土往生を願っておられる人々の》、みなの御よろこびにて候ふ。また、ひらつか[一四]の入道殿御往生のこと、聞き候ふこそ、かへすがへす申すにかぎりなくおぼえ候へ《言葉では表現しつくせないものを感じます》。めでたさ《その立派なことは》申しつくすべくも候はず。おのおのみな《あなた方はすべて》、往生は一定《いちぢやう》とおぼしめすべし《確実だとお思い下さい》。さりながらも《しかしながら》、往生を願はせ給ふ人々の御中にも、御こころえぬこと《〔この道理を〕理解されてないこともありました》も候ひき。今もさこそ候ふらめとおぼえ候ふ《今でもきっとそうだろうと思われます》。京にもこころえずして《京都でも往生の道理が分らないで》、やうやうにまどひあふて候ふめり《さまざまなことを言って惑いあっているようです》。国々[一五]にもおほく聞こえ候ふ。法然聖人の御弟子のなかにも、われはゆゆしき[一六]学生《がくしやう》などとおもひあひたる人々も《心のうちに思い込んでいる人々も》、この世[一七]には、みなやうやうに法文《ほふもん》[一八]をいひかへ

て、身《自分も》もまどひ、人をもまどはして、わづらひあふて候ふめり《こだわって論争しあっているようです》。

聖教《しやうげう》の教へをもみず《経典の教えも読まず》、知らぬ《理解したこともない》、おのおののやうに《あなた方のようでいらっしゃる人々は》おはします人人は、[一]往生にさはりなしとばかりいふを聞きて、あしざまに御こころえあること《間違ってご理解になっていること》、おほく候ひき。いまもさこそ候はめとおぼえ候ふ《きっとそうだろうと思っています》。浄土の教《けう》もしらぬ信見房《しんけんばう》[二]などが申すことによりて、ひがさまにいよいよ《誤った信仰にいよいよ》なりあはせ給ひ候ふらんを聞き候ふこそ《深く迷いこんでしまわれたご様子を聞きますことは》、あさましく候へ《大変なさけないことです》。

まづ、おのおの《あなた方は》の、むかしは弥陀《みだ》の誓ひをも知らず、阿弥陀仏をも申さず《阿弥陀仏の名号をとなえることもなさらなかったが》おはしまし候ひしが、釈迦《しやか》・弥陀の御方便にもよほされて《適切なお導きにうながされて》、いま弥陀の誓ひをも聞きはじめておはします身にて候ふなり。もとは無明《むみやう》[三]の酒に酔《ゑ》ひて、貪欲《とんよく》[四]・瞋恚《しんい》・愚癡《ぐち》の三毒をのみ、このみ召しあふて候ひつるに《お互いに好んで食べていましたところ》、仏《ぶつ》の誓ひを聞きはじめしより、無明の酔ひも、やうやう《次第に》少しづつさめ、三毒をも少しづつこのまずして、阿弥陀仏[五]の薬をつねにこのみ召す身となりておはしましあふて候ふぞかし《好んで服用する身となって現在こうしておられるわけです》。

しかるに、なほ酔ひもさめやらぬに、かさねて酔ひをすすめ、毒

一 往生は如来の本願力によってすることだから、どのような罪悪も往生の障害となることはない。
二 伝未詳。
＊『御消息集』（善性本）に「まづ、よろづの仏・菩薩をかろしめまゐらせ、よろづの神祇《じんぎ》・冥道《みやうだう》をあなづり捨て奉ると申すこと、この事ゆめゆめなきことなり。世々生々に無量無辺の諸仏・菩薩の利益によりて、よろづの善を修行せしかども、自力にては生死を出でずありしゆゑに、曠劫《くわうごふ》多生のあひだ、諸仏・菩薩の御すすめによりて、今まうあひがたき弥陀の御誓ひにあひまゐらせて候ふ御恩を知らずして、よろづの仏・菩薩をあだに申さんは、深き御恩を知らず候ふべし。仏法を深く信ずる人をば、天地におはしますよろづの神は、影の形に添へるが如くして護らせ給ふことにて候へば、念仏を信じたる身にて、天地の神を捨て申さんと思ふこと、ゆめゆめなきことなり」と述べている。こうした書簡から推測すると、諸仏諸神の崇拝を、念仏者の側からことさらに軽蔑《けいべつ》し、悪しざまに振舞うことがあったのかも知れない。また、造寺・造塔・写経といった余善に対しても積極的な非難を加える言行があったように、親鸞は報告を受けていたものと思われる。
三 二二八頁注七参照。
四 二二五頁注八・九・一一と二二八頁注八参照。
五 阿弥陀仏の本願を薬に喩《たと》えた。『教行信証』信巻

もきえやらぬに、なほ毒をすすめられ候ふらんこそ、あさましく《とんでもないことで》候へ《す》。煩悩具足《ぼんなうぐそく》の身なればとて、こころにまかせて、身にも、すまじきことをもゆるし、口にも、言ふまじきことをもゆるし、意《こころ》にも、おもふまじきことをもゆるして、いかにも《どのようにでも》、こころのままにてある《自分の心のままにふるまうのが》べしと《よいと》申しあふて候ふらんこそ、かへすがへす[六]不便《ふびん》におぼえ候へ。酔ひもさめぬさきになほ酒をすすめ、毒もきえやらぬに、いよいよ毒をすすめんがごとし。[七]薬あり、毒をこのめと候ふらんことは、あるべくも候はず《口にすべきことではないと思います》とぞおぼえ候ふ。仏の御名をも聞き、念仏を申して、ひさしくなりておはしまさん人々は、[八]この世のあしきことをいとふしるし《証拠》、[九]この身のあしきことをばいとひすてんとおぼしめすし《お思いになって過し》るしも候ふべしとこそおぼえ候へ《ていらっしゃる成果が自ずと身につくはずだと思います》。

はじめて仏の誓ひを聞きはじむる人々の、わが身のわろく、こころのわろきをおもひ知りて、この身のやうにては《有様では》、なんぞ往生せんずる《どうして浄土に往生できるだろうか》といふひとにこそ《という人に対してこそ》、煩悩具足したる身なれば、わがこころの善《ぜん》

に、如来の誓願を薬に喩えた親鸞の自釈文が二箇所ある。一つは菩提心釈の部に「如来誓願の薬は、よく智愚の毒を滅するなり」とあり、一つは逆謗摂取《ぎゃくほうせっしゅ》釈の部で「ここを以て、いま大聖（釈尊）の真説に拠《よ》るに、難化《なんげ》の三機（五逆・謗法《ほうぼう》・闡提《せんだい》）、難治の三病（同上）は、大悲の弘誓《ぐぜい》をたのみ、利他の信海（他力廻向の信心）に帰すれば、これを矜哀《こうあい》して治す、これを憐愍《れんびん》して療したまふ。喩へば、醍醐《だいご》の妙薬の一切の病を療するがごとし」とある。

六 不都合なこと。

七 薬があるから、安心して毒を好み食しなさい。『歎異抄』第十三、三一頁四行目参照。『大宝積経』に、仏が弥勒菩薩に告げた文中に「薬ありとて、毒を好むべからず」という意を説いた箇所がある。

八 底本では「後世」とあるが、次の「この身」と対句になっている文なので、『親鸞聖人御消息集』に「この世」とあるのに拠《よ》って改めた。「この世のあしきこと」は、『大無量寿経』三毒段にくわしく、銭財や財物をめぐる欲心のために憎しみ合い、愛欲に惹《ひ》かれてほしいままに振舞うことで人間不信に陥り、そうした人間関係のひずみがかもし出す嫉妬《しっと》心《しん》や殺意が、この人間の世界（社会）を暗くする様が述べられている。

九 同じく『大無量寿経』五悪段に、あるがままの人間の情念のあり方が、いかに邪悪・放恣《ほうし》・驕慢《きょうまん》をきわめたものであるかが述べられている。

悪《まく》をば沙汰せず《問題にすることなく》、むかへ給ふぞとは申し候へ《仏は迎えとって下さるのだと申すのです》。かく聞きてのち[一]《〔仏の誓願力にはたらきかけられて〕》、仏を信ぜんとおもふこころふかくなりぬるには《なったときには》、まことにこの身をもいとひ、流転《るてん》[二]せんことをもかなしみて、ふかく誓ひをも信じ、阿弥陀仏《阿弥陀》をもこのみ申しなんどする人は《仏の御名をすすんで好みとなえるようになる人は》、もとも《当然》、こころのままにて悪事をもふるまひなんどせじとおぼしめしあはせ給はば《心のはたらかせ方がおのずから悪事を振舞うことなどすまいとお思いになるはずで》こそ《そうあってこそ》、世をいとふしるしにても候はめ。また往生[三]の信心は、釈迦《しやか》・弥陀の御すすめによりておこるとこそ《〔経文に〕》みえて候へば、さりとも[四]、まことのこころおこらせ給ひなんには《如来からさし向けられた真実の信心をいただいたからには》、いかがむかしの御こころのままにては候ふべき《どうして昔のままの心でいることができましょうか》。

[五]この御なかの人々も、少々はあしき[六]さまなることの聞こえ候ふめり。師をそしり、善知識《ぜんちしき》[七]をかろしめ、同行《どうぎやう》をもあなづりなんどしあはせ給ふよし聞き候ふこそ《念仏のお仲間をあなどったりしあっていらっしゃる由を聞きますことは》、あさましく候へ《残念に思います》。すでに《〔そういう人は〕》謗法《はうぼふ》[八]の人なり。五逆《ごぎやく》[九]の人なり。なれむつぶべからず《親しくまじわってはなりません》。『浄土論』[一〇]と申すふみには、かやう[一一]の人は、仏法信ずるこころのなきより、このこころはお

一 親鸞は、この仏の誓願のいわれを聞いて疑心をはさまないということをもって信心にあずかる第一の契機と考えた。『教行信証』信巻には「聞と言ふは、衆生、仏願の生起本末を聞きて、疑心あることなし、これを聞といふなり」とあり、「正信偈」では「聞信」という言葉を用いて「一切善悪の凡夫人、如来の弘誓《ぐぜい》願を聞信すれば、仏、広大勝解《しようげ》の者（すぐれた理解力をそなえた人）とのたまへり。この人を分陀利華《ふんだりけ》（白蓮華に喩えられるすぐれた人）と名づく」と述べている。
二 迷いの世界にさまよい続けること。
三 浄土に往生する身と定まる因である他力の信心。
四 煩悩具足の凡夫であるからといっても。
五 あなたがたの中にも。この書簡は、念仏の同朋に宛てて書かれたもので、その人々の間で回覧された。この書簡をとどけられた念仏者の仲間の人々を指す。
六 「善悪をば沙汰せず、むかへ給ふ」ということを間違って理解している人がいる由の噂《うわさ》があります。
七 正しい道に導く立派な指導者。
八 二二八頁注二参照。
九 父・母・阿羅漢《あらかん》を殺し、仏身を傷つけ、和合している僧を仲たがいさせるという、五つの重い罪悪。
一〇 ここは、世親の『浄土論』の注釈である『浄土論註』を指している。『浄土論註』を『浄土論』と呼んだ例は、道綽《どうしやく》の『安楽集』にも見える。
一一 『教行信証』信巻に引用している『浄土論註』上

こるなりと候ふめり。また、[一二]至誠心《しじやうしん》のなかには、かやうに悪をこの《悪を好む人に》まんには、つつしんでとほざかれ、ちかづくべからずとこそ説かれて候へ。[一三]善知識・同行には親しみちかづけとこそ説きおかれて候へ。

悪をこのむ人にもちかづきなんどすることは、[一四]浄土に参りてのち、衆生利益《りやく》にかへりてこそ、さやうの罪人にもしたがひちかづくことは候へ。それもわがはからひにはあらず、弥陀の誓ひによりて、[一五]御たすけにてこそ、おもふさまのふるまひも候はんずれ《できるというものです》。当時は《今の私は》、この[一六]身どものやうにては、いかが候ふべかるらんとおぼえ候ふ《悪人に近づくことはどうしたものであろうかと思案されます》。よくよく案ぜさせ給ふべく候ふ《あなた方も十分にご思案下さい》。

[一七]往生の金剛心のおこることは、仏の御はからひよりおこりて候へば、金剛心をとりて候はん人は《心にうけとめた人は》、よも《決して》師をそしり、善知識をあなづりなんどすることは候はじとこそおぼえ候へ。このふみをもて、鹿《か》島《しま》・なめかた・[一八]南の荘《しやう》、いづかたもこれにこころざしおはしまさん《その他どこの方でも浄土への往生を願う心をお持ちの人には》人には、おなじ御こころに《わけへだてすることなく》、[一九]よみ聞かせ給ふべく候ふ。あなかしこ

巻の文によると「汝、ただ五逆罪の重たることを知りて、五逆罪の正法なきより生ずることを知らず。この故に謗正法《はうしやうぼふ》の人は、その罪最重なり」とある。五逆の罪は正法をないがしろにするところから生ずるものなので、謗法の罪が最も重いことをさとしている。

一二 ここは、善導の『観経疏』散善義の至誠心釈の文のことを指す。二二〇頁注五参照。

一三 善導の『往生礼讃』の、雑修の失を挙げて説いた文中の句「人我自ら覆ふて、同行・善知識に親近せざるが故に」(『教行信証』化身土巻上に引く文の訓《よ》みによる)に拠《よ》り、その意味を取って述べたもの。

一四 浄土に往生して仏のさとりを得た後に、そのよろこびをわかつためにこの世に還って来て。

一五 弥陀の誓願力に支えられてはじめて。

一六 凡夫の境涯をいう。

一七 往生する身と定まるたしかな信心。『唯信鈔文意』に「この信心は、摂取のゆゑに金剛心となる」とある。

一八 常陸国の南部。現在の石岡市以南の真鍋・安飾《あんじき》・藤沢などの一帯。

一九 親鸞の東国の門弟の組織は、読み書きができる知識層(道場主)を中心に、文字の読めない念仏者が結集した、いくつものサークルから成り立っていたらしい。

あなかしこ。

建長四年二月二十四日[一]

二十一

安楽浄土にいりはつれば《往生してしまうと》、すなはち大涅槃《だいねはん》[二]をさとるとも、また無《む》[三]上覚《じやうかく》をさとるとも、滅度《めつど》[四]にいたるとも申すは、御名こそかはりたるやうなれども、これみな、法身《ほふしん》[五]と申す仏《ぶつ》のさとりをひらくべき正因《しやういん》に、弥陀仏《みだぶつ》の御誓ひを、法蔵菩薩《ほふざうぼさつ》[六]われらに廻向《ゑかう》し給へるを、往相《わうさう》の廻向と申すなり。この廻向せさせ給へる願を、念仏往生の願[七]とは申すなり。この念仏往生の願を、一向《いつかう》に信じて《ひたすら信じて》ふたごころなきを、一向専修《せんじゆ》とは申すなり。如来二種[八]の廻向と申すことは、この二種の廻向の願を信じ、ふたごころなきを、真実の信心と申す。この真実の

一　一二五二年。親鸞八十歳。年代のわかる書簡としては初期のものに属する。

＊第二十一書簡は、おそらく他の書簡に添えられた消息法語であろう。善性本『御消息集』第二書簡は、『末燈鈔』第七書簡と同じものであるが、末尾に「諸事恐々謹言」の語句が添えられ、改行してこの第二十一書簡が掲げられている。

念仏往生の願をひたすら信じることを一向専修という——第二十一書簡

二　生死を超えた真実の世界。

三　この上ない仏のさとり。

四　「涅槃」がニルヴァーナの音写であるのに対し、「滅度」はその意訳。生・老・病・死などの肉体的なわずらいから解放されて、欲・有・見・無明の迷いを離れた境地。

五　「法身」は、色も形もない真理それ自体をいう。親鸞は「自然法爾《じねんほうに》」の法語で「無上仏と申すは、形もなくまします。形もましまさぬゆゑに自然《じねん》とは申すなり。……弥陀仏は、自然のやうをしらせん料《れう》なり」と述べている。そのような自然のさとりにいたる正しいてだてとして立てられた阿弥陀仏のお誓いを、の意。

六　阿弥陀仏が修行中の菩薩であった時の名。阿弥陀仏は、法蔵菩薩であった時に、凡夫が成仏できる道を求めて誓願を立て、ついにそれを成就して弥陀仏となられた。その功徳をわれらにさし向けて下さることを

信心のおこることは、釈迦《しやか》・弥陀の二尊の御はからひよりおこりた《御はからいによっておこるものであ》りと知らせ給ふ《るとご理解なされるがよい》べし。あなかしこあなかしこ。

二十二

『宝号経《ほうがうきやう》』[九]にのたまはく、弥陀の本願は《本願の趣旨は》行《ぎやう》[一〇]にあらず、善にあらず、ただ仏名《ぶつみやう》をたもつなり。名号《みやうがう》はこれ善なり、行なり。行といふは、善をするについていふことばなり。本願はもとより仏の御約束とこ《本願の趣旨は元来仏が衆生に対してかわされた》ころえぬるには《お約束であると心得た上は》、善にあらず、行にあらざるなり。かるがゆゑに《そういうわけで》他力とは申すなり。本願の名号は能生《のうしやう》[一一]する因《いん》なり。能生の因といふは、すなはちこれ父なり。〔弥陀の〕大悲の光明はこれ所生《しよしやう》[一二]の縁なり。所生の縁といふはすなはちこれ母なり。

廻向といい、廻向を受けることで、衆生ははじめて浄土に往生することを願うようになるので、これを「往相の廻向」とよぶ。

七 第十八願をいう。

八 往相の廻向と還相の廻向。一一二頁「高僧和讃」150注参照。

＊ 第二十二は書簡ではなく、法語である。この章はおそらく『歎異抄』第八にあるような、「念仏は行者のために非行非善なり」ということの理由を明らかにするために『宝号経』なる経の文を引いて書かれたものであろう。

弥陀の本願は行にあらず善にあらず——第二十二書簡

九 この経は現存の『大蔵経』には見られない。親鸞は『弥陀経義集』に「宝号王経、非《ズ》レ行《ニ》非《ズ》レ善《ニ》、但《シ》持《スルガ》二仏名《ヲ》一故、生《ズ》二不退位《ニ》一……」とあるのによったのであろう。

一〇 万行を修めることを求めているのでもなければ、諸善を積むことを条件としているわけでもなく。

一一 直接の原因。「能」は能動を意味する。「因」とは、物事が生滅する内的な直接の働きをいう。

一二 間接の要因。「所」は受動を意味する。「縁」は、潜在的な力である因が外に向って発動する契機となる外的環境的条件をいう。『教行信証』行巻に「徳号の慈父ましまさずば、能生の因かけなむ。光明の悲母ましまさずば、所生の縁そむきなむ」とある。

一 本云

二 凡斯御消息者念仏成仏之咽喉愚癡愚迷之眼目也

三 可レ秘可レ秘而已《のみ》

四 于時五 文安四年丁卯《ひのとう》二月晦日

＊この奥書は、本願寺の第八世蓮如（一四一五〜九九）書写本にあったもので、現在原本は不明であるが、蓮如が文安四年に写した旨の奥書を持つ写本は多く伝えられている。

一 蓮如は、本書の編者である従覚上人慈俊が付した識語の中から、次行の句だけを書き抜き、「可レ秘可レ秘而已」の句を加えて奥書としたものと考えられる。「本云」は、原本にあった従覚の識語を指す。

二 「凡《およ》そ斯《こ》の御消息は、念仏成仏の咽喉（かなめ）、愚癡愚迷の眼目なり」と訓《よ》む。従覚の識語中の該当部分には「抑《そもそも》斯御消息者、念仏成仏之咽喉也、専《もっぱ》ラ開クニ諸門超勝之直路ヲ一、愚癡愚迷之眼目也」とある。

三 固く秘して、決して他人に見せてはなりません。蓮如は、人々の誤解をおそれたためか、親鸞の文章の閲読を広く勧めることをしなかった。

四 「時に」と訓む。

五 一四四七年。蓮如三十二歳の年にあたり、修学への努力を営々と重ねていた時代であった。

解説

伊藤博之

親鸞の思想と浄土教

(一) 悪人往生の道

悪人の自覚

親鸞の言葉として人々に最も親しまれているものは、『歎異抄』の中の「善人なほもつて往生を遂ぐ、いはんや、悪人をや」であろう。この言葉は、悪人こそが、仏の大慈悲心に最も強くはたらきかけられている存在であり、阿弥陀仏の、すべての人間を平等に浄土へ迎え入れようという誓い(本願)を素直に受け容れ、与えられた信心を喜ぶことができるのだ、という思想を直截に表している。言い換えれば、罪障の重さにうちのめされ、自己の能力に絶望している悪人でなければ、弥陀の本願を正しく受けとることはできないということである。悪人という言葉は、道徳的・社会的な意味でのそれとは異なり、自分の力では善を行うことのできない人間一般を指すと言ってよいだろう。また、社会の底辺を生きる人々、貴族や知識階級からさげすまれていた人々をも指すと考えられる。

親鸞は、無知で愚かな肉食妻帯の僧を意味する「愚禿《ぐとく》」を自ら名のり、名誉や利益を追い求め、愛欲の道にうつつをぬかして生きる己れの姿を次のように述べている。

誠に知んぬ、悲しき哉《かな》愚禿鸞、愛欲の広海に沈没《ちんもつ》し、名利《みやうり》の太山《たいせん》に迷惑して(迷い惑って)、定聚《ぢやうじゆ》の数（仏となることに定まった位）に入ることを喜ばず、真証の証《さとり》に近づくことを快《たの》しまざることを、恥づべし、傷《いた》むべしと。（『教行信証《きょうぎょうしんしょう》』）

しかも、その「愚禿」たるや「内は愚にして外は賢なり」で、外見は賢善精進の者であるかのごとく振舞っていると記す親鸞であった。自分を見据えつつ、親鸞は八十三歳の時の著書『愚禿鈔』で、宗教的な機根（人間の能力）の優劣を十八種あげている。

信疑対（信ずる人と疑う人）　賢愚対　善悪対　正邪対　是非対　実虚対（内容のある人とみせかけだけの人）　真偽対（まことの人と偽りの人）
浄穢《じゃうゑ》対　好醜対（好ましい人と醜い人）　好麁対（細やかな人と粗雑な人）　利鈍対　奢促対（ゆったりした人とせわしい人）　希常対（希な才能の持主と普通の人）
強弱対　上々下々対　勝劣対　直入廻心対（直ちに理解できる人とまわりくどい人）　明闇対（道理に明るい人とくらい人）

このような尺度で自らをはかってみると、「疑・愚・悪・邪・非・虚……」とすべての点で劣った人間でしかないことを思い知らされ、とうてい自力では往生のかなわないことを、親鸞は痛切に自覚したのであった。

最晩年に作られた「正像末法和讃」315、

浄土真宗に帰すれども
真実の心《しん》はありがたし
虚仮《こけ》不実のこの身にて
清浄の心もさらになし

を読む時、私たちは親鸞の己れを見つめるまなざしの厳しさを感じずにはいられない。

石・瓦・礫《つぶて》のごとくなるわれら

親鸞の人間観を端的に示す例をあげてみよう。中国唐代の高僧善導《ぜんどう》の著作中に、「不得外現賢善精進之相内懐虚仮」という句がある。普通には「外に賢善精進の相を現じ、内に虚仮《こけ》を懐《いだ》くことを得ざれ」(法然の『選択集《せんじやくしゆう》』の訓《よ》み)と訓んで、外見と内面の不一致を戒めた言葉と解されるこの句について、親鸞はあえて文法的には無理としか言いようのない解釈をしている。

「不得外現賢善精進之相」といふは、浄土を願ふ人は、あらはに賢き相《すがた》、善人の相《かたち》をふるまはざれ、精進なる相を示すことなかれとなり。その故は「内懐虚仮」なればなりと。(『唯信鈔文意《ゆいしんしようもんい》』)

親鸞にとって「内」(心のうち)は「虚仮」以外の何物でもなかったのである。したがって「内に虚仮を懐くことを得ざれ」ということは人間にはもともとあり得ることではなかった。人間の心とは本来虚仮なのだから、外見を立派そうにつくろってはならない——そう親鸞は解釈したのであった。同時に、真理を口にし、善を説く者が、真理を私有化することで名誉を求め、善の幻想によって自己を装う虚偽を鋭く見ぬいていた。親鸞は、仏の権威にこと寄せて自らを「善知識」の高みに置き、賢善精進の姿を人々に示して尊敬を得ようとする僧侶を許すことができなかったのである。

　人間社会の秩序は常に上下関係の中で形成されており、あらゆる領域で優劣を区別する原理がはたらいている。それは宗教という場においても例外ではない。たとえば、天台宗では最高の「菩薩境《ぼさつきよう》」に至るまでの十段階があり、真言宗でも、絶対的なさとりの境地「秘密荘厳心」に至る十段階に人間精神のあり方が体系化されている。それはそのまま人間の価値の序列化に他ならない。親鸞はそうした考え方に重大な陥穽《かんせい》のあることを、善導の「業行《ぎやうごふ》を作《な》すといへども心に軽慢を生ず。常に名利と相応するが故に」という言葉によって思い知らされた。すなわち、「業行」(修行)には優越者たらんとする思いが常につきまとい、必然的に劣者を軽んじ侮る思いが生じるというのである。そのことに気づいた親鸞は、制度化された教学もしくは修行によって、たとえば天台宗における「菩薩境」のごとき、超俗の聖僧が誕生するなどとは信じられなくなった。そして、貴族社会の秩序と相反することのない従来の仏教のあり方に深い疑問を抱くに至ったのである。文明本『三帖和讃』の巻末に、八十八歳以降の作と思われる次のような述懐が付されているのは、そうした親鸞の心を如実に物語っている。

善し悪しの文字《もんじ》をも知らぬ人は皆
　まことの心なりけるを
善悪の字知り顔は
大虚言《そらごと》のかたちなり
是非知らず邪正も分《わ》かぬ
　この身なり
小慈小悲もなけれども
名利に人師を好むなり

こうして、親鸞は優越者の人間観・価値観からは全く見捨てられいやしめられていた人々――屠沽《とこ》の下類《げるい》――の地平に立とうとしたのであった。親鸞は、『観無量寿経集注』（親鸞が経の間に気がついた注を書きこんだもの）に『楽邦文類』（一二〇〇年成立。南宋の宗暁の編集になる）から、屠殺者の往生に関する話を抄出引用している。それは、臨終を迎えて、牛や鶏に責めさいなまれていた「牛を屠《ほふ》るを業とせし」人と「鶏を殺すを業とせし」人が、苦しみのうちに「南無阿弥陀仏」ととなえたところ、ともに浄土に生れることができたという話である。当時中国で最も卑賤視《ひせんし》されていた職業に従事していた人々を浄土に迎え入れてくれる教えに、親鸞は究極の救いを求めたのであった。それが浄土教であった。

屠《と》はよろづの生きたるものをころしほふるものなり。これは猟師といふものなり。沽《こ》はよろづのものを売り買ふものなり、これはあき人なり。これらを下類《げるい》といふ。（中略）猟師・あき人さまざまの者は、みな、石・瓦《かはら》・礫《つぶて》のごとくなるわれらなり。如来（阿弥陀仏）の御誓ひをふたごころなく信楽《しんげう》すれば、摂取の光の中にをさめとられ参らせて、必ず大涅槃《ねはん》のさとりをひらかしめ給ふは、すなはち、猟師・あき人などは、石・瓦・礫なんどをよくこがねとなさしめんがごとしと喩《たと》へ給へるなり。（『唯信鈔文意』）

「屠沽の下類」であることの自覚と「石・瓦・礫のごとくなるわれら」という認識に立った時にはじめて、親鸞は阿弥陀仏の本願を心から喜ぶことができたのであった。親鸞の浄土教は、「善人にもあらず、賢人にもあらず、精進の心もなし。懈怠《けたい》の心のみにして、内はむなしく、いつはり、かざり、へつらふ心のみ常にして、まことなる心なき身」が往生できる道、すなわち悪人往生の道であった。

阿闍世《あじやせ》の悪逆と浄土教が説かれた機縁

親鸞は、主著『教行信証』の総序において、釈尊が浄土教を説くに至った機縁は、父を殺し王位を奪った阿闍世を中心とする王舎城《おうしやじよう》の悲劇にあったと述べている。親鸞が阿闍世物語に強い関心を示していたことは、『教行信証』をはじめ「浄土和讃」からも明らかなので、この物語の概要を、『教行信証』が引用している『涅槃経《ねはんぎよう》』によって紹介したい。

釈尊の在世中、中インドの摩掲陀《まがだ》国に頻婆沙羅《びんばしやら》という王がいた。年老いても子どもに恵まれないことを悲しんだ王がその理由を占わせたところ、現在山の中で修行をしている仙人が死ねば、それが子種となり太子として生れかわるだろうという答えがでた。ところが王は子どもほしさのあまり、仙人が死ぬのを待ちきれず、殺してしまった。するとまもなく妃韋提希《いだいけ》は身ごもり、生れたのが阿闍世であった。ところで韋提希の懐妊中、国中の占い師が、生れてくる子はきっと父王を殺すであろうと予言、世間の人々は阿闍世のことを「未生怨」（生れる前から怨みを抱く意）と呼ぶようになった。それを聞いた韋提希は、生後間もない阿闍世を殺すべく高殿から落すが、阿闍世は指を一本折っただけで生きのびた。やがて成人した阿闍世は、父と衝突、逆心を抱くようになる。そこへ悪人提婆達多《だいばだった》がとり入って、阿闍世の指が欠けている理由、人々が「未生怨」と呼ぶ因縁を語って聞かせた。真相を知った阿闍世は父王を捕えて幽閉、餓死させてしまう。父が死ぬとさすがの阿闍世にも悔悟の念が生じ、身体中に瘡《かさ》ができて悪臭を放つようになった。身心ともに傷つき悩む阿闍世であったが、そこに六人の大臣が、それぞれに信奉する思想家の説を勧めるべく訪れた。たとえば、日月称《にちがつしょう》という大臣は、善因善果・悪因悪果といった因果の道理を否定する富蘭那《ふらんな》の考え方を紹介する。また蔵徳という大臣は、国を治めるために父や兄を殺しても罪にはならない旨を説き、人間の自由意志を認めない決定論者末伽梨拘賒梨子《まかりくしゃりし》を訪ねるよう勧める。その他、悉知義《しっちぎ》・実徳《じっとく》・吉徳《きっとく》などが、悩むことはないと言って阿闍世を励ました。六人の大臣が去った後、名医耆婆《ぎば》が登場、阿闍世の悔悟をほめたたえ、浄飯王《じょうぼんおう》の太子で今はさとりを得て釈迦如来（釈尊）と呼ばれている人の教えにつくよう勧めた。その時、天空から、すぐさま釈尊のもとへ行くよう命ずる声がし、阿闍世はその場に倒れてしまう。釈尊は、「阿闍世を捨てておいて、自分のために全き安らぎの境地に入ることはあり得ない」と述べ、阿闍世の苦しみは、悪逆を犯すすべての人々の苦しみであり、そうした苦悩が除かれない限り、自分が涅槃《ねはん》の境地に入ることはないのだと説いて聞かせた。そして大慈悲の光明を放って阿闍世の身体を照らしたところ、阿闍世の身の瘡はたちどころに癒《い》えたのであった。

『教行信証』信巻に引用されている『涅槃経』による阿闍世物語は、以上の要約では尽すことのできない大部のもので、連続した引用としては同書中最も長い。その事実によっても、親鸞が、釈尊の教え――弥陀の本願――は、極悪人をこそ救いとって下さるのだということを、阿闍世の物語によっ

て知り、かつ人々にも説いていたのだということがわかる。阿闍世とは、悩み苦しむ人間の代表だったのである。親鸞は、

ここを以て、いま大聖《だいしやう》の真説《しんせち》（如来の真実の教え）に拠るに、難化《なんげ》の三種（教化しがたい三種の人）・難治《なんぢ》の三病（治療できない重病人）は、大悲の弘誓《ぐぜい》を憑《たの》み、利他の信海（如来がさし向けて下さる信心）に帰すれば、これを矜哀《こうあい》して（あわれんで）治《ぢ》す。これを憐憫《れんびん》して療し給ふ。たとへば醍醐《だいご》（五味の一。美味の最上のもの）の妙薬の一切の病を療するがごとし。濁世《ぢよくせ》の庶類・穢悪《ゑあく》の群生、金剛不壊《ふゑ》の真心を求念すべし。本願醍醐の妙薬（本願という妙薬）を執持すべきなりと知るべし。

という自身の文章によって阿闍世物語をしめくくっている。

なお、『観無量寿経』においては、浄土教が釈尊によって説かれた直接のきっかけを、わが子の悪逆に苦しんだ韋提希《いだいけ》の選択によるとしている。その経緯については「浄土和讃」観経意《かんぎようのこころ》（八一〜八四頁）に詳しいので、参照していただきたい。

最後に、興味深い事実をひとつ紹介したい。それは、自筆本『教行信証』信巻の表紙裏に掲げられている言葉である。前述のように、『教行信証』信巻には『涅槃経』から阿闍世物語が長々と引用されているが、親鸞は何故か、次のような言葉をわざわざ抜き出して表紙裏に記したのであった。

むかし王ありき、名づけて羅摩《らま》といひき。その父を害し已《をは》りて王位を紹《つ》ぐことを得たりき。跋提《ばつだい》大王・毗楼真《びるしん》王・那睺沙《なごしや》王・迦帝迦《かていか》王・毗舎佉《びしやか》王・月光明王・日光明王・愛王・持多《ぢた》人王、かくのごときらの王、皆その父を害して王位を紹《つ》ぐことを得たりき。しかるに、ひとりとして王の地獄に入る者なし。いま現在に毗瑠璃《びるり》王・優陀邪《うだや》王・悪性《あくしやう》王・鼠《そ》王・蓮華《れんげ》王、かくのごときらの王、皆その父を害せりき。ことごとくひとりとして王の愁悩を生ずる者なし。

これは、父を殺した罪に悩む阿闍世に向って大臣悉知義《しっちぎ》が語り聞かせる言葉の一部である。悉知義は、仏法批判派の阿耆多翅金欽婆羅《わぎたしきむきんばら》という人物の説を信奉していた。地獄に堕《お》ちる恐怖や、犯した罪に苦しむ気持を否定しているこの言葉を、なぜ親鸞は『教行信証』表紙裏に書きつけたのか。その意図は全く不明としか言いようがないが、あるいは、世俗の力関係を信じる者は、罪の自覚すら失った存在だという認識をこの言葉によって確かめたのだろうか。事もなげに人を殺してはばからない権力者の現実を見てしまった親鸞の思いが託されているようにも思われる。

㈡　弥陀の本願と真実信心

本願の真実性

親鸞の思想を知る上で最も肝要なことは、阿弥陀仏の第十八願(本願)と親鸞との出会いを理解することである。浄土教の根本経典である『大無量寿経』(『無量寿経』『大経』ともいう)に説かれている阿弥陀仏の本願は、親鸞にとって遠い昔の神話ではなく、まさにこの今、「親鸞一人がために」はたらきかける真実だった。

『大無量寿経』は、人間法蔵《ほうぞう》が阿弥陀仏となった由来を次のように記している。

釈尊が、摩掲陀《まがだ》国の王舎城外にある耆闍崛山《ぎじゃくっせん》の山上で、一万二千人の僧たちに説法した時、体中に悦びの心が満ち溢《あふ》れ、光り輝いた。その理由を尋ねられた釈尊は、かねがねそれを説き明かすのが本懐だと思っていた阿弥陀の本願について語り始めた。阿弥陀仏とは、そもそも王子として生れ、王位を捨てて出家し、法蔵と号した人間であった。法蔵は世自在王仏《せじざいおうぶつ》と呼ばれる仏を師として修行し、諸仏の浄土と浄土に生れるためのてだてを尋ね、すべての人が往生できる浄土の建立を思いたった。世自在王仏はその志願をほめたたえられ、二百十億もの浄土をお見せになった。すべての浄土を観察した法蔵は、それをもとに最も良き浄土をうちたてるべく四十八の願をおこした。その実現を期して忍苦精進の修行に入った法蔵は、五劫《ごこう》（想像を絶する長い時間）という永い間の思索を経て、ついに四十八の大願を成就し、阿弥陀仏となられたのである。

四十八願のうちの第十八願は「たとえ私が仏となることができたとしても、あらゆる人々が私の言葉を歓びをもって受け容れ、私の浄土に生れたいと思って十遍念仏をとなえる時に、もし往生できなければ、私はさとりを開いて仏となることはいたしますまい」というものである。この念仏往生の願を根拠として成り立った教えが浄土教である。そして、この阿弥陀仏の浄土を凡夫往生の唯一の道と自ら選び、悪人往生を証拠だてたのが『観無量寿経』の韋提希夫人《いだいけぶにん》であり、その機縁をもたらした事件が阿闍世の悪害であった。浄土教とは、このように人間的な契機のつみ重ねによってわれわれにもたらされたわけである。そして阿弥陀仏の浄土のめでたさを説き明かし、念仏往生が正しい成仏の道であることを、諸仏がこぞって、汚れた世に生きる人々のために証言していることを述べるのが『阿弥陀経』である。

以上の教えは、経典によれば、すべて釈尊が直接に説いたことになっているが、現在の学問的な考察に従うなら、その成立は釈尊入滅後、数世紀経た後のこととされている。しかしながら、宗教的真理性という点から見れば、歴史的な事実か否かといったことは二義的な問題でしかない。人が仏と成ることができる原理を示すことが教えの本旨だからである。では、親鸞はどのようにして弥陀の本願の真理性を証明したのであろうか。その答えは、『歎異抄』第二章に明快に示されている。

弥陀の本願まことにおはしまさば、釈尊の説教虚言《きよごん》なるべからず。仏説まことにおはしまさば、善導《ぜんだう》の御釈《おんしやく》虚言し給ふべからず。善導の御釈まことならば、法然の仰せ虚言《そらごと》ならんや。法然の仰せまことならば、親鸞が申す旨、またもつてむなしかるべからず候ふか。

親鸞には、「今」「現に」本願を受け容れて専修《せんじゆ》念仏（専ら弥陀の名をとなえること）を説く偉大な宗教的人間法然（一一三三〜一二一二。諱《いみな》は源空）と、疑いをはさむ余地のない全き出会いを遂げたという事実があった。「法然の仰せまことならば」という仮定法で事を語り得たのは、法然との出会いにおいて感得させられた本願の意味に、人間の判断の及ばない絶対的な真実を見てとったからである。親鸞は、阿弥陀仏の本願が、単なる過去の神話ではないということを、法然の言動を通して力強く認識したのである。「たとひ、法然聖人にすかされ参らせて、念仏して地獄におちたりとも、さらに後悔すべからず候ふ」（『歎異抄』一四頁）という法然への帰依の心は、悩み、疑い、百日の参籠《さんろう》の苦しみを経た上で成り立った疑いようのない真実であった。

法然の思索——真の仏道とは何か

法然は、どのような理由で阿弥陀仏の第十八願とめぐりあったのだろうか。法然は、貴族たちが荘厳な寺院を建立することによって仏道の隆昌と考えるような伽藍《がらん》仏教や、経典解釈の知識を誇り、観念上の理論をもてあそんで事足れりとするような学問仏教、もしくは加持祈禱《きとう》における験力を身につけるために行う苦行主義の仏教に疑問をいだき、真の仏道とは何であるかを真剣に模索した。そうした求道の過程で法然の心をとらえて離さなかった言葉が、善導の『観経四帖疏』「散善義」に見える次の一句であった。

一心に専ら弥陀の名号を念じ、行住坐臥《ぎやうぢゆうざぐわ》に時節の久近《くごん》を問はず、念々に捨てざる。これを正定の業と名づく。彼《か》の仏の願に順ずるが故に。

法然は、善導のこの一文によって、どのような人間にも許され、しかも人が何をしていても可能な念仏をもって往生を約束した第十八願に帰依することこそが、仏の大慈悲に最もふさわしい教えであることを知ったのであった。そして『選択本願念仏集』に次のように述べる。

もしそれ造像起塔をもつて本願（本来の願い）となしたまはば、貧窮困乏《びんぐうこんぼふ》の類《たぐひ》は、定《さだ》んで往生の望《のぞみ》を絶たん。しかるに富貴の者は少なく、貧賤の者ははなはだ多し。もし智慧高才をもつて本願となしたまはば、愚鈍下智の者は、定んで往生の望を絶たん。しかるに智慧ある者は少なく、愚癡《ぐち》の者ははなはだ多し。もし多聞多見をもつて本願となしたまはば、少聞少見の輩《ともがら》は定んで往生の望を絶たん。しかるに多聞の者は少なく、少聞の者ははなはだ多し。

もし持戒持律をもつて本願となしたまはば、破戒無戒の人は定んで往生の望を絶たん。しかるに持戒の者は少なく、破戒の者ははなはだ多し。自余の諸行、これに准じてまさに知るべし。

まさに知るべし、上の諸行等をもつて本願となしたまはば、往生を得る者は少なく、往生せざる者は多からん。しかればすなはち、弥陀如来、法蔵比丘《ほふざうびく》の昔、平等の慈悲に催されて、あまねく一切を摂せんがために、造像起塔等の諸行をもつて、往生の本願となしたまはず、ただ称名念仏の一行をもつて、その本願となしたまへるなり。

法然は、時代苦を背負わされ、物質的にも精神的にも貧困な生活を余儀なくされている民衆の立場から仏道の真実を追究し、専修念仏に至りついたのである。阿弥陀仏の本願にもとづく念仏が、「貧窮困乏の類」「破戒無戒の人」「尼入道の無智の輩」「一文不通《いちもんふつう》（文字ひとつ読めない）の愚鈍の身」を見捨てることなく浄土に引き入れ、平等の往生を得させる道であることを知った法然は、宗教的契機において新しい時代の要請に応えることになった。法然の本願念仏の教えが都鄙《とひ》・貴賤《きせん》をわかつことなく全国的に流布したさまを親鸞は次のように和讃している（「高僧和讃」214）。

本師源空よにいでて
弘願《ぐぐわん》の一乗ひろめつつ
日本一州ことごとく
浄土の機縁あらはれぬ

弥陀の本願と救済の原理

阿弥陀仏とは、人間法蔵が永い時をかけて修行し、思索を重ねた果てに、四十八の誓願をおこし、それを成就した報いで仏となった報身仏である。このことは、仏道の真理が、あくまでも人間存在の歴史的な事実に即して見出だされたものであることを語っている。しかしながら人が、はたして法蔵は実在したのか、釈尊は阿弥陀仏の四十八願をほんとうに説いたのであろうかといった疑問をいだくのもごく自然なことであろう。ところで、四十八の願意の内容は、ほとんどすべて、現実の人間の心ひそかな願いそのものと言い得る。たとえば、第一願（無三悪趣の願）は「地獄・餓鬼《がき》・畜生」の三悪道の苦しみのない国土にしたいというものであり、第二願は、浄土に生じた者は再び三悪道にもどらないようにしたいという願である。その他、浄土に生れた者は、完全無欠の輝くばかりの身体の持主にしよう、顔に美醜の差別がないようにしようという第三願・第四願といった具合であり、法蔵が人間の現実的な願いを前提として誓願をおこしたことが理解できよう。このように考えると、法蔵とは、われわれ人間の生を「かくあらしめたいと願う心のはたらき」を最も純粋に具現してみせた人格ということになる。したがって、第十八願も、原理的には、現生においてもろもろの差別秩序のもとに身心を悩まし苦しめて生きる人々の、ついには平等の成仏を得て、与えられた生を完成したいと願う心のはたらきに、真実性の根拠があったということになる。

もし、人が現世的な視点しか持てないとするなら、阿弥陀如来の本願とは無縁な存在として生きるほかない。そのような人は、世俗社会に行われる善悪の価値観を絶対視し、差別観念から脱しがたいままに、ひたすら自力を信じて自己救済のてだてを講じないではいられない。財産・地位・名誉などによって自足しようとする人もいるだろう。また、他人の役に立つ仕事をなし遂げることによって、自分の人生を有意義なものとしようと努める人もいるに違いない。あるいは宗教家であれば自らを高みに置くべく修行に励むであろう。しかしながら、自分自身で、自己を中心としてたてた価値観や基準に従って生きようとすれば、つねに不安につきまとわれ、究極の安らぎを得ることはありえない。そうした我執（煩悩）を生きるほかない人間のあさましさを心から悲しみ、与えられた命をたじろぐことなく生きる道を真剣に思索する人が法蔵であったのである。したがって法蔵とは、一個の人格であると同時に、己れが生の根源に思いをいたして生きようとする心のはたらきそのものの名とも言える。そしてこのような生の根拠を仏というなら、仏はわれわれの生のただなかへ、今、現にはたらいている力そのものであるといいうる。法蔵が誓願を成就して仏と成ったことは、現世的な世界に封じこめられたわれわれの心が、命のはかりしれない基底へと開かれることを意味している。このように理解することによってはじめて、法蔵がすべての人間の成仏を実現しないうちは仏と成らないと誓い、その誓いを成就して阿弥陀仏となったということが、真理として了解できるのである。

如来廻向の真実信心

親鸞は、人間の主観的な信心を全く問題としなかった。問題としなかったというよりは、迷いの世界に流転するわれわれが、真実の信心をいだくことは全く不可能であるとまで言い切っている。果てしない苦しみに縛られて生きるわれわれ凡夫に、真実の信心が可能だとすれば、それは如来の真実心のはたらきによるものであるという。つまり、自力の信心や念仏によって浄土に生れようと願っても、修行には、うそ・いつわり・へつらいの心が避けがたく混じり、信心には疑心がつきまとうので、往生は不可能であるというわけである。そこで、阿弥陀仏は我執を離れ得ない人間をいとおしみ、あわれんで、如来の清浄な真実信心をめぐらし施される。したがって、われわれが浄土に往生したいと願うのは、個々人の勝手な願望ではなく、迷いの世界に悩み苦しむ人々を呼び寄せようとする弥陀のお招きゆえということになる。つまり、如来の側からさし向けられた本願力（他力信心）が、人に浄土を願うべくしむけるがゆえに、現世に閉じこめられた人間に気づくはずのない浄土に心が及ぶというのである。そして、その本願力に心を開き、念仏をとなえることによって深い喜びを感じるには、自らの能力や才に頼ろうとする執心から離れ去ることが必要であると繰り返し強調している。

絶対他力へのプロセス

親鸞における念仏思想の深まりは、自力心を離れ去ろうとする過程からもたらされた。その過程を、親鸞は自ら『教行信証』化身土巻において語っている。一般に「三願転入の論理」と呼ばれているもので、難解な箇所であるが、まず原文を引用する。

ここを以て愚禿釈の鸞、論主《ろんじゅ》の解義《げぎ》を仰ぎ、宗師の勧化《くわんけ》に依りて、久しく万行諸善の仮門《けもん》を出でて、永く双樹林下《さうじゆりんげ》の往生を離る。善本徳本《ぜんぽんとくほん》の真門に廻入《ゑにふ》して、ひとへに難思《なんじ》往生の心を発《おこ》しき。しかるに、今まことに、方便の真門を出でて、選択《せんぢやく》の願海に転入せり。速《すみ》やかに難思議《なんしぎ》往生を遂げむと欲《おも》ふ。果遂《くわすい》の誓ひまことに由あるかな。

「論主の解義」は、『浄土論』の著者天親（五世紀頃、北インドに生る）の解釈をいい、「宗師の勧化」は、具体的には、曇鸞《どんらん》（四七六〜五四二。中国北魏《ほくぎ》の僧）の『浄土論註』や善導《ぜんどう》の『往生礼讃《おうじようらいさん》』『観経疏《かんぎようしよ》』を指していると思われる。親鸞はそうした先人の教えによって「万行諸善の仮門《けもん》」を離れ「双樹林下の往生」に別れを告げたのであった。「双樹林下の往生」とは、弥陀の四十八願のうちの第十九願

「至心発願の願」による往生を指す。第十九願は、「すべての人々が仏たらんとする心を起し、諸の善い徳を身につけ、心を至して浄土に生れようと願う時、その人の臨終に多くの人々と共に現れることができないなら、私はさとりを開いて仏となることをしない」というものである。それを具体的に説くのは『観無量寿経』で、心を集中させて仏と浄土を念じ（定善）、倫理・道徳を実践する（散善）ことを勧めている。「万行諸善の仮門」とはその教えを指す。親鸞は、人が誰しも志す倫理・道徳の自力修行から出発したのであったが、そうした自力修行につきまとう限界を深く自覚し、善人往生を超えた道を求めて、「善本徳本の真門」に入り、「難思往生の心」を起したのである。「難思往生の心」とは、「すべての人がわが名を聞き、念仏の行を修し、心を尽してわが浄土に生れたいと思う時、その願いを果し遂げることができないなら、仏になることをしない」という第二十願によって往生を願うことを指す。これは『阿弥陀経』に説かれている教えで、「善本徳本の真門」は、親鸞自身の説明によれば、あらゆる善法の根本と功徳を備えている阿弥陀如来の名《みな》をひたすらとなえる立場をいう。親鸞が、第十九願から第二十願へと転入した根本理由は、定善・散善の修行の過程において、「常没の凡愚」である自分を痛切に知らされたところにあった。つまり、定善を志して心を集中すべくつとめると、かえって散乱動揺するわが心の現実に目を見ひらかされ、悪を廃し善を修めようとすると、つい他人と比較する傲慢《ごうまん》な心が芽生え、人から尊敬されたいと思うようになる己れの性《さが》を自覚させられたのであった。親鸞はそうした体験を通して、己れが「垢障《くしやう》の凡愚」であり、迷いの世界を離れ得ない人間であることをさとった。そして、弥陀の本願によってさし向けられた念仏をひたすらとなえる教えにつくに至ったのである。ところが、この教えに身を置いても、なお親鸞は、迷い続けざるを得ない自分を知った。なぜなら、心を励まして懸命に念仏をとなえることによって、つい本願にそなわっている功徳を自分の善根であるかのように思いこむからである。親鸞は、そうした自分を心から懺悔《ざんげ》し悲しんで、「方便の真門」（上述の第二十願による教え）を出て、「選択の願海」すなわち第十八願による絶対他力の不可思議の往生を遂げたいと願うようになったのである。第二十願から第十八願への転入こそ、「廻心《えしん》」すなわち「自力の心をひるがえし捨つる」（『唯信鈔文意』）ことであった。

　このように、他力信心とは、自らを頼む心を徹底的に捨てさるところに与えられる信心を意味していた。如来の本願力にともなう信心であるから、そこには人間のはからいも疑心もまじり得ない。これが真実信心なのである。そしてわれわれに真実信心をさし向け、すべての凡夫を摂《おさ》め取って下さる場所が浄土なのであった。

(三)　浄土の本質

方便の浄土と真実の浄土

一般に浄土とは憂苦と汚辱に満ちた現世（穢土《えど》）に対し、浄福と快楽《けらく》に満たされた世界をいう。西方の阿弥陀仏の極楽浄土の他に、東方には薬師仏や阿閦《あしゅく》仏の浄土、南方には観音菩薩の普陀落《ふだらく》浄土が信仰されていた。また弥勒《みろく》菩薩の兜率天《とそつてん》も浄土の一種と考えられる。それぞれの浄土への往生を願って、薬師信仰・観音信仰・弥勒信仰が行われたのであった。浄土教も阿弥陀仏を念ずることにより、極楽浄土への往生を祈る教えであった。その浄土は、『阿弥陀経』によれば、西方十万億土の彼方にあるユートピアであった。珠玉で飾られた欄干に囲まれ、七宝の樹木が茂り、七宝の池には清涼甘美な水がさざなみをたて、大輪の蓮の花が色とりどりに咲いて風に揺れている。空からは妙なる音楽が流れ、黄金の大地には曼陀羅華《まんだらげ》の花が雨と降り積り、昼夜をわかたず美しい鳥が和雅《わげ》の音《こえ》をかなでる。そしてその国に生れる者はすべて念仏・念法・念僧の心が自ずと生じ、心身の快楽《けらく》を得るという。たしかに、そうした浄土への願望は、人間に与えられた深い夢想であり、人は極楽浄土のめでたさを模して、荘厳な建築を試み、壁画を描き、庭園を造り出してきたともいえる。そして、ついにかなうことのない夢想を現実に対象化する試みが観想という行《ぎょう》であり、念仏とは、浄土のありさまや阿弥陀如来のみすがたを、目を閉じた網膜にありありと描き出す心のはたらかせ方を意味していた。そうした観想念仏の積み重ねによって、現世の生を閉じた後、浄土に生れることが出来ると信じられていたのである。

　ところが親鸞は、以上のような浄土を方便（仮）の浄土とし、真実の浄土に至るてだてと考えた。しかも、方便と真実の区別を重視し、「真仮を知らざるに由りて、如来広大の恩徳を迷失《めいしつ》す」とまで言い切っている。では、親鸞の言う真実の浄土とは、一体どのようなものであろうか。

　親鸞は、浄土が、阿弥陀仏の広大な慈悲にもとづく誓願の成就によって実現された報土であることを述べ、「無量光明土」「誓願不可思議一実真如海」とも表現している。根拠のない抽象論として浄土をとらえたのではなく、阿弥陀仏の本願によってもたらされた報土としてとらえたのである。したがって、真実の浄土は、あくまでも念仏と一体のものであった。本願力によって念仏をとなえる時、その人の心はすでに浄土に向って開かれている。このことを親鸞は、善導の言葉を引いて「（善導は）信心の人は、その心《しん》すでに『つねに浄土に居《こ》す』と釈し給へり。『居《こ》す』といふは、浄土に、信心の人のこころ、つねにゐたりといふこころなり」（『末燈鈔』一八八頁）と述べている。

　親鸞は、阿弥陀仏および浄土の真の相《すがた》を、「仏《ぶつ》は則《すなは》ちこれ不可思議光如来なり。土（浄土）はまたこれ無量光明土なり」（『教行信証』真仏土巻）という。阿弥陀仏とは光明のはたらきそのものであり、阿弥陀の浄土は、はかりしれない光明の世界であった。『三帖和讃』冒頭（五四頁）に、阿弥陀仏の異名として「無量光」「無辺光」「無碍《むげ》光」など十二光が列挙してあるのは、阿弥陀の光明の徳をたたえるためであった。それでは、光明とは何であろうか。こうした疑問に答えてくれるのが、「極楽無為涅槃界《ねはんかい》」（善導の『法事讃』中の句）という句に親鸞自身がつけた注（『唯信鈔文意』）である。語彙《ごい》が難解であるためにとまどわれる読者も多いと思われるが、親鸞の考え方が最も雄弁に語られている文章なので、参考までに全文を紹介したい。

「極楽無為涅槃界」といふは、「極楽」と申すは、かの安楽浄土なり。よろづの楽しみ常にして、苦しみまじはらざるなり。かの国をば安養《あんやう》といへり。曇鸞和尚《どんらんくわしやう》は誉《ほ》め奉りて安養と申すとこそのたまへり。また『論』（曇鸞の著書『浄土論注』）には「蓮華蔵《れんげざう》世界」ともいへり。「涅槃界」といふは、無明《むみやう》のまどひをひるがへして無上覚をさとるなり。界はさかひといふ。さとりをひらくさかひなりと知るべし。涅槃と申すにその名無量なり。くはしく申すにあたはず。おろおろその名をあらはすべし。涅槃をば滅度《めつど》といふ。無為といふ。安楽といふ。常楽といふ。実相といふ。法身といふ。法性といふ。真如といふ。一如といふ。仏性《ぶつしやう》といふ。仏性すなはち如来なり。この如来、微塵《みぢん》世界にみちみちてまします。すなはち一切群生海《ぐんじやうかい》の心にみち給へるなり。草木国土ことごとくみな成仏すと説けり。この一切有情《うじやう》の心に方便法身の誓願を信楽《しんげう》するがゆゑに、この信心すなはち仏性なり。仏性すなはち法性なり。法性すなはち法身なり。しかれば仏《ぶつ》について二種の法身まします。ひとつには法性法身と申す、二つには方便法身と申す。法性法身と申すは色もなし、形もましまさず、しかれば心も及ばず、ことばも絶えたり。この一如《いちによ》より形を現して、方便法身と申す。その御姿に法蔵比丘《びく》と名のり給ひて不可思議の四十八の大誓願を発《おこ》し現し給ふなり。この誓願のなかに、光明無量の本願、寿命無量の弘誓《ぐせい》を本《ほん》として現れ給へる御かたちをば、世親《せしん》菩薩は尽十方無碍光如来《じんじつぽうむげくわうにょらい》と名づけ奉り給へり。この如来すなはち誓願の業因《ごふいん》に報い給ひて報身如来と申すなり。すなはち阿弥陀如来と申すなり。報といふは因《たね》に報いたるゆゑなり。この報身より応化《おうげ》等の無量無数《むしゅ》の身を現して、微塵《みぢん》世界に無碍の智慧光を放たしめ給ふゆゑに尽十方無碍光仏と申す光の御かたちにて、色もましまさず、形もましまさず、すなはち法性法身に同じくして無明の闇をはらひ、悪業に碍《さ》へられず。このゆゑに無碍光と申すなり。無碍は有情の悪業煩悩に碍へられずとなり。しかれば阿弥陀仏は光明なり。光明は智慧のかたちなりと知るべし。

以上の文によって、親鸞が理解した浄土とは、無明の迷いを転じてさとりをひらく場所であったことがわかる。阿弥陀仏とは、宇宙の森羅万象を成り立たせている根源（一如《いちにょ》）から、衆生を救わんがためにはたらきかけている力に、方便としてつけた名であった。阿弥陀仏の真の姿は、色もなく、形もともなわない。そして真の浄土もまた、色もなく形もない智慧の光明の世界であった。

自然法爾《じねんほうに》の世界

浄土に往生するということは、死後極楽に生れることではなく、無明の迷いをひるがえしてさとりをひらくことである。そして、さとりをひらくということは、煩悩をなくすことではなく、煩悩を身にまとったまま、弥陀の本願力によって浄土に摂《おさ》め取ってもらうことである。その時、人は、眼前にひろがる世界——今までも見ていたはずの——が全く新しい様相を呈していることに気づくであろう。気づかせる力が、「他力信心」なのである。この「他力信心」をうることによって、われわれは、世俗の貴賤・善悪・男女といった差別を超えた世界に心を開き、「貪愛瞋憎《とんあいしんぞう》」の現実にありながら、慈光につつまれて生かされてあることに歓びを感じるようになる。

親鸞はそうした自力から他力への「廻心《えしん》」を「前念命終《ぜんねんみようじゆ》、後念即生《こねんそくしよう》」という言葉で説明した。自力を頼む生が終り、他力による新しい生が時々刻々生れるということである。したがって、従来の浄土教における主要な関心事であった臨終の来迎——臨終の際に阿弥陀仏にお迎えいただき浄土へ導いてもらうこと——は、きっぱり否定される。「信心のさだまるとき往生またさだまる」（『末燈鈔』一七九頁）からである。親鸞は、他力の信心によって与えられたよろこびを、次のようにたたえている。

本願力にあひぬれば
むなしくすぐるひとぞなき
功徳の宝海みちみちて
煩悩の濁水《ぢよくすい》へだてなし（『高僧和讃』129）

弥陀の本願に支えられて新しい生を生きること、言い換えれば、歓びのうちにそのように生かされてある命を生き尽そうとすることを、晩年の親鸞は「自然法爾《じねんほうに》」という言葉でとらえている。

自然《じねん》といふは、自はおのづからといふ、行者のはからひにあらず、然といふは、しからしむといふことばなり。しからしむといふは、行者のはからひにあらず、如来のちかひにてあるがゆゑに、法爾といふ。（『末燈鈔』一九〇頁）

すなわち、如来の本願によっておのずから生かされてあるという事実が「自然法爾」であって、それは人があれこれ思いはかる次元を超えた世界である。人は、念仏によって、そのように生きるほかない命を歓びのなかに生き尽そうとする人間に生れかわる。正確には生れかわらせていただくのだが、そのことが念仏による功徳なのであった。そしてその功徳を受けることも、自然の法則であった。『一念多念文意《いちねんたねんもんい》』において、親鸞は次のように述べている。

如来の本願を信じて一念するに、かならず求めざるに無上の功徳を得しめ、知らざるに広大の利《り》益《やく》を得るなり。自然にさまざまのさとりをひらく法則なり。法則といふは、はじめて行者のはからひにあらず、もとより不可思議の利益にあづかること、自然の有様と申すことを知らしむるを法則とはいふなり。一念信心をうる人の有様の自然なることをあらはすを法則とは申すなり。

すべての人間は、「求めざるに」「知らざるに」不可思議の利益《りやく》をいただいて生かされている。しかしながら、人間的な執心にわざわいされて、光明（本質的な智慧）に背を向けて生きてしまうのである。そうした人間が、如来の本願力に心からうなずく時、煩悩の闇ははらわれ、命の根源に思いをいたす智慧が恵まれ、「南無阿弥陀仏」の名号によって世俗の制度や観念を超えた生き方（「自然法爾」の世界）が可能となるのであった。

親鸞の生涯と主な著作

(一) 法然との出会い

生い立ちと出家

親鸞は、皇太后宮大進《だいしん》日野有範《ありのり》の息男として承安三年（一一七三）に生れた。九歳の時、伯父範綱《のりつな》に伴われて青蓮院の慈円《じえん》について出家し、範宴《はんえん》と名のったと伝えられている（『親鸞伝絵』）。それは奢《おご》りを極めた平氏に対する以仁王《もちひと》の挙兵・敗死という事件が起きた翌年のことであった。伯父の宗業《むねなり》が以仁王の学問の師であったことや、事件後、父をはじめ二人の兄弟とも出家していることなどから、以仁王の事件が有範一家に何らかの影響を及ぼしたものと考えてよいようである。

比叡山《ひえいざん》（延暦寺）に入った親鸞については、二十代の頃、横川《よかわ》の常行堂の堂僧をつとめていたことが、妻の恵信尼《えしんに》の手紙によってわかるだけである。堂僧とは、中秋の十五日を中心に前後一週間にわたり夜を徹して行われる不断念仏（山の念仏）に勤仕する僧をいい、徳行の高い僧が選ばれた。天台浄土教の中心地であった横川に身を置いた親鸞は、堂僧にふさわしい徳行を修め、持戒に努め、観想の行にも思いをこらしていたと思われる。そして、横川の先達源信《げんしん》の『往生要集』に親しみ、同書を介して、天親《てんじん》の『往生論』、道綽《どうしゃく》の『安楽集』、善導《ぜんどう》の『観念法門』などに関心を寄せていたであろうことも十分想像できる。

ちょうどその頃京の町では、法然の専修《せんじゅ》念仏の教えが広まり、慈円が『愚管抄《ぐかんしょう》』に「不可思議の愚癡無知の尼入道によろこばれてこの事ただ繁昌に世に繁昌して」と記す有様であった。恵信尼の手紙は、法然の教えの主旨が一般にどう受けとめられていたのかを伝えている。それによれば法然は、本願の念仏は、善人・悪人・貴賤・男女を問わず一切平等に往生をかなえて下さるのだ、と説いていたらしい。この考え方は親鸞の心をもまた深くとらえて離さなかった。恵信尼の手紙によると、親鸞は日頃の自分を「世々生々にも迷ひければこそありけめ」と語っていたという。親鸞は、自己の内面の問題としても、また真の仏教の在り方に関しても、根本的な疑問を覚え、悩み苦しんでいたに違いない。

法然への導き

親鸞が法然と出会うに至る過程を考える上で、三回の夢告を見逃すわけにはゆかない。第一回目の夢告は、建久二年（一一九一）親鸞十九歳の秋のことであった。自分は一体何を求めようとしているのか、正しい教えとは何かを徹底的に見つめるために、親鸞は河内《かわちの》国《くに》石川郡東条（大阪府太子町）にある聖徳太子の磯長《しなが》の廟所《びょうしょ》を訪れ、九月十三日から三日間参籠《さんろう》する（『正統伝』）。その二日目の真夜中に、聖徳太子が光明と化して現じ、親鸞は次のような言葉を受けとったのであった。

我が三尊（弥陀仏・観音・大勢至）は塵沙《ぢんさ》の界を化《け》す
日域《じつゐき》は大乗の相応《さうおう》の地なり
諦《あきらか》に聴《き》け諦に聴け我が教令《けうれい》を
汝が命根は応《まさ》に十余歳なるべし
命終りて速《すみや》かに清浄土に入らん
善く信ぜよ　善く信ぜよ　真の菩薩を

この夢告から、法然と出会う前の親鸞に、すでに阿弥陀仏の本願をもって大乗仏教の究極の拠《よ》り所としようとする思想が熟しつつあったことがうかがえる。「諦聴《たいちょう》諦聴我教令」の句には、阿弥陀仏の本願に聞きいり、本願の言葉が教えるところに心をいたし、今現に衆生を導くためにはたらきかけている如来の声をしっかりと耳にとどめようとする親鸞の心が映し出されている。そして「汝が命根は応に十余歳……」によって、親鸞は死すべき人間の命運を自覚し、死の不安を通じて存在の全体性（清浄土）に目を開かされた。阿弥陀三尊のはたらきが「塵沙の界」日本に及んでいることを知らされた時、親鸞は、法然こそ「真の菩薩」ではないかと心密《ひそ》かに考えたと思われる。この夢告と法然を結びつける根拠の一つとして、文治二年（一一八六）に、比叡山横川の麓《ふもと》大原勝林院で開かれた「大原問答」をあげることができよう。「大原問答」とは、天台座主《ざす》顕真の要請によって行われた浄土宗義をめぐる公開討論会で、仏教界の注目を大いに集めたものであったらしく、法然に対する質問者として、主催者顕真（天台宗）・明遍（当時真言宗）・解脱《げだつ》（法相宗）・俊乗房重源《ちょうげん》（当時真言宗）をはじめ各宗の高僧が名を列《つら》ねている。法然はそれら天下の碩学《せきがく》を相手に、比叡山の学僧などが多数参列傍聴している場で、「弥陀の願力を強縁《ごうえん》とする」本願念仏を説き明かしたのであった。その結果、法然の教義は比叡山の学僧の注目を集めるに至った。親鸞もまたそうした学僧の一人であったに違いない。その後、法然の教えが、日本中にあまねく流布し、支持されていく実情に接した親鸞は、「日域（日本）は大乗相応の地」であることの確信を深めたに違いない。『教行信証』の総序にみえる、

　行に迷《まど》ひ信に惑《まど》ひ、心昏《くら》く識《さと》り寡《すくな》く、悪重く障《さは》り多きもの、ことに如来の発遣《ほっけん》（釈尊が阿弥陀仏の本願を明らかにし、浄土に往生せよと勧める教え）を仰ぎ、必ず最勝の直道《じきだう》に帰して、専らこの行に奉《つか》へ、ただこの信を崇《あが》めよ。

という立場は、すでに十九歳の折の夢告「我が三尊は塵沙の界を化す……善く信ぜよ　善く信ぜよ　真の菩薩を」にその出発が確認できるのである。

　ちなみに、親鸞は、建長二年（一二五〇、七十八歳）、三回の夢告で受けとった偈文《げぶん》を自ら書き記し、娘覚信《かくしん》尼に送った。高田専修寺に伝えられる『親鸞夢記』はその写しである。

　二度目の夢告は、正治二年（一二〇〇、二十八歳）のことであった。十二月上旬から親鸞は比叡山の無動寺中の大乗院において修行していたが、十二月二十九日の夜ふけに、如意輪観音が夢に現れ、次のような言葉を告げたという。

　善いかな　善いかな　汝の願　将《まさ》に満足せんとす
　善いかな　善いかな　我が願　亦《また》満足す

この言葉は、『法華経』中の「わが願は既《すなは》ち満ち、衆《もろもろ》の望もまた足るならん」という語が親鸞の意識下にあって、夢告として実現したものと考えられる。自己の心の最も深い部分から呼びかけてくる声に聞き入ろうとする態度が、夢告を現前化する条件であるとするなら、親鸞は、命の営みを通して心に宿る切実な願望の背景に、如来（存在の根源のはたらき）の願いを感じとっていたに違いない。親鸞が心ひそかに叡山《えいざん》を離れ、法然のもとに帰入したいと思っていたとすれば、この夢告は、それがそのまま観音の願いでもあることを教えたものであった。ここにおいて、「汝が願」はすなわち「我が願」であるという関係が成立したのであった。磯長《しなが》の夢告からすでに十年近い歳月が過ぎ去っていた。法然が九条兼実（一一九六まで関白）の要請に答えて『選択本願念仏集《せんじやく》』を著したのは、この夢告の二年前のことであった。

如意輪観音の夢告を受けとった親鸞は、ただちに百日参籠《さんろう》を志して、京の六角堂（聖徳太子の創建と伝える）に赴いたらしい。そして、九十五日目の暁に、三度目の、救世《ぐぜ》観音による夢告を授かったのである。夢告を得ると直ちに堂を出、法然のもとを訪ねたことから推察すると、この百日参籠は、比叡山離脱・法然門帰入の問題に決着をつけんがためであったと思われる。

救世観音による夢告の偈文《げぶん》は次のようなものであった。

行者宿報にて設《たと》ひ女犯《にょぼん》すとも
我は玉女《ぎょくにょ》の身と成りて犯《ぼん》せられむ
一生の間　能く荘厳《しやうごん》し
臨終《りんじゆう》引導して極楽に生ぜしめむ

仏道の修行者が、肉体をもってこの世に生きざるを得ないところから、どうしても異性と体の交わりをかわしたくなった時には、私（救世《ぐぜ》観音）が美しく完全な女体を具えた身をあらわし、体の交わりを受けよう。そして、一生の間、男のそばに寄りそい、お互いに人格の尊厳をそこなうことなくこの世を生きぬき、臨終に際しては導いて極楽浄土に生ぜしめようという内容である。この文を誦された救世観音が、「この文はわが誓願なり、一切群生（すべての人々）に説き聞かすべし」とお命じになったのをうけて、数千万の有情《うじよう》（命あるもの）に説き聞かせようと思い立った時、親鸞は夢からさめたのであった。

この夢告の背景には、身体的存在としての人間を、広大無辺な如来の本願力につつみこまれたものとしてそのまま肯定した法然の思想があったと考えられる。「現世をすぐべき様は、念仏の申されん様にすぐ」せばよいとし、「女犯肉食は往生を妨げず」とした法然の教えの正しさを、観音の夢告という形で確認したわけである。

廻心《えしん》の体験

比叡山《ひえいざん》を捨てて法然の門に帰依した日のことについて親鸞は、『教行信証』の結びに「愚禿釈《ぐとくしやく》の鸞、建仁辛酉《かのととり》の暦、雑行《ざふぎやう》を棄てて本願に帰す」と記しているだけである。しかし、妻の恵信尼は、その折の親鸞のよろこびに満ちた求道の有様を、親鸞没後に娘覚信尼に語り伝えている（二九七頁参照）。

法然の教えに傾倒した親鸞は、法然のもとで四年間の修学をかさね、元久二年（一二〇五）四月十四日に許しを得て『選択本願念仏集』を書き写し、その内題と「南無阿弥陀仏、往生之業、念仏為本」および「釈綽空《しやくのしやくくう》」（当時の親鸞の名）を法然の直筆で書いてもらい、さらに法然の肖像画を借りうけて模写をはじめた。模写が完成した閏《うるう》七月二十九日に持参すると、法然は、その画に「南無阿弥陀仏」の六文字と、善導の『往生礼讃』から、『大無量寿経』の教意を要約した四十七字の文「若我《にやくが》成仏十方衆生、称我《しようが》名号下《げ》至十声《しじふしやう》、若不生者《にやくふしやうじや》不取正覚、彼仏今現在《ひぶつこんげんざい》成仏、当知《たうち》本誓《ほんぜい》重願不虚《ふこ》、衆生称念必得《ひつとく》往生（もし我成仏せんに、十方の衆生、わが名号を称して、しも十声に至るまで、もし生れずんば正覚を取らじと、彼の仏、今現にましまして成仏したまへり。まさに知るべし、本誓の重願むなしからず、衆生称念すれば必ず往生を得と）」を添え、さらに、親鸞が夢の告《つげ》にもとづいて改めたいと申し出たと思われる「善信《ぜんしん》」の名を書き与えた。親鸞は、念仏者となったことのしあわせに感激したその日の想い出を、『教行信証』に記すにあたって「悲喜の涙を抑へて由来の縁を註《しる》す」と書いている。ここに、法然との全き出会いを通して、親鸞は弥陀の本願の生きたはたらきに目を開かされたのであった。

㈡　法難と流罪《るざい》

興福寺奏状

法然の専修念仏の盛行は、旧仏教側の反感をつのらせていた。そこへ一部の念仏者が天台・真言の教えを誹謗《ひぼう》するに及んで、延暦寺から厳重な抗議を受け、法然も『七箇条起請文《きしようもん》』を提出せざるを得なくなった。『七箇条起請文』は専修念仏者の言動を制戒したもので、その大要は、㈠天台・真言の教えをそしらない、㈡他宗の者と議論して争わない、㈢他宗の人に対して無理な布教をしない、㈣悪を造ることを恐れてはならないといったことを説かない、㈤経や論に拠《よ》らない勝手な説をたてない、㈥芸能まがいの唱導で無智のものをだますようなことはしない、㈦勝手に邪法を説かない、である。親鸞もこの『七箇条起請文』に「僧綽空《しやくくう》」の名で署名している（元久元年、親鸞三十二歳）。

ところが元久二年（一二〇五）十月になると興福寺は貞慶《じようけい》に起草させた九箇条の奏状を朝廷に提出

し、専修念仏の禁止を強く要望するに至った。旧仏教側が専修念仏を非とした理由は次の通りである。㈠朝廷の裁可を受けずに私《わたくし》に新宗を立てたこと。㈡弥陀の光が専修念仏者だけを照らしている摂《せっ》取不捨《しゅふしゃ》曼荼羅《まんだら》などという新しい仏画を作ったこと。㈢釈尊を軽んじ、余仏を拝しないこと。㈣「造像起塔」や経典読誦などの善根功徳を軽侮し正法を誹謗すること。㈤日本の諸神を礼拝しないこと。㈥「浄土」について誤った考えをいだいていること。㈦念仏には口称《くしょう》と心念の別があり、本願の念仏の意を、最も浅い口称念仏と解したこと。㈧釈衆を損ずる失。㈨国土の秩序を乱す失。次の一文（第八番目の一部）は、その後の専修念仏攻撃の大きな理由とされたので、参考までに原文を引いておく。

専修の云く、囲碁《ゐき》（囲碁）双六《すごろく》は専修に乖《そむ》かず、女犯肉食《にょぼんにくじき》は往生を妨げず、末世の持戒は市中の虎なり、恐るべし、悪《にく》むべし。もし人、罪を怖れ、悪を憚《はばか》らば、是れ仏を憑《たの》まざる人なりと。此《かく》のごときの麁言《そごん》、国土に流布す。人の意を取らんがために還つて法の怨《あた》となる。

つまり、専修念仏側は、戒を保っている人を「市中の虎」と言い、罪を怖れ悪を憚るのは、仏の救いを憑まない人だなどと言っているが、とんでもないことだ、というのである。そして、囲碁・双六といった娯楽を禁戒とせず、女犯肉食の生活を肯定する法然の教えを、「仏法の滅する縁、これより大なるはなし」と口をきわめて非難したのであった。

朝廷は、この奏状を受けとったものの、法然の考え方に同調する貴族がいたこともあって、直接的な処分は実施できなかった。ところが、承元元年（一二〇七）に入ると事態は一変する。

住蓮・安楽事件　法然の一門に向けられた弾圧の契機はスキャンダルにこと寄せた言いがかりであった。建永元年（一二〇六）十二月九日、後鳥羽上皇が熊野へ参詣した留守の間に、御所の女房たちが東山鹿谷《ししがたに》で行われていた住蓮《じゅうれん》・安楽《あんらく》等の六時礼讃の聴聞に出かけ、そのまま出家してしまうという事件が起った。かねがね専修念仏の徒が、芸能まがいの方法で布教することをにくみ、女犯肉食《にょぼんにくじき》を制止しないことに怒りをおぼえていた人々は、この事件を念仏にことよせた密通であるかのように言いたて、後鳥羽上皇の立腹をさそい出した。処断はまず安楽の斬首《ざんしゅ》という形ではじまった。建永二年（一二〇七、四月に承元と改元）二月九日、安楽は、六条河原で首を打ち落されたが、最後まで念仏をとなえ続け、何ら取り乱すことはなかったという。そして住蓮は近江蒲生野《おうみがもうの》で斬罪に処せられた。興福寺をはじめとする旧仏教側はこの事件を口実に、念仏禁止を強く迫り、二月下旬には、法然以下、主だった弟子の罪科が決定した。時に法然七十五歳、親鸞は三十五歳であった。『歎異抄』に添えられている「流罪記録」には、「無実風聞ニヨリテ、罪科ニ処セラルル人数ノ事」として、死罪四人、遠流《おんる》八人の名がくわしく記されている（四八頁参照）。

承元の奏状

越後の国府近くに流された親鸞は、その後、九条家の荘園のあった板倉郷（新潟県中頸城郡板倉町）に移り、荘官をつとめる土豪三善《みよし》家の世話になって七年間を過したようである。親鸞は僧としての身分を取り消され、藤井善信《よしざね》と名のらされ、自ら愚禿《ぐとく》と称して「僧にあらず、俗にあら」ざる境涯《きょうがい》を体験することとなった。草深い農村に身を置いたことによって親鸞は、労役に苦しみ、自ら手を下して「よろづの生きたるものを殺」してやっと命をつないでいる民衆の生活に直接ふれるようになったと思われる。そして、このような人々の存在が弥陀の本願のまさしき対象であることを深く自覚するようになり、『選択本願念仏集』の冒頭に引かれている「当今は末法にしてこれ五濁悪世なり。ただ浄土の一門のみありて通入すべき路なり」（『安楽集』）という句の意義について思索を深めていったと想像される。さらに、自ら「善人」をもって任ずる人々や「一生不犯」を理想とする人々が、念仏修行の者を見て怒り怨むことの恐ろしさを、痛感したに違いない。親鸞は、どうあっても、安楽・住蓮等を処罰した側に悔い改めてもらいたかった。本願の念仏こそがすべての人間を平等に救う道であることを知ってほしかった。そこで配流地から次のような奏状を提出する。

竊《ひそ》かにおもんみれば、聖道の諸教は行証ひさしく廃《すた》れ、浄土の真宗は証道いま盛りなり。しかるに諸寺の釈門、教に昏《くら》くして真仮《しんけ》の門戸を知らず、洛都《らくと》の儒林、行《ぎやう》に迷《まど》ふて邪正《じやしやう》の道路をわきまふることなし。ここを以て、興福寺の学徒、太上《だしやう》天皇「後鳥羽の院と号す」、今上《きんじやう》「土御門の院と号す」聖暦、承元丁卯《ひのとのう》の歳《とし》、仲春上旬の候に奏達す。主上臣下《じんげ》、法に背《そむ》き義に違し、忿《いかり》をなし怨《うらみ》を結ぶ。これに因《よ》りて、真宗興隆の大祖《だいそ》源空法師ならびに門徒数輩《しゆはい》、罪科を考へず、みだりがはしく死罪に坐《つみ》す。あるいは僧儀を改めて姓名《しやうみやう》を賜ふて遠流に処す。予はその一なり。しかればすでに僧にあらず俗にあらず。この故に禿の字を以て姓とす。空師（源空）ならびに弟子等、諸方の辺州に坐《つみ》して五年の居諸《きよしよ》を経たりき。

親鸞は、配流地では専ら思索にふける生活を送ったらしく、越後の門弟として知られるのは覚善《かくぜん》ただ一人である（『親鸞聖人門侶交名牒』）。覚善は越後国頸城《くびき》郡国府府長をつとめた人物で、親鸞に随仕、建暦元年（一二一一）の流罪赦免の際に、十字の名号を親鸞から授かったと伝えられている（上越市安養寺の記録）。流罪が許されても親鸞は京へはもどらず、しばらく越後で暮し、その後妻子を伴って常陸《ひたち》を目ざして旅立った。

京の東山大谷へもどった法然が往生を遂げたのは建暦二年一月二十五日のことであった。

㈢　関東時代の生活と布教

親鸞と家族

親鸞の家族関係は、妻恵信尼の手紙が発見されたことによって、かなりの部分が明らかになった。手紙の文面から、恵信尼が下女数名を使用できる豪族の女《むすめ》であること、彼女は比叡山在住時代の親鸞とすでに面識があったらしいこと、越後配流後も生活を共にしていたことなどが推察できる。『日野・本願寺系図』(『尊卑分脈』所収)には、親鸞の息子慈信《じしん》(善鸞)の項に「母三善為教女《みよしためのり》」と注記があるだけで、信蓮房《しんれん》・益方《ますかた》・小黒女房・覚恵法印母にあたる女子(覚信尼のこと)・高野禅尼の五人の子供については何の注記もない。おそらく善鸞と同母という意味であろう。ところで、恵信尼の手紙には何故か善鸞については一言の記述もなく、善鸞義絶状(後述)では、親鸞は恵信尼のことを「まま母の尼」と呼んでいる。これには何らかの事情があるはずだが、現在のところ一切不明である。ともかく恵信尼が善鸞を含む男女六人の子の母であることは疑いないところであろう。なお、『口伝鈔』『本願寺系図』には、長子の位置に印信の名が記され、『日野・本願寺系図』には「大弐公・母月輪《つきのわ》殿関白女」とある。これが伝説として行われている玉日姫(月輪殿すなわち九条兼実の女《むすめ》)と親鸞の結婚話の拠《よ》り所とされているわけであるが、その可能性は全くないわけではない。法然と兼実は法話を交わしたり、戒を授けたりする関係にあったし、親鸞が法然門に帰した頃の九条家は、政敵源通親《みちちか》一派のために徹底的にうちのめされ、地位も所領も奪われて失意の底に沈みきっていた時代であった。そうした境遇にあって兼実の女が、念仏の教えを介して親鸞と結ばれたとしてもそれほど不思議ではない。九条家と通親派との力関係は、通親の怪死によって逆転、やがて兼実息の良経《よしつね》が摂政関白太政大臣の座をとりもどすが、良経は建永元年に変死をとげる。それと同時に念仏弾圧の事件がおこり、親鸞は越後へ流された。これによって親鸞と兼実の女との縁は絶たれてしまったのかも知れない。恵信尼と結婚にふみきったのは越後流罪後と考えるのが穏当であろう。

恵信に京都在住の期間があったとしても不思議ではない。女人往生を説く法然の法話に強い関心を寄せていたことが機縁となって、個人的に弟子親鸞と念仏の教えについての問答を重ねるような関係にあったと想像することも可能であろう。そうした縁が開ける条件は十分そなわっていたのである。恵信の父三善為教は、兼実の日記『玉葉』に見える「前越後介三善為則」と同一人物と考えられている。もしそうであるなら、兵部大輔なども勤め、京都で下級官人の生活を送ったであろうから、恵信も当然父のもとで在京生活を送っていたと想像される。しかも、当時、板倉町や新井を中心とした中頸城《くびき》郡の北部一帯には、九条家の荘園が置かれ、豪族三善氏がそれを管轄する地位にあったことが明らかにされている。こうした条件を考えあわせると、恵信は、三善氏の支配地に流された親鸞と三善氏との間を取りもったのではなかろうか。あわせて親鸞の身辺の世話をするために恵信もまた越後に下向、そのまま結婚生活に入ったのではないかと考えられる。

流罪を許された親鸞は、この三善氏の縁故をたよって、当時盛んに開発が進められていた新天地常陸に、布教活動の根拠地を求めて旅立ったわけである。

寛喜三年の体験

建保二年(一二一四)、四歳になる信蓮房を連れた親鸞一行は、「さぬき」(群馬県邑楽《おうら》郡佐貫)を通り過ぎようとしていた。その時、親鸞はすべての人の往生を祈るべく、浄土三部経(観無量寿経・阿弥陀経・大無量寿経)の千部読誦《どくじゅ》(千回声をあげて読み通すこと)を思い立ったらしい(恵信尼の手紙。三〇三頁参照)。このことは、関東を布教の目的地に自ら選んだ親鸞の一種の緊張感を想像させる。目的地である常陸国稲田(茨城県笠間市)を目前にして、布教の任に耐える人間に自らを鍛えるべく精進しようとした行為は、きわめて真剣で真面目な動機によるはずである。しかし親鸞はその読誦を四、五日でやめてしまった。自ら懺悔《ざんげ》しているように、それは自力の執心のなせる業《わざ》だったからである。このことによって、親鸞はわが身のうちにある抜きがたい自力執心を思い知らされたのであった。

親鸞一行が常陸の下妻境郷（茨城県下妻市坂井）に滞在していた時、恵信は、法然は勢至菩薩、親鸞は観音菩薩の化身である旨の夢を見た。心密《ひそ》かに隠していた話として、恵信は親鸞没後にこの夢のことをしみじみと語っている。この夢の話には、布教のために労を惜しまない親鸞の姿に寄せる恵信の想い――畏敬の念にも似た想い――が余すところなく表明されている。

親鸞とその家族は、笠間郡稲田郷に居を構えることとなった。そして、その評判を聞きつけた人々がひっきりなしに訪れ、常陸一円に本願念仏の教えが広まっていったらしい（『親鸞伝絵』）。ところが、常陸に移って十八年目、寛喜三年（一二三一）のことである。前年の秋の全国的な冷害により、収穫が激減したため、飢餓《きが》人が続出するという惨事が起った。人々は山野に入って山芋を求め、海浜に出て魚や海藻を求めて辛うじて命をつなぐという有様であった。また所有している奴婢《ぬひ》を養いきれない者は、低廉な価でいくらかでも余裕のある買主に売り渡し、その場をしのぐといったことが盛んに行われるに至った。そうした悲惨な状況にあった年の四月、高熱を発した五十九歳の親鸞は、看病人も寄せつけず、じっと苦しみに耐えていた。ところが、親鸞自身が「こは何事ぞ」と驚くようなことが起った。熱にうなされつつ、十八年前「さぬき」で行ったように、『大無量寿経』をひまなく読み、経の文字を一字残らずまぶたの裏に見たのである。親鸞自身は、悲惨な現実をまのあたりにしながらも、ひたすら如来の大慈悲心を説き、念仏によって、与えられた命を如来の本願にまかせて生きるよう教えていたであろう。けれども、人々の苦しみを見かねる心にうながされて、比叡山でその昔天下の安穏を読経の功徳で祈った行を無意識裡に想い起し、実践してしまったわけである。親鸞は、法然の導きで「雑行を棄てて本願に帰」した後、まる三十年の体験を重ねながら、心の深部には依然として自力廻向《えこう》の心がこびりついていることを思い知らされたのであった。親鸞にとっても、血肉化された思想を生き切るためには、この話にみるような自己体験の凝視とたえざる思索が必要だったのである。

東国における布教

東国における念仏は、善光寺の勧進聖《かんじんひじり》の活躍によってすでに一般に浸透していた。また天台寺院でも不断念仏の行が行われていたので、「南無阿弥陀仏」をとなえることは、すでに多くの人々になじまれていたといっても間違いはないであろう。さらに法然の教えを信奉する有力な御家人熊谷直実《くまがいなおざね》などの感化もあって、東国でも本願念仏の教えに寄せる関心は高まっていたと考えられる。また稲田郷を領していた宇都宮一門の長老である頼綱は、法然の弟子証空《しようくう》と親交があり、専修念仏の教えに理解を持っていた。稲田郷の直接の領主は、頼綱の弟朝業《ともなり》（出家して信生法師と号した）及びその子時朝で、父子ともに仏教の篤信者であった。親鸞は、念仏に関心を持つそうした人々を相手に、念仏の本旨である如来の本願を説き、本願力に支えられて生きる人々が、その歓《よろこ》びをともにし得る集団（門徒）を育てていった。念仏集団が形成されていった過程は、『親鸞聖人門侶交名牒』（妙源寺本）によってうかがうことが出来る。そこには親鸞面授の道場主クラスの門弟として、真仏《しんぶつ》（専修寺開基）・慶信《きようしん》ら四十四名が記載され、さらに『末燈鈔』に記されている人を加えると六十名にのぼる有力門弟がいたことになる。これら指導的立場の門弟のもとには、それぞれ数百人の篤信者が集まっていたと思われる。本願の念仏をともにいただくことにより、身分・職業にこだわらない人間的交流の場が成り立ち、同行同朋《どうぎようどうぼう》という全く新しい人間関係を持ち得るようになったのである。

親鸞の布教によって、従来は専ら追善のために、または死後の往生を願ってとなえられていた念仏が、生活者の現実にはたらきかける本願念仏へと変革された。そうした動きは、都を中心とした古代的上下関係の絆《きずな》をたち切り、新しい横の関係をつくり出すことを要請していた時代の動向を、宗教的契機においてとらえることになった。隷属民《れいぞく》であった農民や漁民に、本願による平等の往生をさとらせ、念仏の心において自由闊達《かったつ》に生きる道を教えたことは、結果的には人間の自立をうながし、「日本一州ことごとく浄土の機縁あらはれぬ」(和讃214)といった新しい連帯の根拠を用意することになったのである。

教行信証の撰述

親鸞は布教につとめる一方で、広大な本願力のはたらきのなかに摂《おさ》め取っていただく歓びと、不可思議な真実の法にまかせて生きる安らぎとを得たことに心からの報謝の念をいだくようになった。師恩の厚さを仰ぐことによっても報恩の思いはいよいよつのり、浄土の真実の教えを頂戴できたうれしさから、教えの要《かなめ》を拾い集めようと思い立った。仮に著書の不出来をそしる人があったとしても、そのことが機縁となって本願の力に心を開き、共に如来の慈悲を受けとめて生きることが出来ればという思いで、四十年に及ぶ修学の結果をまとめることにしたのである。一応の形が整い、『顕浄土真実教行証文類』(『教行信証』)と名づけられたのは、元仁元年(一二二四)、親鸞五十二歳の時のことであったと考えられているが、その後も改訂・補訂がなされ、晩年に至るまで修訂が加えられた。そうした補修のあとをまざまざととどめている自筆本が東本願寺に伝えられ、坂東本とも国宝本とも呼ばれている。この『教行信証』は、真実の教えを顕《あらわ》す「顕浄土真実教文類」(教巻)を第一巻とし、そこでは『大無量寿経』の基本精神を本願を説く点に見定め、天親の『浄土論』による往相と還相の二種廻向(一一二頁参照)の考え方から如来のはたらきを明らかにしている。第二巻は「顕浄土真実行文類」(行巻)と名づけられ、如来の功徳によってわれわれにふり向けられた（往相）行《ぎょう》である念仏のはたらきを、多くの教論釈の文章を証拠にして明らかにしている。この巻の末尾には、本願の徳と七人の高僧——竜樹《りゅうじゅ》・天親（世親）・曇鸞《どんらん》・道綽《どうしゃく》・源信（恵信）・源空（法然）——の徳を讃嘆した偈《げ》が添えられている。真宗の人なら必ず暗記している「正信念仏偈《しょうしんねんぶつげ》」である。第三巻「顕浄土真実信文類」（信巻）には別序が添えられ、経典の句に独自の訓《よ》みを施して、往相の信心を徹底的に説き明かした。たとえば、『大無量寿経』の第十八願成就文の句「乃至一念至心廻向　願生彼国」（法然は「ないし一念、心を至し廻向して、彼の国に生ぜんと願ずれば」と訓んだ）を「ないし一念せむ、至心に廻向せしめたまへり。……」と訓みかえたのをはじめとして、曇鸞の『讃阿弥陀仏偈』中の句「乃至一念至心者　廻向願生皆得往」（普通には「ないし一念し、至心なる者廻向して生ぜんと願へば皆往くことを得」と訓む）を「いまし一念におよぶまでせむ。至心の者《ひと》（阿弥陀仏）廻向したまへり。生れむと願ずれば皆往くことを得しむ」と訓んでいる。つまり「廻向」を弥陀の側のはたらきとしてとらえたのであった。さらに信心について『涅槃経《ねはんぎょう》』や『華厳経《けごんきょう》』の説も取り入れ、「仏性は即ちこれ如来なり。仏性は大信心と名づく」というように、信心を人間の存在理由そのものとしてとらえた。なお、上述したように、この信巻において、「王舎城の悲劇」が『涅槃経』から長文にわたって引用され、阿闍世《あじゃせ》のような悪人の救済のために浄土がたてられた因縁が明らかにされている。第四の「顕浄土真実証文類」（証巻）は、念仏の証果を説いた巻で、一如（存在の根源）よりこの世に形を現した阿弥陀仏が、さまざまな機縁に応じて、ある時は仏の姿をとり、ある時は人間の形をそなえて人々の前に現じ、衆生《しゅじょう》を教え導いて必ず浄土のさとりをえさせて下さることを、経文によって明らかにしている。次の第五巻「顕浄土真仏土文類」（真仏土巻）は、真実の仏および真実の浄土とは何かを問うた巻である。阿弥陀仏は色も形もない仏で、光明の智慧のはたらきそのものであるとし、自然《じねん》をもって浄土の本質とした。最後の第六巻「顕浄土方便化身土文類」（化身土巻）は、方便の教えから真実の教えに目を開くに至る道程を「三願転入」の理によって説きあかし、方便の説である迷信的な信仰を離れて、浄土の真実の教えにつくべきことを勧めている。

親鸞は、『教行信証』の述作によって自らの信心のありかのあかしを閲読《えつどく》可能な限りの経典およびその注釈書、そして思想書類の文に求め得たことに安らぎを覚えたに違いない。そして、言葉との出会いによって開かれた新しい世界（浄土）を生きる歓びを心からかみしめたと思われる。『教行信証』の総序の結びで親鸞は次のように述べている。

ここに愚禿釈《ぐとくしゃく》の親鸞、慶《よろこ》ばしいかな、西蕃《さいばん》（インド）・月支（西域諸国）の聖典、東夏《とうか》（中国）・日域《じつゐき》（日本）の師釈に遇《あ》ひ難くして、今遇ふことを得たり。聞き難くして已《すで》に聞くことを得たり。真宗の教行証を敬信して、ことに如来の恩徳の深きことを知んぬ。ここを以て聞くところを慶び、獲《う》るところを嘆ずるなりと。

親鸞は、思索面における関東時代最大の成果であった『教行信証』をさらに確かなものにしたいという思いがあったのか、書物閲覧の便益の多い京都へと、六十三歳頃に帰っていった。

㈣　帰洛《きらく》と著作活動

文書による布教　京都に帰り、関東の門侶《もんりょ》と直接言葉を交わすことができなくなった親鸞は、書物を写して送り与えたり、法語を送り届けたりして布教活動を続けた。特に、法然の教えを正しく受け継ぎ、しかも平易な和文で書き著した聖覚《せいかく》（一一七六～一二三五）の『唯信鈔《ゆいしんしょう》』、隆寛（一一四八〜一二二七）の『自力他力事』『一念多念分別事《いちねんたねんふんべつじ》』、『後世物語聞書』（作者未詳）を再三にわたって書写し、東国に送り届けた。『親鸞聖人御消息集』に、

ただ詮《せん》ずるところは『唯信鈔』『後世物語』『自力他力』この御文《おんふみ》どもをよくよくつねにみて、その御こころに違《たが》へずおはしますべし。

力をつくして『唯信鈔』『後世物語』『自力他力の文』のこころども、二河《にが》の譬喩《ひゆ》（一二四頁185注参照）なんど書きて、方々《かたがた》へ人々に下して候ふも、みなそらごとになりて候ふ。

と述べていることからも、これらの書物の書写による布教の実情をうかがうことができる。

また親鸞は、帰洛後十余年の歳月を経た宝治元年（一二四七、七十五歳）にほぼ『教行信証』の修訂を終了したと考えられ、この年の二月に尊蓮（親鸞の従弟）に自筆本の書写を許し、校合を了《お》っている。

三十年近くの年月をかけて修訂をほどこした『教行信証』の撰述《せんじゅつ》に一応の終止符をうった時、親鸞がまず心に銘じたことは「師教の恩厚」と「仏恩の深きこと」であった。この恩徳報謝の念が「帰命《きみやう》無量寿如来《むりやうじゅにょらい》　南無不可思議光《なむふかしぎくわう》」（無量寿如来に帰命し、不可思議光に南無したてまつる）の句にはじまる「正信念仏偈」として結実したわけであるが、親鸞はさらに漢文の理解力に乏しい東国の門弟とその仏恩報謝の気持を分ちあうことを思いたった。そこで「正信念仏偈」の構想に従って「浄土和讃」「浄土高僧和讃」の制作にとりかかったのであった。漢文の経釈の意を和語にやわらげて表現し、諷《ふう》誦《じゅ》の便にそなえようとしたものと思われる。

「浄土和讃」「浄土高僧和讃」の成立

『教行信証』の一応の完成を見た宝治元年から約一年後、計二百二十五首の「浄土和讃」「浄土高僧和讃」が完成した。帰洛後初の著作であり、親鸞自身の著

書として二番目のものである。

和讃は漢讃の伝統を日本化したところに成立した。平安時代末には源信作といわれる『極楽六時讃』が広く親しまれ、法然門下では、安楽を中心に『六時礼讃』が美しい曲調を伴って讃詠されていた。こうした和讃の古い記録としては、慶滋保胤《よししげのやすたね》（?〜一〇〇二）の『日本往生極楽記』に、千観《せんかん》（九一八〜九八三）の『極楽国弥陀和讃』について「阿弥陀の和讃廿余行を作りて、都鄙《とひ》老少、もて口ずさみとなせり」とある。他に覚超（九五二〜一〇三四?）の『弥陀如来和讃』、永観（一〇三三〜一一一二）の『舎利講式和讃』などが広く行われていた。その多くは、たとえば、

七重行樹かげ清く
八功徳水池すみて
苦空無我の波となへ
常楽我浄の風吹きて
天の音楽雲にうつ
（『極楽国弥陀和讃』）

のように、極楽浄土のめでたくありがたい有様を観念的にたたえたものであった。

ところが親鸞の「浄土和讃」は、そうした極楽の美的幻想に言葉を与える従来の方法をしりぞけ、「浄土のさとり」の内実をうたおうとする。このことは、一般の極楽浄土を「仮《け》」（方便）とし、光明のはたらく場所を「真」の浄土とした親鸞の思想から当然といえる。「浄土和讃」の巻頭は、曇鸞の『讃阿弥陀仏偈』を和語化したものであるが、そこでも原偈では最も分量の多い極楽浄土の讃嘆が極度に省略されている。

親鸞和讃の特色としては、無常の悲しみを全くうたわないこと、したがって「あはれなり」「かな

し」「さびし」「はかなし」「わびし」といった心情表現の語がほとんど用いられないことがあげられよう。そして、経典や注釈書中の要句を上に据え、それを受けて「のべたまふ」「さはりなし」「みえたまふ」「さだまりぬ」といった類の和語を添えるという表現様式による、硬質の思想詩を作りあげたのであった。思想の内実が読む者の心を深くとらえる、きわめて高度な抒情《じょじょう》表現を実現し得ている作品といえる。

「浄土高僧和讃」は、七人の高僧のそれぞれの思想を適確にとらえ、浄土の教えを弘めた功績を讃えている。たとえば善導については、専修念仏の立場を明らかにした功を伝記をまじえてたたえ、源信については、浄土に報土と化土《けど》の別のあることを説いた功を中心にほめたたえている。そして、源空聖人（法然）については、「弘願《ぐがん》の一乗」の念仏を日本国中に説きひろめた功を讃詠している。

「浄土和讃」「浄土高僧和讃」は、漢語の表現をやわらげる方向でその後も改訂が加えられ、文明本（本願寺八世蓮如によって文明五年に刊行されたもの）にみられる形にまとめられた。本書が底本に用いた国宝本（初稿本で専修寺蔵）は、漢字の訓《よ》みの清濁緩急を示す圏発点がすべての文字にほどこされ、振り仮名とあわせ、ほぼ正確な読み方が復元できる。また、一人でも多くの人に親しんでもらいたいと思ったのであろう、語句についての丁寧な注解が左側の余白に書きこまれている。

その他の著作

親鸞の八十代は、最も旺盛《おうせい》な著作活動が展開された時期であった。七十六歳の時に「浄土和讃」「浄土高僧和讃」を書きあげた親鸞は、ついで『唯信鈔文意《ゆいしんしょうもんい》』の述作にとりかかる。『唯信鈔文意』は、聖覚の『唯信鈔』の要文を抜いて、親鸞の考えにもとづいた注釈を加えたもので、原典の解釈というよりは、親鸞の考え方が積極的に述べられている面が目立つ。その思想的立場は『教行信証』と同一線上にあり、表現はつとめて和語によろうとしている。真の阿弥陀仏を光明の智慧のかたちとしてとらえ、浄土を色もなく形もない世界であり「無明の迷《まど》ひをひるがへして無上覚をさとる」境《さかい》であると説いている点は、方便の意味と価値を認める『教行信証』から、最晩年の「自然法爾《じねんほうに》」へと円熟していく道程を感じさせる。親鸞は、自分の著作のなかではこの『唯信鈔文意』を最も数多く書写し、門弟に与えた。建長二年（一二五〇）の書写である旨の奥書を持つ本（盛岡市本誓寺蔵）があるので、七十八歳ごろの著作と考えられる。

ついで『教行信証』の要旨を広く人々に理解してもらうために教巻・行巻・信巻・証巻の構成に即してその肝要を抜き出した『浄土文類聚鈔《じょうどもんるいじゅうしょう》』を建長四年八十歳のころに撰述した。建長七年には、浄土三部経の要文を抜き集めた『浄土三経往生文類』、仏の名号と先徳肖像に付された讃文（銘文）を集録した『尊号真像銘文《そんごうしんぞうめいもん》』、さらに『愚禿鈔《ぐとくしょう》』二巻を著した。『愚禿鈔』上巻では、全仏教を難行聖道教（困難な修行を経て、この世で究極の悟りを開く立場）と易行浄土本願真実教（阿弥陀仏の本願のはたらきにまかせる他力の立場）の二教に分けて考察し、本願・仏土・即得往生・機についての主要な問題点を分類的に整理している。下巻では『選択本願念仏集』の「三心章」にみえる至誠心《しじょうしん》釈・深心《じんしん》釈・廻向発願心釈の文を引いて、親鸞自身の解釈を加えている。なお、この年の十一月には『皇太子聖徳奉讃』七十五首を作り、聖徳太子が救世《ぐぜ》観音の化身として阿弥陀仏の誓願を日本人の前に明らかにした教主であることを奉讃している。

善鸞義絶

建長八年（一二五六、十月五日に康元と改元）、八十四歳の老齢にある親鸞は、五月二十九日付で、息男善鸞に対し悲しい手紙を送らざるを得なくなった。その終りの部分だけを引用する。

親鸞にそらごとを申しつけたるは、父を殺すなり。五逆のその一なり。この事ども伝へ聞くこと、あさましき様《さま》申す限りなければ、いまは親といふことあるべからず、子と思ふこと思ひきりたり。三宝・神明に申しきり了《をは》りぬ。悲しきことなり。わが法門に似ずとて、常陸《ひたち》の念仏者みな迷《まど》はさむと、このまるると聞くこそ、心憂く候へ。親鸞が教へにて、常陸の念仏申す人々を損ぜよと慈信房に教へたると、鎌倉に聞えむこと、あさまし〳〵。

この書簡は『末燈鈔』その他の書簡集には収められることなく、専修寺の宝庫に秘蔵されていたものので、近年（昭和）はじめて公開された。親鸞の自筆ではなく、建長八年から四十九年後の嘉元三年（一三〇五）に専修寺三世顕智《けんち》が写したものなので、信憑性《しんぴょうせい》を疑う説もあるが、この手紙の出現によって、善鸞事件をめぐる一連の親鸞の手紙の解読が可能となった。『末燈鈔』で第十六・第十九・第二十書簡と続けざまに「造悪無碍者《ぞうあくむげ》」（悪は思うままに振舞うべしという考え方の人々）への自粛を要望しているのは、その背景に善鸞の策謀が秘められていたからであった。善鸞の所行は、父を裏切ることによって門侶《もんりょ》の同朋結合を権力の力を借りて打ち破ろうとした非常に悪質なものであり、そのため、親鸞は東国の門弟すべてに向って善鸞と父子の縁を切る旨の宣言をせざるを得なかったのである。「親鸞にそらごとを申しつけたるは、父を殺すなり」という言葉には、かの阿闍世《あじゃせ》の物語が、自身の現実の問題としてよみがえったことに気づいた驚きと悲しみの声が響いていないだろうか。

事件は、建長の頃、善鸞が東国へ下向したことから始まる。親鸞帰京後の東国では、親鸞から直接にいただいた消息法語や京都から送ってもらった書写本、もしくは直接得た「口伝」を拠《よ》り所として本願念仏の教えが説かれていた。そこで善鸞は、父子相伝の秘密の口伝と称する異説を説くことで、親鸞の門徒を自己の傘下《さんか》におさめようとしたのである。善鸞は、親鸞に対しては、東国の指導者たちは「造悪無碍」の言動をとっている旨のいつわりの報告をし、その一方で指導者たちには、かつて親鸞が力説していた第十八願による念仏は、今では親鸞自身も捨て去った考えで、念仏はいたずら事だと説いたのであった。その上、門弟の一部に「造悪無碍者」の念仏禁止を望む声があることを根拠に、本願念仏そのものの禁止と取り締りを御家人《ごけにん》の口添えで鎌倉幕府に訴え出た。『親鸞聖人御消息集』(編者不明。善鸞事件とかかわりのある手紙からなる)に収められた書簡には、親鸞の教えによる本願の念仏を捨て、善鸞のもとへ転向した者が、中太郎《ちゅうたろう》(伝未詳)の弟子のなかだけでも九十余人いたと伝えている。

こうして、親鸞の門侶は被告人として裁判にかかずらわされることになった。五通の書状・文書からなる『親鸞聖人血脈文集』(性信編)は、善鸞の告訴に対し、証拠をもって対抗するための文書であったようである。裁判は、親鸞の善鸞義絶と横曾根門徒を率いる性信の活躍によって切りぬけ、善鸞側の敗訴に終り、事件は一応の落着をみるに至った。しかしこの事件を契機に、東国の道場主は、正統を主張するための異端論争に走る傾向を強め、枝葉末節にわたる質問を寄せては、晩年の親鸞を困惑させるようになった。

晩年の親鸞

現存する親鸞の書簡は、『御消息集』(善性本)七通、『親鸞聖人御消息集』十八通、『五巻書』五通、『親鸞聖人血脈文集』五通、『末燈鈔』二十二通、『真蹟書簡』十二通で、重複分を除くと四十三通である。その大半は八十代に書かれたもので、なかでもこの善鸞事件前後のものが目を引く。こうして善鸞事件の落着をみた翌年、親鸞は、隆寛の『一念多念分別事《ふんべつじ》』の要文に注釈をほどこした『一念多念文意』を著した。この書でも、親鸞自身の考えが披瀝《ひれき》され、二五八頁に引用したように、信心によって生かされてあることのよろこびをほめたたえている。

しかし、親鸞をめぐる実生活は必ずしも明るいものではなかった。妻の恵信尼《えしんに》は、信蓮房《しんれんぼう》・益方《ますかた》・小黒《おぐろの》女房らとともに親鸞のもとを去って越後へ下り、ただ一人京都に残った末娘覚信《かくしん》尼は寡婦となっており、善鸞の子如信と共に親鸞のもとに寄食していた。親鸞は、東国に書写本を送った返礼として届けられたと思われる門徒の信施をたよりに生活を維持していたのであった。だが、生活上の貧しさや苦しさは、親鸞の信心のよろこびをそこなうものではなかった。親鸞は八十五歳を迎えた正嘉元年（一二五七）、あらたに「正像末法和讃」と「大日本国粟散《ぞくさん》王聖徳太子奉讃」の和讃制作にとりくむことになった。後者は同年五月に百十四首の一大叙事詩として完成した。前者は、末法の世にあって本願からさし向けられた信心によって、よろこびの生を恵まれるしあわせを讃嘆したもので、脱稿までには一年有半の歳月を費やし、本書に収めた形が完成したのは、翌正嘉二年のことであった。しかもその後さらに修訂が加えられ、「愚禿悲歎述懐」に次のような五首が増補され、文明本に見られるような形にまとめられた。

一二　五濁《ごぢよく》邪悪のしるしには
僧ぞ法師といふ御名《みな》を
奴婢僕使《ぬひぼくし》になづけてぞ
いやしきものとさだめたる

一三　無戒名字《むかいみやうじ》の比丘《びく》なれど
末法濁世《ぢよくせ》の世となりて
舎利弗《しやりほつ》・目連《もくれん》にひとしくて
供養恭敬《くやうくぎやう》をすすめしむ

一四　罪業《ざいごふ》もとよりかたちなし
妄想顚倒《まうさうてんだう》のなせるなり
心性《しんしやう》もとよりきよけれど
この世はまことの人ぞなき

一五　末法悪世のかなしみは
南都《なんと》北嶺《ほくれい》の仏法者の
輿《こし》かく僧達《そうたち》力者《りきしや》法師
高位をもてなす名としたり

一六　仏法あなづるしるしには
比丘《びく》・比丘尼《びくに》を奴婢《ぬひ》として
法師僧徒の尊《たふと》さも
僕従《ぼくじゅ》ものの名としたり

以上の五首は、いずれも末法の世を歎いたものであるが、そのうち一三・一五・一六は、尊ばれるべき僧・法師という言葉が従僕の呼称として（たとえば○○小僧・○○坊主というように）用いられていることを悲しんでいる。一三では、末法の世では名のみの僧に対しても釈迦の弟子たち同様に尊敬せよと仏が勧められていることを述べ、一四は、本来人間に与えられた心とは純一なものなのに、世俗の利益・思惑にとらわれて生きている現実を歎いたものである。

文応元年（一二六〇）、京都の町は飢餓と疫病のために、路上に死者がころがっているという惨状を呈していた。八十八歳になった親鸞は、そうした悲惨な有様を目の前にしつつ、五十年もの昔の法然の面影を昨日のことのように思い出していた。「浄土宗の人は愚者になりて往生す」と口癖のように語っていた法然。「あさましきひとびと」を見るたびに、あたたかいまなざしとほほえみを送っていた法然。親鸞は慈愛あふれるその表情をまぶたに描きつつ、乗信房に想い出話を書き送った（一九二頁参照）。死者を前に、何とも悲しいことです、と述べたあとに、

ただし生死無常のことわり、くはしく如来の説きおかせおはしまして候ふうへは、おどろきおぼしめすべからず候ふ。

と、つきはなしたような言葉が続けられているのは、悲惨な死を余儀なくされた人々を特に摂《おさ》め取って下さるはずの大慈悲の本願力のはたらきを、法然の慈眼と重ね合せて見ていたからであろう。

名号不思議の海水は
逆謗《ぎやくはう》の死骸《しがい》もとどまらず
衆悪の万川《ばんせん》帰しぬれば
功徳のうしほ一味《いちみ》なり

（「高僧和讃」157）

死骸をとどめることのない広大な本願の海に摂め取られ、光明の浄土において苦悩を越えたさとりを生きることを願う心は、如来からいただいたものとしか言いようがない。飢饉《ききん》のさなか、親鸞は最後の著作となったと思われる『弥陀如来名号徳』を著した。如来の光明の徳を言葉を尽してほめたたえ、「阿弥陀仏は智慧のひかりにておはします」と述べ、その結びに「南無不可思議光仏」と記したのであった。末法の現実を悲しみ歎く心と、他力の信心に摂め取られて光明の浄土に包まれてあることをよろこぶ心とは、本来一体のものであった。悲しみや歎きの心もまた、如来のはたらきによるからである。

この年から翌年にかけては、遠く越後に住む妻の恵信尼もまた飢餓に苦しめられていた。京に残した末娘覚信尼と孫に寄せる切々たる愛情は、その手紙に語りつくされている。

弘長二年（一二六二）十一月二十八日、親鸞は、弟尋有の住む善法院の一室で、子供の益方入道（道性）と覚信尼に見守られて、九十歳の生涯を閉じた。

一家離散の状況のなかで、たまたま上洛《じようらく》していた益方が親鸞の臨終に立ちあえたことを、恵信尼は心から喜んだのであった。

『歎異抄』の成立と問題点

『歎異抄』を通じて親鸞との出会いを体験した人は数限りないことであろう。むしろ、ほとんどの人が、『歎異抄』によって親鸞と出会っていると言っても過言ではないかもしれない。しかしなぜ『歎異抄』が、親鸞の著作にもましてこれほど愛読されるのだろうか。その理由として第一にあげられるのは、リズム感のある簡潔で文学性豊かな文章の魅力であろう。そして、一度聞けば忘れないような言葉がいたる所にちりばめられていることも、人生を考え悩む人々を強くひきつける力となっていると思われる。

『歎異抄』は、心から親鸞に帰依した唯円《ゆいえん》という人物が、次第に師の教えがゆがめられてゆくことを歎き悲しんで編んだ、親鸞の語録集である。編者が唯円であることは、第九・第十三章の記述から、ほぼ間違いないと考えられている。

唯円についての詳しい伝記は残念ながら不明である。通説では、『慕帰絵詞《ぼきえのことば》』（親鸞の曾孫覚如の伝記 著者は覚如の子従覚）や『最須敬重絵詞《さいしゆきようじゆう》』（覚如の弟子乗専が著した覚如の伝記）に「河和田の唯円」として見える人物がそれであろうと推定されている。『慕帰絵詞』には、正応元年（一二八八）冬に上洛した「常陸国《ひたちのくに》河和田唯円房」と当時十九歳であった覚如が数回面談して法文の不審を解いたことが記され、唯円について「かの唯円大徳は、鸞聖人の面授なり。鴻才《こうさい》弁説の名誉ありしかば」と評している。近世になって刊行された寺伝などには、唯円は、庶民の出身で、若い頃から帰洛後の親鸞に親しく仕え、その間に独学で教養を身につけ、浄土の教えを直接授かったというが、確証はない。したがって『歎異抄』の成立時期についても推測の域を出ない。言い伝えどおり唯円が正応二年（一二八九）に六十八歳で没したとするなら、「露命、わづかに、枯草の身にかかりて候ふほどに……閉眼の後は」（『歎異抄』後記）という記述と考えあわせると、親鸞没後四半世紀を経た頃に編まれたことになる。

ところで、『歎異抄』自体に、その成立の具体的背景を想像させうる箇所、すなわち対話の場面が三箇所ある。第一は第二章で、その記述ぶりから、唯円も東国からはるばる上洛した一行の一員であった可能性は大であると思われる。第二章の背景には、前述した善鸞事件があった。善鸞の言動に惑わされた門徒の代表が、事の真相を確かめるべく、命がけで親鸞のもとを訪れたのであった。人格と思想の根底に疑惑のまなざしを向けられた親鸞は、緊張の面持で対座する人々に、一語一語かみしめるように話しだしたに違いない。その場に居あわせた唯円によって、親鸞の、全人格を賭けて語った言葉が、語録として残されたのは幸いというほかはない。

第九・第十三章は、唯円と親鸞との間に交わされた問答がそのままの形で記録されている。九章では、心のうちに抱いた疑問を正直に問いかけた唯円と、やはりあるがままの自己を語り、共に真実の信心に立ちかえろうとする親鸞の姿が印象深く記されている。さらに、第十三章では、常識や通念にとらわれない問答——人を千人殺してんや。しからば往生は一定すべし——によって、親鸞が、信心の根拠は人の教えにあるのではなく、存在の本源的なあり方に根ざす真理であることを明らかにしたことを伝えている。

以上三つの対話の場面は、叙述の必要性からたまたま問答形式がそっくり取りこまれた箇所である。しかし、おそらく他の章の言葉も、こうした問答の場で語られたのではあるまいか。親鸞は、書簡においてもまた法語の類を書く場合も、つとめて論理的・説明的に記述する。しかも立場を異にする考え方に対する批評や目くばりもしつつ、同じことを幾度も繰り返して説明するという方法をとる。それに対して『歎異抄』では、結論だけがきわめて密度の高い表現を伴って抽出されている。唯円は、親鸞から、内面をさらけ出したぎりぎりの言葉を、引き出し得た。自己を偽ることなく信心について真摯《しんし》に悩む唯円のような人物との対話の中でのみ語られた言葉、それが『歎異抄』であったと言えよう。

『歎異抄』を唯円が編んだ直接的な動機は、唯円自身が語っているように、異説を正したいという願いであった。したがって、親鸞語録とはいっても、一定の基準があり、異説を批判する上で根拠となる言葉を中心に採録したものと思われる。そのために、親鸞自身の著作の中では頻用されている語、たとえば仏性・菩提・正覚・正定衆・大涅槃といった語が用いられていないという結果になった。当然それらの語と関わる主題も取り上げられていない。それは、『歎異抄』が異説批判という意図のもとに編まれた以上、やむを得ないことであったとも言える。しかしそのことによって、『歎異抄』が、親鸞の思想を知る上には、問題をはらむ書となったことも否めない事実であった。

親鸞にとって「往生」は、言うまでもなく、死後の世界にひたすら期待をかけて現世を堪え忍ぶことではなかった。ところが『歎異抄』には、そうした親鸞の往生思想が明確な形でうち出されることがない。そのことは、以下の文を読み較べることによって具体的に把握《はあく》できよう。

弥陀の光明に照らされ参らするゆゑに、一念発起する時、金剛の信心をたまはりぬれば、すでに、定聚《ぢやうじゆ》（まさしく仏となることが決った人）の位にをさめしめ給ひき。命終すれば、もろもろの煩悩・悪障を転じて、無生忍《むしやうにん》をさとらしめ給ふなり。（『歎異抄』三三頁〜三四頁）

「即得往生」といふは、即はすなはちといふ。時を経ず、日をも隔てぬなり。また即はつくといふ。その位に定まりつくといふ言葉なり。得はうべきことをえたりといふ。真実信心をうれば、すなはち無碍光仏の御こころのうちに摂取して捨て給はざるなり。摂はをさめ給ふ、取は迎へとると申すなり。をさめ取り給ふ時、すなはち、時日《ときひ》をもへだてず正定聚の位につき定まるを、往生を得とはのたまへるなり。(『一念多念文意』)

『歎異抄』に「定聚」の語が見出だされるのはこの箇所だけである。しかし、親鸞の和讃や書簡では、この世において「定聚に入る」「正定聚の位に定まる」ことが強調されており、死後の往生はそれほど問題にされていない。引用した『一念多念文意』では、与えられた必然の道程を如来の光明に摂め取られて生き尽すことを、「即得往生」の言葉で説いている。

もうひとつ、『歎異抄』に見出だせないものとして「如来等同」の思想がある。この思想は、『末燈鈔』では繰り返し述べられている。

浄土の真実信心の人は、この身こそあさましき不浄造悪の身なれども、こころはすでに如来とひとしければ、如来とひとしと申すこともあるべしとしらせ給へ。(『末燈鈔』一八七頁)

これは、真実信心を受けとめた人は、煩悩具足のまま如来と等しい、すなわち、現生における往生を言い表している。親鸞においては、本願力の前に己れを投げだして生きることが主要な課題だった。ところが『歎異抄』では、「命終」して、「かの土にしてさとりをば開く」(三七頁)ために念仏をとなえるという立場が貫かれている。

往生をば遂ぐるなりと信じて(一二頁)

ただ念仏して、弥陀にたすけられ参らすべし(一三頁)

他力をたのみたてまつれば、真実報土の往生を遂ぐるなり(一五頁)

以上のような文章では、弥陀の本願を信じるか否かが問題であり、念仏とは救済を期待してとなえるものであるかのように理解されるおそれがある。

親鸞の教えにつとめて忠実であろうとした唯円ではあったが、「念仏して往生を願ふ」もしくは「極楽を願ひ念仏申す」といった周囲の人々の通念が反映し、無自覚の裡《うち》に親鸞の教えを一面化したり、ゆがめたりした部分が『歎異抄』に生じたと考えられる。

なお親鸞自身は、異説をとなえる人々を悲しむことはあっても、批判することはなかった。たとえば、臨終来迎を祈る念仏者に対しても、自らを優越者の立場に置いて誤りを指摘するようなことはしなかった。そして、異議が横行する現実に対しては、「こころにくくも候はず（それほど気にかけてはおりません）」という立場にふみとどまっている。その上で有縁の者だけに、弥陀の本願について正しい理解を持ってもらうよう語りかけたのであった。そうした親鸞の思いは、『末燈鈔』第十九書簡などによって知ることができよう。

こうした親鸞の態度に比して、

つつしんでおそるべし、先師の御こころにそむくことを。かねてあはれむべし、弥陀の本願にあらざることを。（二一九頁）

という唯円の〃歎異〃は、やはり親鸞とは異質の立場からなされた言説といわねばならない。

付録

恵信尼の手紙

親鸞の妻である恵信《えしん》尼の手紙は、その一部が本願寺三世覚如《かくにょ》の『口伝鈔《くでんしょう》』に引用された以外は、全く知られることなく、西本願寺の宝庫に秘蔵され、その存在自体が忘れ去られていた。発見者である鷲尾教導によってその全文が公刊されたのは、実に大正十二年のことであった。

十一通の手紙は、建長八年（一二五六）から文永五年（一二六八）に至る十二年間に娘の王御前（後の覚信尼）に宛てたもので、恵信尼晩年（七十五〜八十七歳）の手紙である。内容は、㈠㈡が下人の譲状、㈢〜㈥は、親鸞の訃報《ふほう》に接し、心に熱く思い出されたことを語り聞かせたもの、㈦以下は、自分の身辺を報じたものである。これらの手紙によって、親鸞が比叡山にいた時「堂僧」をつとめたこと、六角堂に籠《こも》り夢告を得たのは法然に帰入する前であったこと、その他恵信尼との結婚の時期や子どもについて、従来は全くわからなかった伝記的事実が明らかになった。しかし何よりも心うたれるのは、第三・第五の手紙で、恵信尼が妻の立場から親鸞についての忘れ得ぬ思い出を語る部分である。わが心ひとつに秘めていた聖なる夢の話、寛喜三年の大飢饉《ききん》の年、風邪を病んで苦しむ親鸞が、『大無量寿経』の文字をありありとまぶたに描きながら読誦《どくじゅ》している自分の姿を見出だし、人間の自力の執心の深さを知って懺悔《ざんげ》する話などは、読む者の感動を誘わないではおかない。そこには、親鸞の人柄のみならず、親鸞と妻恵信尼とが敬愛の情で深く結ばれていた生活の一端が伝えられている。その他、親鸞の帰京後、生活上のやむを得ない事情により、三人の子どもを伴って越後に下向、きびしい生活に耐えて生きる恵信尼の姿がこれらの手紙から彷彿《ほうふつ》と偲《しの》ばれてくる。

本文は、『定本親鸞聖人全集５　書簡篇』により、若干よみ方や表記を改め、順序も変えた。訳注は、大意の理解に役立ててもらうことを目的とした。

(一)

文書《もんぞ》も焼《や》かせ給ひてや候《さふら》ふらんとて申し候ふ。それへまゐるべき者は、けさと申し候ふ女《め》の童《わらは》、年三十六、また、その娘なでしと申し候ふは、今年十六、また、九になり候ふ娘と、親子三人候ふ也。また、まゝつれ、その娘のいぬまさ、今年十二、また、ことりと申す女、年三十四、また、あんとうじと申す男。さて、けさに今年三《みつ》になり候ふ男子《をのこご》は、人の下人《げにん》に具《ぐ》して産みて候へば、父親に取らせて候ふ也。おほかたは、人の下人にうちの奴《やつ》ばらの具して候ふは、よにところせき事にて候ふ也。

已上《いじやう》、合、女六人、男一人、七人也。

建長八年丙辰《ひのえたつ》の年七月九日　(花押)

(端書)
若狭殿の御つぼね申させ給へ　筑前

この手紙は、建長八年（一二五六、親鸞八十四歳、恵信尼七十五歳）に恵信尼が京都にいる娘の王御前《おうごぜん》（後の覚信尼）に与えた下人の譲状で、第二書簡と内容は重複する。以前に送った譲状が火事で焼失したため、改めて書いたもので、けさが他家に仕える下男と夫婦関係になっていることについて、その処遇がむずかしいことを述べている。当時の鎌倉幕府法（『御成敗式目』）にも、「男者付ㇾ父、女者可ㇾ付ㇾ母」とあり、下人の生んだ子も、所有財産の一つとみなされ、分け方が決っていた。合計七人（「まゝつれ」も下人を指す言葉と思われる）の下人は、恵信尼の死後、王御前に譲られることになっていたようである。

なお、当時の手紙の送り届け方とならわしに従って、筑前《ちくぜん》（恵信尼の侍女）から若狭殿《わかさ》（王御前の侍女）へという形式を踏んでいる。

㈡

王御前《わうごぜん》に譲りまゐらせて候ひし下人《げにん》どもの証文を、焼亡《ぜうまう》に焼かれて候ふ由、仰《おほ》せられ候へば、はじめ、便りにつけて申して候ひしかども、確かにや候はざるらんとて、これは確かの便りにて候へば申し候ふ。まゐらせて候ひし下人、けさ女《をんな》、同じき娘なでし女童《めならは》、年十六、その妹《おとと》いぬわう、女《め》の童《わらは》、年九。また、まさ女《をんな》、同じき娘いぬまさ、年十二、その弟《おとと》、年七。またことり女《をんな》。また、あんとうじ、男《をとこ》。

已上、合、大小八人なり。これらは、こと新しく、誰《たれ》かはじめて、とかく申し候ふべきなれども、下衆《げす》は自然《しぜん》の事も候はんためにて候ふ也。

建長八年九月十五日

王御前へ　　ゑしん（花押）

また、いづもが事は、逃げて候ひし後《のち》は、正体《さうたい》なき事にて候ふうへ、子一人も候はぬうへ、所労《そらう》の者にて候ふが、けふともしらぬものにて候へども、一昨年《おとどし》、そのやうは申して、物まゐらせて候ひしかば、さだめて御心得は候ふらむ。御忘れ候ふべからず候ふ。あなかしく。（花押）

今は、あまり年より候ひて、手もふるへて、判なども、うるはしくは、し得候はじ。さればとて、

御不審はあるべからず候ふ。　(花押)

(端書)
若狭殿申させ給へ　　筑　前

先の便に託して送った第一書簡が届かなかった場合を心配して、このたびは確実な便だからといって重ねて送った下人の譲状である。大人と子供、あわせて八人とあるのは、まさの娘いぬまさの七歳になる弟(後のおと法師のことであろうと思われる)が新たに加えられたことによる。この譲渡の件について、改めてとやかく言う者がいるはずはないと思うが、心の卑しい者がいて、万が一異議が出ることもあろうかと思って、証文として認《したた》めた、と述べている。追申は、覚信尼に譲る予定であったいづもという下人が逃亡したことに関しての報告である。いづもは逃げた後、気持も定まらず、子どももない上に病気でいつ死ぬかもしれないという状況であることを述べ、逃亡のことについては一昨年に報告ずみであり、その代償として物品も届けたから(今回の譲状のなかから除外してある理由は)承知しているだろう、という内容である。

(三)

昨年《こぞ》の十二月一日の御文《ふみ》、同廿日《はつか》あまりに、確かに見候ひぬ。なによりも殿《との》の御往生《わうじやう》、なかなか、はじめて申すに及ばず候ふ。

山を出でて、六角堂に百日こもらせ給ひて、後世《ごせ》を祈らせ給ひけるに、九十五日のあか月、聖徳太子の文《もん》を結びて、示現《じげん》にあづからせ給ひて候ひければ、やがてそのあか月いでさせ給ひて、後世のたすからんずる縁にあひまゐらせんと、たづねまゐらせて、法然上人にあひまゐらせて、また、六角堂に百日こもらせ給ひて候ひけるやうに、また、百か日、降るにも照るにも、いかなる大事にもまゐりてありしに、ただ、後世の事は、善《よ》き人にも悪《あ》しきにも、同じやうに、生死《しやうじ》いづべき道をば、ただ一筋に仰《おほ》せられ候ひしを、うけ給はりさだめて候ひしかば、上人のわたらせ給はんところには、人はいかにも申せ、たとひ悪道にわたらせ給ふべしと申すとも、世《せ》々生々《せしやうじやう》にも迷ひければこそありけめ、とまで思ひまゐらする身なればと、やうやうに人の申し候ひし時も仰せ候ひしなり。

さて常陸《ひたち》の下妻《しもつま》と申し候ふところに、境《さかひ》の郷《がう》と申すところに候ひし時、夢を見て候ひしやうは、堂供養《くやう》かとおぼえて、東向《ひんがしむき》に御堂は建ちて候ふに、しんがくとおぼえて、御堂の前《まへ》には立明《たてあか》ししろく候ふに、立明しの西に、御堂の前に、鳥居のやうなるに、横さまに渡りたるものに、仏《ほとけ》を掛けまゐらせて候ふが、一体は、ただ仏の御顔にては、わたらせ給はで、ただ光の真中《まなか》、仏の頭光《づくわう》のやうにて、正《まさ》しき御形《かたち》は見えさせ給はず、ただ光ばかりにてわたらせ給ふ。いま一体は、正しき仏の御顔にてわたらせ給ひ候ひしかば、これは何仏《なにぼとけ》にてわたらせ給ふぞと申し候へば、申す人は何人《なにびと》ともおぼえず、「あの光ばかりにてわたらせ給ふは、あれこそ法然上人にてわたらせ給へ。勢至菩薩《せいしぼさつ》にてわたらせ給ふぞかし」と申せば、「さてまた、いま一体は」と申せば、「あれは観音《くわんおん》にてわたらせ給ふぞかし。あれこそ善信《ぜんしん》の御房《ごばう》よ」と申すとおぼえて、うちおどろきて候ひしにこそ、夢にて候ひけり、とは思ひて候ひしか。さは候へども、さやうの事をば、人にも申さぬと聞き候ひしうへ、尼《あま》がさやうの事申し候ふらむは、げにげにしく人も思ふまじく候へば、天性《てんせい》人にも申さで、上人の御事ばかりをば殿に申して候ひしかば、「夢には品別《しなわい》あまたあるなかに、これぞ実夢《じつむ》にてある。上人をば、所々《しよしよ》に勢至菩薩の化身と、夢にも見まゐらする事あまたありと申すぅへ、勢至菩薩は智慧のかぎりにて、しかしながら、光にてわたらせ給ふ」と候ひしかども、観音の御事は申さず候ひしかども、心ばかりは、そののち、うちまかせては思ひまゐらせず候ひしなり。かく御心得候ふべし。されば御臨終《りんず》はいかにもわたらせ給へ、疑ひ思ひまゐらせぬうへ、同じ事ながら、益方《ますかた》も御臨終にあひまゐらせて候ひける、親子の契《ちぎ》りと申しながら、深くこそおぼえ候へば、うれしく候ふ〳〵。

この文書《もんぞ》、殿の比叡《ひえ》の山に堂僧《だうそう》つとめておはしましけるが、山を出《い》でて、六角堂に百日こもらせ給ひて、後世《ごせ》の事、いのり申させ給ひける、九十五日のあか月の御示現《じげん》の文《もん》なり。御覧候へとて、書きしるしてまゐらせ候ふ。

親鸞は、弘長二年（一二六二）十一月二十八日に九十歳をもって弟尋有の住院で入滅した。この手紙は、覚信尼がその臨終の様子を三日後の十二月一日付で知らせて来たものへの返事である。第四書簡に「（弘長三年）二月十日」とあるので、この手紙はそれより少し前に記されたものと考えられる。

*

昨年（弘長二年）の十二月一日付のお手紙、同じ月の二十日過ぎに確かに拝見いたしました。何にもまして殿（親鸞のこと）のご往生のことは、（そのしらせに接してみますと）とても事あらためて申し上げることばも思いつきません。

殿は、比叡山《ひえいざん》（延暦寺）を出て京の六角堂に百日の参籠《さんろう》をなされ、後世をお祈りになられたのでしたが、その九十五日目の暁に、聖徳太子が文を手に持ってお姿を示されるという霊験にあずかられたのです。そこですぐその暁に六角堂をお出になり、後世をたすけて下さるような縁にあいたいものと、さまざま尋ねられ、法然上人にめぐりあわれたのでした。そして、六角堂に百日籠《こも》られたように、また百日の間、雨が降ろうと日が照ろうと、どんなことがあろうとも、上人のもとへ通われました。法然上人は、ただ、後世のことについては、善人であれ悪人であれ、同じようにこの迷いの世界からのがれ出られる道だけを、ただひたすらに仰せられました。その教えをお聞きになり心にしっかり受けとめられた殿は、「法然上人がおいでになられる所であれば、人がどう言おうと、たとえ悪道（地獄道・餓鬼道など）に堕《お》ちられるにちがいないと言おうとも、ついて行こう、自分は遠い過去の世から迷いの世界を流転しているから、悪道に堕ちるのは当然で、後悔などはしない、とまで思っている身だから」と、さまざまに人々が非難した時にもおっしゃったものでした。

さて、私たちが常陸の下妻、境の郷（茨城県下妻市坂井）という所におりました時に、次のような夢を見ました。お堂の落慶供養なのでしょうか、東向きにお堂が建っており、しんがく（祝いの前夜祭）のようで、お堂の前には松明《たいまつ》が明るくともされ、その西、お堂の前方に、ちょうど鳥居のように横向きに渡してあるものに、仏の像が掛けてありました。その一体は、ただの仏のお顔ではいらっしゃらず、ただ光の真中が仏の頭光《ずこう》のようで、はっきりとしたお姿は拝見できず、ただ光ばかりでいらっしゃいました。もう一体は、まさしく仏のお顔であられましたので、「これは何という仏様でしょうか」と私が申しましたところ、答えたのはどういう人なのかわかりませんが、「あの光ばかりでいらっしゃるのは、あれこそ法然上人でございます。勢至菩薩でいらっしゃるのですよ」ということでした。そこで私が、「それでは、もう一体は」と尋ねますと「あの方は観音でいらっしゃいます。あれこそ善信（親鸞の別名）の御房ですよ」と答えたと思った時に、目をさましまして、夢だったのだとわかったのでした。とはいえ、こういう霊夢については、他人に言うべきではないと聞いております上に、私ごとき者がそういうことを言ったとしても、とうてい真実だとは人も思わないでしょうから、全く他人には言わず、ただ法然上人のことだけを殿に申し上げました。すると殿は、「夢には種類がたくさんあるが、これはまさしく実夢だ。あちこちで法然上人を勢至菩薩の化身であると夢に見た例が数多くあるというし、勢至菩薩は智慧そのものであって、すなわちそれ自体が光明でいらっしゃるのだ」とおっしゃったのでした。ところで私は観音のことについては何も申し上げなかったのですが、心の中では、その後、殿を普通一般の人と同じようには思わなくなりました。あなたもそう心得ておかれますように。ですから、殿のご臨終がどのようであられたにせよ、往生を疑い申し上げたりするはずがないばかりか、私がご臨終に居あわせてもそうでなくても、同じことではありますが、あなたの他に益方(越後の地名だが、ここは親鸞と恵信尼との間に生れた有房を指す)もご臨終にたちあうことができましたのは、親子の契りとはいいつつ、やはり深い縁だと思うにつけ、たいそう嬉しく存じました。

この文書(現存しないが、この第三書簡に添えられたものと思われる)は、比叡山に堂僧としておつとめなさっていらした殿が、山を出られ、六角堂に百日間お籠りになって、後世のことを祈られた時の、九十五日目の暁に聖徳太子からご示現をこうむった、その文書です。ご覧いただこうと思い、書き記してお届けいたします。

(四)

この文《もん》を書きしるしてまゐらせ候ふも、生きさせ給ひて候ひしほどは、申しても要《えう》候はねば、申さず候ひしかど、今は、かかる人にてわたらせ給ひけりとも、御心ばかりにもおぼしめせとて、しるしてまゐらせ候ふ也。よく書き候はん人によく書かせて、持ちまゐらせ給ふべし。また、あの御影《みえい》の一幅《ぷく》、欲しく思ひまゐらせ候ふ也。幼く、御身の八《やつ》にておはしまし候ひし年の四月十四日より、風《かぜ》、大事におはしまし候ひしときの事どもを書きしるして候ふ也。今年は八十二になりて候ふ也。一昨年《おとどし》の霜月より昨年《こぞ》の五月までは、今や今やと時日を待ち候ひしかども、今日までは死なで、今年の飢饉《けかち》にや、飢死《うゑじに》もせんずらんとこそおぼえ候へ。かやうの便りに、なにもまゐらせぬ事こそ心もとなくおぼえ候へども、力なく候ふ也。益方《ますかた》殿にも、この文《ふみ》を同じ心に御伝へ候へ。もの書く事、ものうく候ふて、別《べち》に申し候はず。

二月十日

この手紙は、次の第五書簡の前文にあたるもので、日付も同じ弘長三年（一二六三）二月十日である。第三書簡よりやや遅れて記されたものであろう。

＊

この文書（第三書簡に添えられていたとおもわれる聖徳太子の示現の文）を書き写して差し上げますのも、殿のご存命の間は、申し上げる必要もないことと思い、何も言わないでおりましたが、往生された今となっては、父上はこういう方でいらっしゃったのだと、お心にだけでもとどめてほしいと思いまして、書き記してお届け申すのです。筆のたつ人に立派に書かせてお手許において下さい。また私は殿のあのご肖像を一幅ほしゅうございます。あなたがまだ幼く八つでいらした年の、四月十四日から、殿がたいそうひどい風邪をわずらわれた時のことを記しました。私も今年は八十二歳になりました。おととしの十一月から昨年の五月までは、今死ぬか今死ぬかという有様で時が経つのを待っておりましたが、今日まで死なずに生きてまいりました。でも今年の飢饉《ききん》には、あるいは飢死するかもしれないと思っております。手紙をお届けするのに際し、何も差し上げるものがないのは気がかりですが、どうしようもありません。益方殿にも、この手紙の趣をよろしくお伝え下さい。ものを書くのもつらいので、益方殿へは改めて手紙は書きません。

二月十日

(五)

善信の御房、寛喜《くわんぎ》三年四月十四日午《むま》の時ばかりより、風心地《かぜごこち》すこしおぼえて、その夕さりより臥《ふ》して、大事におはしますに、腰・膝《ひざ》をも打たせず、天性《てんせい》、看病人をも寄せず、ただ音もせずして、臥しておはしませば、御身をさぐれば、あたたかなる事、火のごとし。頭《かしら》のうたせ給ふ事もなのめならず。さて、臥して四日と申すあか月、くるしきに、「まはさてあらん」と仰《おほ》せらるれば、「なにごとぞ、たはごととかや申す事か」と申せば、「たはごとにてもなし。臥して二日と申す日より、大経を読む事、ひまもなし。たまたま目をふさげば、経の文字《もんじ》の一字も残らず、きららかに、つぶさに見ゆる也。さて、これこそ心得ぬ事なれ。念仏の信心より外《ほか》には、何事か心にかかるべきと思ひて、よくよく案じてみれば、この十七、八年がそのかみ、げにげにしく三部経を千部《せんぶ》読みて、衆生利益《しゆじやうりやく》のためにとて、読み始めてありしを、これは何事ぞ、自信教人信《じしんけうにんしん》、難中転更難《なんちゆうてんきやうなむ》とて、みづから信じ、人を教へて信ぜしむる事、まことの仏恩を報《むく》いたてまつるものと信じながら、名号《みやうがう》の他《ほか》には何事の不足にて、必ず経を読まんとするや、と思ひかへして、読まざりし事の、されば、なほも少し残るところのありけるや。人の執心《しふしん》・自力の信は、よくよく思慮《しりよ》あるべしと思ひなして後《のち》は、経読むことは止《とど》まりぬ。さて、臥して四日と申すあか月、まはさてあらん、とは申す也」と仰せられて、やがて、汗垂《あせた》りて、よくならせ給ひて候ひし也。

三部経、げにげにしく、千部読まんと候ひし事は、信蓮房《しんれんばう》の四の年、武蔵《むさし》の国やらん、上野《かんづけ》の国やらん、佐貫《さぬき》と申す所にて、読み始めて、四、五日ばかりありて、思ひかへして読ませ給はで、常陸《ひたち》へはおはしまして候ひしなり。

信蓮房は未《ひつじ》の年、三月三日の日に、生《むま》れて候ひしかば、今年は五十三やらんとぞおぼえ候ふ。

弘長《こうちやう》三年二月十日　　恵信

第四書簡に「……四月十四日より、風、大事におはしまし候ひしときの事どもを書きしるして候ふ也」とあるものがこの第五書簡である。

＊

善信の御房（親鸞）は、寛喜三年（一二三一、親鸞五十九歳）四月十四日、昼過ぎ頃から少し風邪をひかれたようで、その夕方から床につかれ、ただならぬ容態となられました。けれども腰や膝をもませることもなく、全く看病人も寄せつけず、ただ静かにふせっていらっしゃるので、私がそっとお身体にさわってみましたところ、火のような熱さでした。頭痛もたいそうひどいようでした。さて、床につかれて四日目の暁、苦しいなかから、「人の心の本当の姿はそうなのだろうなあ」とおっしゃるので、「何でございますか、うわ言をおっしゃったのですか」とお尋ねしたところ、次のようにお話し下さいました。「うわ言ではない。床に臥して二日目から（夢のなかで）大無量寿経を休むことなく読んでいる。たまたま目を閉じると、お経の文字が一字残らずまばゆいばかりにはっきりと見える。さてこれはわからないことだ、念仏の信心以外に、何ひとつ心にかけていることはないはずなのに、と思ってよくよく考えてみると、今からもう十七、八年も前のことだが、もっともらしく、三部経（大無量寿経・観無量寿経・阿弥陀経）を千部読誦し、人々を救うためにと思って読みはじめたことがあった。その時は、いったい何事だ、自信教人信・難中転更難といって、自分自身が信じ、また人に教えて信じさせることが、本当に仏恩に報いることだと信じていながら、南無阿弥陀仏という名号のほかに、何が不足に思われて、是非とも経を読もうなどと思うのかと反省してやめたのだった。けれどもこんなふうにお経の文字がはっきり見えるのは、自分の心のなかには、なおも少し読もうという気持が残っていたのだろうか、自力をたのむ気持はよくよく気をつけねばならないと思いめぐらしてからは、お経を読むのもやめてしまった。そして臥してから四日目の暁に『人の心の本当の姿はそうなのだろうなあ』と言ったのだ」とおっしゃって、まもなく汗をおかきになって回復なさいました。

三部経をもっともらしく千回も読もうとなさったのは、信蓮房（親鸞と恵信尼の間に生れた子）が四歳の年のことでした。武蔵《むさし》の国か上野《こうずけ》の国かよくわかりませんが、佐貫《さぬき》（群馬県邑楽《おうら》郡）という所で読みはじめて、四、五日ほどで思い直され、読むのをやめられ常陸《ひたち》へ行かれたのでした。信蓮房は未《ひつじ》の年（建暦元年、一二一一）の三月三日に生れたのですから、今年は五十三になったことと思います。

弘長三年（一二六三）二月十日　　恵　信

御文《ふみ》の中に、せんねんに、寛喜《くわんぎ》三年の四月四日より病ませ給ひて候ひし時の事、書きしるして、文の中に入れて候ふに、その時の日記《にき》には、四月の十一日のあか月、「経読む事は、まはさてあらん」と仰《おほ》せ候ひしは、やがて四月の十一日のあか月としるして候ひけるに候ふ。それを数へ候ふには、八日に当り候ひけるに候ふ。四月の四日よりは八日に当り候ふ也。

（端書）
若狭殿申させ給へ　　恵　信

先に送った第五書簡の内容について、日付の訂正をした手紙である。とりにくい文脈だが、親鸞が病臥《びょうが》したのは四月十四日ではなく「四日」であり、「まはさてあらん」と言ったのは、日記には「四月十一日の明け方」のこととして記してあるという。すなわち四月四日に病臥してから数えて八日目にあたっている。恵信は三十年以上昔の日記を調べて誤りを訂正したのである。前の書簡を「せんねん」（先年または前年）のこととしているので、弘長四年以後のものと考えられる。

（七）

また、この国は、昨年《こぞ》の作物《つくりもの》、殊《こと》に損《そん》じ候ひて、あさましき事にて、おほかた命生《い》くべしともおぼえず候ふなかに、所ども変り候ひぬ。一所《ひとところ》ならず、益方《ますかた》と申し、また、おほかたは頼みて候ふ人の領《りやう》ども、皆かやうに候ふうへ、おほかたの世間《せけん》も損じて候ふ間《あひだ》、なかなかとかく申しやる方《かた》なく候ふ也。かやうに候ふほどに、年来《としごろ》候ひつる奴《やつ》ばらも、男二人、正月失《う》せ候ひぬ。なにとして、ものをも作るべきやうも候はねば、いよいよ世間たのみなく候へども、いくほど生くべき身にても候はぬに、世間を心苦しく思ふべきにも候はねども、身一人にて候はねば、これらがあるいは親も候はぬ小黒《をぐろ》の女房の女子《をんなご》、男子《をのこご》、これに候ふうへ、益方《ますかた》の子どもも、ただこれにこそ候へば、なにとなく母めきたるやうにてこそ候へ。いづれも命もありがたきやうにこそおぼえ候へ。

この手紙は、現本では第三書簡の追申の位置に整理されているが、完全に別紙に書かれており、内容的にも第三書簡との関連はないと思われる。年月日の記入もなく、どこに置くべきか諸説あるが、飢饉《ききん》の苦しみを報じている一連の手紙の前に置いた。

*

また、この越後の国では、昨年の農作物の出来が大変悪く、想像を絶したいたましい有様で、とても生きていけそうにないと思われまして、私も住居を移しました。この凶作は一箇所だけではなく、益方（新潟県中頸城《くびき》郡板倉町）も、また大体において頼りにしていた人の土地でも、皆こういう状態です。そのうえ、あたり一帯の人々も苦しんでおりますので、とうていあれこれ頼んだりするすべはありません。こんなふうにしておりますうちに、この数年来働いていた下人も、男二人、正月にいなくなりました。どうにも、穀物を作ったりする方法もございませんので、ますます生活については不安ではありますが、どれほど生きるわけでもない身ですから、日々の生活が気がかりというのではありません。ただ私一人ではないこととて、たとえば親もおりません小黒の女房（親鸞と恵信との間に生れた娘）の女の子や男の子も一緒にいますし、益方（有房を指す）の子どもも今はここにいることで、何となく母親のような気持です。いずれにしても命ながらえるのは、なかなかむずかしいことと存じております。

(八)

もし、便りや候ふとて、ゑちうへこの文《ふみ》はつかはし候ふ也。さても一年《ひととせ》、八十と申し候ひし年、大事の所労《そらう》をして候ひしにも、八十三の年ぞ一定《いちぢやう》と、もの知りたる人の文どもにも、同じ心に申し候ふとて、今年はさる事と思ひきりて候へば、生きて候ふ時、卒都婆《そとば》を建ててみ候はばやとて、五重《ごぢゆう》に候ふ石の塔を、丈《たけ》七尺《さく》にあつらへて候へば、塔師《たふし》、造ると申し候へば、出《い》で来て候はんに従ひて、建ててみばやと思ひ候へども、昨年《こぞ》の飢饉《けかち》に、なにも、益方のと、これのと、なにとなく幼きものども、上下数多《あまた》候ふを殺さじとし候ひしほどに、ものも着ずなりて候ふうへ、白きものを一《ひとつ》も着ず候へば

(以下欠)

一人候。またおと法師《ほふし》と申し候ひし童《わらは》をば、とう四郎と申し候ふぞ、それへまゐれと申し候ふ。さ御心得あるべく候ふ。けさが娘は十七になりて候ふ也。さて、ことりと申す女は、子も一人も候はぬ、時に、七《なな》つになり候ふ女童《めならは》を養はせ候ふ也。それは親につきて、それへまゐるべく候ふ也。よろづ尽しがたくてがたくて止《とど》め候ひぬ。あなかしこく。

日付は記されていないが、内容から弘長四年（一二六四）の手紙であることがわかる。「……一も着ず候へば」以下、料紙が一枚紛失している。

＊

もしかしたら都合のいい便があろうかと思って、えちう（越中？）のもとへこの手紙は届けさせます。

ところで先年、八十という年に大病をして、その時は助かりましたものの、八十三歳の年にはきっと死ぬにちがいないと、もの知り人の書いたものにも同じように記してあるということなので、今年はきっと死ぬものと覚悟しております。そこで生きているうちに卒都婆《そとば》を建ててみたいと思い、五重の石塔を高さ七尺に注文しましたところ、塔師も作ると言いますので、石が出来次第建ててみようと思っております。それにしても去年の飢饉《ききん》に、益方の子や以前からここにいた子ども、何ということなく幼い子どもたちがたくさんおりますのを、一人も死なせまいと思うものですから、着物もろくに着ることなく、白いもの（肌着か）も一枚も着ないでおりましたので、

（以下欠）

一人おります。また、以前おと法師と言っておりました子どもは、今はとう四郎と言うのですが、その者にそちらへ行くよう申しました。御承知おき下さい。けさの娘（（二）の譲状に見えるいぬわう）は十七歳になりました。さて、ことりという女には子どもが一人もおりません。そこでちょうど七つになる女の子を養わせております。その子は親に従ってそちらに行くはずです。すべてのことを書き尽すことはできませんので、これで筆をおきます。かしこ。

（九）

便りを喜びて申し候ふ。たびたび、便《びん》には申し候へども、まゐりてや候ふらん。今年は八十三になり候ふが、昨年《こぞ》・今年は死に年《しどし》と申し候へば、よろづ常に申しうけたまはりたく候へども、確かなる便りも候はず。さて、生きて候ふ時と思ひ候ひて、五重に候ふ塔の、七尺に候ふ石の塔をあつらへて

候へば、このほどは仕出《しい》だすべき由申し候へば、今は所ども離れ候ひて、下人《げにん》ども皆逃げ失《う》せ候ひぬ。よろづたよりなく候へども、生きて候ふ時、建ててもみばやと思ひ候ひて、このほど仕出《しい》だして候ふなれば、これへもつほどになりて候ふと聞き候へば、いかにしても生きて候ふ時、建ててみばやと思ひ候へども、いかやうにか候はんずらん。そのうちにも、いかにもなり候はば、子どもも建て候へかしと思ひて候ふ。何事も生きて候ふ時は、常に申しうけたまはりたくこそおぼえ候へども、はるばると雲の外《よそ》なるやうにて候ふ事、まめやかに親子の契《ちぎ》りもなきやうにてこそおぼえ候へ。ことには末子《おとご》にておはしまし候へば、いとほしきことに思ひまゐらせて候ひしかども、見まゐらするまでこそ候はざらめ、常に申しうけたまはる事だにも候はぬ事、よに心ぐるしくおぼえ候ふ。

五月十三日

ぜんあく、それへの殿人《とのびと》どもは、もと候ひしけさと申すも、娘失《う》せ候ひぬ。いま、それの娘一人候ふ。母《はは》めも所労者《そらうもの》にて候ふ。さて、おと法師と申し候ひしは、男《をとこ》になりて、とう四郎と申すと、また、女《め》の童《わらは》のふたばと申す女の童、今年は十六になり候ふ女の童は、それへまゐらせよと申して候ふ也。なにごとも御文《ふみ》に尽《つ》しがたく候ひて、止《と》め候ひぬ。

また、もとよりのことり、七にやならせて候ふ。

五月十三日　（花押）

これは確かなる便りにて候ふ。ときに、こまかにこまかに申したく候へども、ただ今とて、この便りいそぎ候へば、こまかならず候ふ。また、このゑもん入道殿《にふだうどの》の、御ことばかけられまゐらせて候ふとて、喜び申し候ふ也。この便りは確かに候へば、何事もこまかに仰せられ候ふべし。あなかしこ。

第八書簡と同じく、弘長四年（二月に文永と改元）の手紙で内容的に重複する部分も多い。

＊

都合のよい便《びん》があることを嬉しく思います。度々便のある時にはお手紙を出しましたが、届いたでしょうか。今年は私も八十三になりますが、去年今年あたりは死に年と申しますから、何でもすべて話をうかがいたいと思うのですが、しっかりした便もありません。さて、生きているうちにと思って五重の塔で高さ七尺になる石塔を注文しましたところ、近々作り始めるようなことを申しておりますので、今は住む場所もかわり、下人たちも皆逃げてしまったために万事心細いのですが、生きているうちに建てたいと思っております。この程準備もととのってこちらに持ってくる手筈となった旨聞いておりますから、何とかして生きている間に建ててみたいと思っておりますけれども、どうなることでしょうか。その間に死ぬようなことになれば、子どもに建ててもらいたいと思っております。どんなことでも、生きておりますうちは、いつでも話をうかがいたいとは思っておりますが、はるか遠い雲のかなたに離れ離れにすごしていることは、親子らしい心のこもった関係も遠くなってしまったようにも感じられます。特にあなたは末っ子でいらっしゃるのでいとおしく思うのですが、お目にかかれることはとてもできないにしても、いつもお話を聞くことすらできないのはたいそうつらくて気がかりです。

五月十三日

是非とも申し上げねばならないことですが、そちらに参ります下人（「殿人」は、高貴な家の家人）たちのことですが、もとからおりましたけさという者の娘（譲状にあるなでしのこと）が死んでしまいました。今、もう一人その娘（(八)や(一〇)にみえるいぬわうのこと）がおります。母親も病気がちです。さて、以前おと法師と呼んでいた者、成人してとう四郎というのですが、その者と、もう一人ふたばという女の子、これは今年十六歳になる娘ですが、その二人にはそちらに行くよう申しつけております。いずれにしても手紙では書き尽しがたく、これで筆をとめます。なお以前からおりますことりには、七歳の子を養わせています。

五月十三日

これは確実な便です。ところで細かくいろいろ申し上げたいのですが、今すぐ出発するといって便が急いでおりますので詳しくは書けません。また、ゑもん入道殿（不詳）がご親切にお言葉をおかけ下さったことを喜んでおります。この便は確かなので、どんなことでも細々《こまごま》とおっしゃって下さい。かしこ。

㈩

便りを喜びて申し候ふ。さては昨年《こぞ》の八月のころより、とけばらの煩《わづら》はしく候ひしが、事にふれて、よくもなり得ず候ふばかりぞ煩はしく候へども、そのほかは、年の気《け》にて候へば、今は耄《ほ》れて正《さう》体《たい》なくこそ候へ。今年は八十六になり候ふぞかし、寅《とら》の年の者にて候へば。また、それへまゐらせて候ひし奴《やつ》ばらも、とかくなり候ひて、ことりと申し候ふ、年来《としごろ》の奴《やつ》にて、三郎たと申し候ひしが相具《あひぐ》して候ふが、入道《にふだう》になり候ひて、さいしんと申し候ふ。入道めには、血《ち》あるもののなかのむまのぜうとかや申して、御家人《ごけにん》にて候ふものの娘の、今年は十やらんになり候ふを、母はよにおだしくうく候ひし、かがと申して使ひ候ひしが、一年《ひととせ》の温病《うむびやう》の年、死にて候ふ。親も候はねば、ことりも子なきものにて□（候ふ？）。ときに、あづけて候ふ也。それ、また、けさと申し候ひし娘のなでしと申し候ひしが、よによく候ひしも、温病《うむびやう》に失《う》せ候ひぬ。その母の候ふも、年来《としごろ》、頭《かしら》に腫物《はれもの》の年来候ひしが、それもたふし□にて、たのみなきと申し候ふ。その娘一人候ふは、今年は廿《はたち》になり候ふ。それとことり、またい□く。また、それに上《のぼ》りて候ひし時、おと法師《ほふし》とて候ひしが、このごろ□（と？）う四郎と申し候ふは、まゐらせんと申し候へば、父母《ちちはは》うち捨ててはまゐらじと、心には申し候ふと申し候へども、それはいかやうにも計らひ候ふ。かく田舎《ゐなか》に□に、みを入れて代《かは》りをまゐらせんとも、栗沢《くりざは》が候はんずれば申し候ふべし。ただし、代りはいくほどかは候ふべきとぞおぼえ候ふ。これらほどの男はよに□なく申し候ふ也。また、小袖《こそで》、たびたび賜《たまは》りて候ふ。うれしさ、今はよみぢ小袖にて、衣《きぬ》も候はんずれば、申すばかり候はず。うれし□（く？）候ふ也。今はあまり着て候ふものは、最後の時の事はなしては思はず候ふ。今は時日を待つ身にて候へば、また、確かならん便《びん》に、小袖賜《た》ぶべき由、仰《おほ》せられて候ひし。このゑもん入道《にふだう》の便りは、確かに候はんずらん。また、宰相殿《さいしやう》は、ありつきておはしまし候ふやらん。よろづ、君達《きんだち》の事ども、皆うけ給はりたく候ふ。尽しがたくて止《と》め候ひぬ。あなかしく。

九月七日

若狭殿申させ給へ　　筑　前

とびたのまきより

また、若狭殿も、今は年少し寄りてこそおはしまし候ふらめ。あはれ、ゆかしくこそ思ひ候へ。年寄りては、いかがしく見て候ふ人も、ゆかしく見たくおぼえ候ひけり。かこのまへの事のいとほしさ、上れんばうの事もとはせられて、ゆかしくこそ候へ。あなかしく。

文永四年（一二六七）、恵信尼八十六歳の折の手紙である。判読不能の箇所があるが、適宜判断して訳した。料紙の表書の「とびたのまき」は新潟県中頸《くびき》城郡坂井付近の地名と推定されている。

＊

好便があるのが嬉しくてお手紙をさし上げます。それにしても昨年の八月頃から腹具合が悪く、何かにつけはかばかしくないために苦しんでおりますが、そのほかのことは寄る年波のせいというところで、今はすっかり耄碌《もうろく》しぼんやりしております。今年は八十六になりました、私は寅《とら》年生れでございますから。また、あなたにお譲りした下人たちについてもいろいろなことがありました。ことりは、長年私が召し使っている者で、三郎たという男と連れ添っているのですが、この男が入道してさいしんと申しております。この入道に、血縁関係のあるむまのぜうとかいう御家人の娘で、今年十歳になる者がいます。その母親はたいそうおとなしい女でかがと呼んで私が使っていたのですが、先年の熱病が流行した年になくなりました。親もおりませんので、この娘を子どものいないことりにあずけております。それからまたけさの娘のなでしは、たいそうよい子だったのですが、やはり熱病で死にました。母のけさは生きていますが、この何年来頭に腫物ができておりまして、それもかなりひどくて、直る見込みもないようなことを申しております。けさの娘がもう一人いまして、それは今年二十歳になります。その娘とことり、そしてい□くです。それから、上洛《じょうらく》しました時、おと法師というのがおりましたが、今はとう四郎と申しています。その者に、そちらへ参るよう申しましたところ、父母を見捨てて京へなど参れませんと内々には言っている旨聞いておりますが、それについてはいかようにもとりはからいましょう。こんな田舎に□に、真剣に代りをさがすように、栗沢（親鸞と恵信尼との間の息子、信蓮房明信）がおりますことですから申してみましょう。けれども代りの者がどれほどいるものかおぼつかなく思われます。とう四郎ほどの男はなかなかいるものではないようです。また、小袖（この時代は晴着であった）を度々お贈りいただきまして、嬉しゅうございます。年老いた今は死装束といたしましょう、普段着も届けて下さり、お礼の言葉もありません。うれしくうれしく存じます。今では着古したものとて、臨終の際のことはともかく、気になりません。今はただ終りの時を待つだけの身ですから。また、確かな便に託して小袖を贈って下さる由おっしゃっておられますが、このゑもん入道の便は確実ではないかと思われます。それから宰相殿（覚信の娘）は良縁を得られたでしょうか。万事、お子たちのことは残らずうけたまわりたいものです。書き尽せませんので、これで筆をおきます。かしこ。

九月七日

また、若狭殿も、今は少し年をとられたことでしょう。ほんとうにどんなご様子か知りたいと思います。年をとりますと、どうかと思っていた人のことも、様子を知りたいし会いたいなあと思います。かこのまへのことはお気の毒です。上れんばうのことをお尋ねになられたのも、懐しく存じました。かしこ。

（二）

便りを喜びて申し候ふ。さては、今年まであるべしと思はず候ひつれども、今年は八十七やらむになり候ふ。寅《とら》の年のものにて候へば、八十七やらん、八やらむになり候へば、今は時日を待ちてこそ候へども、歳《とし》こそ恐ろしくなりて候へども、咳《しはぶ》く事候はねば、唾《つわき》などは□事候はず。腰、膝《ひざ》打たすると申す□（こ？）とも、当時までは候はず。ただ犬のやうにてこそ候へども、今年になり候へば、余りにもの忘れをし候ひて耄《ほ》れたるやうにこそ候へ。さても昨年《こぞ》よりは、よに恐ろしき事ども多く候ふ也。また、すりいのものの便りに、綾《あや》の衣賜《きぬた》びて候ひし事、申すばかりなくおぼえ候ふ。今は時日を待ちてゐて候へば、これをや最後にて候はんずらんとのみこそおぼえ候へ。当時までも、それより賜びて候ひし綾の小袖《こそで》をこそ、最後の時のと思ひて持ちて候へ。よにうれしくおぼえ候ふ。衣《きぬ》の表《おもて》もいまだ持ちて候ふ也。また、君達《きんだち》の事、よにゆかしく、うけ給はりたく候ふ也。上の君達の御事も、よにうけ給はりたくおぼえ候ふ。あはれ、この世にて今一度《いちど》、見まゐらせ、また見えまゐらする事候ふべき。わが身は極楽へただ今にまゐり候はんずれ、なに事も暗《くら》からずみそなはしまゐらすべく候へば、かまへて御念仏申させ給ひて、極楽へまゐりあはせ給ふべし。なほなほ極楽へまゐりあひまゐらせ候はんずれば、なに事も暗からずこそ候はんずれ。また、この便《びん》はこれに近く候ふ巫女《みこ》の甥《おひ》とかやと申すものの便《びん》に申し候ふ也。余りに暗く候ひてこまかならず候ふ。また、かまへて確か□（な？）らん便りには、綿《わた》すこし賜《た》び候へ。おわりに候ふゑもん入道の便りぞ、確かの便りにて候ふべき。それもこのところに□（まゐ？）ることの候ふべきやらんと聞き候へども、いまだ披露《ひろう》せぬ事にて候ふ也。また、光寿御前《くわうずごぜん》の、修行に下るべきとかや仰《おほ》せられて候ひしかども、これへは見えられず候ふ也。また、若狭殿の、今はおとなしく年寄りておはし候ふらんと、よにゆかしくこそおぼえ候へ。かまへて念仏申して、極楽へまゐりあはせ給へと候ふべし。なによりもなによりも、君達の御事、こまかに仰せ候へ。うけたまはりたく候ふ也。一昨年《おととし》やらん生《むま》れておはしまし候ひけると、うけ給はり候ひしは、それもゆかしく思ひまゐらせ候ふ。また、それへまゐらせ候はむと申し候ひし女《め》の童《わらは》も一年《ひととせ》の大温病《おほうむびやう》に多く失《う》せ候ひぬ。ことりと申し候ふ女《め》の童《わらは》も、はや年寄りて候ふ。父は御家人《ごけにん》にて、むまのぜうと申すものの娘の候ふも、それへまゐらせんとて、ことりと申すにあづけて候へば、よにふたうげに候ひて、髪などもよにあさましげにて候ふ也。ただの童《わらはべ》にて、いまいましげにて候ふめり。けさが娘のわかばと申す女《め》の童《わらは》の、今年《ことし》は廿一になり候ふが妊《はら》みて、この三月やらんに子産《こう》むべく候へども、男子《をのこご》ならば父ぞ取り候はんずらん。さきにも五《いつつ》になる男子産みて候ひしかども、父相伝《さうでん》にて父が取りて候ふ。これもいかが候はんずらん。わかばが母は、頭《かしら》になにやらん、ゆゆしげなる腫物《はれもの》の出《い》で来候ひて、はや十余年になり候ふなるが、いたづら者にて、時日を待つやうに候ふと申し候ふ。それに上りて候ひし折、おと法師《ほふし》とて童《わらは》にて候ひしが、それへまゐらすべきと申し候へども、妻《めこ》の候へば、よもまゐらんと申し候はじとおぼえ候ふ。尼《あま》が臨終《りんず》し候ひなん後《のち》には、栗沢《くりざは》に申しおき候はんずれば、まゐれと仰せ候ふべし。また、栗沢は何事やらん、のづみと申す山寺に不断念仏始め候はむずるに、なにとやらんせんし申すことの候ふべきとかや申すげに候ふ。五条殿の御ためにと申し候ふめり。何事も申したき事多く候へども、あか月、便りの候ふ由申し候へば、夜書き候へば、よに暗く候ひて、よも御覧《ごらん》じ得候はじとて、止《とど》め候ひぬ。また、針《はり》少し賜《た》び候へ。この便《びん》にても候へ。御文《ふみ》の中に入れて賜ぶべく候ふ。なほなほ、君達《きんだち》の御事、こまかに仰せ給《た》び候へ。うけたまはり候ひてだに、なぐさみ候ふべく候ふ。よろづ尽しがたく候ひて止《とど》め候ひぬ。また、宰相殿、いまだ姫君にておはしまし候ふやらん。

あまりに暗く候ひて、いかやうに書き候ふやらん。よも御覧じ得候はじ。

三月十二日亥《ゐ》の時

この手紙は文永五年（一二六八）、恵信尼八十七歳の時のものである。

*

好便があるのを嬉しく思います。それにしても今年まで生き永らえようとは思ってもみなかったのですが、今年は八十七になります。寅年生れですので、八十七か八になりますから、今はただ終りの時を待つだけです。年だけは恐ろしいほどとりましたけれども、咳《せき》をすることもないので痰《たん》などが出ることもありませんし、腰や膝をもんだりすることもこれまでのところしたことがありません。ただ犬のように動きまわっておりますけれど、さすがに今年になって、ひどく物忘れをし、すっかりぼけてしまったようです。それにしても去年からたいそう恐ろしい事がたくさん起っております。また、すりいの者の便で、綾の着物を下さったこと、お礼の言葉もございません。今は往生の時を待っていますから、この着物が最後であろうとばかり思われます。今までも、あなたにいただいた綾の小袖をこそ往生の際には着ようと思って大事にしておりますが、ほんとうにうれしく思っています。衣《きぬ》の表もまだ仕立てずに持っております。それから、子どもたちのことがたいそう知りたく、ご様子をうかがいたいと思っております。上の子のことも是非聞きたいと思います。ああ、この世でもう一度あなたにお会いでき、あなたに見られるようなことがあるでしょうか。わたしは、極楽へ今すぐにも参ることでしょう。極楽では光明の世界におさめとられるので何事も明るくお見通しになることができますから、よくよく念仏をおとなえになって、極楽でお会いできるようにして下さい。必ずや極楽へ参ってお会いできますでしょうから、今はこの世でお会いできなくてつらく思っているものの、かりそめのことですので絶望などしておりません。なお、この便は近所に住む巫女《みこ》の甥《おい》とかいう者の便です。あまりに暗いものですからよく見えず細かくは書けません。また、どうぞ確実な便がある時に、綿を少し送って下さい。おわりにおりますゑもん入道の便は、しっかりしているはずです。この人がこちらに来ることになっているらしいと聞いておりますが、まだ正式にきまったこととして聞いているわけではありません。また光寿御前（覚信尼の長男。のちの覚恵）が、修行のために京を下るとかおっしゃっておられましたが、ここへはまだお見えになりません。それから、若狭殿はもう今では頭《かしら》だつ人になられ、年も年配になったことだろうと、是非ご様子を知りたいと思います。心して念仏をとなえるように、そして極楽でお目にかかれるようにしましょうと伝えて下さい。どんなことよりもまず、子どもたちのことを細々《こまごま》教えて下さい。うけたまわりたいと思います。おととしでしたか、子どもがお生れになったと聞いておりましたが、その子（覚信尼が小野宮禅念と再婚してもうけた子、唯善）のことも知りたいと思います。また、そちらにお譲りする旨申しておりました女たちも、先年流行した熱病のために多数死んでしまいました。ことりと申します下女も、もはや年をとりました。父が御家人でむまのぜうと申します者の娘がおりますが、そちらに行かせようと思い、ことりにあずけておいたところ、たいそう無作法で、髪なども乱れるにまかせて情けない有様です。ふつうの小娘と変らず、がっかりされることでしょう。けさの娘でわかばという今年二十一になります女が身ごもって、この三月頃に子どもが生れるのですが、男ならば父が引き取るでしょう。以前にも、今五歳になる男児を生みましたが、男の子は父方が引きとる慣例なので、父が引き取りました。今度もどうなりますかわかりません。わかばの母親は、頭に何やら恐ろしい腫物ができてもう十年以上になるのですが、役立たずで終りの時を待っているようだと申しております。そちらに上洛しておりました時は、おと法師と言ってまだ童《わらわ》だった者に、あなたのもとへ行くよう申しましたが、妻がおりますので、まさか行くとは言うまいと思われます。私が死んだ後に、栗沢に言い残しておきますから、あなたの所に来るようおっしゃって下さい。また、栗沢は、どういうことなのか、のぞみ（今の新潟県三島郡寺泊町野積と推定されている）という山寺で不断念仏の行を始めましたところが、何かしら教えのことどもを書物にまとめたいという望みがあるとか言っているようです。五条殿（不明）のためにそうしたいと言っているようです。いろいろと申し上げたいことがたくさんありますが、早朝に便が出立するとのことなので、夜中に書いておりますから、たいそう暗く、こんな字ではとうていお読みになれないと思いますので、これでやめます。それから、針を少し送っていただきたく存じます。この便にでも託して下さい。お手紙の中に入れてお送り下さい。もっともっと子どもたちのことを詳しく教えて下さい。うけたまわるだけで心が慰められるでしょう。すべてを書き尽すことはできませんので、これで筆をおきます。なお、宰相殿は、まだ結婚していらっしゃらないのでしょうか。たいそう暗いので、どんなふうに書きましたものやら、とてもご覧になれないことでしょう。

三月十二日亥の時（午後十時頃）

西暦	和暦	年齢	親鸞および浄土教関係事項	参考事項
紀元前			釈尊誕生（前四六六?）。	孔子没（前四七九?）。
				アショーカ王没（前二三二）。
				イエスキリスト誕生（前四?）。
紀元後			浄土三部経などの大乗経典が成立。	仏教中国に伝わる（七〇頃）。
二〇〇			竜樹『大智度論』『十住毘婆沙論』を著す（二〇〇頃）。	
			曹魏の康僧鎧《こうそうがい》『大無量寿経』訳出（二五二?）。	
三〇〇				法顕インドに向う（三九九）。
四〇〇			鳩《く》摩《ま》羅什《らじゅう》『阿弥陀経』訳出（四〇二?）。	
			畺良耶《きょうりょうや》舎《しゃ》『観無量寿経』訳出（四二二?）。	
			天親（世親）『浄土論』を著す（四五〇頃）。	
五〇〇				慧《え》遠《おん》（五二三～五九二）廬山で白蓮社を結び、念仏を修す。
				日本に仏教伝来（五三〇頃）。
五四二			曇鸞没（67歳）。著書に『浄土論註』『讃阿弥陀仏偈』がある。	聖徳太子（五七四～六二二）仏教を興す。
六二九				玄奘インドに向う。
六四五	大化　元		道綽没（84歳）。著書に『安楽集』がある。	
六八一	天武一〇		善導没（69歳）。著書に『観経疏』『往生礼讃』『法事讃』『観念法門』『般舟讃』がある。	
七〇〇				八世紀中頃、法照、五会《ごえ》念仏の法を広む。
八〇五	延暦二四			最澄（七六七～八二二）帰国、天台宗を開く。
八〇六	大同　元			空海（七七四～八三五）帰国、真言宗を開く。
八六五	貞観　七		円仁（慈覚）の遺命により、叡山に不断念仏行わる。	
九三五	承平　五			平将門の乱。『土佐日記』成立。

九三八	天慶　元		天慶年中、空也（九〇三～九七二）京都の民衆に念仏をすすむ。	
九八三	永観　元		千観没（66歳）。『極楽国弥陀和讃』をつくる。	
九八五	寛和　元		源信『往生要集』を著す。	
一〇〇二	長保　四		慶滋保胤《よししげやすたね》没。著書に『日本往生極楽記』がある。	
一〇一七	寛仁　元		源信没（76歳）。	
一〇一九	三			藤原道長出家、法成寺建立。
一〇五一	永承　六		末法の世に入る（釈迦入滅後二〇〇一年目）。	
一〇五三	天喜　元			藤原頼通、平等院阿弥陀堂建立。
一一〇三	康和　五		この頃大江匡房《まさふさ》（一〇四一～一一一一）の『続本朝往生伝』成立。	
一一一一	天永　二		この頃三善為康（一〇四九～一一三九）の『拾遺往生伝』成立。	
一一二五	天治　二		この頃良忍融通念仏を始める。	
一一二六	大治　元			藤原清衡、中尊寺金色堂建立。
一一三三	長承　二		法然（源空）美作《みまさかの》国久米南条稲岡に生れる。	飢饉おこる。
一一三八	保延　四		この頃三善為康の『後拾遺往生伝』成立。	
一一四〇	六		この頃沙弥蓮禅（?～一一四九?）の『三外往生伝』成立。	高野山より覚鑁《かくばん》逐わる。
一一四一	永治　元		法然、父漆間《うるま》時国が殺害され寺に入る（9歳）。	園城寺衆徒、延暦寺を襲い堂宇を焼く。
一一四四	天養　元			『詞花和歌集』撰進。
一一四五	久安　元		法然、比叡山に登り、源光に師事（13歳）。	
一一四七	三		法然、出家・受戒（15歳）。	
一一五〇	六		法然、西塔黒谷の叡空の門に入る（18歳）。	
一一五一	仁平　元		藤原宗友の『本朝新修往生伝』成立。	
一一五四	久寿　元			延暦寺衆徒強訴。
一一五五	二			慈円生れる。
一一五六	保元　元		法然、嵯峨清涼寺に参籠し、南都に遊学（24歳）。	保元の乱おこる。
一一五九	平治　元			平治の乱おこる。

一一七三	承安 三	1	親鸞生れる。	明恵、紀伊国有田郡吉原村に生れる。
一一七五	安元 元	3	法然、浄土宗を開く（43歳）。	
一一八〇	治承 四	8		源頼政、以仁《もちひと》王を奉じて挙兵し敗死。源頼朝伊豆に挙兵。
一一八一	養和 元	9	出家し、慈円の門に入る。	平清盛没（64歳）。
一一八二	寿永 元	10	恵信尼誕生。	京都飢饉、死者多数。
一一八三	二	11		平氏都落ち。後白河法皇『千載和歌集』の撰進を命ず。
一一八五	文治 元	13		平氏壇の浦で滅亡。
一一八六	二	14	法然、大原で諸宗の僧と法論を行う（54歳）。	九条兼実摂政となる。
一一八七	三	15		この頃法界寺沙門如寂（伝未詳）の『高野山往生伝』成立。
一一八九	五	17	法然（57歳）、九条兼実に受戒。	
一一九一	建久 二	19	聖徳太子廟に参籠、一回目の夢告を授かる。	栄西帰国、臨済宗を伝う。九条兼実関白となる。
一一九二	三	20		源頼朝、征夷大将軍となる。
一一九三	四	21	熊谷直実、法然（61歳）の門弟になる。	
一一九六	七	24		九条兼実関白を解かる。
一一九八	九	26	法然『選択本願念仏集』を著す（66歳）。	栄西の『興禅護国論』成立。
一一九九	正治 元	27		源頼朝没（53歳）。
一二〇〇	二	28	比叡山で修行中、二回目の夢告を授かる。	道元生れる。
一二〇一	建仁 元	29	六角堂に百日参籠し、三回目の夢告を得、法然（69歳）の門に入り、綽空と名のる。	藤原俊成の『古来風体抄』成立。
一二〇二	二	30	法然（70歳）を戒師として九条兼実出家。	源頼家征夷大将軍となる。
一二〇四	元久 元	32	法然（72歳）『七箇条起請文』を書き、親鸞はこれに僧綽空と署名。	源頼家殺害される（23歳）。延暦寺衆徒、専修念仏の停止を訴える。
一二〇五	二	33	『選択本願念仏集』書写。善信と改名する。	興福寺衆徒奏上し、念仏停止を訴う。北条義時執権となる。『新古今和歌集』成立。
一二〇六	建永 元	34		興福寺、専修念仏停止の宣下を請う。

一二〇七	承元	元	35	法然（75歳）は土佐へ、親鸞は越後へ流罪。住蓮・安楽・西意・性願死罪。	九条兼実没（59歳）。
一二〇八		二	36		熊谷直実（蓮生）没（68歳）。
一二〇九		三	37	この頃恵信尼とくらす。	
一二一一	建暦	元	39	息信蓮房明信生れる。法然と共に流罪赦免。	
一二一二		二	40	法然没（80歳）。	鴨長明の『方丈記』成立。
一二一三	建保	元	41		源実朝の『金槐和歌集』成立。
一二一四		二	42	妻子と共に常陸へ向う。上野佐貫で「三部経」千部読誦を発願したが自力を反省し中止。	建保年中（〜一二一八）『宇治拾遺物語』成立。
一二一九	承久	元	47		源実朝殺害される（28歳）。専修念仏禁止。
一二二〇		二	48		慈円の『愚管抄』成立。
一二二一		三	49		承久の乱。聖覚の『唯信鈔』成立。
一二二二	貞応	元	50		日蓮生れる。
一二二三		二	51		道元入宋。
一二二四	元仁	元	52	稲田にて『教行信証』を撰す。覚信尼生れる。	北条泰時執権となる。
一二二五	嘉録	元	53	高田に専修寺を開く。	慈円没（71歳）。
一二二六		二	54		顕智生れる。
一二二七	安貞	元	55		道元帰朝、曹洞宗を開く。
一二三〇	寛喜	二	58	『唯信鈔』を書写。	全国飢饉。
一二三一		三	59	病臥の折『大無量寿経』を読み、自力の執心を反省。	全国大飢饉。
一二三五	嘉禎	元	63	京都で『唯信鈔』を書写。	聖覚没（69歳）。
一二三七		三	65		懐奘《えじょう》の『正法眼蔵随聞記』成立。
一二三九	延応	元	67		一遍生れる。
一二四一	仁治	二	69	『唯信鈔』書写。	藤原定家没（80歳）。
一二四六	寛元	四	74	『唯信鈔』『自力他力事』書写。	北条時頼執権となる。

一二四七	宝治	元	75	『教行信証』この頃までに修訂おわる。	北条時頼、三浦一族を滅す。
一二四八		二	76	『浄土和讃』『浄土高僧和讃』成立。	
一二五〇	建長	二	78	『唯信鈔文意』成立。	
一二五一		三	79	書簡「有念無念事」(親鸞の大部分の書簡は以後十年間に書かれた)。	
一二五二		四	80	『浄土文類聚鈔』成立。	『十訓抄』成立。
一二五三		五	81	この頃善鸞東国へ下向するか。	道元没(54歳)。日蓮法華宗を開く。
一二五四		六	82	『唯信鈔』『後世物語聞書』書写。「観経疏」二河譬喩を抄出書写し東国へ送る。	『古今著聞集』成立。
一二五五		七	83	『愚禿鈔』『浄土三経往生文類』『尊号真像銘文』『皇太子聖徳奉讃』成立。	
一二五六	康元	元	84	善鸞を義絶。恵信尼、覚信尼に下人譲状を書く。	
一二五七	正嘉	元	85	『一念多念文意』『大日本粟散王聖徳太子奉讃』成立。	
一二五八		二	86	『尊号真像銘文』(広本)『正像末法和讃』成立。	
一二六〇	文応	元	88	『弥陀如来名号徳』成立。	日蓮『立正安国論』を著す。
一二六一	弘長	元	89		日蓮伊豆へ流罪(弘長三年赦免)。
一二六二		二	90	十一月二十八日、京にて没。	
			没後		
一二六八	文永	五	6	恵信尼没(87歳)か。	
一二七〇		七	8	曾孫覚如生れる。	
一二七一		八	9		日蓮佐渡へ流罪。
一二七二		九	10	覚信尼らにより吉水に堂が建立され、親鸞の影像を安置。	
一二七四		一一	12	小野宮禅念、大谷北地を覚信尼に譲る。	蒙古来襲(文永の役)。
一二七五	建治	元	13		一遍、時宗を開く。性信没(89歳)。
一二七七		三	15	覚信尼、大谷を親鸞の廟地として門弟に寄進。	

一二八〇	弘安三	18		阿仏尼の『十六夜日記』成立。
一二八一	四	19		蒙古来襲（弘安の役）。
一二八二	五	20		日蓮没（61歳）。
一二八三	六	21	覚信尼没（60歳）。	無住の『沙石集』成立。
			この頃『歎異抄』成立か。	
一二八八	正応元	26	唯円上京。	
一二八九	二	27	唯円没か（68歳？）。	一遍没（51歳）。
一二九〇	三	28	覚如、親鸞の遺跡を求めて東国に下向。	
一二九五	永仁三	33	覚如『親鸞伝絵』を著す。	
一三三三	正慶二	71	従覚『末燈鈔』を編む。	

新潮日本古典集成〈新装版〉

歎《たん》異《に》抄《しょう》　三《さん》帖《じょう》和《わ》讃《さん》

令和二年九月二十五日　発行

校注者　伊《い》藤《とう》博《ひろ》之《ゆき》

発行者　佐藤隆信

発行所　株式会社新潮社

〒一六二―八七一一　東京都新宿区矢来町七一

電話　〇三―三二六六―五四一一（編集部）
　　　〇三―三二六六―五一一一（読者係）

https://www.shinchosha.co.jp

印刷所　大日本印刷株式会社

製本所　加藤製本株式会社

装画　佐多芳郎／装幀　新潮社装幀室

組版　株式会社ＤＮＰメディア・アート

ISBN978-4-10-620850-8　C0315

新潮日本古典集成

古事記	西宮一民
萬葉集 一〜五	青木生子 井手至 伊藤博 清水克彦 橋本四郎
日本霊異記	小泉道
竹取物語	野口元大
伊勢物語	渡辺実
古今和歌集	奥村恆哉
土佐日記 貫之集	木村正中
蜻蛉日記	犬養廉
落窪物語	稲賀敬二
枕草子 上・下	萩谷朴
和泉式部日記 和泉式部集	野村精一
紫式部日記 紫式部集	山本利達
源氏物語 一〜八	石田穣二 清水好子
和漢朗詠集	大曽根章介 堀内秀晃
更級日記	秋山虔
狭衣物語 上・下	鈴木一雄
堤中納言物語	塚原鉄雄
大鏡	石川徹
今昔物語集 本朝世俗部 一〜四	阪倉篤義 本田義憲 川端善明
梁塵秘抄	榎克朗
山家集	後藤重郎
無名草子	桑原博史
宇治拾遺物語	大島建彦
新古今和歌集 上・下	久保田淳
方丈記 発心集	三木紀人
平家物語 上・中・下	水原一
金槐和歌集	樋口芳麻呂
建礼門院右京大夫集	糸賀きみ江
古今著聞集 上・下	西尾光一 小林保治
歎異抄 三帖和讃	伊藤博之
とはずがたり	福田秀一
徒然草	木藤才蔵
太平記 一〜五	山下宏明
謡曲集 上・中・下	伊藤正義
世阿弥芸術論集	田中裕
連歌集	島津忠夫
竹馬狂吟集 新撰犬筑波集	木村三四吾 井口壽
閑吟集 宗安小歌集	北川忠彦
御伽草子集	松本隆信
説経集	室木弥太郎
好色一代男	松田修
好色一代女	村田穆
日本永代蔵	村田穆
世間胸算用	金井寅之助 松原秀江
芭蕉句集	今栄蔵
芭蕉文集	富山奏
近松門左衛門集	信多純一
浄瑠璃集	土田衞
雨月物語 癇癖談	浅野三平
春雨物語 書初機嫌海	美山靖
與謝蕪村集	清水孝之
本居宣長集	日野龍夫
誹風柳多留	宮田正信
浮世床 四十八癖	本田康雄
東海道四谷怪談	郡司正勝
三人吉三廓初買	今尾哲也